Futuro Presente:

Cómo la Nueva Revolución Digital afectará mi vida

ALFREDO BARRIGA

ISBN: 978-956-362-845-6

DEDICATORIA

A quienes no creen en la revolución digital

A quienes piensan que lo de "revolución digital" es más marketing que realidad

A quienes tienen una visión distópica de la revolución digital, y piensan que nos va a deshumanizar

A quienes les incomoda "lo digital"

A quienes creen en la revolución digital pero no saben de qué se trata y quisieran que se les explicara en peras y manzanas...

A quienes ven con ilusión un mundo mejor gracias a la revolución digital...

Para todos Uds. he escrito este libro, que me ha sacado muchas horas de sueño, pero también me ha dado muchas más satisfacciones.

Espero que lo disfruten leyendo tanto como yo disfruté escribiéndolo

Agradecimientos

En primer lugar, quiero agradecer a mi editor, Vicente Villaseca, quien en tiempo récord hizo su trabajo. También a Harald Weinreich, quien mejoró mucho mi introducción y me envió un comentario al libro del cual extraigo lo siguiente:

"Este es un excelente resumen, de datos, experiencias, ejemplos, visiones, casos, estadísticas, modelos de negocios, antiguos y nuevos, éxitos, y fracasos. **Un libro de consulta para tener a mano y para compartir.**"

Al autor de "Padre Rico, hijo flojo, nieto pobre", el conferencista Fernando Vigorena, quien leyó el libro en tres días, le debo la idea de hacer un cuadro resumen de cada una de las diferencias entre lo que había y lo que viene, en los sectores de la economía

Agradezco a mi amigo y fotógrafo Carlos Echeverría por trabajarme en tiempo récord las imágenes de este libro para que encajaran con los estándares de Amazon.

Agradezco a Vint Cerf, vicepresidente de Google para la Evangelización Digital y uno de los "Padres Fundadores" de la Internet por su apoyo. Este libro tiene su origen en Vint, a quién le envié un corto resumen de mis ideas por allá por enero de este año de 2016, y me animó a profundizar en el tema. Me envió el siguiente texto una vez hube terminado:

"This book is timely. I hope a lot of people read it" ("Este libro es oportuno. Espero que mucha gente lo lea")

Agradezco a Sebastián Edwards el prólogo. No lo conozco personalmente, pero para mi sorpresa, cuando se lo pedí estuvo dispuesto a escribir el prólogo para este autor novel y desconocido. Hay una anécdota sabrosa que cuento en el libro a propósito de esta experiencia.

Agradezco especialmente al ex presidente de Chile, Sebastián Piñera, por haber escrito el prefacio de este libro. Él fue el primero en entender mi visión sobre las nuevas tecnologías en el desarrollo de los países. Me nombró Secretario Ejecutivo de Desarrollo Digital en su Gobierno. No pudimos llevar a cabo la revolución digital que preparamos, más que nada por impericia de mi parte en la arena política.

Agradezco por fin a mi familia, la verdadera razón de mi vida, por su paciencia.

Prefacio, por Sebastián Piñera (ex presidente de Chile)

La Nueva Revolución Tecnológica que Viene

La historia del hombre ha sido una historia de avances y retrocesos. Desde que abandonó la oscuridad y seguridad de las cavernas, para aventurarse a campo abierto y bajo la luz del sol, se inició esta maratón de innovación y progreso de la humanidad. El hombre descubrió el fuego, los metales, la rueda y la vela. Luego llegó la revolución agrícola, y posteriormente, la revolución industrial. Así el progreso se aceleró con descubrimientos como la electricidad, el teléfono, la computación, la televisión, el átomo, la era espacial, la biotecnología, etc.

Hoy nos encontramos en la era digital. Hace solo tres o cuatro décadas no existían los computadores personales, las calculadoras electrónicas, internet, los teléfonos móviles, la fotocopia, el fax, el mail, Google, Instagram, ni Facebook. Facebook actualmente vale más de US$300 mil millones, incluso más que el producto interno bruto de Chile, pero hace apenas 12 años, o sea cuando Fernando González y Nicolás Massú ganaban sus medallas de oro en las olimpiadas de Atenas, ni siquiera existía.

Pero esa revolución tecnológica, que tanto cambió nuestras vidas, es ya una revolución del pasado. Hoy nos encontramos a las puertas de una nueva revolución, la revolución del futuro, que en los próximos 10 o 20 años va a cambiar nuevamente nuestras vidas en forma aún más amplia y profunda que la revolución de las últimas 3 o 4 décadas. La Web 1.0 conectó computadores con computadores. La Web 2.0 conectó computadores con personas. La Web 3.0 conectará computadores con personas y con cosas, en un mundo integrado e inteligente.

Ya están golpeando a nuestras puertas avances tecnológicos que cambiarán radicalmente nuestra economía y la forma en que nos relacionamos:

- Internet de las cosas, en que sensores incorporados a las cosas y conectados a computadores, harán que las cosas, casas, autos, ropa, artefactos del hogar, actúen conectados y con inteligencia.

- Los teléfonos móviles súper inteligentes.

- La Robótica con inteligencia artificial que reemplazará el trabajo manual e intelectual, creando y destruyendo empleos.

- La Cloud Technology, que integrará en la nube los datos, la información y el software para procesarlos, al alcance de todos.

- Las ciudades inteligentes y los vehículos autónomos.

- Las Impresoras 3D y 4D.

- La realidad ampliada y los materiales avanzados con capacidad de autogeneración y transformación.

- El genoma humano, descifrado para cada persona, significará un gigantesco salto adelante en medicina preventiva y curación de enfermedades genéticas.

- En el campo de la educación, los alumnos tendrán acceso por internet y en tiempo real a los mejores profesores del mundo en cada disciplina e irán a sus escuelas para hacer las tareas y aclarar dudas con sus maestros.

- En el campo de la salud, los sensores incorporados a nuestros cuerpos que transmitirán en tiempo real todos nuestros signos vitales a centros de diagnóstico inteligentes y la robótica médica que permitirá diagnóstico y operaciones a control remoto, revolucionarán la salud, privilegiando la prevención.

Todas estas tecnologías estarán disponibles, con o sin nuestra voluntad y con o sin nuestro conocimiento, dentro de algunos años. La pregunta que debemos hacernos hoy es: ¿Estamos conscientes de esta revolución tecnológica que ya está golpeando nuestras puertas? ¿Estamos preparados o preparándonos para subirnos y beneficiarnos de sus progresos? ¿Estamos invirtiendo lo necesario en ciencia y tecnología? ¿Estamos promoviendo como se requiere el espíritu de innovación y emprendimiento? O ¿Estamos dándole la espalda a esta revolución emergente y al futuro?

Steve Jobs, con quien tuve el privilegio de reunirme en Palo Alto algunos meses antes de morir, solía decir que la innovación es lo que distingue a un líder de un seguidor. La pregunta es si queremos ser un país líder o un país seguidor en los próximos años.

Estoy convencido que el libro de Alfredo Barriga *Futuro Presente: cómo la nueva revolución digital afectará mi vida"*, es una valiosa contribución a que nuestro país, y toda la región, se haga a tiempo estas preguntas, y encuentre oportunamente las respuestas, que surgen ante esta nueva revolución. A través de la lectura de sus páginas, además, se renueva el sentido de urgencia que debemos imprimirle a las políticas públicas en esta materia. Llegamos tarde a la revolución industrial, tenemos que subirnos a tiempo a esta revolución tecnológica y beneficiarnos de sus oportunidades, y no permitir que simplemente nos pase por encima. El futuro está golpeando nuestras puertas, tenemos que darle la cara y no la espalda, para hacer de Chile un país más libre, más justo, más próspero y seguro, que garantice a todos sus hijos un piso compatible con la dignidad de todo ser humano y un techo alto de oportunidades para que puedan desarrollar sus talentos. A eso nos invita el libro de Alfredo Barriga: a mirar el futuro y aprovechar las oportunidades que nos brindará esta Revolución Tecnológica, si somos previsores y sabios para aprovecharlas.

Nunca debemos olvidar que la sociedad del conocimiento y la información es y será muy generosa con los países que quieran abrazarla, pero es y será cruel con aquellos países que le den la espalda y se queden a la vera del camino.

Sebastián Piñera Echenique
Ex presidente de la República de Chile

Prólogo de Sebastián Edwards

El mundo avanza y América Latina se va quedando atrás. Esa ha sido la tónica de la región por más de 300 años. Según el historiador económico Angus Maddison, en 1500, cuando los europeos llegaron a las Américas, la región del sur tenía un nivel de vida superior a la del norte. Incas, aztecas y mayas contaban con una civilización sofisticada, con sistemas de regadío enormemente avanzados, un calendario deslumbrante y orfebrería que hasta el día de hoy seduce a los expertos. En 1700 ambos territorios – América del Norte y América del Sur (incluyendo México) – tenían un nivel de vida similar. Desde entonces todo ha sido cuesta abajo para nuestra región. Hoy en día nuestro ingreso per cápita es, en promedio, tan solo el 21% del de Estados Unidos y Canadá. Este pobre desempeño ha sido el resultado de un cúmulo de factores, incluyendo el excesivo centralismo que heredamos de los españoles, la intolerancia religiosa, un escaso capital social, una desconfianza profunda y políticas económicas centradas en el proteccionismo, los desequilibrios fiscales y las regulaciones surrealistas. La falta de planes de innovación – y de presupuestos para innovar – de parte de las compañías latinoamericanas es otra de las razones de este triste aletargamiento. Un sistema educativo deficiente, con sindicatos de maestros que se resisten a innovar, también ha contribuido a que nos hayamos quedado atrás.

El desafío para América Latina es revertir, durante los próximos 25 años, esta tendencia. Lograr cerrar la brecha entre los niveles de vida de nuestra población y la de los países avanzados. Lograr crear sociedades más dinámicas, tolerantes, inclusivas, amables, modernas, y ágiles, donde convivan la libertad con la armonía social, el emprendimiento con la solidaridad. Países que, en vez de expulsar a sus jóvenes por la vía de emigración, se transformen en un imán al cuál quieran dirigirse y probar fortuna gentes orinarías de otras comarcas.

La revolución digital ya en marcha en el mundo entero pone una dura prueba para los países latinoamericanos. O se unen a esta revolución y cambian profundamente sus instituciones y sistemas educativos para enfrentar la era de máquinas inteligentes, robots casi pensantes, sensores, células fotoeléctricas y vehículos sin conductores, entre otros, o seguirán rezagándose con respecto a los países de punta.

Si los países de América Latina no se lanzan con fuerza a enfrentar este reto, corren el riesgo de quedar aún más atrás. Ya no podrán competir más allá que en recursos naturales y no serán capaces de satisfacer las demandas de la población. Sin prepararse para lo que viene el futuro de la región será uno de mediocridad e incertidumbre. Peor aún, sin una estrategia para subirse al carro de la modernidad la región enfrentará volatilidad política, desencanto y violencia política.

Un ejemplo que rara vez se presenta tiene que ver con las Fuerzas Armadas, las que también están siendo afectadas por esta revolución tecnológica. Los ejércitos más avanzados ya cuentan con tanques y vehículos de asalto que no requieren de personal humano, y las fuerzas aéreas de los países adelantados usan, desde hace años, aviones sin pilotos (drones) en un número enorme de misiones. Hace unos meses el New York Times publicó una noticia que captura, en forma cabal, el significado de la revolución digital y su impacto sobre el empleo. La Fuerza Aérea de EE. UU. anunció que reduciría el número de vuelos de sus drones (sin pilotos) sobre zonas de combate en Irak, Siria y Yemen de 65 a 60 por día. La razón no era falta de aviones o de municiones. El problema era que muchos de los operadores de estos drones – personal que se sentaba frente a una gran pantalla en una base en Nevada – habían renunciado a sus trabajos para unirse a empresas especialistas en el sector privado. La Fuerza Aérea no podía reemplazar a estos especialistas con suficiente rapidez.

Pero, desde luego, los drones no solo tienen un rol bélico. En varias partes del mundo ya han reemplazado a miles de personas en funciones en la minería, la industria del gas y el petróleo – hoy son la forma más avanzada de monitorear los oleoductos --, y en la agricultura de alto valor agregado. Pronto los viñedos de excelencia y los productores de hortalizas de exportación serán dominados por sensores, y robots que con terrible precisión harán la labor de una multitud de seres humanos.

Otras áreas que ya están siendo impactadas por esta revolución son el sector de la salud y la educación. Y pronto, como lo han plantado las publicaciones especializadas de punta, incluso las prácticas de las leyes sucumbirán, en parte, a esta tecnificación.

El libro de Alfredo Barriga presenta, con claridad meridiana, la situación que enfrentará América Latina en los próximos años en el área de la revolución digital y tecnológica. En forma amena, con ejemplos pertinentes y profundos, nos lleva de la mano por la senda que la región tiene que recorrer si ha de avanzar en el mundo, si no ha de quedarse ineludiblemente rezagada. Quizás el punto más importante de este texto es el énfasis que pone en la educación. De aquí a 7 años cerca de la mitad de los empleos que hoy existen en América Latina desaparecerán. Esto no significa que toda esa gente quedará desempleada. Ellas encontrarán trabajos en otras áreas, pero lo más posible es que, debido a una educación deficiente y no acorde con los tiempos, estos nuevos empleos sean a salarios mucho más bajos, con remuneraciones que apenas cubrirán las necesidades básicas. Por otro lado, en los próximos años habrá una explosión en la demanda por habilidades que hoy prácticamente no existen en nuestros países. Mecánicos de robots, expertos en células foto eléctricas, expertos en nanotecnología, biólogos nucleares, operadores de computadoras de altísimo nivel, diseñadores capaces de actuar en la interfaz del diseño y la tecnología, lingüistas avezados que puedan mantener un diálogo con expertos en tecnología.

Los expertos debaten cuándo los vehículos sin conductor serán comercializados en forma masiva. Lo que el público ignora es que esto ya es una realidad en una serie de industrias. Por ejemplo, en Australia la minera Rio Tinto ya está experimentando con trenes sin conductor en sus yacimientos de hierro. Y en Chile, la minera estatal Codelco tiene una mina (Radomiro Tomic) en la que opera una flota de grandes camiones mineros completamente manejados por computadoras.

Si las grandes empresas y los gobiernos de la región no le prestan atención a lo que nos dice Alfredo Barriga, nuestra historia seguirá siendo una sucesión de decepciones, de avances modestos seguidos de grandes retrocesos, de mediocridad disfrazada de carnaval. Pero, si, por el contrario, se siguen las políticas aquí discutidas, el futuro será brillante y lleno de verdaderas sonrisas.

Sebastian Edwards

Henry Ford II Professor of Economics

UCLA

Índice

¿De dónde sale este libro?

Durante más de 30 años he estado ligado al mundo de "lo digital". Lo digital inevitablemente estuvo presente en toda mi vida laboral, personal, como cliente, consultor, ejecutivo, y me fui empapando, comprendiendo profundamente sus implicancias y maravillándome de sus ventajas.

Este libro recoge lo que he aprendido, aplicado a la nueva revolución digital que cambiará la sociedad, la economía y la política.

Aclaro que no soy informático y jamás pensé dedicarme a "lo digital". Soy Licenciado en Ciencias Económicas y Empresariales por la Universidad Complutense de Madrid. Mi vocación por los negocios me llevó a obtener un Máster en Dirección de Empresas por el IESE. No tengo idea de programación y tengo que llamar a un técnico para cualquier fallo de mi computador o si se cae la red. Y, sin embargo, esto ha acabado siendo mi vida profesional. Hoy no estaría en otra parte por nada del mundo. Me encanta.

Me di cuenta de que en estos 30 años he aprendido a explicar las tecnologías digitales en términos fácilmente entendibles a personas no tecnológicas. En suma, transmito la misma experiencia por la que tuve que pasar: entender las tecnologías sin ser experto.

Lo que se viene es grande. Enorme. Ya está afectando la forma en que vivimos, trabajamos, nos formamos y relacionamos. Pero es sólo la punta del iceberg, porque estas tecnologías son exponenciales, duplicándose cada cierto tiempo. De igual forma que el siglo 20 fue el siglo industrial, donde el desarrollo económico y social giró alrededor de las manufacturas, el siglo 21 será el siglo digital, donde el desarrollo económico y social girará alrededor de las tecnologías digitales. Estas ya están impactando la Economía, la Sociedad y el Estado. Sin embargo, debido a que su crecimiento es exponencial, el efecto que tendrán en todos los aspectos de la vida diaria será aún muy superior a lo que es hoy.

La capacidad de procesamiento del chip se ha multiplicado por 320.000% desde que apareció. En la medida en que esa capacidad se encapsula en los procesos de creación de valor, sean manufacturas o servicios, los costos de transformación caen radicalmente, haciendo que con nuevos modelos de negocios se puedan satisfacer mucho mejor las necesidades y se puedan resolver mucho mejor los problemas con precios mucho más bajos. Esa es la esencia de la nueva revolución digital desde la perspectiva de la economía y los negocios. Desde una perspectiva social, las tecnologías digitales son una herramienta igualadora de oportunidades y de comunicación entre personas de todo tipo, enriqueciendo la calidad de vida, aunque vaya a veces aparejada con efectos colaterales que – si no se manejan bien – pueden ser perjudiciales para las personas. Y desde una perspectiva política, la nueva revolución digital trae una nueva forma de relación entre gobernantes y gobernados, que desafía las estructuras de gobierno que hemos conocido como especie desde que comenzamos a poblar la Tierra.

Este libro es más una reflexión que un tratado, un "paper" o un manual experto. Tanto el autor como las dos personas que amablemente accedieron a redactarme el Prefacio y el Prólogo somos economistas. Por lo tanto, éste no es un libro técnico, sino de negocios, sociedad y política.

La Primera Parte es una introducción al tema "a vuelo de pájaro", para poner los términos de lo que se discute luego. La Segunda Parte explica las características de la revolución digital y por qué va a afectar tanto nuestra vida en los próximos 10 años. La Tercera Parte describe cómo varios sectores de la economía se han "digitizado" (ahí explico a qué me refiero con ese término). La Cuarta Parte analiza 12 tecnologías que tendrán un impacto económico de entre una y dos veces el tamaño actual de la economía norteamericana para el año 2025. En la Quinta Parte expongo mis ideas, con medidas que se podrían adoptar rápidamente y que tendrían efectos a corto y a largo plazo.

Por último, en el Anexo N°1 analizo los datos duros que arroja el "Network Readiness Index" (NRI) del Foro Económico Mundial durante el periodo 2012-2015, para los diez países de América Latina mejor posicionados en materia de capacidad de adopción de tecnologías de la información. Este Anexo está especialmente pensado para quienes quieren tener la contundencia de los datos como soporte a mi análisis, conclusiones y propuestas de acción.

Primera Parte: América Latina está en una encrucijada… y no lo sabe

La Sociedad Digital que está emergiendo en este Siglo 21 trae enormes oportunidades para los países de América Latina, que, hasta ahora, después de más de 500 años de historia, no han sido capaces de incorporarse al grupo de países desarrollados. Pero también trae grandes desafíos y amenazas, que – si no son enfrentadas apropiadamente – significarán una vez más una oportunidad perdida para transformarse en un continente desarrollado, e incluso puede perder lo conseguido hasta ahora.

En este libro intento explicar cuáles son esas oportunidades, cuáles son los desafíos, y por qué lo son.

América Latina está mal preparada para incorporarse a la Sociedad Digital **debido a sus raíces** más que a otros factores, lo cual hacen más difíciles los cambios que se necesitan – pero no imposibles.

1. Peregrinos y conquistadores

Los inmigrantes que llegaron a las colonias inglesas de Norteamérica – los "pilgrims" o peregrinos - lo hicieron para nunca más volver a su país de origen. Perseguidos religiosamente, o con pocas oportunidades en el Reino Unido, se fueron para comenzar una nueva vida y cortar sus vínculos con el país que dejaban. Su proyecto de vida era el de hacer un mundo nuevo para sí y sus descendientes. Todos cuantos llegaban a la nueva tierra lo hacían además en igualdad de condiciones. Por supuesto, había líderes y patrocinadores detrás de varias de las colonias, pero entendieron que la forma de prosperar era comunitariamente. Todos empujando en la misma dirección. Todos buscando una vida mejor **basada en el esfuerzo personal,** no en la conquista – aunque por supuesto que también conquistaron, pero como política de Estado, no como aventura personal en nombre de un rey. Tempranamente entendieron además la importancia de la educación, de la investigación y del emprendimiento, creando Universidades como Harvard que apuntaban a ser de excelencia desde sus comienzos.

Quizá ayudó a esa forma de construcción de una nueva sociedad el hecho de que las tierras a las que llegaban no tenían civilizaciones muy adelantadas a las que conquistar, ni tampoco grandes tesoros que expoliar, ni minas de oro y plata que explotar. Todo fue sobre hacer una nueva vida en un nuevo mundo – que así le llamaron.

Cuando las colonias inglesas de América se independizaron, creando la primera democracia de la historia desde la Grecia Antigua, esta visión fue parte de su espíritu fundador. Quisieron armar una Sociedad que rompía con el orden establecido hasta ese momento en el mundo. Querían que su modelo de sociedad fuese un faro en la colina que iluminara al mundo entero, basado en los derechos inalienables del hombre, entre los que estaba el derecho a la vida, a la libertad y a buscar la felicidad. Parte de esta visión era la importancia de las ciencias en esa nueva sociedad que se deseaba construir, un gran aporte de Benjamín Franklin.

Quienes llegaron a las colonias de la América española y portuguesa lo hicieron como conquistadores. Se encontraron con sociedades organizadas (aztecas e incas), con recursos naturales en explotación (oro y plata) y con tesoros que expoliar. Gracias a una tecnología militar muy superior, pudieron conquistar vastos territorios con muy pocas personas. Francisco de Pizarro conquistó el imperio del Perú con menos de 100 soldados. Hernán Cortés lo hizo con muchos más, pero tampoco se podría decir que era un ejército de ocupación. Supieron además dominar las civilizaciones a las que conquistaron rápidamente. Quizá ayudó la "leyenda del Dios Blanco" que ambas culturas tenían a la llegada de los conquistadores, por la cual un gran personaje de raza distinta habría estado con ellos y les habría ayudado, para luego irse, pero prometiéndoles volver. En cualquier caso, los conquistadores se encontraron con sociedades organizadas, que explotaban minas de oro y plata y tenían agricultura extensa y cultivo de varias especies autóctonas.

Hasta hoy se usa el término "hacerse la américa" como significado de hacerse rico fuera de España. El proceso era el siguiente: se conquistaban las tierras y se dividía entre los conquistadores, bajo la figura de las "encomiendas". El objetivo de los conquistadores era el de conseguir riquezas y gloria, volver a España y conseguir, a ser posible, título de nobleza o de señorío.

Cuando las colonias de América Latina se independizaron mantuvieron las instituciones de España y Portugal, reemplazando la Monarquía por la República, por lo cual en vez de ser "su Majestad, el Rey", fue "su Majestad, el Gobierno"[1]. Todo siguió igual, solo que en vez de ser gobernados por una élite española pasaron a serlo de una élite local o criolla. Por lo tanto, las

---

[1] Una excelente descripción de esto se puede encontrar en el libro "The History of Latin America", escrito por el autor norteamericano Marshall C. Eakin (Palgrave Macmillan, 2007)

bases de la Sociedad se mantuvieron. La economía siguió basándose en la explotación de recursos naturales con mano de obra barata, por lo cual, cuando llegó la revolución industrial, no la incorporaron como troncal de su economía, sino solo en la medida en que ayudaba a su verdadero troncal, que seguía siendo la agricultura y la minería. La actividad intelectual se centró en la literatura, produciendo grandes escritores y poetas. Pero la actividad intelectual dedicada a la investigación científica y el desarrollo industrial fue considerada – y lo sigue siendo – como algo secundario. Hasta bien adentrado el siglo XX las economías de la Región aún eran esencialmente dependientes de uno o dos productos – mineros, agrícolas o pecuarios. Aún hay varias economías de la región que dependen de estos dos sectores. Solo a fines del siglo XX comenzó a desarrollarse más el sector servicios, fundamentalmente comercio (en la medida en que las economías se abrían al mundo) y últimamente, turismo (especialmente para las economías más pequeñas del Caribe). Y también solo a fines del siglo XX la actividad industrial comenzó a desarrollarse, pero esencialmente en los dos mercados locales más grandes (Brasil y México), y además como plataforma manufacturera para atender las necesidades de la región (como en el caso de la industria automotriz).

Durante el Siglo XX hubo varios intentos para desarrollar la industria de la región, a veces por parte de países singularmente, las más a través de asociaciones de varios países para conseguir economías de escala. Todas fracasaron. Se fundaban en altos aranceles para proteger industrias internas que nunca fueron ni competitivas ni modernas. Y así, los países de la región no pudieron desarrollar su industria y agregar más valor a lo que exportaban. Corea del Sur era también un país eminentemente agrícola, y su PIB per cápita era inferior a muchos de los países de América Latina. Pero fue capaz de desarrollar una industria poderosa, abierta al mundo, imitando el mismo modelo que Japón y Europa antes que ellos: hacer lo que hacían los norteamericanos, pero con mejor precio e igual calidad.

En América Latina, los gobiernos de la Región continuaron esencialmente desarrollando sus economías alrededor de sus commodities, y así sigue hasta hoy. Pero no solo ha sido ésta la razón de que no haya países desarrollados en la Región. Hay un tema cultural que también ha sido persistente en América Latina y que la ha perjudicado fuertemente, tanto en su desarrollo social como económico. Es la perpetuación del espíritu de las encomiendas. Cuando Estados Unidos se creó y fue desarrollándose, a la par se creó el denominado "sueño americano" (American Dream) y "la manera americana de vivir" (American way of Life), que esencialmente decía que, si trabajabas duro, tendrías oportunidades para surgir. Por supuesto, hubo mucha discriminación racial que refutaba esa creencia, pero en general funcionó así. En América Latina no hubo nada de esto. La movilidad social ha sido casi inexistente en toda su historia. Hay, en cada país, dos realidades: la de los descendientes de la elite criolla que heredó el poder de las coronas de España y de Portugal, y el resto, descendientes de los habitantes originales o mezcla entre ambas razas. Eso ha significado, como veremos más adelante, un gigantesco despilfarro del recurso económico que más importa a partir del siglo 21: el talento.

Hay datos objetivos que muestran esta realidad de forma contundente. Démosle un vistazo.

2. Lo que dicen los datos objetivos acerca de la realidad latinoamericana respecto de lo que importa en el siglo 21

El siglo 21 ya es un siglo digital, como demostraré en la tercera parte del libro. "Lo digital" no es una herramienta, ni tampoco una nueva infraestructura. Es un cambio de paradigma en la historia de la humanidad, mucho más profundo de lo que fue la revolución industrial, ya que, por primera vez en la historia de nuestra especie, estamos pasando desde la construcción de una sociedad basado en lo tangible hacia la construcción de una sociedad basada en lo intangible.

Desde siempre, las naciones y las personas han considerado las cosas tangibles como origen del bienestar. No es que eso deje de ser así; no somos seres espirituales, sino de carne. Pero hasta ahora le dábamos más valor a lo tangible que a lo intangible, pues los productos que necesitábamos para vivir eran tangibles. Dentro del precio de lo que comprábamos había mayor valor por cosas tangibles.

Lo que cambia es que ahora consumimos cada vez más productos intangibles, y cosas intangibles como el talento, la imaginación o la creatividad son más importantes para el desarrollo de una sociedad y son una parte más relevante del precio que pagamos por los productos y servicios que compramos, de lo que son los recursos naturales, el capital financiero o la maquinaria.

Consecuentemente, diversos organismos mundiales y reconocidos Think

Tank han comenzado a medir esta nueva realidad, y a hacer comparaciones entre los países. Hay varios rankings respecto a las mejores Universidades, por ejemplo, que miden la producción intelectual de un país con estudiantes propios y ajenos. El Foro Económico Mundial por su parte ha desarrollado el Networked Readiness Index (NRI), que mide lo preparada que está una sociedad para beneficiarse de la Internet, la innovación y las tecnologías emergentes. La World Intellectual Property Organization, WIPO, en conjunto con INSEAD y Cornell University[2] han generado el Índice Global de Innovación (GII por sus siglas en inglés). El Banco Mundial ha generado el Knowledge Economy Index, que mide el grado de preparación de un país para desarrollar una economía del conocimiento[3]. Y a través de esta WIPO hay estadísticas sobre el número de patentes por país según una serie de criterios.

Creo que los países de América Latina están muy atrasados en materia de esta sociedad basada en intangibles, también llamada Sociedad del Conocimiento, tal y como lo demuestran todos los índices que la miden. Por cierto, lo de "Sociedad del Conocimiento" es un nombre sobre el cual aún no hay unanimidad ni consenso. Hay quienes la llaman Sociedad de la Información, y otros, Sociedad Digital. Creo que hay un poco de los tres.

El término "conocimiento" lo uso en la misma acepción que tiene el término "capitalismo", debido a que sería muy poco digerible emplear un término como "conocimientismo". Lo que quiere decir en definitiva es que esta nueva sociedad tiene como cimiento de los factores de producción al conocimiento. No es que los demás (capital, trabajo, tierra) no existan, sino que no son los que dan forma a la dinámica económica, política y social. El conocimiento es el equivalente al capital en el capitalismo. Es la fuente desde la que se crea el valor. Hoy no necesito tener gran capital para comenzar una actividad rentable, pero no puedo hacerla rentable sin conocimiento.

El factor trabajo es reemplazado por el factor "talento", como explicaré en varios pasajes del libro. Creo que queda claro que no son lo mismo. En el factor "trabajo" una persona es reemplazable por otra, que tiene más o

---

[2] https://www.globalinnovationindex.org/userfiles/file/reportpdf/gii-full-report-2015-v6.pdf
[3] Datos en:
http://web.worldbank.org/WBSITE/EXTERNAL/WBI/WBIPROGRAMS/KFDLP/EXTUNIKAM/0,,con tentMDK:20584278~menuPK:1433216~pagePK:64168445~piPK:64168309~theSitePK:1414721 ,00.html

menos las mismas habilidades. En el factor talento, la persona no es reemplazable a menos que sea por otra persona de al menos el mismo talento, y en lo posible, con un alto capital de conocimiento. Es el "trabajador del conocimiento" que describe Peter Drucker en su libro "La Sociedad Post Capitalista".

La infraestructura cardinal en la Sociedad del Conocimiento es la infraestructura digital, de igual forma que en la Sociedad Industrial lo fue la fábrica. Bajo esa acepción se puede hablar también de Sociedad Digital. Pero, a diferencia de la Sociedad Industrial, la infraestructura digital no solo afecta y define al mundo de la empresa, sino que también a la sociedad civil y al Gobierno. Es una infraestructura transversal y universal, y eso es nuevo. Permite crear sinergias entre todas las partes de la sociedad. No solo sinergias, sino simbiosis que crean nuevos modelos de generar valor y, por lo tanto, nuevos modelos de negocio.

La sociedad industrial era, en cuanto a sus paradigmas organizacionales, jerarquizada. El rol de los gerentes era el de tomar decisiones dentro de su área y verificar que eran llevadas a cabo. En la sociedad del conocimiento las organizaciones se aplanan, y el rol de los gerentes muda hacia ser más bien los "cohesionadores" del trabajo en equipo de los talentos con los que trabaja.

En la Sociedad Industrial se trabajaba típicamente con motivación extrínseca (ascensos, sueldos, despidos...), mientras que en la Sociedad del Conocimiento se trabaja más con las motivaciones intrínsecas (pasión por el trabajo que se hace) y trascendentes (hacer productos que tengan un impacto en el mundo, como sucede con Apple, la empresa más valorada en bolsa de toda la historia).

La empresa de la Sociedad Industrial se dirigía como una orquesta sinfónica: jerárquicamente, todos mirando al Director de Orquesta, con una partitura conocida por todos, y donde cada instrumento debe intervenir cuando se le ordena. La empresa de la Sociedad del Conocimiento se dirige como una Orquesta de Jazz, donde el líder da el ritmo y la entrada, pero cada instrumentista se incorpora aportando algo de valor a la música, de forma que espontáneamente salen tonos y ritmos perfectamente coordinados, sin partitura.

Los países triunfadores serán los que incorporen estos valores en sus poblaciones, para lo cual se requiere una verdadera revolución en el modelo de educación (que nada tiene que ver con si es gratuita y si es provista por el Estado, los privados o ambos), en la legislación laboral, en las políticas públicas económicas y fiscales, y en el derecho privado y público. Las empresas deben transformarse en empresas del conocimiento, basando su valor en sus talentos, y haciendo del "core knowledge" (conocimientos singulares) su "core business" (negocio principal). Las economías más dinámicas son las que se basan en el conocimiento y el talento. De hecho, la economía más dinámica no es ninguna de las del Asia Pacífico, ni China, ni las BRIC... es la Economía en Internet, que lleva creciendo a dos dígitos muy por encima de los restantes puntales. Y está formada por empresas muy dinámicas que funcionan como Orquestas de Jazz, fundadas alrededor del talento y con estructuras planas que les permiten tomar decisiones y ejecutarlas de forma muy rápida.

La Sociedad latinoamericana es fuertemente jerarquizada, por lo cual el "aplanamiento" descrito arriba le va a afectar muchísimo. Basa su economía fundamentalmente en los bienes tangibles, mientras que la creación de valor vendrá por el lado de los intangibles - destruyendo muchos puestos de trabajo que hoy están principalmente ligados a los bienes y servicios tangibles. No tiene una cultura de desarrollo y retención de talentos. En suma, está mal preparada para los desafíos del siglo 21, y lo que es peor, no es consciente de ellos. Sigue viviendo en el siglo 20, buscando "alcanzar el desarrollo" bajo los paradigmas de la Sociedad Industrial. Frente a los fenómenos de la economía digital, cree que solo se está produciendo un cambio menor en las reglas del juego, pero lo que está cambiando es el juego mismo.

Hay además un hecho histórico: todos los países de la región se crearon a comienzos del siglo 19, al alero de la revolución francesa y de la revolución industrial. Toda la región llegó tarde a la Revolución Industrial y ningún país supo ni pudo transformarse en un país desarrollado. Países de Asia que estaban fuera, como Corea del Sur, lo consiguieron, al igual que países de Europa como Portugal o Irlanda. Ninguna política pública ni económica le permitió entrar a ningún país de América Latina dentro del grupo de países desarrollados.

Hay otro hecho histórico: nunca en la historia republicana de los países latinoamericanos les había tocado un cambio de era, como sí sucedió con los países europeos o los milenarios países asiáticos. Ahora es la primera vez, y tenemos una segunda oportunidad de llegar al desarrollo. El pueblo latinoamericano ha sido históricamente muy ingenioso, y eso es un activo de cara al siglo 21. Pero si ese ingenio no se canaliza hacia el desarrollo de talento, volverá a perder el tren del progreso, como ha sucedido en los últimos 500 años desde su colonización.

Para medir el grado de incorporación a la Sociedad del Conocimiento diversos organismos internacionales llevan años confeccionando índices relativos a aspectos como la economía del conocimiento, la innovación, o la capacidad de aprovechar la revolución digital, que veremos en profundidad en este libro, pues nos proveen de muchos datos duros sobre cómo estamos y qué debemos hacer. Los principales los describimos arriba: el NRI, el GII y el KEI.

El país mejor posicionado de América Latina en el Índice Global de Innovación es Chile (posición 42 entre 141 países el año 2015). El país mejor posicionado en el Networked Readiness Index (NRI) es también Chile[4] (posición 38 de 143 países, habiendo llegado al puesto 34 el año 2013). El país mejor posicionado en el Knowledge Economy Index es nuevamente Chile, en el puesto 40 de entre 140 países. Y, sin embargo, a pesar de ser el líder de la Región en cuanto a innovación, aprovechamiento de tecnologías, y desarrollo de conocimiento, no se puede hablar de Chile como un país donde la innovación es un pilar de la economía, ni la agenda digital es una prioridad del Gobierno y de las empresas, o que se esté desarrollando una economía del conocimiento. Tampoco sucede en ningún país de América Latina.

Pero además de los rankings, hay otros hechos y datos:

- No hay ni una Universidad latinoamericana entre las 100 mejores del mundo, de acuerdo con los rankings más conocidos en la materia[5]. Harvard se fundó después de que se fundara la primera Universidad en América Latina, y cuando se fundó, Oxford (de origen inglés) y la Universidad de Salamanca (de origen español) estaban a la misma

---

[4] http://reports.weforum.org/global-information-technology-report-2015/network-readiness-index/

[5] Fuentes: en www.shanghairanking.com y el QS World Ranking, la Universidad de Buenos Aires está a la cabeza entre las Universidades de ranking entre 20 y 200. En el ranking mundial de la revista Time, la Universidad Técnica Federico Santa María es la mejor de América Latina, pero en la posición 271

altura. Luego las Universidades hispanoparlantes se fueron quedando más y más atrás, incluyendo las más antiguas de España, en mi opinión debido a aspectos culturales más que de capacidad intelectual. Recuerdo que cuando yo vivía en España en la década de los 70, existía de larga data una discusión sobre por qué en ese país no había más innovación, y las respuestas que daban algunos eran: "Que inventen los demás". Quizá tenemos los mismos genes, pero no hay ninguna razón para ello, porque ninguna raza ni nación tiene, a priori, una primacía en términos de talentos e inteligencia. Todos somos de la especie humana y llegamos al mundo en idénticas condiciones como especie.

- Ninguno de los países de la Región tiene una cantidad de investigadores por cada millón de habitantes mayor a 1.000. Eso es muy bajo, comparado con los 8.282 de Israel, 6.457 de Corea del Sur o 6.442 de Singapur[6] – todos (salvo Israel) países que tenían un PIB per cápita inferior a los actuales líderes de la Región hace 50 años atrás.[7]

- Las solicitudes de patentes por parte de residentes de nacionalidad origen, por cada millón de habitantes es de menos de 26 en todos los países de la Región. En Corea del Sur la cifra es de 3.254.[8]

- El total de Investigación y Desarrollo (I+D) en cualquiera de los países de la Región es inferior al 0,8% (Argentina está a la cabeza, con un 0,74%, pero la productividad de la inversión es muy baja, considerando las patentes por cada millón de habitantes).

- En cuanto a la exportación de bienes considerados creativos (según el Índice Global de Innovación) el país mejor posicionado es Costa Rica (apenas 52 entre 141, es decir, en la parte baja del primer tercio).

---

[6] Fuente: Datos del Banco Mundial en
http://datos.bancomundial.org/indicador/SP.POP.SCIE.RD.P6
[7] Fuente: http://www.nationmaster.com/country-info/stats/Economy/GDP-per-capita#1960
[8] Fuente: WIPO. La cifra más alta de la Región la tiene Chile, con 25 el 2014. Israel, por contraste, tiene 137; Nueva Zelanda, 363, y Corea del Sur, 3,254

- En cuanto al **número** de solicitudes de patentes, de acuerdo con el mismo Índice Global de Innovación, el líder de la región es Brasil (pero solo en el puesto 55 entre 140).

Parece claro, dada esta muestra de datos, que en América Latina la innovación, la creatividad, la investigación y el desarrollo no son parte, ni de las prioridades, ni del modelo de país. Parece que también tenemos la mentalidad del "que inventen los demás, y luego yo tomo la representación para mi país y gano distribuyendo".

Se puede contra argumentar diciendo que eso es debido a que son países en desarrollo, y por lo tanto no pueden mostrar datos equivalentes a países desarrollados. El punto es que estos datos son iguales hoy que lo eran hace diez años. Países como Finlandia, Corea del Sur o Singapur estaban mucho más abajo diez años atrás, pero han mejorado muchísimo (Singapur, de hecho, es número uno en el índice NRI). Se puede insistir en que, si se hace una correlación entre el PIB de los países de la Región y sus índices de innovación, I+D o NRI, y se compara con países de igual PIB per cápita, no están ni mejor ni peor. Eso es cierto, pero una vez más eso es ver la foto y no la película. Todas las naciones que lograron incorporarse al club de países desarrollados en los últimos 30 años lo hicieron **porque pusieron un especial énfasis en la economía del conocimiento**, con una performance por encima de la correlación $[(I + D + \text{innovación}) / PIB]$. Una y otra vez se ha demostrado que es el camino más rápido – y el más económico. Tiene un impacto directo sobre la productividad de un país. Se generan soluciones disruptivas. Se superan complejos respecto de que solo "los países ricos" son capaces de generar valor agregado ("por eso son ricos")

Singapur es un "centro de operaciones" (puerto de transición) en el enorme tráfico comercial entre Asia y el Pacífico. El importe de sus importaciones y exportaciones es muy superior al PIB nominal. En un momento determinado, la capacidad portuaria de Singapur colapsó. Había dos opciones: duplicar la infraestructura, o reducir a la tercera parte los procesos de desestiba y estiba.

Se optó por lo segundo. En vez de gastarse miles de millones de dólares ganándole terreno al mar (tangible), se gastaron decenas de millones de dólares mejorando los procesos (intangible). El resultado fue que el proceso de recepción descarga y carga de una nave pasó de 72 a menos de 24 horas. Es decir, se triplicó la capacidad en la infraestructura. Pero además se mejoró la productividad en un 300%, traspasando el beneficio a los clientes del puerto, puesto que ahora disponían de dos días adicionales por cada vez que paraban en Singapur para hacer otros fletes, y reducían en dos días el tiempo de entrega de los productos que llevaban desde Singapur a otros países. Esto sucedió en la década de los años 80.

El PIB per cápita subió desde 5.003 dólares en 1980 a 56.000 dólares en 2015[9]. Ese enfoque no ha sido adoptado por los países de América Latina, aunque hayan reducido el tiempo de papeleo para importar y exportar. Es un ejemplo de cómo una nación puede cambiar su productividad utilizando tecnologías de la información.

3. De la Sociedad Industrial a la Sociedad Digital

Así como el Siglo 20 fue el siglo de la Sociedad Industrial, el siglo 21 ya es el siglo de la Sociedad Digital.

La Sociedad Digital se funda en el uso inteligente y criterioso[10] de tecnologías digitales. De acuerdo con un estudio de la consultora Mc Kinsey[11] (que analizamos en detalle en la cuarta parte de este libro), para el año 2025 *doce tecnologías emergentes tendrán un impacto económico equivalente hasta el doble de lo que hoy es el PIB de Estados Unidos*. Van a afectar la vida de miles de millones de personas y cientos de millones de puestos de trabajo.

Un tema de suma importancia para los países de América Latina es: los puestos de trabajo que se destruirán, ¿se verán compensados por los que se crearán? ¿Tiene América Latina la capacidad de capacitar y reacondicionar la fuerza laboral con las habilidades y competencias que se necesitarán? Veremos en qué consisten esas tecnologías y cómo pueden afectar a América Latina.

Los puntajes del índice NRI (más que los rankings que vimos antes) ilustran

---

[9] Fuente: Banco Mundial, a valor nominal. Sacado desde Internet

[10] El término en inglés es "Smart", que no quiere decir exactamente lo que dice su traducción ("inteligente") por lo cual he añadido el término "criterioso". Otra palabra podría ser "astuto", pero me pareció menos adecuada (Nota del Autor)

[11] Mc Kinsey Global Institute, May 2013: "Disruptive technologies: Advances that will transform life, business, and the global economy", se puede bajar desde www.mckinsey.com/business-functions/business-technology/our-insights/disruptive-technologies

esa realidad. De una escala que va del 1 al 7, ningún país de la Región tiene nota superior a 4 en uso de tecnologías digitales por parte de los negocios. Ninguno tiene nota superior a 4,8 en uso de tecnologías digitales por parte de los gobiernos. Solo Costa Rica tiene nota por encima del 5 en cuanto a preparación. Respecto del impacto que tienen las tecnologías digitales en la economía del país, ninguno tiene una nota superior a 3,5. Y respecto del impacto social que tienen las tecnologías digitales, Costa Rica es nuevamente quien lidera, pero con solo un 4,8[12]. Esto lleva a un círculo vicioso: como el uso de tecnologías de la información no es un factor determinante de mejora en competencias, competitividad y productividad, no se usan más intensamente. Y como no se usan más intensamente, difícilmente podrán ser un factor determinante de mejora en competencias, competitividad y productividad.

La nueva revolución digital, que ya comenzó, va a destruir millones de puestos de trabajo, en mayor medida y alcance de lo que lo hizo en su día, por ejemplo, la producción en cadena o la robotización de procesos industriales. Esta vez no va a afectar solo a puestos de trabajo no cualificados que representan actividades repetitivas, sino también puestos cualificados con actividades que suponen tomas de decisiones. En 2015 una firma de inversiones de Hong Kong contrató como Miembro del Directorio ¡a un algoritmo! ¿Por qué? Porque toma mejores decisiones que todos los demás directores juntos[13].

En algún momento cientos de millones de diagnósticos médicos históricos estarán accesibles, y mediante inteligencia artificial se podrá diagnosticar en segundos a cualquier paciente a partir de los datos personales y los exámenes de laboratorio. El bueno de Dr. House a lo mejor deberá cambiar de trabajo.

La materia de clases será explicada por el mejor profesor del mundo para esa materia en concreto, y los profesores en el aula tendrán otra misión. El nuevo paradigma "flipping the classroom" (intercambiar el aula y la casa) está cada vez con más adeptos. MIT y Harvard lanzaron eDX el año 2012,

---

[12] Fuente: NRI Index, en http://reports.weforum.org/global-information-technology-report-2015/network-readiness-index/

[13] Huffington Post: "Venture Capital Firm Hires Artificial Intelligence to Its Board of Directors". Puede leerlo en http://www.huffingtonpost.co.uk/2014/05/15/artificial-intelligence-board-directors_n_5329370.html

con el objetivo de llegar con los contenidos de todos sus cursos a mil millones de alumnos de todo el mundo... gratis. Un país angloparlante de África decidió que cuando ello suceda, todas sus Universidades usarán esas clases. ¿Y los profesores? Ayudarán a los alumnos que no entendieron, harán pruebas, acreditarán competencias aprendidas. ¿Y qué ganan el MIT y Harvard con ello? De esos 1.000 millones de alumnos quizá 1 millón quiera tener un grado académico de Harvard o del MIT. Podrán sacarlo a una fracción de lo que cuesta hoy. ¿Cómo? De eso y más hablaré más adelante.

El mundo se dirige hacia una minería sin mineros, transporte sin choferes, aviones sin pilotos, tiendas sin vendedores, agricultura con menos o ningún jornalero, empresas y gobiernos con menos personal. Allí es donde hay una gran cantidad de puestos de trabajo hoy en América Latina. A cambio, habrá una gran demanda de profesionales relacionados con el llamado STEM (acrónimo inglés que se refiere a Ciencia, Tecnología, Ingeniería y Matemáticas), de los cuales hay pocos profesionales en la Región. La Internet móvil, inteligencia artificial, manejo de grandes datos, Internet de las cosas, computación en la nube, impresión 3D y 4D entre otros, van a ser grandes demandantes de mano de obra cualificada, que no tenemos al presente en la Región, y que se contratarán en otros países vía teletrabajo. El impacto que estas tecnologías tendrán sobre las empresas establecidas en América Latina, así como en los Gobiernos, educación, salud, finanzas, retail o logística va a ser enorme.

4. América Latina y los desafíos del siglo 21

A pesar de todo lo anterior, y de lo que se proyecta que será el panorama para el año 2025, ningún país de la región está haciendo algo serio al respecto. Los gobiernos siguen pensando en el trabajo en términos de lo que fue el siglo 20, cuando el trabajo presencial era parte esencial del contrato entre trabajador y empleador, y siguen por lo tanto legislando, mirando al pasado. Las proyecciones dicen en cambio que los puestos de trabajo que habrá en diez años más ni siquiera existen hoy, y las formas de trabajo no serán las actuales. Las leyes laborales del siglo 20 no servirán para la forma de trabajar en el siglo 21. Ya el año 2010 sucedió que, de los 10 puestos de trabajo más demandados en el mundo, ¡6 no existían el año 2004!

Las reformas en la educación que se están discutiendo cometen el mismo error de apreciación: están hechas para la educación pública que se generó a comienzos del siglo 20, y que ya no responde a las necesidades del siglo

21. Las discusiones siguen siendo ideológicas, acerca de si la provisión de servicios educacionales debe ser pública o privada, gratis o con costo. Nada se discute acerca de modernización en la metodología de enseñanza, o de las mallas curriculares necesarias para el siglo 21, ni sobre las habilidades y competencias que se va a requerir a los profesionales del siglo 21. Es muy posible que, de seguir así, América Latina termine con una alta población profesional sin trabajo (por no tener competencias ni habilidades requeridas) y el trabajo se vaya a otros países. De la "destangibilización" del factor trabajo también hablaré más adelante.

Los empresarios de América Latina aún no han comprendido bien el papel disruptivo que están teniendo las tecnologías digitales emergentes. Aún las ven como simples herramientas de gestión y de potenciales recortes de costos. Los Gerentes de Informática (cuando los hay) o Jefes de Informática (más usual) aún dependen mayoritariamente de la Gerencia de Administración o de Finanzas. Los Gerentes de Informática no tienen participación en la planificación estratégica de las empresas. Pero cuando se les ha dejado hacer, han salido con ideas disruptivas que han cambiado la naturaleza del negocio, o al menos han revolucionado la forma como se hace el negocio, y esto en el sector privado tanto como en el estatal. Un ejemplo es el portal del Servicio de Impuestos Internos de Chile, que hoy utiliza el 96% de los contribuyentes para hacer sus declaraciones de renta, y casi el mismo porcentaje por parte de los profesionales para emitir boletas de honorarios (gratis). Esas son excepciones. Por ello es por lo que tenemos una nota baja en adopción de tecnologías por parte de empresas y gobiernos de la Región.

El cambio que están trayendo las tecnologías digitales en la economía, los negocios y las sociedades latinoamericanas está alimentando una "tormenta perfecta" para América Latina, por la cual los precios de los productos que son la base para la generación de riqueza están cayendo, y no hay una economía del conocimiento para reemplazar esa generación de riqueza perdida. No hay conciencia de la importancia de realizar esta sustitución. Se habla, sí, y mucho, de que se debe crear más valor agregado, pero la discusión queda en el "se debe". ¿Cómo? No se discute. ¿Quién? No se dice. ¿Cuándo? Más adelante. El resultado de ello va a ser un impacto negativo en el empleo y los salarios, una caída en las tasas de crecimiento, y finalmente, un malestar social que va a pasar una alta factura. Esta es otra idea sobre la que volveré a menudo.

La principal razón de este panorama no es técnica ni económica, sino cultural. Viene de lo descrito al comienzo de este capítulo. Quinientos años en los que la base de la economía ha sido la de recursos naturales, con poco o ningún valor agregado, y con índices de desigualdad muy altos en la distribución del ingreso. Hasta ahora esa desigualdad ha sido respondida con revoluciones violentas, vías rápidas de enriquecimiento como las drogas, o simplemente ha sido considerara como parte del estatus quo.

Se ha insistido mucho que el crecimiento económico resuelve el problema de la distribución del ingreso. Pero ¿Cuánto se tarda, y qué tan bien lo hace? Hoy la sociedad en América Latina tiene acceso a través de Internet a información sobre cómo podría ser su vida y cómo es la vida en otros lugares, y no le gusta lo que ve. Se pone por lo tanto mucho más exigente – y con razón. Las oportunidades que trae la revolución digital permitirían mejores oportunidades de trabajo, con mejores ingresos, y de forma mucho más rápida que esperando una mayor demanda de commodities a mejores precios – algo que no se puede manejar, y que nunca se sabrá si sucederá.

El problema de fondo no se resuelve tampoco cambiando de sistema político. América Latina ha sido incapaz de poner ni uno solo de sus países dentro de los desarrollados, independiente del tipo de Gobierno que haya tenido. Y los ha tenido todos: democráticos de derecha, centro e izquierda. Dictaduras de derecha e izquierda. ¡Incluso un Imperio! Ninguno lo ha conseguido. Todos ellos, sin embargo, tuvieron en común la herencia de los conquistadores: la economía depende de los recursos naturales. Las veces que se desarrollaron políticas para generar valor agregado industrial fue a través de altos aranceles y mercados locales. Los casos de economía del conocimiento son escasos, y, sin embargo, algunos de ellos están a nivel de clase mundial. La minera pública CODELCO, por ejemplo, ha adoptado tecnologías en todas las fases de su ciclo de valor, reduciendo personal y costos, pero también armando valor agregado alrededor de nuevos usos del cobre. Crystal Lagoons es una empresa creada por el chileno Fernando Fischmann, que desarrolló y patentó un sistema de grandes piscinas totalmente transparentes. Su modelo de negocios es cobrar por la mantención de las piscinas que usan su sistema. Los proyectos inmobiliarios que contemplan incorporar estas lagunas superan los cien mil millones de dólares.

La ciencia y la educación científica no han sido prioridad en los gobiernos de los países de América Latina, independiente del color o del régimen político. Los presupuestos para innovación, investigación y desarrollo son bajos. En materia de educación se ha puesto mucho énfasis en mayores recursos, pero no en mejorar la calidad de la educación.

En 1960, Chile – el país que hoy es más desarrollado de la región – tenía un PIB per cápita más alto que Corea del Sur (550 dólares nominales vs 155 para Corea del Sur[14]). Hoy está muy por debajo, a pesar del "milagro chileno" y de todo lo que creció a partir de 1990. Corea del Sur tiene para 2014 un PIB per cápita de 28.100 dólares nominales, y Chile, de 14.477[15]. La diferencia con Singapur es aún más impresionante: En 1960 tenía un PIB per cápita a valor nominal de 395 dólares (más bajo que Chile), y en 2014 tuvo un PIB per cápita a valor nominal de 56.319 dólares (casi 4 veces más que Chile). Argentina estuvo en un momento entre las 10 economías más grandes del mundo en términos económicos, y hoy está en el puesto 24.

Esta evolución no afecta solo a países capitalistas. China ya es el gran manufacturador del mundo, pero no se han quedado conformes con ello. Ahora quieren desarrollar la economía del conocimiento. China ya tiene varios emprendimientos digitales valorados en más de mil millones de dólares, liderados por alibaba.com. Vietnam está desarrollando su propio Silicon Valley, y ya puede mostrar al menos un emprendimiento que el año 2014 se valoraba en 1.000 millones de dólares (los llamados por Wall Street "Unicornios"). Curiosamente, siendo un país comunista, está impulsando beneficios fiscales para la llegada de empresas del conocimiento, estimando atraer a una veintena de empresas con una inversión de más de 1.500 millones de dólares[16]. Nada de esto se ve en ningún país de América Latina.

5. Cambiando América Latina para el siglo 21

A medida que el mundo entra en la Sociedad del Conocimiento, empujado por la Revolución Digital, las economías basadas en recursos naturales se alejan del grupo de naciones desarrolladas, a menos que generen valor agregado sobre esos recursos naturales. América Latina, por ejemplo, podría ser un enorme proveedor de Energías Renovables No Convencionales (ERNC). Y podría serlo de dos formas distintas: siguiendo el mismo modelo

[14] Cf.: http://www.nationmaster.com/country-info/stats/Economy/GDP-per-capita-in-1950
[15] Cf. Fondo Monetario Internacional: http://statisticstimes.com/economy/countries-by-gdp-capita.php
[16] Ref. Artículo en América Economía, en http://tecno.americaeconomia.com/articulos/los-atractivos-de-vietnam-para-convertirse-en-el-nuevo-silicon-valley

que ha seguidos en sus 500 años de historia (es decir, explotando solo el recurso natural) o desarrollando valor agregado. ¿Cómo?

Por ejemplo, en vez de poner el énfasis en la generación de energía, desarrollando innovación tecnológica para que dicha energía sea la más económica del mundo. Asociándose con las mejores Universidades y Centros mundiales de investigación, pero incorporando a las Universidades y centros de investigación latinoamericanos – o creándolos, si no existen. Desarrollando competencias profesionales latinoamericanas para la generación de electricidad con recursos renovables alternativos a costos inferiores a las demás fuentes de energía. La energía eléctrica será cada vez más relevante en los costos de producción. Si América Latina consigue tener costos menores para su economía local, será más competitiva a nivel mundial.

Otro ejemplo: quizá el mayor desafío que tendrá el mundo para el año 2050 será alimentar a una población de 9.000 millones de habitantes que además tendrá un grado de desarrollo muy por encima del que tienen hoy. Miles de millones de personas que hoy viven por debajo de lo que es una dieta calórica suficiente tendrán acceso a más comida y de mejor calidad. Se abre un enorme potencial también en este campo, con el desarrollo de la "Smart Agriculture" (agricultura inteligente), que permitirá mejorar sensiblemente el rendimiento de la tierra en la producción de alimentos. Pero, de nuevo: podemos quedarnos en eso o podemos dar un paso más. Podemos seguir siendo proveedores de alimentos sin procesar o podemos desarrollar una industria de la alimentación sana, de mayor valor agregado.

No hay hasta ahora ningún país que haya llegado al desarrollo basado <u>solo</u> en los recursos naturales. Ni siquiera los muy ricos países petroleros. De hecho, varios países petroleros ya se han dado cuenta de ello, y llevan varios años invirtiendo en economía del conocimiento.

Qatar, por ejemplo, tiene un Plan de 40.000 millones de dólares para una "Ciudad de la Educación". Hoy, cinco países petroleros están por encima del país latinoamericano mejor posicionado en el índice NRI del Foro Económico Mundial: Emiratos Árabes Unidos (puesto 23), Qatar (puesto 27), Bahréin (puesto 30), Malasia (puesto 32) y Arabia Saudí (puesto 35). El año 2007 solo había dos (Malasia en el puesto 26 y Emiratos Árabes Unidos en el puesto 29). Por lo tanto, el país petrolero mejor posicionado el año 2015 había mejorado 6 puestos en el índice entre el año 2007 y 2015, mientras que el país latinoamericano mejor posicionado había retrocedido 7 puestos. Y tres nuevos países petroleros han superado al líder de la Región.

Podemos aún ver la botella medio llena. América Latina es la Región más dinámica en adopción de Internet móvil en el mundo, después del Asia-Pacífico. Tiene una población más joven que Europa o América del Norte, lo cual implica una mayor proporción de "nativos digitales". Puede por ello incorporarse rápidamente y de forma más eficiente a la Revolución Digital: gracias a la Ley de Moore (por la que la capacidad de procesamiento de un microchip se duplica cada 18 meses) puede adquirir infraestructura tecnológica a menor costo que naciones que llegaron antes.

Pero para que ello suceda, es necesaria una verdadera "refundación" del modelo de Sociedad, y ello solo sucederá si las élites (económica, política, académica, social) abrazan los paradigmas de la era digital que ya comenzó.

¿Es posible? ¿Hay algún precedente de éxito que lo avale?

Afortunadamente, sí. A partir de la década del 70, Chile adoptó un sistema económico totalmente distinto al que los países de la Región habían tenido hasta entonces. Abrió sus fronteras y salió a competir en el mundo. Los empresarios, acostumbrados a trabajar en un mercado local protegido por altos aranceles, tuvieron que reinventarse. Y lo lograron. Se produjo el "milagro económico chileno" que fue seguido de otro "milagro político". Desde su independencia, en todos los países de la Región se daba que un cambio de régimen político implicaba un cambio de régimen económico. Por primera vez, un gobierno de centro izquierda, habiendo heredado de una dictadura un modelo económico liberal, no lo cambió: lo perfeccionó, dando al país el periodo de mayor crecimiento económico de su historia.

El modelo chileno ha sido un ícono para otros países de la Región, que – cada uno a su manera – han incorporado de alguna forma ese cambio de mentalidad. No todos los países lo han hecho, pero a aquéllos que lo han hecho, les ha ido mejor que aquéllos que no lo han hecho.

Pero ahora se necesita un cambio de mentalidad mucho más radical. La radicalidad está en un cambio de percepción por parte de las élites de América Latina respecto de dónde está realmente la clave del desarrollo de la sociedad. Debemos comprender que el mayor activo, **la mayor riqueza de nuestra región, es su gente**. Debemos comprender que en la medida en que nos focalicemos en el desarrollo y asignación de **talentos**, más que en recursos naturales, industriales o financieros, mayor valor crearemos, mejor productividad tendremos, mejores sueldos podremos pagar, mayor mercado desarrollaremos, y se creará un círculo virtuoso basado en un crecimiento económico sustentable, inteligente (" Smart") e inclusivo. Y puede hacerse.

Si América Latina ha sido capaz de estar donde está, **a pesar** de su rigidez social, puede llegar donde quiera si es capaz de liberar esa rigidez a través de la sociedad del conocimiento, haciendo del desarrollo de los talentos de la región un foco de políticas públicas.

Los empresarios de América Latina necesitan incorporar en su ADN la necesidad de hacer sus empresas muy productivas a partir del talento, y traspasar a ese talento rentas más altas. Hace más de 100 años atrás, Henry Ford mejoraba radicalmente la productividad de sus operarios con la invención de la línea de montaje y la división en el trabajo de manufactura. ¿Qué hizo? "Debo pagar bien a mis operarios para que puedan comprar mis automóviles". Sentido común. Hace menos de 40 años atrás, Bill Gates fue aún más lejos, al darse cuenta de que el mayor activo de su empresa era el talento: repartió acciones u opciones de compra de acciones a sus empleados, es decir, los hizo socios de su empresa (y ricos). Ese es el tipo de cambio de mentalidad que se requiere masivamente en nuestra Región.

En la medida en que transitemos hacia una Sociedad del Conocimiento, la importancia del talento será mayor, y la demanda por talento provocará que los que lo requieren se preocupen de que éste exista y se desarrolle. Y tendrán que remunerarlo mejor. Para nadie es sorpresa de que los sueldos en las empresas industriales con mayor valor agregado son superiores a los sueldos de los peones que trabajan en la agricultura. Por la misma razón, nadie debería sorprenderse de que los sueldos de las posiciones relacionadas con la Sociedad del Conocimiento son mejores que ambos. Por lo tanto, debemos basar nuestro desarrollo como sociedad en el desarrollo de nuestros talentos, y poner todas nuestras energías en conseguirlo. La batalla del siglo 21 no la van a ganar quienes tengan más recursos financieros, sino quienes tengan más "brainpower" (potencia intelectual).

Este libro ha sido escrito pensando en esa élite que puede hacer posible un cambio radical de mentalidad en América Latina, tanto como en la Sociedad que lo desea y que puede presionar a sus líderes para que suceda.

Creo firmemente que, dados los incentivos correctos, América Latina puede hacer una plena entrada en la era digital y en la Sociedad del Conocimiento. La velocidad dependerá de si ese cambio es liderado desde la élite o es empujado desde la Sociedad. Dada la historia de los países de la Región, sería más rápida la primera opción, pero si hay algo nuevo en la era digital es el empoderamiento de la Sociedad frente a la élite, por lo cual bien pudiera ser que se genere una dinámica virtuosa por la cual la Sociedad empuje los cambios y la élite se dé cuenta qué es más beneficioso para todos, y los lidere.

Esta quizá sea la última oportunidad de América Latina de superar sus dos deficiencias crónicas: no poder estar entre los países más desarrollados del mundo, teniendo todo para estarlo, y tener una enorme desigualdad en el reparto de su riqueza.

Segunda Parte: La Revolución Digital

A finales del Siglo XVIII hubo tres hechos revolucionarios que sucedieron en apenas tres años: la declaración de independencia de los Estados Unidos el año 1776 (que supuso la recuperación de las ideas democráticas de la Grecia antigua como sistema de gobierno), la construcción de la primera máquina a vapor el año 1774 (que gatillaría la revolución industrial y la creación de las fábricas, la estandarización de la producción y la masificación de los mercados), y la publicación en 1776 del libro de Adam Smith "Del bienestar de las Naciones" (que generaría el sistema capitalista). En los doscientos años posteriores a estas fechas, la humanidad avanzó más que en todo el resto de su historia. La revolución industrial y el capitalismo generaron y distribuyeron la mayor creación de riqueza de la historia, aunque la equidad de dicha distribución es cuestionable.

A fines del Siglo XX hubo tres innovaciones revolucionarias que están produciendo un cambio mucho más rápido y aún más profundo que los tres hechos revolucionarios mencionados arriba, de forma que a 20 años de la creación de una de esas innovaciones se ha avanzado más rápido que en los 200 años anteriores. Dos innovaciones son estrictamente tecnológicas. La otra es en modelos de negocio.

La primera es el chip, que ha duplicado la capacidad de procesamiento cada 18 meses desde que se creó, acumulando una mejora de productividad superior al 320.000%, y una reducción de costos del 99,2%. Efectivamente, la capacidad de procesamiento que tiene un iPhone 4 de 400 dólares equivale a la que tenía en el año 1975 un supercomputador de 5 millones de dólares[17]. Gracias a esta revolución fueron posibles las otras dos.

La segunda es Internet y la World Wide Web. Esta última, por impacto, es quizá la mayor innovación de la historia de la humanidad. Parecerá una exageración, pero a lo largo de este libro espero dar suficientes argumentos al respecto. De momento adelanto uno, que demostraré a su tiempo: gracias a la World Wide Web, el talento pasa a ser un bien transable mundial, y se transforma en el recurso más importante de la economía. El nuevo "bienestar de las naciones" viene de que se pueda conseguir que cada persona haya descubierto y desarrollado sus talentos singulares y que los use en aquellas actividades que más le gustan. Allí es donde es más productivo, puede hacer un mayor aporte a la sociedad, puede obtener la mejor remuneración y estar

---

[17] Gordon Bell, "A Seymour Cray perspective," Microsoft Research, November 1997.

profesionalmente realizado.

¿Cuál sería el PGB del mundo si todos sus habitantes pudieran trabajar en lo que tienen más talento y más les gusta?

La última innovación está íntimamente relacionada con la segunda. Cuando Tim Berners-Lee creó la herramienta que hizo posible la World Wide Web, decidió **regalarla** al mundo. Y con ello cambió radicalmente el **modelo de negocios**, creando cientos de miles de productos y servicios con un excedente del consumidor cercano al 100% (gratis). De allí partió la auténtica revolución digital, cuyas implicancias económicas, sociales y políticas, más allá del desarrollo y uso de miles de dispositivos, tienen que ver con el resultado que dicho uso puede generar. Se puede llegar a todas las personas del mundo y educarlos para que puedan producir cosas valiosas para el mismo mundo. Es gracias a dichos dispositivos y a la World Wide Web que la economía se "digitiza", término que leí por primera vez de la consultora Mc Kinsey[18], y para el cual adopté una acepción que es distinta a "digitalizar".

Digitalizar supone hacer lo mismo, pero digitalmente para hacer más eficiente un proceso, producto o servicio. Digitizar supone hacer algo distinto para satisfacer la misma necesidad o resolver el mismo problema, usando tecnologías digitales, y de forma que el nivel de satisfacción es muy superior y el costo de entregar dicha satisfacción es radicalmente menor. Mc Kinsey llama también "transformación digital" a este cambio de paradigma de negocios, y ese es el término que utilizaré en adelante, por ser más comprensible para el lector, y por recomendación de quienes leyeron el borrador de este libro.

Es bien conocido el dicho "nada es gratis". Entonces, ¿dónde está el modelo de negocios de los productos que se entregan gratis?

Un gran número de ellos siguen el modelo de negocios que generó en su día el denominado "shareware" (aplicaciones o software que se entregaba gratis, pero que suponían una versión básica de otro más potente. Este

---

[18] Ver, por ejemplo, "Accelerating the digitization of business processes" en: http://www.mckinsey.com/insights/business_technology/accelerating_the_digitization_of_busi ness_processes o "Public-sector Digitization: The trillion-dollar challenge" en http://www.mckinsey.com/insights/business_technology/public_sector_digitization_the_trillion _dollar_challenge

modelo se aplica aún, especialmente en juegos Online).

Otro porcentaje funciona con publicidad y otro con suscripciones, es decir, el material gratis es durante cierto tiempo, a partir del cual hay que pagar una suscripción mensual o anual para acceder al mismo. Es muy típico de diarios digitales o servicios de video como Netflix. Hay muchos casos en los que el autor de un programa, de una canción, o de un libro, o una clase, lo pone gratis en Internet para ser "descubierto" por una empresa de software, o una casa discográfica, una editorial o una Universidad. Hay muchos cantantes que suben gratis sus canciones a YouTube porque ganan por dos lados: la publicidad que se cuelga al momento de presentar canciones, y la popularidad de la canción, que se "cobra" mediante las giras mundiales. El cantante Enrique Iglesias, por ejemplo, ha tenido más de 1.600 millones de vistas de su canción "Bailando", algo inimaginable en el modelo de negocios anterior.

El impacto de Internet ha sido tan grande que no nos hemos dado cuenta, probablemente porque la humanidad no tiene los genes para asimilar cambios tan rápidos y radicales.

La World Wide Web es una herramienta de colaboración entre personas que ha digitizado al mundo, llevando a cabo un cambio radical en la humanidad en apenas 20 años, mientras que los cambios anteriores tardaron miles o cientos de miles de años en suceder.

La primera herramienta de colaboración entre personas fue el lenguaje, cuando el hombre pudo articular sonidos que se convirtieron en palabras con las cuales identificaba ideas y acciones. Esa tecnología (el lenguaje) implicó un salto enorme en la productividad del trabajo en equipo. Surgió alrededor de 190.000 años atrás.

La segunda herramienta de colaboración surgió con la escritura. El problema del lenguaje como herramienta de colaboración es que su efectividad dependía de dos variables: tiempo y espacio. Según el mensaje se alejaba en tiempo y espacio a su origen, perdía fidelidad y por lo tanto fiabilidad. La escritura vino a resolver ese problema, ya que la fuente original podía ser accedida tal como fue originada en otro lugar y/o en otro tiempo. Esto es en cualquier caso relativo, puesto que el lenguaje oral y escrito evoluciona, y lo que se escribió originalmente se pierde, quedando copias de copias. Pero a través de la escritura se hizo un nuevo salto en la productividad del trabajo en equipo. La escritura surgió hace aproximadamente 8 mil años.

La tercera herramienta fue la imprenta, que entregó una nueva dimensión a la transmisión de ideas y la colaboración de personas: le dio amplitud. Hasta ese momento la transmisión de ideas con las mejores tecnologías era solo cosa de unos pocos. La inmensa mayoría de las personas no tenía acceso a la tecnología. La imprenta redujo costos de forma radical y dio acceso a una cada vez mayor cantidad de personas a las instancias de colaboración y transmisión de ideas. Esta tercera herramienta se generó hace 500 años. En 400 años llegó al 30% de la humanidad (alfabetización).

La cuarta herramienta es la World Wide Web. Permite acceso no solo a contenidos, como la imprenta, sino a experiencias y contactos. Genera una dimensión del mundo distinta, rompiendo paradigmas que tienen miles de años, como el sentido de pertenencia a una nación. Genera una nueva forma de ser, que describo más adelante ("Yo vivo en Virtualia"). Y en apenas 20 años, el 30% de la humanidad tuvo acceso a ella. Es decir, en un 5% del tiempo que llevó al mismo 30% de la humanidad en adoptar la escritura imprenta.

¿Por qué tanta importancia a la transmisión de ideas? Porque es el modo en que la humanidad avanza. Toma ideas a partir de la experiencia o de la inspiración, las elabora y saca ideas nuevas y mejores, para resolver nuevos problemas y hacer creaciones nuevas. Sin transmisión de ideas partiríamos casi de cero en cada generación (algo queda en los genes de la experiencia de los padres)

Con la revolución digital la especie humana se "digitiza". La sociedad, la economía y la política pasa desde un ecosistema tangible hacia uno intangible.

6. Siglo 21, siglo digital

Robert Solow (premio Nobel de Economía en 1987) era categórico al considerar que la informática no era una herramienta de mejora de la productividad. Su célebre frase "veo computadores en todas partes menos en los índices de productividad" alimentó una polémica que aún continúa en algunos sectores. Pero estaba equivocado, porque no previó el efecto que tendría la Ley de Moore.

He mencionado antes esta ley, pero conviene detenernos a explicarla más. Gordon Moore fue uno de los fundadores de Intel, la empresa líder mundial en producción de microchips. Moore venía de Fairchild Semiconductors, y puso en marcha Intel cuando se inventaron los microchips. Más que una "ley", como la de la gravedad, Gordon Moore hizo una apuesta, basada en evidencia empírica: que la capacidad de procesamiento de los microprocesadores se podía duplicar cada 12 meses. Fue formulada el año 1965 (cuando aún no existían los microchips comerciales). En 1975 cambió el tiempo desde 12 a 24 meses. Y el año 2007 Moore dijo que su ley tenía fecha de caducidad, entre 10 y 15 años. Sin embargo, nuevos descubrimientos en el campo de materiales avanzados podrían extender aún más tiempo este comportamiento. El resultado práctico es, como ya vimos, que entre comienzos de los años 70 – cuando salió el primer microchip – hasta nuestros días, la capacidad de procesamiento de un microchip se ha multiplicado por 3.200 (320.000%), a la vez que el costo se mantiene o reduce. Por eso, un iPhone 6 tiene más capacidad de procesamiento que un supercomputador IBM de 5 millones de dólares de 1975.

Pero esta ley no solo se ha verificado en la industria de microprocesadores, sino también en varios otros sectores de las tecnologías, como la banda ancha (el tamaño de banda ancha se ha duplicado cada dos años, reduciendo el costo a la mitad), la secuenciación de ADN, la impresión 3D, la robótica, los vehículos autónomos, las celdas energéticas solares, los molinos para energía eólica, y varias más. Estas son las llamadas "tecnologías exponenciales", y son las responsables de los grandes cambios que vienen, ya que no es lo mismo crecer linealmente a crecer exponencialmente.

Ray Kurzveil es un científico de la computación, inventor y futurista nacido el año 1948, que se especializó en reconocimiento óptico, reconocimiento de voz, texto-a-voz, e inteligencia artificial. Fue un genio de la computación desde muy joven (alrededor de 1968, con 20 años, vendió su primer sistema en 100.000 dólares, alrededor de 675.000 actuales).

En sus estudios sobre computación llegó a la conclusión de que para el año 2045 se llegaría a que un computador de mil dólares tendría más capacidad de procesamiento que toda la humanidad junta. Llamó a este punto "la singularidad", en su libro publicado el año 2005.[19] *La fusión de inteligencia humana y tecnología hará que nuestra inteligencia sea esencialmente no biológica y millones de veces mayor de lo que es hoy*, trayendo

---

[19] The Singularity is Near, en http://www.amazon.com/Singularity-Near-Humans-Transcend-Biology/dp/0143037889/ref=sr_1_1?s=books&ie=UTF8&qid=1459117402&sr=1-1&keywords=singularity+is+near Y en su sitio Web, http://www.singularity.com/

enormes desafíos, pero aún mayores oportunidades, entre las cuales se encuentran derrotar la pobreza, terminar con el hambre y terminar con la polución. Lo singular es que los humanos podrán trascender los límites físicos e intelectuales de nuestra especie, transformando irreversiblemente la vida humana. En vez de ver la tecnología como una amenaza a la humanidad, pasa a ser un potenciador de la especie. Una "garrocha intelectual" que nos lleva a saltar mucho más alto que solo con los pies.

Peter Diamandis es otro gurú futurista, conocido por su best seller "Abundance: The Future is Better than you Think[20]". Su planteamiento es que en nuestro planeta tenemos todos los recursos necesarios para resolver los grandes desafíos de la humanidad, y que la economía del futuro será una de manejo de la abundancia, no de la escasez. Era cuestión de tiempo que ambos se juntaran e hicieran algo. El resultado es un think tank llamado Singularity University[21], que fue creada el año 2009 y está situado en el NASA Research Park (en Sillicon Valley).

El Singularity University tiene una serie de programas en los que explican cómo usar las tecnologías exponenciales. También están a cargo de llevar a cabo iniciativas mundiales que afecten la vida de miles de millones de personas en todo el mundo. El año 2015 anunciaron una asociación con Yunus Social Business para usar tecnologías exponenciales en los lugares donde trabaja la YSB. Esta organización está respaldada por Muhammad Yunus, ganador de permio Nobel y creador del Grameen Bank, mejor conocido como el "Banco de los Pobres". Queda claro, por lo comentado, para qué es esa asociación.

Hoy las tecnologías digitales, por lo tanto, están en todas partes, **especialmente** en los indicadores de productividad. Y van a estar incluso más. Insisto: el siglo 21 es un siglo digital. El principal efecto de las tecnologías digitales es la "destangibilización" de la economía: productos y servicios que antes eran manufacturados, hoy son digitales. No requieren fábricas. Y muchos vienen gratis dentro de un Smartphone. Contablemente, el PIB de esos productos ya no está. Y, sin embargo, el bienestar de los consumidores es incluso superior a lo que era. Los economistas tendrán que

---

[20] Edición en Castellano: Abundancia, el futuro es mejor de los que piensas, en https://books.google.cl/books/about/Abundancia.html?id=_XgLAgAAQBAJ&redir_esc=y&hl=es-419

[21] https://singularityu.org/

aprender a medir el excedente del consumidor e incorporarlo en los índices de bienestar. El PIB ya no medirá la riqueza de una nación.

El siglo 21 está siendo protagonista de una nueva revolución, mucho más grande que la revolución industrial: por la rapidez, la profundidad y el alcance de los cambios. La destrucción creativa que postulara Schumpeter hace 100 años y que no fue muy tomada en serio entonces[22] aparece como una realidad, permeando no solo los sectores de la tecnología sino todos los aspectos de la vida, en la medida en que las tecnologías emergentes están en todas partes. Internet ha hecho de la globalización un fenómeno exponencial, en el cual en apenas 20 años se han incorporado 3.000 millones de personas de todo el mundo, utilizando aplicaciones que afectan a su diario vivir y que han cambiado incluso el balance del poder. Apenas un año después de que Twitter apareciera en el mercado y 3 años después de que Facebook lo hiciera, a través de esas dos redes sociales se organizaban revueltas que derribaron cuatro gobiernos en el Medio Este en menos de seis meses. Los cambios han sido tan rápidos y profundos que no hemos sido capaces aún de asimilarlos, y debemos hacerlo - porque no se van a detener.

Como se comentó anteriormente, hacia el año 2025 - de acuerdo con un informe de Mc Kinsey Global Institute[23]- doce tecnologías emergentes tendrán un impacto en la economía mundial de entre una y dos veces el PGB de Estados Unidos. Esto ya no es un impacto marginal ni gradual. Las seis primeras de esas tecnologías tienen que ver con Internet, y 9 de las doce tienen que ver con tecnologías digitales.

Estas doce tecnologías afectarán transversalmente al sector privado, al sector público y la sociedad: cambiando la calidad de vida de miles de millones de personas y el trabajo de cientos de millones de trabajadores, creando nuevos productos y servicios que reemplazan a productos y servicios existentes, generando nuevo impulso al desarrollo económico de las naciones que las adopten, a la vez que un decrecimiento del desarrollo económico de las naciones que no evolucionen.

---

[22] Estudié economía en la Universidad Complutense de Madrid entre los años 1972-1977. No nos pasaron esta Teoría. Tampoco la vi en el MBA del IESE. La vine a conocer 20 años después. (nota del Autor)
[23] Ibíd. http://www.mckinsey.com/business-functions/business-technology/our-insights/disruptive-technologies

Gracias a la impresión 3D, un creciente número de productos podrán ser fabricados directamente por los consumidores, cambiando la matriz manufacturera mundial y afectando industrias establecidas. Un ejemplo es el del padre que fabricó una prótesis para su hijo por 10 dólares con una impresora 3D, en circunstancias que el producto cuesta 10.000 dólares.

También afectará a la industria establecida, y, por ende, a los proveedores de la industria establecida. Muchos desaparecerán, mientras otros nuevos tomarán su lugar. El primer auto hecho con impresora 3D requirió 200 piezas, versus las 2.000 que requiere un automóvil fabricado con los métodos actuales. La misma impresión 3D está afectando a industrias como la construcción de vivienda, y aquí sí se nota el incremento de productividad, ya que esas casas están listas para ser instaladas. En China, una impresora gigante 3D es capaz de fabricar 10 casas de 200 m^2 al día. La forma de fabricar está cambiando gracias a estas tecnologías. Ahora se habla de fabricación distribuida y de fabricación por adición. Por la primera, la fabricación se acerca al consumidor, llegando en algunos casos a que sea el mismo consumidor quien termine el producto, utilizando por ejemplo impresoras 3D. La fabricación por adición, en cambio, es lo opuesto al sistema que se ha usado desde siempre, por el cual se comienza con materiales grandes, a los que se va sustrayendo capas de materia hasta llegar a la forma deseada. En cambio, en la fabricación por adición – una vez más, aporte de la impresión 3 D – se va sumando capa a capa de material hasta llegar a la forma deseada. Con ello se ahorran mermas.

La Internet de las Cosas cambiará nuestra forma de concebir la experiencia de vivir en un hogar, con decenas de dispositivos conectados entre sí y con "la nube" (para hacerlo fácil: la nube es Internet, una enorme red de servidores computacionales conectados entre sí), afectando la forma en que compramos, mejorando nuestra seguridad en el hogar y liberando tiempo dedicado al mantenimiento de este. Pero además la Internet de las cosas tendrá efectos disruptivos sobre industrias establecidas. No está lejano el tiempo en que tendremos transporte autónomo o semiautónomo. Un sistema urbano de transporte sin choferes. Una línea aérea sin piloto (solo asistente de vuelo, por si acaso). Una minería sin mineros. Un retail sin vendedores.

Incluso habrá avances significativos en materiales avanzados que reemplazarán materiales naturales, como el grafeno, que tiene propiedades conductoras de la electricidad mejores que el cobre, o que puede reemplazar al titanio en aviónica, y costará una fracción de estos, al entrar en la dinámica de la Ley de Moore.

Desde que salió la Internet se dijo que la educación iba a ser una de las grandes afectadas. Ha tomado mucho tiempo porque se trata de un cambio cultural más que tecnológico, pero ya está en camino. ¿Qué harán las universidades de América Latina para competirle a Stanford con un Máster of Science de 2.000 dólares anuales? ¿Por qué no usar los recursos del Estado para financiar becas en este formato, que supone la mejor calidad de educación a la vez que un costo muy inferior? ¿Quién podrá convencer a un padre que no prefiera esto para sus hijos? Como se dijo arriba, MIT y Harvard lanzaron el 2012 un joint venture llamado EdX, donde están poniendo todas las asignaturas de sus carreras en la Internet, gratis. Uganda ha declarado que cuando estén arriba, todas sus Universidades usarán ese material para impartir enseñanza superior. ¿Y los profesores? Harán de profesor guía y acreditarán que se adquirieron los conocimientos. Eso pondrá a países de África y de Asia como Bangladés por delante de países como los nuestros, a menos que adoptemos el mismo paradigma.

La educación prebásica, básica y media atravesará por una redefinición profunda. El nuevo paradigma es: educación personalizada, de calidad, universal y más económica. Los alumnos progresarán en su educación de acuerdo con sus habilidades personales y su capacidad de adquirir habilidades y conocimientos. No estarán en una sola sala para todos, sino que irán de sala en sala de acuerdo con su malla curricular personal. Tomarán más o menos tiempo en terminar su formación, con una tasa de rechazo cercana a cero. Sistemas inteligentes evaluarán los progresos y sugerirán las nuevas materias a tomar. Los profesores serán profesores guía. El niño aprenderá en el computador y en la sala aplicará lo aprendido y resolverá problemas (flipping the classroom). Los profesores deberán reciclarse. La carrera docente será reinventada.

Por todas partes veremos dispositivos digitales. El siglo 21 será definitivamente un siglo digital, de igual forma que el siglo 20 fue un siglo industrial.

Los niños que han nacido en esta nueva era pareciera que ya vienen preparados naturalmente para ella. Me causó mucha gracia ver a mi nieta de 4 años tratando de ampliar una foto de una revista moviendo los dedos con el mismo gesto que se mueven para ampliarlas en una Tablet o un smartphone. Cuando le entregaron una Tablet, sin instrucciones especiales para usarla, de forma natural aprendió en muy poco rato. Un empleado de Apple entregó una Tablet a un niño en un pueblo perdido de Colombia. En cuestión de minutos estaba usándola.

Esto hace que haya efectivamente una brecha generacional respecto del uso de nuevas tecnologías, pero también la hubo en otros momentos de la humanidad cuando se generaron tecnologías disruptivas que fueron rápidamente adoptadas por las personas más jóvenes. La diferencia es que ahora el cambio es más radical y rápido, dejando una ventana de adaptación más estrecha para las generaciones mayores. Estrecha, pero no imposible. En Estados Unidos, durante la primera década del siglo 21 el segmento etario que más creció en adopción de Internet fue el adulto mayor, debido a que a través de redes sociales podían conectarse con los nietos. Si las tecnologías digitales se han popularizado tanto y ha sido posible una adopción tan masiva en tan poco tiempo, es porque se ha avanzado especialmente en hacerlas fáciles.

7. Vivo en "virtualia"

Quizá una forma de comprender mejor lo anterior es suponiendo que "Internet" es un país imaginario, al que llamaré "Virtualia". Por cierto, existe virtualia.com, y es dominio de un amigo quien ya me autorizó a usar el nombre.

Con el advenimiento de Virtualia, las personas viven en realidad en dos países: el de residencia y Virtualia. He aquí como me veo viviendo en Virtualia:[24]

"Mi lugar de residencia físico es en Santiago de Chile, pero cada vez paso más tiempo en Virtualia.

Virtualia es el país más grande del mundo, con dos mil millones de habitantes de todas partes del mundo. Tiene la economía más pujante del planeta, creciendo por sobre el 15% anual desde que se fundó.

Es el lugar donde más se están creando empleos, con 2,6 empleos nuevos

---

[24] Publicado originalmente en inglés, en blog del autor el año 2012 (http://onknowledgesociety.blogspot.cl/2012/09/i-live-in-virtualia.html#.Vsc2WK0oTIU)

por cada uno que se destruye. El año 2010 movió más de 8 trillones de dólares en comercio, y a pesar de que es de reciente creación, su PIB ya supera al de Canadá. Ha permitido la creación de las empresas más valiosas de la historia.

En Virtualia todos somos iguales. No importa si entraste a través de una conexión de fibra óptica a 100 Mbps o en un cibercafé de una población a 512Kbps[25]; no importa si usaste lo último de Apple o un PC antiguo. Una vez dentro, todos cuentan por igual, sin discriminación de raza, edad, estrato socioeconómico, género, creencias religiosas o país de origen. Lo de "igualdad de oportunidades" no es un slogan ni un ideal: es real. Todos tienen acceso a la misma información y a las mismas herramientas: para informarse, para entretenerse, para buscar trabajo, para trabajar, para educar, para aprender, para comunicar, para contactar, para emprender, para innovar, para opinar, para mover, para impulsar, para cambiar.

En Virtualia hay verdadera libertad. Libertad de expresión, libertad de asociación, libertad de reunión, libertad de pensamiento. Y se puede ejercer efectivamente. Puedes opinar de lo que quieras, con quien quieras y cuando quieras. Puedes participar en miles de foros sobre cualquier tema y debatir tus ideas. Pero esta libertad es con responsabilidad, puesto que todo lo que digas o escribas queda grabado. Cada uno es responsable de sus dichos y posiciones. Y si cambias de opinión, está perfecto. Y si a alguien le parece mal, habrá otros que les parezca bien. En Virtualia no tienes que temer. Hay algunos países en los que lamentablemente este derecho está perseguido, pero la inmensa mayoría que llega a Virtualia puede ser verdaderamente libre.

En Virtualia trabajamos en conjunto. A través de redes cooperamos para llevar a cabo algo en común. Nos unimos detrás de proyectos comunes. Podemos encontrarnos rápidamente, organizarnos y comenzar a actuar. La mayoría de las veces, lo hacemos sin esperar dinero a cambio, ni buscar fama ni ninguna otra recompensa. Apoyamos las causas que nos parecen justas, disentimos de las que no estamos de acuerdo. Nos enfrentamos, pero nadie sale herido. No hay sangre.

Tenemos más o menos un consenso sobre lo que es correcto y lo que es

---

[25] Se refiere a la velocidad de transmisión de datos en banda ancha. Mbps se refiere a megabits por segundo (millones de bits) y Kbps se refiere a kilobits por segundo (miles de bits)

incorrecto. Tenemos nuestra agenda: no la ponen ni los gobernantes, ni la política, ni los medios de comunicación, ni las grandes corporaciones. En Virtualia todos pueden comunicarse con todos, por múltiples medios. Llegando al contacto del contacto del contacto del contacto del contacto, podernos llegar a cualquiera de los 2 mil millones. En cinco pasos.

En Virtualia no hay un "gobierno central". Realmente, es el gobierno de la gente con la gente y para la gente. El crecimiento económico, el enorme dinamismo social, la gran innovación generada, no es gracias a ninguna política de un gobierno concreto. La hemos construido entre todos. Los gobiernos nos han ayudado quedándose al margen. En Virtualia nadie manda. Nadie puede decir que lo controla, y no hay manera que lo haga. Los poderosos en Virtualia pueden perder su poder en cuestión de un par de días, y lo han aprendido rápido, porque el poder no viene de ellos sino de la gente que confía en ellos. Para tener, tienen que dar. Para recibir, tienen que compartir. Si no, se quedan sin público.

Por lo tanto, en Virtualia lo de "libertad, igualdad y fraternidad" tampoco es un slogan, sino una realidad. Estamos haciendo una revolución genuina, sin pasarnos a llevar a nadie, sin buscar derramamiento de sangre. La primera revolución incruenta de la historia de la humanidad. En Virtualia lo de los "derechos inalienables evidentes, entre los que se encuentran la libertad, la vida y la búsqueda de la felicidad" no son retórica vacía, sino realidad. Sabemos que no cae del cielo, y que hay que ganarlo, pero sabemos también que es posible para todos, no solo para una élite.

En Virtualia estamos revolucionando la educación. Estamos yendo hacia una sociedad y una economía basada en activos intangibles e inherentes al ser humano: los talentos. Nuestra meta es que todos los habitantes de Virtualia puedan desarrollar todos los talentos con que nacen, porque sabemos que, de hacerlo, todos ganamos. Así pues, estamos trabajando en nuevos modelos educativos que permitirán una educación de calidad, universal, personalizada y a una fracción del costo actual. Somos conscientes que la educación es la gran herramienta que permitirá el bienestar a todos los habitantes de Virtualia. No nos bastan los 2 mil millones: queremos que todos los habitantes de la Tierra vivan acá.

En Virtualia las cosas son más sencillas. No hay filas: ¡siempre te atienden inmediatamente! No necesitas sacar "número de atención", ni levantarte más temprano para ser recibido, ni perder tiempo en transportes para hacer cualquier cosa. Los trámites son rápidos. Los certificados te los dan inmediatamente. No necesitas ir al Banco, ni a la AFP, ni a la ISAPRE a comprar bonos de salud. No hay que llenar formularios con el impuesto a la renta, viene hecho, y si te sale a devolver, estás entre los primeros de la lista.

En Virtualia también hay mal, no todo es color de rosa. Pero sabemos que, hasta el fin de los tiempos, el trigo y la cizaña crecerán juntos, lado a lado. La ventaja es que, como estamos más o menos de acuerdo en qué es bueno y qué es malo, estamos de acuerdo en qué mal combatir, y como somos miles de millones más quienes no queremos lo que consideramos malo, nos apoyamos mutuamente para combatirlo, siendo mucho más eficientes cada día que pasa.

Hay miles de millones de personas que aún no pueden incorporarse a esta tierra de oportunidades. Hay millones de personas que manejan países, negocios y organizaciones, que aún no se dan cuenta lo que está pasando frente a sus ojos, e insisten en seguir haciendo lo que han hecho siempre pensando que es la única forma de seguir adelante. Antes de que pasen 20 años, se encontrarán con que la mayor parte del mundo ya no vive como ellos piensan que vive. Verán que se mudaron a Virtualia. Porque Virtualia está en el alma de todas las personas, desde que son creadas."

Este artículo fue leído en su versión en inglés por dos de los "Padres Fundadores" de la World Wide Web, Tim Berners Lee y Vint Cerf, quienes se identificaron con él y me hicieron llegar sus agradecimientos. Nada de esto habría sido posible si no fuera porque todos esos "padres fundadores" hicieron algo nunca visto antes en la historia: regalaron sus contribuciones a la humanidad. No cobraron ni un dólar. A partir de ahí, se generó una avalancha de productos y servicios que también son gratuitos, y que representaron la transformación digital de formas de hacer las cosas que tenían miles de años. El más conocido y universal es el correo (carta escrita a mano, dentro de un sobre, por el que se paga para ser enviado a otro lugar, donde llega después de un tiempo, por corto que sea), que se digitizó en el correo electrónico (cualquier tipo de contenido, enviado a cualquier parte del mundo, con recepción instantánea, sin costo por unidad marginal).

Creo que se merecen el premio Nobel de la Paz, por el aporte que han hecho a la humanidad.

Se puede concluir de este artículo algo que apuntamos antes: hoy, las personas que tienen acceso a Internet pueden ver una vida muy distinta a la que les toca vivir, y eso no les gusta. Querrían más de Virtualia y menos de su realidad en el día a día. Y eso, en el caso de América Latina, donde aún existe una gran rigidez social, es una bomba de tiempo. Si los gobiernos no son capaces de darle a sus pueblos lo que Virtualia les entrega a diario, el grado de frustración social aumentará y el peligro de revueltas sociales también. Con toda lógica, un latinoamericano que tiene acceso a Virtualia puede preguntarse por qué en Virtualia él es uno más al mismo nivel que todos, y en su vida diaria es un "ciudadano de segunda categoría".

8. Los datos que aporta la economía y la administración de empresas no son suficientes

La Revolución Digital, basada en tecnologías que permiten duplicar la capacidad de procesamiento de información cada dieciocho meses sin aumentar costos, ha creado nuevos paradigmas económicos que están afectando la idoneidad de los actuales métodos de medición para medir el grado de riqueza de una nación, o el valor de una empresa.

Quizá lo más notable vaya a ser que el Producto Interior Bruto (PIB) ya no es capaz de medir el valor real de lo producido por un país. El PIB expresa el valor monetario de la producción de bienes y servicios de demanda final de un país (o una región) durante un período determinado de tiempo (normalmente un año). El cálculo del PIB se hace a partir de la valoración de todos los productos y servicios que produce una economía en un año. El PIB no contabiliza por lo tanto el llamado excedente del consumidor (que se define como la ganancia monetaria obtenida por los consumidores, toda vez que pueden comprar un producto en un precio definido por el mercado que es **menor** que el precio **más alto que están dispuestos a pagar**). Nunca en la historia había ocurrido que dicho excedente fuera infinito debido a que el precio de mercado es cero.

Otra forma de explicarlo es con los conceptos de valor de uso y valor de cambio. El valor de uso es el valor que tiene un bien o servicio para quien lo compra; el valor de cambio es el valor que tiene un bien o servicio a precios de mercado. El PIB se mide por valor de cambio, no por valor de uso. Hasta ahora, no había gran diferencia, porque en lo general, mediante los mecanismos de precio, el valor de cambio tendía hacia el valor de uso. La Economía en Internet cambió el paradigma, generando productos y servicios cuyo valor de cambio es cercano al 0% del valor de uso. Por lo tanto, el valor de cambio no mide realmente el grado de bienestar de las personas. El valor de uso se dispara además debido a un factor que se está considerando desde hace poco en el ámbito del marketing – y que tiene efectos macroeconómicos: la "experiencia de usuario". El mercado valora el producto o el servicio no solo *per se*, sino por la experiencia de comprarlo y usarlo. Es lo que sucedió con el iPhone cuando se lanzó: nadie pensó jamás en necesitar algo así hasta que lo tuvo, y una vez lo tuvo no podría vivir sin ello. Es lo que ha sucedido con muchos de los productos que ha traído la revolución digital, como el correo electrónico, las redes sociales o las plataformas de contenidos como YouTube o Wikipedia. Antes que existieran nadie pensó que lo necesitaba, o siquiera que fuera posible hacer algo así. Una vez salieron al mercado y se usaron, pasaron a ser parte irreemplazable de la vida diaria. ¿Quién hubiera creído hace 25 años atrás que se tendría acceso a todos los recursos que hoy se accede a través de Internet, y que serían la mayoría gratis? Como dice Kevin Kelly, comentador de los temas digitales de la revista Wired, todo lo que ha sucedido es asombroso, pero no estamos asombrados. Modelos de Negocio como Wikipedia (una enciclopedia hecha de colaboraciones gratuitas de todo el mundo) eran imposibles en la teoría, pero demostraron ser posibles en la práctica[26].

Kevin Kelly nos muestra también lo que trajo la World Wide Web en apenas 5.000 días desde que se fundó y lo que está construyendo para los siguientes 5.000 días. Lo dijo en una conferencia en TED, el año 2007. Se puede comprobar que lo que dijo que se iba a cumplir se está cumpliendo:

1. Internet y la World Wide Web están generando la mayor capacidad de recolección, procesamiento y distribución de información y conocimiento en toda la historia de la humanidad. Cada año se almacena más información que en los 5.000 años anteriores

2. Internet y la World Wide Web están construyendo una plataforma de inteligencia artificial cuya capacidad intelectual superará a la de la humanidad para el año 2040. Otra predicción dice que para el año 2049 un computador personal de menos de 1.000 dólares será capaz de superar la capacidad de procesamiento de toda la humanidad. ¿Qué hará una persona con esa capacidad en sus manos? No podemos ni imaginarlo.

3. Internet y la World Wide Web están generando Modelos de negocio que son "imposibles en la Teoría, pero reales en la práctica",

---

[26] Kevin Kelly, conferencia en TED sobre los 5.000 días de la Internet, en https://www.ted.com/talks/kevin_kelly_on_the_next_5_000_days_of_the_web?language=es

cambiando para siempre – y de forma radical – la manera como vemos los negocios

4. Internet y la World Wide Web están concentrando toda la información y el conocimiento (cloud computing), generando una gigantesca cantidad de datos que, por su magnitud y tamaño (big data) traerá una nueva era en la generación de valor a partir de lo intangible. Cuando Kelly hizo su conferencia, los términos "cloud computing" y "big data" ni siquiera eran conocidos. Hoy, apenas 8 años después, ya son una industria que mueve miles de millones de dólares al año.

5. Todo está conectado a la Red: tanto los dispositivos propiamente digitales, como smartphones, computadores o Tablet, como cualquier tipo de dispositivo, generando la "Internet de las cosas", que permitirá la comunicación entre las mismas, entre ellas y los seres humanos, y entre los humanos.

La economía y la administración de empresas evolucionaron muchísimo desde que comenzó la revolución industrial, pero esa evolución se ha estancado desde hace algún tiempo, al punto que la realidad de las economías y de las empresas no necesariamente están en las cifras que se manejan para su gestión. Las ciencias económicas y de administración han conseguido valorar los bienes tangibles como la tierra, el capital y el trabajo, pero no han sido capaces aún de medir los bienes intangibles como el capital intelectual, la creatividad o el talento.

Con la irrupción del conocimiento como factor de producción y de productividad las variables que hoy son medibles ya no explican totalmente los fenómenos macro y microeconómicos. La incorporación masiva de las nuevas tecnologías hará más patente que hay factores no medibles que son clave para la administración - sea de la economía o de la empresa.

"Ceteris paribus" como dicen los economistas, entre dos naciones o empresas con la misma infraestructura y stock de capital, será más competitiva la que tenga mayor creatividad. ¿Y cómo se mide la creatividad? ¿Cómo se mide el talento?

Hace rato que los balances no reflejan el valor real de las empresas, especialmente de las más innovadoras. Dentro de un mismo sector, hay empresas con los mismos activos y pasivos que tienen un valor de mercado muy superior a sus competidores, gracias a su capacidad de innovación. Esa capacidad o "capital intelectual" es la parte más valiosa del valor de mercado de la empresa, pero no está en el Balance. Y como vimos anteriormente, el PIB no mide el valor real de lo que se produce en un país, porque no mide el excedente del consumidor, que determina el valor de uso de un bien o servicio.

Hay países emergentes cuyas economías han crecido más que países con más recursos, debido a su inversión en capital humano (que no forma parte de la "inversión bruta de capital"). En la medida en que el talento pase a ser "lo" relevante para el crecimiento económico y la creación de valor, será necesario incorporar la medición de este en los números, tanto en las empresas como en las cuentas macroeconómicas. No hacerlo va a llevar a la mala toma de decisiones, porque éstas se tomarán con variables que no explican la creación de valor.

Esto es la "transformación digital" de la Economía. Por ejemplo, tomemos el caso Kodak, que recientemente quebró. La valoración de lo que Kodak producía (rollos de película para fotos) fue desmaterializado ("digitizado") por las cámaras digitales. El valor de dicha producción (que entraba en el PIB) ya no aparece, puesto que las fotos no quedan en el filme, sino en dispositivos digitales. Para entender las implicaciones de este fenómeno, imaginemos que en un país solo se consume fotografía. Su PIB medido con los medios tradicionales desaparecería (no hay rollos de película), y, sin embargo, las fotografías siguen existiendo (de hecho, la evidencia empírica muestra que han aumentado exponencialmente, debido a que el costo del material sobre el cual va la foto tiene un costo marginal ínfimo, aumentando la demanda). ¿Pero, desapareció el PIB?

Veamos el caso de los smartphones. Hace un tiempo atrás, recibí la foto donde se ve un anuncio de Radio Schack del año 1991 (¡no hace tanto!) En la imagen se dice que todos los artículos allí anunciados hoy están gratis en un Smartphone, pero eso no es todo. Añado que, además, hay otros productos gratis que hasta ahora había que comprar aparte y que ni siquiera se vendían en 1991(como un GPS), y otros que no son del catálogo de Radio Schack y que están igualmente gratis en el Smartphone (como una consola de juegos). Y, por último, añado el acceso a un sinfín de contenidos gratis por los que antes había que pagar (revistas, prensa, películas, libros, cursos de formación) Antes eran productos tangibles. Hoy se digitizaron. ¿Qué paso con las empresas que los producían? Ya no los producen. Algunas, quebraron. Otras evolucionaron en su modelo de negocios para dar valor agregado sobre los productos que alguna vez fabricaron. Otras, cambiaron de rubro.

Cualquier persona que el año 1991 hubiera predicho que solo 17 años más tarde todo lo que sale en esa página de publicidad iba a estar en un dispositivo más pequeño que el teléfono móvil que aparece en el anuncio, y todo por el precio de dicho móvil corregido por la inflación, habría sido considerada un soñador con los pies en la luna.

Antes de que existiera el iPhone (que se lanzó el año 2007), todos esos productos y servicios tenían que ser manufacturados, y por lo tanto tenían un precio que se contabilizaba en el PIB. Ahora no tienen dicho precio. Lo único que se contabiliza en el PIB es el precio del Smartphone y el pago mensual de plan de telefonía móvil. ¿Se "destruyó" PIB? Contablemente puede que sí, pero funcionalmente, no. Los bienes y servicios siguen existiendo, incluso con mayor valor agregado que antes. Los productores de esos bienes y servicios de sustitución cobran por ellos, directa o indirectamente (vía publicidad en el caso de muchas aplicaciones y la mayoría de los contenidos a los que se accede desde el Smartphone). La diferencia se traspasó 100% como excedente del consumidor, que no se mide en el PIB.

> *En la medida en que la Economía en Internet en un país sea una proporción mayor de la economía total del país, se podrá dar la paradoja de que el PIB decline y sin embargo las personas vivan mejor.*

Por supuesto, la pregunta del millón es qué pasa con ese valor. ¿Puede una economía sostenerse sin cobrar nada por sus servicios y productos? La respuesta es obviamente que no. ¿Dónde está el valor entonces? Cambió de naturaleza y de lugar.

En otro informe de Mc Kinsey (Internet matters: The Net's sweeping impact on growth, jobs, and prosperity[27]) se muestra cómo la Economía de Internet es, desde hace muchos años, de lejos la más pujante del planeta, **creciendo a dos dígitos** año tras año, **superando el PIB de Canadá en apenas 20 años de existencia** y **creando 2,6 puestos de trabajo por cada uno que destruye**. El PIB medible está en la producción de servicios y productos de esa nueva economía, que es capaz de crear -paradójicamente - mayor riqueza con menos dinero, debido a la reducción exponencial de costos de producción y a la creación de un mercado global de 3 mil millones de consumidores al cual se tiene acceso inmediato. En definitiva, en Internet **el PIB no mide la "calidad" de riqueza** y bienestar creados por actividades económicas, puesto que con un PIB mucho más bajo se puede tener un bienestar mucho más alto, debido al costo de los factores, exponencialmente más bajos.

Esto no es solo lo relacionado con Internet, como lo demuestra el informe de Mc Kinsey sobre las 12 tecnologías disruptivas, que veremos en mayor detalle más adelante. Por cierto, todas esas tecnologías tienen una cosa en común: la disrupción consiste en que el valor de uso para el consumidor es mucho más alto que en la actualidad, y el costo es mucho más bajo que en la actualidad. Cuando hablamos de "mucho", nos referimos a magnitudes del 100% o más. Por eso afectará la vida de miles de millones de personas en el mundo y de cientos de millones de puestos de trabajo.

Ello implica que los costos de salud, educación, energía, agricultura, minería, transporte, construcción, electrónica, servicios financieros, medios de comunicación, laboratorios, y una larga lista adicional, van a bajar sustancialmente, gracias a tecnologías como automatización de trabajos del conocimiento (una enorme cantidad de trabajo que hoy se hace por personas - incluso trabajos intelectuales - serán hechas por máquinas), Internet de las cosas (uso eficiente del agua y de la energía, salud remota), robótica avanzada (reducción de costos de manufactura, minas sin mineros, cirugía), vehículos autónomos (transportes sin conductores), genómica de siguiente generación (tratamiento de enfermedades, mejora en cosechas), materiales avanzados (nanomedicina, almacenamiento de energía, química mejorada) o energía renovable alternativa y generación distribuida de electricidad. La inteligencia artificial reemplazará trabajos de alto valor que

---

[27]   Mc   Kinsey   Global   Institute,   mayo   2011.   Se   puede   bajar   en http://www.mckinsey.com/insights/high_tech_telecoms_internet/internet_matters

hoy se contratan, y esas personas pasarán a desempeñar otras funciones.

Va a haber traspasos de gigantescos pozos de valor desde industrias tradicionales hacia industrias emergentes y como excedentes del consumidor

El caso de Kodak comentado antes no es una excepción: en los últimos años varias industrias han sido víctimas de terremotos como el descrito, y en la medida en que estas nuevas tecnologías se desarrollen, más industrias tradicionales desaparecerán o deberán reinventarse. Esto es debido a que el valor de uso que aportan las tecnologías crece exponencialmente, mejorando su productividad debido a una mayor creación de valor a un costo radicalmente menor.

Aparte de la industria de la fotografía, podemos citar los casos del sector de la prensa, la música, el cine, las telecomunicaciones, el turismo, el retail, las editoriales, o la banca. Y hacia un futuro no muy lejano, la educación, la salud, la minería, la biología, la química, la construcción, la energía, el transporte, los seguros, el Estado, y un largo etcétera.

En todos los casos, se dará que cosas por las cuales antes el consumidor pagaba, dejará de hacerlo, bajando sustancialmente costos y precios. Empresas que entregan los productos en formatos que incluyen esas cosas por las cuales el consumidor ya no paga, quedarán fuera del mercado.

9. Las nuevas tecnologías están creando una sociedad con un nuevo papel para la Academia, el Estado, y la Sociedad Civil

Para administrar esta nueva "tecno-economía" será necesario contar con mucho talento, y muy especializado. No está claro que el actual sistema de educación superior tenga sentido en ese contexto. Por un lado, se va a requerir de personas formadas con nuevas habilidades y competencias continuamente, y de forma muy rápida. El sistema de acreditación de competencias en el cual se basa el actual modelo, orientado a certificar una malla de conocimientos por parte de un monopolio (la Universidad) y que acreditan que alguien es "agricultor", "ingeniero" o "arquitecto" debería dejar paso a una acreditación por cada competencia, que podrá o no ser hecho por una Universidad. De esa forma, cada persona podrá generar una carrera profesional personalizada de acuerdo con sus talentos y gustos, dando un salto enorme en el retorno sobre el talento, lo cual reforzará la mejora en la productividad de las personas, y eso a su vez multiplicará la productividad de la economía.

La noción de Estado-nación fue generada para un mundo cuya capa social y cohesión estaba fuertemente ligado alrededor de la territorialidad. Internet está destruyendo fronteras, no solo en lo que se refiere a actividades económicas, sino también sociales. Está emergiendo una conciencia de pertenencia global, aunque se manifieste virtualmente. Cada vez un mayor número de actividades quedan fuera de las fronteras de la Nación y del Estado, y, por lo tanto, fuera del "contrato social" por el cual las personas transfieren soberanía al Estado. Eso plantea un enorme desafío hacia el verdadero rol del Estado a partir del siglo 21.

La sociedad se está "aplanando" fuertemente. El acceso igualitario a información de todo tipo permite a la misma sociedad cuestionarlo todo, y con argumentos de peso. Las nuevas tecnologías han acercado más a los gobernantes y los gobernados, pero paradójicamente eso le ha quitado poder a los gobernantes, que deben "bajar de su pedestal" para ponerse a la misma altura que los gobernados y ser objeto de un mayor escrutinio público.

Se va a requerir de verdaderos líderes para la política en el futuro. Personas que sean capaces de inspirar y mover hacia objetivos compartidos por todos, muchos de los cuales los gobernados ni siquiera saben que necesitan. De lo contrario el tejido social, en la medida en que los gobernados tienen más poder, se puede resquebrajar y acabar en anarquía. Se necesitarán personas inspiradoras en lo político al modo en que Steve Jobs lo fue en lo empresarial, soñando realidades para los consumidores que ni sabían que necesitaban, pero que una vez la tuvieron en sus manos, no podían vivir sin ella. Ese será el nuevo perfil del líder. Y de esos, hay pocos.

Las políticas públicas deberán hacerse cargo de los nuevos desafíos. **Así como en el Siglo 20 la prioridad fue el desarrollo industrial de las naciones, en el Siglo 21 va a ser el desarrollo y asignación eficiente del talento de las naciones**. El "cobre" o "la soya" o "el ganado" o "los bosques" del siglo 21 son el conocimiento, generado por el talento, desarrollado mediante el uso de las herramientas de la revolución digital.

La política misma va a sufrir un cambio. El tradicional eje derecha/izquierda tal y como ha existido durante todo el siglo 20 pierde sentido. Internet, por ejemplo, funciona con muchos de los valores tradicionalmente defendidos por la derecha (esfuerzo personal, emprendimiento, valor de la empresa privada) pero también hace realidad muchas aspiraciones de la izquierda (especialmente la de igualdad: dentro de la red todos somos iguales). Y el Estado casi no existe, salvo para hacer trámites y cobrar impuestos Online

10. La siguiente Revolución Industrial viene de la mano de la siguiente Revolución Digital

Gracias al desarrollo exponencial que están teniendo tecnologías como la inteligencia artificial (AI), la Internet de las Cosas (IoT), la Internet Móvil, los vehículos semiautónomos, la robótica, y la impresión 3D, se está gestando una nueva revolución industrial marcada por la creciente autonomía de los procesos industriales del factor humano, y el reemplazo de recursos naturales por recursos generados en procesos industriales. Ello tendrá un profundo impacto en la productividad y la competitividad de las industrias y de las naciones, así como en el empleo. Nuevos paradigmas se están generando en el desarrollo industrial, al corazón de los cuales se haya las tecnologías digitales.

Esencialmente, estas tecnologías están dotando a los procesos industriales de la capacidad de analizar datos, tomar decisiones y ejecutarlas eficientemente sin errores, a costos que serán muy inferiores a los actuales, y sin intervención humana. Efectivamente, los costos de estas tecnologías, que en algunos casos hoy son caros (como la robótica), bajarán siguiendo el mismo patrón de los computadores, que hoy entregan por 400 dólares la capacidad de procesamiento que el año 1975 costaba 5 millones de dólares.

En la fábrica, como vimos anteriormente, tecnologías como la impresión 3D están cambiando el paradigma de la manufactura, hacia una fabricación por adición y una fabricación distribuida

Las potencias industriales que hoy exhiben como principal ventaja competitiva los costos de la mano de obra ya están trabajando en cómo adaptarse a los nuevos tiempos. Especialmente Corea del Sur y China están apostando fuerte a la llamada "Economía del Conocimiento". Pero también están siguiendo su ejemplo países monoproductores de recursos naturales como Qatar, conscientes de que se están creando tecnologías alternativas y renovables que pueden dejar obsoleto el producto que hoy venden. Lamentablemente, América Latina no está tomando el mismo camino.

11. Educación: la madre de las revoluciones necesarias para el Siglo Digital

Sir Ken Robinson es un experto mundial en creatividad e innovación en la educación. Tiene una frase genial: "los niños y niñas que hoy entran a prekínder, cuando salgan de la Universidad, será para *buscar trabajos que hoy no existen, usando tecnologías que no han sido inventadas, para resolver problemas que hoy no conocemos*[28]".

Esto ya no es una hipótesis: es un dato. Ya dijimos antes que seis de los diez trabajos más demandados el año 2010 no existían el año 2004. Tecnologías que no existían comercialmente hace diez años atrás hoy son parte de la vida diaria, como los teléfonos inteligentes (smartphones), que han traído consigo – como describimos más arriba – la transformación digital de sectores enteros de la economía, poniendo en riesgo la continuidad de los proveedores incumbente de los productos y servicios digitizados.

Esta transformación digital supone un problema de naturaleza distinta a la que se han enfrentado las empresas de esos sectores. ¿Cómo sobrevivir como empresa ante cambios disruptivos de las tecnologías, que pueden hacer un producto o servicio mucho mejor a un costo radicalmente más bajo? Para ello se necesitan profesionales que sepan de tecnologías, de cómo crear valor agregado sobre las tecnologías que se pueda traducir en algo por lo cual se pueda cobrar, de cómo transformar el producto o servicio en una experiencia de usuario mucho mejor, de cómo recoger información de los usuarios para perfeccionar el producto... nada de esto está dentro de las habilidades que se aprenden hoy en una Escuela de Negocios.

Otro ejemplo: la vida natural de las personas se ha extendido notablemente y lo hará más en el futuro gracias a los avances de la medicina, muy ligados a las tecnologías, como, por ejemplo, la genómica de siguiente generación (que permitirá secuenciar el ADN por solo un dólar, y hacer fármacos personalizados). Eso supondrá tener una población muy grande, perfectamente lúcida y sana, que hasta ahora estaba jubilada. ¿Qué hacer con toda esa población? Nuevo problema, tecnologías aún no comerciales, nuevos puestos de trabajo...

---

[28] A la fecha, más de 35 millones de personas han visto la conferencia en https://www.ted.com/talks/ken_robinson_says_schools_kill_creativity?language=es

¿Cómo educamos a la población para esa realidad? Según el mismo autor, en la conferencia TED referida, el actual sistema de educación mata la creatividad, que es de cara al siglo 21 el elemento más importante para el desarrollo de una persona. Y puesto que el recurso más importante del siglo 21 para las economías será el talento, permitir que cada persona pueda descubrir y desarrollar sus talentos personales pasa a ser no solo un tema educacional, sino económico y social.

Ken Robinson explica que la educación pública que tenemos hoy es hija de la revolución industrial. Ésta trajo el imperativo de la educación masiva, de donde se derivó la educación pública. Se requería una gran cantidad de personas con determinada formación intelectual, lo cual no era posible con los colegios existentes en el momento. Surgió entonces la idea de formar a personas que hasta ese momento eran analfabetos, financiado con fondos del Estado, en colegios hechos por el Estado.

Eso fue una idea revolucionaria. Se estandarizó la metodología de enseñanza, se homologó la malla curricular, y se estandarizó el formato de evaluación, basado en calificaciones por comprensión de materia y adquisición de habilidades y valores. Al ser masiva, la educación requiere de mallas curriculares uniformes para todos, con pruebas estándares iguales para todos. Entrega por lo tanto una formación uniforme a personas distintas. Para algunos – la minoría – coincide con sus talentos y afinidades. Pero a la mayoría no les permite desarrollar sus talentos personales. Salen del proceso educacional con habilidades que no necesariamente son sus habilidades naturales, ni mucho menos aquéllas por las que sienten afinidad. Por lo tanto, el sistema educacional que hay actualmente no permite a las personas desarrollar plenamente sus talentos, debido a que está formulado en términos de uniformidad. La uniformidad mata la creatividad.

Desde que comenzó la educación pública, aunque con el tiempo se haya cambiado la "malla curricular" (qué se enseña), la "metodología" se ha mantenido igual. ¡Y viene de la edad media! En esa época, anterior a la invención de la imprenta, en los conventos había solo un ejemplar de libro. Un monje, por turno, era encargado de leer (lectio, "lecture" en inglés) al resto el contenido del libro. Ese fue y sigue siendo la esencia de la metodología de enseñanza: un profesor que se para frente a los alumnos y les explica.

La educación, tanto básica como media y superior, ha sido enfocada como un proceso lineal, igual que una fábrica de montaje propia de la sociedad industrial. La estandarización de las mediciones mide el nivel "promedio" – peligroso concepto - alcanzado por cada alumno en cuanto a asimilación de materias. La Universidad o el colegio capacitan primero y acreditan después, los conocimientos y habilidades aprendidas contra un sistema promedio y objetivo de medición de esos conocimientos y habilidades. Los títulos – de enseñanza básica, media o superior – acreditan un conjunto de habilidades y conocimientos, entregando un título o grado académico bajo un nombre que representa una parcela del saber y dice que la persona que posee dicho título está capacitada.

Hoy el conocimiento se ha especializado, y lo seguirá haciendo en la medida en que haya mayor cantidad de contenidos y mayores usos para cada subespecialización, lo cual también está sucediendo.

Hay varios ejemplos de ello, especialmente en profesiones como la medicina. El título o grado académico dice que el alumno ha llegado a un determinado nivel de conocimiento y habilidades para analizar, decidir y resolver problemas (o descubrir nuevas realidades). Pero no dice cómo lo hace, ni qué fue lo que estudió en concreto, ni quiénes fueron sus maestros, ni cómo le fue en cada asignatura, ni en qué habilidades concretas mostró mayor capacidad. Y todos esos detalles se están comenzando a requerir en la contratación. Cuando a mi yerno lo contrataron para trabajar en Google, ese fue el tipo de información que le pidieron. No les interesaba tanto qué había hecho en su vida profesional como qué tan talentoso es, cuáles son esos talentos, dónde los ha aplicado, cuáles han sido los resultados, dónde los podría aplicar, etc. En sus comienzos, Yahoo contrataba personas talentosas sin tener un puesto de trabajo concreto que ofrecerles. Cada uno encontraba un lugar donde aportar y se ponía a trabajar en ello.

La Sociedad del Conocimiento requiere cada vez más de más talentos. El talento es el recurso más importante que existe en el mundo, y el que más se subutiliza. Hay 7.000 millones de habitantes, todos ellos nacidos con talentos naturales. Pero muy pocos pueden decir que están trabajando en algo relacionado con esos talentos naturales. La mayoría ni siquiera sabe cuáles son esos talentos naturales, porque los sistemas educacionales no tienen esa perspectiva (descubrir talentos) dentro de sus principales roles.

Eso es una gigantesca subutilización de recursos: la mayor ineficiencia en la distribución y aplicación de recursos en el mundo. En parte, ello es debido a que no es medible, por lo cual no está ni en los modelos económicos ni en las políticas públicas. Pero también es porque no está al centro del modelo educacional. Cierto, la educación en teoría tiene como uno de sus objetivos el desarrollo de los talentos de la persona, pero el modelo que emplea no está pensado para descubrir los talentos **personales**, sino unos talentos "de referencia".

Cuando se habla de "talento profesional", usualmente es referido a determinadas áreas de la dimensión humana, medibles a través de un único criterio, el cociente de inteligencia intelectual. Bajo ese criterio, una persona con síndrome de Down nunca puede tener talento. Ken Robinson señala que se le sigue dando mayor importancia en la malla curricular a materias como matemáticas e historia, pero no a actuación[29]. Y, sin embargo, la actuación pone en movimiento una serie de talentos que refuerzan y toman prestadas habilidades de otras materias.

El talento que se requiere en la Sociedad del Conocimiento no es "promedio" ni "estándar": es personal. El talento, además, es más productivo cuando trabaja en un ambiente colaborativo.

Por todo lo anterior, el sistema de educación - doscientos años después de ser inventado - presenta problemas estructurales y operativos. Estos problemas están siendo atendidos mediante una revolución silenciosa basada en la transformación digital de la educación, de la que hablo en el siguiente capítulo extensamente. Lo grave en el caso de América Latina es que no hay conciencia de esos problemas estructurales, y por lo tanto las iniciativas de esta revolución silenciosa que se están generando en la región no están teniendo la atención que deberían de parte de las autoridades, ni de parte de la Academia, ni del empresariado, que es un sector que se verá fuertemente afectado cuando tenga que echar mano de profesionales con determinadas habilidades blandas que hoy no se están formando.

Efectivamente, el Instituto del Futuro generó un documento en el cual se detallan las habilidades y competencias para el siglo 21.[30]

---

[29] Hay un video animado que explica esto en:
https://www.youtube.com/watch?feature=player_embedded&v=zDZFcDGpL4U
[30] Fuente: http://www.iftf.org/our-work/global-landscape/work/future-work-skills-2020/

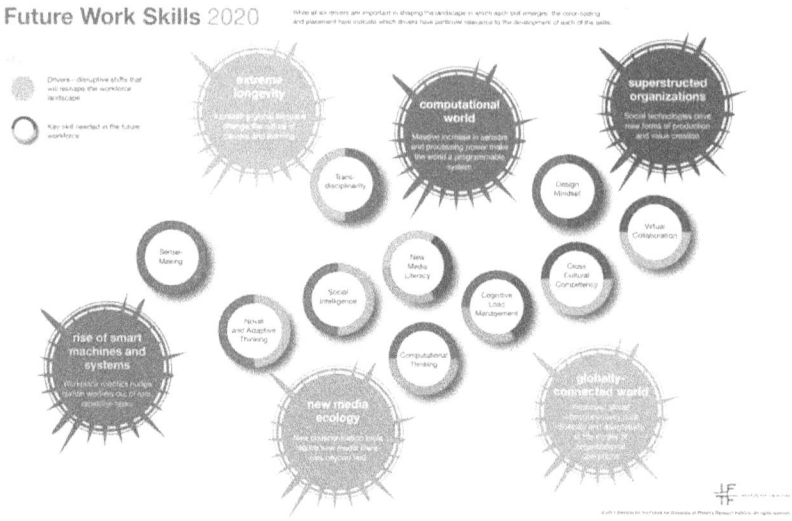

Figura N° 1: Habilidades para el trabajo del año 2020. Fuente: Future Institute

Según el Institute For The Future, hay seis "drivers" que están cambiando las condiciones en las cuales se va a trabajar en este siglo 21. Estos son:

1. Extrema longevidad, además en buenas condiciones laborales. Va a existir una población en la tercera edad perfectamente capaz de trabajar y producir valor. Las actuales condiciones de jubilación fueron fijadas a finales del siglo 20, cuando la esperanza de vida de los países desarrollados era de 70 años, y la mayoría de los trabajos eran de tipo manual. Hoy la esperanza de vida supera en algunos países los 90 años, y la mayoría de los trabajos son más bien administrativos o intelectuales, y no manuales.

2. Sustitución de trabajos rutinarios que hoy son realizados por personas, por sistemas de inteligencia artificial y máquinas. De esto hablamos ampliamente en otra parte del libro

3. Computarización del mundo. La masificación de sensores y el aumento de la capacidad de procesamiento hacen del mundo un mundo programable, requiriendo gran cantidad de programadores.

4. Ecosistema de nueva media. Las nuevas herramientas de comunicación requieren habilidades literarias más allá de los textos

5. Organizaciones con superestructuras. Las tecnologías sociales llevan a nuevas formas de producir y crear valor, lo cual require de nuevas habilidades.

6. Un mundo globalmente conectado. El aumento de la interconectividad global pone la diversidad y adaptabilidad al centro de las operaciones de la organización.

Por otra parte, las nuevas habilidades necesarias para un mundo interconectado, globalizado y orientado al conocimiento incluyen:

*   Pensamiento crítico: el conocimiento es un "commodity" al alcance de cualquiera que tiene acceso a Internet, pero es inservible sin pensamiento crítico, que supone que la persona sabe comprender, procesar y explicar el resultado de su proceso. Se puede decir en propiedad que la productividad de una nación o de una empresa está limitada por la capacidad de pensamiento crítico de sus miembros.

*   Desempeño en la diversidad: el mundo globalizado de la nueva economía del conocimiento supone trabajar en un ambiente multicultural y transversal. La Sociedad Industrial se asentaba en la estandarización, por lo cual las competencias que se desarrollaban eran especializadas, pero estándares o promedio. En la Sociedad del Conocimiento lo que se requiere es del talento personal de cada uno, trabajando en equipo en un entorno diverso.

*   Dominio de nuevos lenguajes: la economía globalizada, particularmente Internet, ha generado un "metalenguaje", que evolucionará en la medida en que sea incorporado en la cultura globalizada. Dominar dicho metalenguaje será una competencia clave para moverse con comodidad en esta nueva Sociedad

*   Creatividad: la productividad del conocimiento está en la creatividad, que será un factor relevante al punto que, entre dos naciones – o empresas – iguales en todo lo demás, será la más creativa la que tenga una ventaja competitiva. La pregunta es cómo se generan políticas públicas - o dentro de la empresa – para generar mayor creatividad

*   Inteligencia social: se está generando una sociedad multicultural de

miles de millones de personas, con voz propia y sin agenda impuesta, capaz de derrocar Gobiernos a través de redes sociales, o de desacreditar una empresa a través de los mismos medios. Comprender esta nueva realidad y su dinámica será imprescindible en los trabajos del siglo 21.

- Evaluación crítica: no basta con tener pensamiento crítico. La evaluación crítica será lo que los trabajadores del conocimiento tendrán como principal activo, uno que difícilmente podrá ser entregado a las máquinas, y que es resultado del pensamiento crítico, la creatividad y la inteligencia social combinadas, para la toma de decisiones, la solución de problemas y la creación de productos.

- Diseño de procesos: dentro del llamado "know how" (saber hacer) hay dos partes: el "know" (conocimiento, que es un commodity) y el "how", que es el cómo hacer. Esto último se plasma en procesos. Es en los procesos donde está la nueva revolución de la productividad, que está teniendo un impulso con los nuevos paradigmas de procesos, como el outsourcing o el insourcing, o el crowdsourcing, de los cuales hablo más adelante.

- Discriminación y filtración de información inteligente: precisamente porque todo el conocimiento está en Internet, la capacidad de discriminar y filtrar información relevante de la que no lo es, pasa a ser crítico, al punto que una baja habilidad en esta competencia reduciría considerablemente la productividad del trabajador del conocimiento

- Colaboración (virtual y presencial): la generación de valor en un mundo globalizado e interconectado ha dado nuevo realce al trabajo colaborativo en equipo, entre personas que en muchos casos ni se conocen. Esto es particularmente cierto en los trabajos virtuales, que están en franco crecimiento, como se podrá ver a lo largo de este libro. En este tema adquiere importancia la creación de una verdadera inteligencia colectiva y colaborativa, que genera un valor superior a la suma de las inteligencias involucradas, siguiendo la Ley de Metcalfe, de la que hablo en el siguiente apartado.

Lo anterior no es un marco teórico para trabajar respecto del futuro: son habilidades blandas que actualmente son necesarias para llevar a cabo las tareas propias de esta sociedad del conocimiento, que es ubicua, conectada, en red, distribuida.

En un documento de investigación, el Mc Kinsey Global Institute concluyó que los puestos de trabajo donde hay demanda creciente son los que tienen que ver con solución de problemas complejos, mientras que los trabajos que se están destruyendo tienen que ver con tareas que pueden ser automatizadas o transformadas en rutina, y las de producción (procesos de conversión de materias primas en productos terminados).

En América Latina seguimos educando a los jóvenes para llevar a cabo estas tareas. Estamos creando – como ya dijimos – un desempleo estructural ilustrado, como el que ya se ha creado en Europa, y que están tratando de revertir[31].

La economía y la competitividad de las naciones irán mejor en aquellos lugares donde se usen mejor los talentos inherentes de la población que existe. Uso el término "inherente", referido a los que cada persona trae al mundo de forma natural. No implica que no se puedan y deban desarrollar otros talentos, pero es en los talentos naturales donde habrá mayor productividad por unidad de esfuerzo invertido. Todo esto requiere sistemas alternativos de educación: personalizados, pero escalables. Enfocados al desarrollo del talento de cada persona: adoptados a la persona, no al revés. Personas capacitadas para trabajar interconectadas, en red.

Para ello, el colegio debe ser el lugar donde se descubren los talentos de cada alumno y se orientan hacia su desarrollo. Debe ser un lugar de encuentro, donde el alumno aprende a establecer vínculos y trabajar en equipo. Debe ser además un lugar donde recibe y desarrolla valores, que le servirán para orientar sus talentos hacia el bien común y para apreciar el esfuerzo, la disciplina, el sacrificio y el rigor en la investigación. Y, por supuesto, un lugar donde "aprende a aprender".

La Universidad debe ser el entorno de profesionalización del alumno. Ya ha descubierto durante su estadía en el colegio cuáles son sus talentos. Ha sido entrenado en el rigor, la disciplina, el esfuerzo, el trabajo en equipo. Tiene

---

[31] Cf. Mc Kinsey Global Institute: Help Wanted: the future of job in advanced economies, March 2012 (ya citado)

una base cultural y teórica del conocimiento general. Ahora hará de todo ello una profesión. La Universidad entregará herramientas para profesionalizar al alumno. Le permitirá especializarse en materias que le son afines y en las que ha demostrado talento. Le permitirá generar un currículo académico adhoc a sus talentos y afinidades, orientando todo lo que aprendió en el colegio hacia una profesión.

Hablo de "modelos" y no de "un modelo" porque no creo que para la Sociedad del Conocimiento exista solo una forma de hacer las cosas. En el capítulo próximo, al hablar de la transformación digital de la educación, describiré varios modelos distintos. Lo que es seguro es que la educación, dentro de 20 años más, no se va a parecer para nada a lo que es hoy, y si en América Latina no se ponen en marcha las reformas antes de 5 años, se va a generar un enorme paro estructural de latinoamericanos, especialmente de los más vulnerables.

Es por eso por lo que, desde todo punto de vista, la más importante de las revoluciones que va a suceder en el mundo y a la cual, de momento, América Latina está llegando tarde, es la revolución digital en la educación, que – insisto – no consiste en meter tecnología digital en el aula, sino responder a la cuestión de fondo: el desarrollo pleno de la persona de acuerdo con la realidad del siglo 21.

Considerando los datos que vimos en el capítulo anterior respecto de nuestra actual posición en el mundo referido a la Sociedad del Conocimiento, la brecha se va a agrandar si no se pone cuanto antes, como tema prioritario, un cambio de fondo en los objetivos de la educación, incorporando y haciendo operativa la búsqueda y desarrollo de los talentos y afinidades de cada persona, y del desarrollo de las habilidades blandas que se requieren en el siglo 21 para el trabajo.

12. Cambios en modelos de negocios

Múltiples términos de negocio nuevos han surgido sobre todo alrededor de la economía en Internet. Las fuentes de ingresos, que antes estaban directamente vinculadas a la manufactura o a la transformación de valor en forma de servicio, hoy pueden venir de fuentes más indirectas.

Tomemos el caso de Wikipedia. Hasta que fue lanzada y se convirtió, después de un largo camino, en un referente de información de todo tipo (en una dinámica enciclopedia viviente que continuamente se está actualizando y mejorando a través de millones de voluntarios de todo el mundo y de todas las lenguas), el acceso al conocimiento tenía un alto precio. Es cierto que al comienzo se cuestionaron bastante la calidad de los artículos de Wikipedia, pero no es menos cierto que sus fundadores tomaron el desafío y establecieron mecanismos de edición para mejorar sustancialmente la calidad de la información suministrada, o por lo menos, dejar en claro que no está contrastada o que hay diversidad de opiniones.

Lo novedoso del modelo de Wikipedia fue que generó una nueva forma de acceder a productos de valor agregado: haciendo que los mismos consumidores sean productores. En el caso de Wikipedia, un experto en algo publica un artículo respecto de su área de conocimiento, que es compartida mundialmente con otros expertos, hasta llegar a un consenso – o dejar claro en qué hay y en qué no hay acuerdo. Gracias a su aporte, otra gente tiene acceso a esa información. Puesto que hay cientos de miles de personas de todo el mundo que van aportando contenidos, con su aporte todos ganan: a cambio de mi aporte en mi campo, tengo acceso al aporte de otros expertos en muchos campos en los que no soy experto.

Este modelo se monetiza con las redes sociales, creando un nuevo actor para el entramado económico: el "prosumidor". Es decir, el consumidor que a su vez es productor.

¿Qué valor de mercado tendría YouTube si nadie subiera un video? Cero. ¿Qué valor tiene? Miles de millones de dólares, porque hay millones de videos y miles de millones de personas que los ven, una y otra vez. Por lo tanto, los que hacen que YouTube gane dinero son quienes usan YouTube, pero también ellos son los que hacen YouTube. O sea, producen y consumen. El ingreso viene por el lado de la publicidad. Lo mismo acontece en Facebook o Twitter o cualquiera de las múltiples redes sociales.

Las redes sociales, para crear valor, se apoyan además en la denominada "Ley de Redes de Metcalfe". La ley de Metcalfe dice que el valor de una red de comunicaciones aumenta proporcionalmente al cuadrado del número de usuarios del sistema. Esta correlación fue posteriormente mitigada, habiendo más consenso en que es logarítmica más que exponencial, es decir, el valor de una red con "n" nodos (o puntos de acceso a la red) no es el cuadrado de "n", sino "n" veces el logaritmo de "n".

Formulada por primera vez en 1976 por Robert Metcalfe en relación con la red informática Ethernet, la ley de Metcalfe explica muchos de los efectos de red de las tecnologías y redes de comunicación, como Internet o la World Wide Web. La ley suele ilustrarse con el ejemplo de aparatos de fax: una única máquina de fax es inútil, pero su valor se incrementa con el número total de máquinas de fax de la red, debido a que aumenta el número de personas con las que se puede comunicar.

¿Por qué esta ley tiene que ver con los Modelos de Negocio? Porque los negocios basados en redes generan valor de mercado (en bolsa) siguiendo un patrón similar a la Ley de Metcalfe. En las redes sociales, que son esencialmente instancias de comunicación entre personas, mientras más personas estén conectadas a la red, más interacciones se llevarán a cabo, lo cual hace que la publicidad que se vende sea mayor. No son las redes las que provocan las comunicaciones: solo arman la infraestructura donde éstas se llevan a cabo, y luego entregan herramientas que hacen entretenidas las comunicaciones (compartir fotos, compartir "estatus" de la persona, hacer "me gusta" sobre un comentario o sobre un estatus o sobre una foto, etc.) La Ley de Redes de Metcalfe es la que genera valor monetario al modelo de "Prosumidor".

Pero la Ley de Redes de Metcalfe también aplica a otro tipo de redes, que no necesariamente tienen que ver con Internet. Por ejemplo, en el denominado "Smart Grid" o "Redes inteligentes", aplicadas a redes eléctricas, donde se reproduce el fenómeno del "prosumidor" y de los puntos de acceso. Los consumidores ponen sistemas de almacenamiento de electricidad en el punto de consumo, que la generan mediante paneles solares o micro molinos de viento, pasando de un modelo de generación centralizada de energía eléctrica (como sucede en la actualidad) hacia un modelo distribuido o semidistribuido (cuando es híbrido entre centralizado y distribuido). Otro tanto sucede en la innovación que se está llevando a cabo en la fábrica debido a las impresoras 3D, por las que los consumidores pueden fabricar o terminar de fabricar un producto.

Otro modelo de negocios que se ha originado con Internet es el de juntar oferta y demanda fragmentada a una fracción del costo que antes costaba hacerlo. Internet hace real los postulados del libre mercado, que fuera de Internet no existen debido a que hay asimetrías de información entre oferta y demanda. Dentro de Internet todos tienen acceso a la misma información, que es ilimitada. Detrás de ese simple concepto está el éxito de empresas de Internet como e-Bay o alibaba.com.

Amazon ha hecho también un cambio revolucionario al modelo de negocios, y no me refiero a la venta de libros y otros productos vía Internet, sino a lo que yo llamo "conocimiento singular": aquel know-how desarrollado especialmente por una empresa que la hace experta en una forma concreta de conocimiento. Hacer del conocimiento singular (en inglés lo llamo "core knowledge") la base del negocio ("core business") es la forma en que las empresas del conocimiento desarrollarán sus modelos de negocio.

Amazon se ha convertido en el mayor experto mundial en comercio electrónico. Tiene una plataforma totalmente probada. Su buscador es utilizado incluso más que Google cuando se trata de comprar productos dentro el mercado de Estados Unidos. Por lo tanto, admite en su plataforma a cualquier emprendimiento que quiera instalarse. Al contrario de lo que ocurrió en el siglo 20, en que las grandes cadenas de tiendas destruyeron los pequeños comercios, Amazon *incorpora* a los pequeños comercios a su gran tienda y les cobra una comisión por venta realizada. Pone a su disposición su plataforma de comercio electrónico, su buscador y su logística. No lo hace con todos los productos: fue una estrategia muy inteligente para que, bajo el sello Amazon, se incorporasen productos de venta no tan masiva como las principales líneas de productos que vende. De esa forma, concentra sus esfuerzos en el 20/80, es decir, el 20% de los productos que le traen el 80% de las ventas, y deja a los comercios pequeños hacerse cargo del 80/20, es decir, el 80% de los productos que traen el 20% de las ventas. No sé si las proporciones exactas son esas, pero ya me entienden. Tampoco es que impida que un pequeño comercio trabaje con los mismos productos que vende directamente. De hecho, puede hacerlo, pero tiene que ser más económico o mejor que Amazon, con todas las economías de escala que tiene detrás. Digamos por ello más bien que el mercado se auto-especializa, y por lo tanto los pequeños se hacen cargo de aquellos productos en los que Amazon no usa su músculo.

Pero, además, Amazon - durante todos estos años - ha construido una enorme plataforma tecnológica que sabe explotar muy eficientemente. Eso es comprensible si se piensa que debe poder atender a millones de usuarios concurrentes de todo el mundo que están navegando por sus páginas, usando su buscador, y comprando productos. Por lo tanto, hicieron de ese know-how una unidad de negocio aparte (Amazon Web Services, AWS). Arriendan capacidad de procesamiento ociosa, uso de plataformas digitales, etc. Lo veremos más en detalle en el capítulo 4 al hablar del Cloud Computing.

Esta idea de que el "core business" se base en el "core knowledge" no es originaria de Amazon – quien, honestamente, no creo que lo haya hecho a propósito, como si Jeff Bezos dijera: "hagamos de nuestro core knowledge nuestro core business". Resultó así.

Creo que quien primero lo hizo fue IBM. Esta empresa fue, durante décadas, el pionero y líder indiscutido de la industria de la computación. De hecho, se podría decir sin exagerar que IBM inventó y reinventó varias veces el negocio de la computación, basando su estrategia de largo plazo en un gran componente de investigación y desarrollo (varios años fue la empresa con más peticiones de patentes, y hasta la fecha está dentro de las 5 primeras de mundo) y de excelencia en el trabajo. Su lema, desde que comenzara la gerencia de Watson Sr., fue "Think" (¡piense!). Llegó a tener en algún momento dentro de su equipo de investigación y desarrollo a 4 premios Nobel de física (creo que no hay caso similar en el mundo). Y a comienzos de la década de los 90, estuvo a punto de quebrar, después de una historia de casi 80 años en los que cada año vendió y ganó más dinero que el año anterior.

Por primera vez en su historia trajo un CEO desde fuera del sector de las tecnologías (a grandes males, grandes soluciones). Lou Gerstner venía de un holding (Nabisco Brands) que vendía cosas como papas fritas, cigarrillos y bebidas. Había sido CEO de American Express (empresa de finanzas) y anteriormente había trabajado en la consultora Mc Kinsey (parece que los fabrican con olfato para lo digital...). En esos años, se habían propuesto las más descabelladas soluciones para los problemas de IBM: que cada unidad se convirtiera en una empresa aparte, que fuera absorbida por Microsoft, que se liquidara...

Gerstner decidió cambiar el giro. En vez de ser el principal fabricante de computadores (por ventas en dólares, no por unidades), decidió hacer de IBM el mayor experto mundial para la transformación de organizaciones grandes y complejas utilizando tecnologías de la información (fueran o no IBM). Ese enfoque fue totalmente disruptivo, y pocos creyeron que fuera a funcionar. Pero IBM en definitiva se concentró en lo que había demostrado a lo largo de toda su historia que sabía hacer mejor: cambiar para mejor una organización usando tecnología digital.

Varias empresas han adoptado esta idea de ver en qué son buenos – habilidades blandas, expertizaje en uso de tecnologías, etc. – para desarrollar nuevos negocios. Por ejemplo, Google y Microsoft también han entrado en el negocio del Cloud Computing, al igual que Amazon, y esencialmente por las mismas razones: lo han hecho durante años, saben hacerlo, y es negocio.

Casi al mismo tiempo que Internet generaba un nuevo modelo de negocios a partir de las redes sociales, se generaba otro modelo de negocios disruptivo, pero basado en el mismo principio enunciado arriba: juntar información muy fragmentada, tanto de oferta como de demanda. Solo que en esta ocasión la oferta no viene desde productores tradicionales, sino desde los mismos **consumidores**.

AirBnB fue fundada el año 2008 en San Francisco. Su modelo de negocios es juntar a propietarios de viviendas con personas que buscan alojamiento, de forma esporádica o más permanente. Lo disruptivo es que se usan activos ociosos que ni siquiera sus dueños sabían que estaban ociosos ni que fueran activos. En vez de un hotel, a través de AirBnB se reservan habitaciones en casas, o casas enteras (segundo hogar). En apenas 4 años había superado los 10 millones de reservas, operando en 192 países, 33.000 ciudades, y con un stock de 2 millones de propiedades. Hacer esto antes de Internet habría sido simplemente imposible, y desde luego, carísimo. Los jóvenes en Londres arriendan un departamento, y los fines de semana se van: le sale más a cuenta subarrendarlo vía AirBNB e irse a otra parte.

La misma idea está detrás del otro gran fenómeno, Uber. En este caso, se trata de personas que tienen un automóvil y que entregan servicios de transporte a personas que lo necesitan (claramente compitiendo o reemplazando a los taxis y servicios de vehículos con chofer). La diferencia con AirBNB es que Uber es para Smartphones – ya que obviamente cubre una necesidad móvil). Inicialmente, fue pensada para automóviles de lujo (Mercedes, BMW, Cadillac, Audi, etc.), pero luego se amplió a una amplia gama. Fue fundada el año 2009 en San Francisco – otro emprendimiento más de Sillicon Valley – pero no comenzó a funcionar hasta 2011. El año 2012 se internacionalizaron y ya operan en más de 50 ciudades. El dueño del vehículo recibe un alto porcentaje de lo que se cobra y el cobro es directamente vía teléfono móvil. Las tarifas son parecidas a las de un taxi (más caras en el caso de vehículos de lujo). Uber ha afectado directamente la industria de los taxis y servicios de transporte, además de generar fuerte polémica con muchos gobiernos locales y nacionales, ya que se crea una competencia a un sector regulado para llevar a cabo la misma actividad. Uber no solo permite una óptima asignación de recursos al usar horas ociosas de un bien que de lo contrario no produce, sino que además optimiza el costo de operación. Efectivamente, un taxi – con el modelo tradicional – ocupa una alta parte de su tiempo buscando clientes. Uber solo se moviliza si ya hay un cliente. Con ello, es mucho más eficiente que el sistema tradicional, y puede por lo tanto ofrecer precios mucho más bajos.

Los taxistas, en vez de tratar de ir en contra de esta modalidad (van a perder) deberían copiar el sistema y aplicarlo a sus propios vehículos. Uber además da una serie de ventajas en comparación con los servicios de taxi tradicionales, como una estimación de cuanto le va a costar el servicio, los datos de quién lo va a llevar, los datos del vehículo, la facilidad de pago (no es necesario pagar en efectivo, se carga directamente a una tarjeta de crédito, y mañana, podrá hacerlo en cualquiera de los medios de pago móvil). Tiene un sistema de tarifa dinámica que se mueve en función de la oferta y la demanda, por lo cual también puede ser más caro que el taxi oficial en caso de reducción de la oferta (como sucede con las restricciones vehiculares en varias capitales de América Latina, como Ciudad de México[32])

A estos modelos de negocio como el de Uber o AirBNB se le ha denominado "consumo colaborativo"[33]. Y detrás de ello hay un gran potencial de negocios. Por ejemplo, en el siglo 20 tener un automóvil fue, durante la mayor parte del tiempo, signo de estatus, y también una inversión. El automóvil, además, se usaba mucho. Pero según ha andado el tiempo, cada vez se usa menos, cada vez pasa más tiempo estacionado, y desde luego ya no es una inversión que mantiene su valor, sino una que lo pierde rápidamente. Entonces, los consumidores pueden legítimamente preguntarse si lo importante es **tener** un automóvil o **tener acceso** a un medio de transporte cuando se necesita. Si es lo último, es mucho más económico y eficiente arrendar el automóvil o el servicio de transporte (vía Uber, por ejemplo) que comprar y mantener un medio de transporte. Si la pérdida de valor del automóvil fuera 100% correlativa a los kilómetros recorridos, sería indiferente tener o rentar uno. Pero la realidad es que un automóvil se deprecia, aunque no se use. En cuyo caso, ¿qué sentido tiene comprarlo para tenerlo en el estacionamiento? Este raciocinio no lo hacen

---

[32] Artículo "los exuberantes precios de Uber" publicado en América Economía, http://www.americaeconomia.com/analisis-opinion/sobre-los-precios-exorbitantes-de-uber
[33] Al respecto, hay una interesante conferencia en TED de Rachel Bostman sobre "collaborative consumption", que se puede ver en
https://www.ted.com/talks/rachel_botsman_the_case_for_collaborative_consumption#

las personas nacidas antes de 1980 – o lo hacen muy pocas – porque se criaron bajo el concepto de que tener un automóvil es necesario. Pero sí lo hacen las personas nacidas a fines del siglo 20 y en este siglo 21.

En definitiva, lo razonable es buscar la alternativa más económica considerando la cantidad de transporte **que se necesita**. Entonces, más que la propiedad del producto, lo que importa es la **funcionalidad y uso** del producto. Y es aquí donde cambia el modelo de negocios, desde la venta del producto al uso de este, **según se necesita**. No se trata por lo tanto del típico leasing o arriendo obligado por un periodo de tiempo. Se trata de arriendo **solo** cuando se requiere, sea para conducir uno mismo, o con conductor. Esos productos se transforman entonces en servicios, bajo el paradigma "paga cuando usas" ("pay as you use"). La masificación de este concepto – que ya está sucediendo – optimiza el uso de recursos sin detrimento de la satisfacción de necesidades del mercado. Este modelo de negocios tiene una gran proyección, ya que todo bien que no necesitamos consumir mucho pero que representa una inversión, puede ser transformado en servicio según demanda.

Uber y AirBNB son los más conocidos, pero en absoluto los únicos. En América Latina se han generado muchas iniciativas locales de economía colaborativa, y también han penetrado varias iniciativas de economía colaborativa internacionales.

La economía colaborativa tampoco es algo tan nuevo en Internet. Partió casi al comienzo con la iniciativa de Wikipedia, que ha permitido hoy a todo el mundo tener acceso gratuito a una enciclopedia, pero también entra en esta categoría e-Bay, gracias al cual los consumidores venden productos y servicios a otros consumidores. Y también hay varias iniciativas de financiamiento "peer-to-peer" (que conecta directamente a personas que necesitan dinero con personas que están dispuestas a prestarlo, sin intermediarios). El año 2012 se creó Ouishare, una ONG que agrupa a todas las iniciativas de economía colaborativa del mundo, y que ya ha tenido una Feria mundial en Barcelona[34]. Ahí hay una muy buena definición de lo que es la Economía Colaborativa: conjunto de actividades económicas y sociales en las cuales los agentes ponen a disposición activos, bienes o servicios infrautilizados, sin transferir la propiedad, a cambio o no de un valor monetario, por medio de la participación en plataformas digitales no

---

[34] Puede ver de qué se trata en su sitio Web, http://magazine.ouishare.net/es/

anónimas y, en particular, usando Internet.

En definitiva, este fenómeno y modelo de negocios ha llegado a la agenda de los países debido a Uber, pero tiene raíces mucho más profundas, y proyecciones enormes, como veremos en otros lugares de este libro. Basta adelantar que este fenómeno también se aplicará en los productos manufacturados, llegando los propios consumidores a fabricarse sus productos con impresoras 3D, y fabricando por lo tanto para otros consumidores esos mismos productos. La matriz productiva de los países va a cambiar hacia una gran fragmentación en algunos casos y hacia una gran concentración en otros.

He hablado de recursos ociosos como un automóvil en un estacionamiento. Sin embargo, el mayor "recurso ocioso" que se ha descubierto en Internet, es (¡otra vez!) **el talento**. Miles de investigadores en cientos de universidades, por no hablar de cientos de miles de personas en todo el mundo que tienen una gran facilidad para comprender y resolver problemas de forma innovadora. De aquí nació lo que hoy se conoce como "Crowdsourcing". Este término fue acuñado el año 2006, y ha sido definido como el proceso de obtener ideas, contenidos, contribuciones o soluciones a problemas accediendo a un vasto número de personas en todo el mundo, en vez de a los empleados de la empresa o a proveedores.

No es algo que haya sido inventado el año 2006. De hecho, hay varias anécdotas que ilustran el mismo principio, pero no a través de Internet. En 1783 el rey Luis XVI ofreció un premio a la persona que pudiera 'hacer álcali' vía descomposición de la sal del mar por el "método más sencillo y económico" posible. A mediados del siglo XIX, el primer Diccionario de Oxford fue creado por 800 voluntarios. En 1848 Matthew Fontaine Maury distribuyó cinco mil copias de sus gráficos de vientos y corrientes de forma gratuita con la condición de que los marineros volvieran con un registro estandarizado de su viaje y lo entregaran al Observatorio Naval de los EE. UU. Para 1861, se había distribuido 200.000 ejemplares de forma gratuita, en las mismas condiciones.

El crowdsourcing sirve para recoger información, encontrar solución a problemas, o llevar a cabo tareas simples. La invención de Internet y el acceso de millones de personas en todo el mundo ha dado lugar a una proliferación de modalidades de crowdsourcing. Las más conocidas son:

- Crowdvoting (voto masivo). Aprovechando la facilidad de acceso a millones de personas, gobiernos, empresas o sectores de la industria han desarrollado innovadoras aplicaciones que involucran el voto de las personas. Hay ejemplos en América Latina de esta modalidad, en gobiernos locales donde se pide a los vecinos que opinen sobre el destino de los fondos municipales. Pero también hay interesantes usos en empresas como Coca Cola, Domino's Pizza o Heineken, que usaron el crowdsourcing para crear un nuevo diseño de botella, una nueva Pizza o cerveza, respectivamente. El año 2009 dos investigadores desarrollaron una prueba de concepto del valor del crowdvoting en la industria del cine. Sus descubrimientos mostraron de que la gente puede predecir de forma muy precisa si una película va a ser un éxito o un fracaso.

- Open Innovation (innovación abierta), que estimula mediante algún tipo de incentivo la entrega de buenas ideas, solución de problemas o mejora de productos a través de la participación abierta en concursos para este efecto. Por ejemplo, está el "Innovation Jam" de IBM, realizado el año 2006, y que convocó a 140.000 participantes de todo el mundo que aportaron 46.000 ideas. O el premio de 1 millón de dólares que dio Netflix a quién mejorase su algoritmo de predicción de demanda por título. Hay empresas que se han establecido con este modelo de negocios, como InnoCentive[35], que ofrece a las empresas una plataforma de crowdsourcing donde pueden poner desafíos de problemas científicos complejos a cambio de premios que van desde los 10.000 a los 100.000 dólares, accediendo a miles de científicos de todo el mundo. Más impresionante es la X Prize Foundation, que ofrece premios de entre 1 y 30 millones de dólares[36]. Estas iniciativas están consiguiendo acelerar el proceso de solución de ideas y ahorrar mucho dinero en investigación y desarrollo.

- Crowdfunding: utilizando el mismo principio enunciado, con esta modalidad se consigue que mucha gente financie proyectos con pequeños aportes. Es parte de la Economía Colaborativa de la que

---

[35] Ver en http://www.innocentive.com/
[36] Ver en http://www.xprize.org/prizes

hablamos antes. Pueden ser proyectos empresariales, iniciativas sociales, o de cualquier tipo. Hay dos modalidades: una es la que permite a los contribuyentes pre-comprar un producto antes que salga al mercado, comprar experiencias nuevas, o simplemente donar. No supone incorporarse como accionista de lo que financian. La otra modalidad, en cambio, supone que quienes aportan dinero adquieren propiedad en la empresa o derechos a comprar acciones en caso de éxito. Algunos de los sitios más conocidos de crowdfunding son Kickstarter (www.kickstarter.com), indiegogo (www.indiegogo.com), crowdrise (especialmente pensado para fondos para caridad, www.crowdrise.com), y GoFundMe (dice haber levantado 2 mil millones de dólares a marzo de 2016, en www.gofundme.com).

Estos son solo unos pocos ejemplos de nuevos modelos de negocio que están surgiendo sobre todo desde la economía de Internet. Nuevos modelos están surgiendo constantemente, que desafían a las industrias establecidas, digitizando la forma en que entregan valor a los consumidores y clientes, tanto en el mercado masivo como en el mercado corporativo. A modo de resumen, y usando algunos de los ejemplos que he señalado aquí, los nuevos modelos de negocios permiten que:

- La empresa de taxis más grande del mundo no tenga taxis (Uber)
- El proveedor de alojamiento más grande del mundo no es dueño de ningún establecimiento hotelero (AirBNB)
- La empresa más grande del mundo de servicios de telefonía (con un 35% del tráfico mundial de telefonía internacional más un porcentaje indeterminado del tráfico local de los diversos países) no posee infraestructura telefónica (Skype)
- La empresa de retail con mayor valor de mercado del mundo no tiene bodegas ni almacenamiento (alibaba.com)
- Los mayores proveedores de contenidos del mundo no crean ni uno solo (Facebook y YouTube)
- El Banco que crece más rápido en el mundo no usa dinero propio (SocietyOne[37])

---

[37] Ver en https://www.societyone.com.au/

- El mayor distribuidor de cine en el mundo no tiene salas de cine (Netflix)
- Los mayores distribuidores de software del mundo no lo desarrollan (Apple y Google, para sus sistemas operativos iOS y Android, con más de medio millón de aplicaciones distintas cada uno)

Sin embargo, no nos dejemos llevar por la parte más mediática de esta economía digital. La verdadera revolución sigue viniendo no de los artefactos digitales – que son la plataforma – sino del cambio en la superestructura que están posibilitando y llevando a cabo, como veremos a continuación.

13. La economía digital no es acerca de computadores

La Economía Digital no se trata de computadoras o Internet, aunque su mismo nombre así lo sugiera. Como vimos antes, se trata de la asignación de talento, siendo el talento un activo intangible existente en todo el mundo, el mayor recurso económico que tiene la humanidad, y el que más desperdicia.

Ya lo he comentado antes: ¿Pueden imaginar cómo se vería la economía mundial si todas las personas de la Tierra trabajaran en lo que más talento tienen y más les gusta? He hecho esta pregunta a gente de todo tipo, a economistas, estudiantes, incluso a un presidente. Jamás he recibido una respuesta distinta del tipo "claramente, sería muchísimo mejor de lo que es ahora o podría serlo con los modelos actuales". El hecho es entonces que, por el solo hecho de no descubrir, desarrollar y distribuir los talentos existentes en el mundo, estamos generando un desperdicio económico, el mayor desperdicio de recursos jamás habido en la historia, porque ¿cuántos de los 7 mil millones de habitantes que tiene la Tierra trabajan en lo que más talento tiene y más les gusta?

Los modelos económicos que hemos sido capaces de desarrollar hasta hoy son más o menos eficientes cuando se trata de asignar activos **tangibles** como tierra, capital y trabajo, pero han fallado una y otra vez cuando se trata de asignar los activos **intangibles** como el talento o la creatividad. El resultado es una inmensa frustración de innumerables personas que nacen con talentos y nunca tienen la oportunidad ni de desarrollarlos ni de aplicarlos de acuerdo con sus afinidades. La confluencia de talentos y afinidades es lo que llama Sir Ken Robinson "el elemento". Así pues, se podría hacer la pregunta de otra forma: ¿Cuál sería el PIB del mundo si cada ser humano estuviera en su elemento?

Mucha gente con la que he conversado sobre esta materia la considera una utopía. Suena muy bien, pero ¿cómo se hace para que se produzca? ¿Cómo diseñar un sistema social donde cada niña y cada niño, desde prekínder, es guiado para descubrir sus talentos y afinidades y dirigirlos hacia su elemento? Es ahí donde la economía digital juega su rol.

Desarrollando una educación personalizada basada en tecnologías digitales se puede llevar a cabo esa misión, a la vez que se reducen costos. Para el año 2017 ya habrá herramientas de e-learning que podrán generar sistemas de aprendizaje personalizado[38]. No va a tener sentido hablar de "primero básico" o "segundo medio": el alumno lo hará según su ritmo de aprendizaje. Los alumnos **aprenden**, no "les enseñan". Los profesores son **mentores**, no conferencistas. Cada alumno podrá seguir adelante con una malla curricular hecha de acuerdo con sus talentos y afinidades – no olvidando las bases, como castellano y matemáticas – detectadas en conjunto por profesor/mentor y padres y apoderados. El alumno será calificado por competencias **demostradas**, según las vaya adquiriendo.

Esto no supone que el alumno jamás pondrá sus pies en un aula. Supone que el aula está destinada a aplicar lo aprendido, con todos los alumnos presentes con talentos y afinidades con el ramo. Ello ayuda a su vez a que la clase sea más entretenida, porque todos comparten afinidades con el profesor/mentor y a éste le hace más fácil la labor de desarrollar esos talentos particulares de cada estudiante en esa asignatura. ¿Y qué pasa con los ramos que no dan y ahora se dan? No los necesitan. Y si los necesitasen en el futuro, ahí tienen diversas alternativas para aprenderlos, muchas de ellas totalmente gratis y online.

Introduciendo la acreditación de competencias en Internet, con mucha antelación las organizaciones de todo el mundo podrán detectar talentos que encajen con su misión, haciendo del trabajo un servicio fungible (atraviesa fronteras). Las oportunidades de trabajo serán globales, y los postulantes, de todo el mundo. De hecho, el trabajo en sí será redefinido, tal como explicamos en la transformación digital del trabajo en el siguiente

---

[38] Cf. "Getting smart", Tom Vander Ark, Wiley, 2012

capítulo.

Una economía basada en el talento significaría más oportunidades para todos, mejores trabajos e ingresos. Supondría un mayor Producto Interno Bruto para todas las naciones. Supondría una mayor justicia social y un menor nivel de conflicto social.

Hacer del talento el principal recurso de la economía mejora también la naturaleza de la relación entre empleador y empleado, puesto que la generación de valor está en el empleado, empoderándolo. El talento produce más cuando se aplica en un ambiente de trabajo motivador, lo cual hará que los empleadores busquen dicho ambiente. Google dejará de ser "la empresa aparte" en ese sentido: todos tendrán que trabajar de esa manera.

Hacer del talento el principal recurso de la humanidad mejorará también las relaciones entre las naciones. Los juegos de poder y los conflictos en la historia han sido provocados por mala información entre las naciones y la codicia por los recursos tangibles. Puesto que los recursos pasan a ser intangibles y están en todas partes, y son propiedad de las personas que los llevan dentro (talento), la humanidad sacará rápidamente las cuentas que trabajar en armonía lleva a un equilibrio donde todos ganan más que si trabajan por codicia personal (win/win). Es como dar vuelta la sentencia de Adam Smith, quien decía que, si cada uno se preocupa de su bienestar, una "mano invisible" se ocupará del bienestar de todos. Más bien, si cada uno se preocupa del bienestar de todo, una "mano invisible" se preocupará del bienestar personal.

Ese es el potencial que trae inherente la economía digital, ya que todo lo dicho solo puede funcionar a través de tecnologías digitales. La economía digital es para la Sociedad del Conocimiento lo que la fábrica fue para la Sociedad Industrial. El talento es por naturaleza intangible, y el lugar donde lo intangible se manifiesta es hoy en día las tecnologías digitales.

Un mundo donde todas las personas trabajen en aquello para lo que tienen más talento y más les guste ya no es una utopía imposible. Puede ser difícil llegar allí, pero vale la pena el esfuerzo, por todos los medios. El resultado de esta lucha será un mayor bienestar económico y social para todos, algo que la especie humana se merece. Se nos ha regalado suficientes talentos como especie como para hacer de este mundo uno donde todos puedan vivir dignamente. Es nuestra ceguera en poner el acento en los recursos tangibles lo que ha impedido que hagamos de este un mundo mejor y en armonía. Y la economía digital viene para quedarse, cambiando por primera vez ese paradigma que nos ha acompañado desde que la humanidad inventó el fuego.

14. Economía del Conocimiento

¿Qué es una economía del conocimiento? Es una economía basada en el uso del conocimiento como factor principal para la creación de valor. En una economía primaria, basada en recursos naturales y capital financiero, el factor conocimiento como porcentaje del valor final total, manifestado en el precio del producto, es bajo. En contraposición, en una economía del conocimiento, basada en la innovación y capital humano, el factor conocimiento como porcentaje del valor final total, manifestado en el precio del producto, es muy alto. ¿Y qué se entiende por conocimiento? Es información almacenada que se puede transformar en valor. Por ejemplo, si el PIB varía en un 8% en toda la Región, esa cifra tal cual es solo un dato o un número para una persona que no sabe lo que es el PIB. Pero si esa persona sabe lo que es el PIB, ya pasa a ser información, que puede ser más valiosa si sabe que es una cifra alta. Pero si sabe además qué hacer al respecto, esa información ya es conocimiento, que se pone como insumo de un proyecto económico, de negocios, académico o de lo que sea, generando más conocimiento.

Es por eso por lo que, en una Economía del Conocimiento, los recursos que más importan son el talento, la creatividad y el capital intelectual. Estos dependen de la Educación, la Innovación y el uso de Tecnologías de la Información y Comunicaciones (plataformas digitales). Y estos tres pilares – educación, innovación y uso de plataformas digitales – unido al régimen económico (la existencia de normas estables y claras de libre mercado), son los que componen el "Índice de la Economía del Conocimiento" (Knowledge Economy Index) elaborado por el Banco Mundial desde 1995, y del cual hablamos en el capítulo anterior. Éste índice, según definición del mismo Banco Mundial, es un indicador económico que mide si el entorno es conducente a que el conocimiento pueda ser usado eficientemente para el desarrollo económico. Es un índice agregado que representa el nivel de desarrollo de un país o región hacia una economía del conocimiento. Está calculado sobre la base del rendimiento en cuatro pilares relacionados con la economía del conocimiento:

- Un régimen económico institucional que entrega incentivos para el uso eficiente de conocimiento existente y para el florecimiento del emprendimiento ("Economic Incentive Regime")
- Una población educada y capacitada para crear, compartir y utilizar correctamente el conocimiento
- Un ecosistema de innovación en el que participan empresas privadas, centros de investigación, Universidades, consultores y otras organizaciones para aprovechar el creciente stock de conocimiento, asimilarlo y adaptarlo a la realidad y necesidades locales, y generar nueva tecnología
- Tecnologías de la Información y Comunicaciones para facilitar la efectividad en la creación, diseminación y procesamiento de la información

Tomando los últimos dos datos publicados del Banco Mundial para una serie de países (los 11 mejor posicionados del resto del mundo y los 4 mejor posicionados de América Latina) sucede algo curioso. En materia de régimen económico institucional, el mejor posicionado de la Región (Chile) está por encima de países desarrollados como Australia, Suiza o Japón. Sin embargo, en cada uno de los índices distintos del de régimen económico, hay dos países de la Región por encima de Chile: Uruguay y Argentina en educación, Argentina en innovación, y Uruguay en uso de plataformas digitales.

He llamado al índice sobre régimen económico "capa Chicago" en alusión a la influencia que tuvieron en su momento los llamados "Chicago Boys" en establecer un modelo macroeconómico en Chile que luego fue más o menos adoptado por algunos otros países de la Región. Y llamo a los restantes índices "capa Knowledge" o del conocimiento. La siguiente tabla ilustra lo que comento:

EVOLUCION INDICE Knowledge Economy Index (KEI) 2008-2009

PAIS	Ranking			K.E.I.		Capa "Chicago" Economic Incentive Regime		Education		Capa Knowledge Innovation		ICTs (TICs)	
	2008	2009	2012	2008	2009	2008	2009	2008	2009	2008	2009	2008	2009
Dinamarca	1	1	3	9,58	9,52	9,66	9,61	9,80	9,78	9,57	9,49	9,28	9,78
Suecia	2	2	1	9,52	9,51	9,18	9,33	9,40	9,29	9,79	9,76	9,69	9,29
Finlandia	3	3	2	9,37	9,37	9,47	9,31	9,78	9,77	9,66	9,67	8,56	9,77
Holanda	4	4	4	9,32	9,35	9,18	9,22	9,26	9,21	9,48	9,45	9,36	9,21
Noruega	5	5	5	9,27	9,31	9,25	9,47	9,60	9,60	9,06	9,06	9,16	9,60
Canadá	6	6	7	9,21	9,17	9,42	9,45	9,26	9,26	9,43	9,44	8,74	9,26
Reino Unido	8	7	14	9,09	9,1	9,28	9,24	8,54	8,49	9,18	9,24	9,38	9,45
Irlanda	11	8	11	8,92	9,05	9,23	9,26	9,08	9,14	9,04	9,08	8,33	8,71
Estados Unidos	9	9	12	9,08	9,02	9,16	9,04	8,77	8,74	9,45	9,47	8,93	8,83
Suiza	7	10	10	9,15	9,01	8,79	8,69	7,69	7,68	9,89	9,9	9,52	9,68
Australia	10	11	9	9,05	8,97	8,66	8,66	9,64	9,69	8,72	8,88	9,16	8,67
Chile	40	42	40	6,92	7,09	8,11	8,76	6,31	6,48	6,81	6,85	6,46	6,27
Uruguay	44	46	46	6,35	6,49	6,49	6,35	7,18	7,79	5,26	5,37	6,48	6,45
Costa Rica	47	50	51	6,06	6,03	6,7	6,6	5,01	5,19	6,24	6,25	6,3	6,07
Brasil	55	54	60	5,57	5,66	4,3	4,31	5,54	6,02	6,07	6,19	6,08	6,13
Argentina	53	59	63	5,49	5,57	2,63	2,78	6,49	6,64	6,85	6,89	5,98	5,96

Fuente: World Bank
Elaborado por Alfredo Barriga

Tabla N°1: Evolución de indice Knowledge Economy Index, 2008-2009 (última fecha con datos publicados). Preparado por el Autor

Decía Peter Drucker[39] que el momento más peligroso para una empresa es cuando le está yendo muy bien con su modelo de negocios, ya que es en esos momentos cuando no se perciben los nuevos modelos que reemplazarán a los incumbente, y queda mal preparada para cuando, inevitablemente, tenga que adoptar los nuevos paradigmas. Un buen ejemplo de cómo hay que hacerlo es IBM, de la que hablamos arriba.

Pienso que el mismo concepto es aplicable a los países. Hay países en América Latina como Chile, donde llevan más de 30 años afinando un sistema económico basado en la explotación de recursos naturales y la apertura de la economía a mercados internacionales, y figurando como uno de los países más admirados del mundo bajo estos parámetros. Sin embargo, el mundo va hacia una Economía del Conocimiento. Es allí donde se van a crear más puestos de trabajo y riqueza. Y para ello es necesario estar igualmente brillantes en educación, innovación y plataformas digitales que en "régimen económico". Este es pues, otro indicador que muestra la situación en que están los países de América Latina respecto de la economía del conocimiento, indicando claramente en qué se está atrasado. También nos muestra que estar adelantado en uno u otro de los indicadores no es suficiente. Incluso, como sucede en el caso chileno, puede ser contraproducente, porque el éxito en materia de manejo de la economía actual ciega respecto de la debilidad para manejar la economía del siglo 21.

Tal vez se piensa (erróneamente) que, si se mejora en el ranking de "régimen económico", el mercado se encargará de mejorar los restantes pilares de la economía del conocimiento. Nada más lejos de la realidad: no hay ninguna correlación entre ambos. Avanzar en la economía del conocimiento supone avanzar en "régimen económico" **y** en educación, innovación y plataformas digitales. Cada una por su cuenta y todas a la vez.

Si Chile (país de la Región con mejor KEI) tuviera en educación, innovación y plataformas digitales el mismo puntaje que en "régimen económico", estaría en el puesto 17 del Ranking KEI. Definitivamente, entre los países ganadores. ¿Y qué ganaría estando ahí? Una economía más dinámica, que ha estado creciendo y se prevé seguirá creciendo a dos dígitos anualmente; mejores puestos de trabajo, mejor remunerados; acceso a más bienes y servicios que los que actualmente tiene acceso su población. Otros países de América Latina podrían seguir el mismo curso, como están tratando de hacer

---

[39] Drucker, Peter – Managing in turbulent Times, Harper-Collins, 1980

Colombia, Uruguay, Costa Rica o Panamá.

No hay nada en contra de ser un país esencialmente productor de commodities salvo en un aspecto: no van a ser los commodities los que van a generar mayor trabajo en el mundo en el futuro cercano – ni hablar del lejano. Y no van a estar los mejores sueldos alrededor de los commodities. Más bien parece que va a ser al revés, ya que, al automatizarse los trabajos de esas industrias para mejorar su productividad mediante tecnologías, van a ser destructores de puestos de trabajo. Hoy una mina de cobre se maneja con mucha más tecnología y menos personal por tonelada de cobre extraída que hace 30 años, y no parece que esa tendencia se detenga. Por el contrario, la economía en Internet, que como vimos está creando 2,6 empleos por cada uno que destruye (y los va a seguir destruyendo: tratar de evitarlo es ponerle puertas al campo) está creciendo a dos dígitos año tras año desde que comenzó, está creando las empresas de mayor valor de mercado del mundo – tomados por años desde su fundación – y está generando mejoras continuas en productividad de las personas. Son las personas, y el conocimiento que sean capaces de crear, lo que en definitiva va a definir las economías ganadoras y las perdedoras en el largo plazo. Entonces, ¿dónde queremos estar? ¿Dónde se destruyen trabajos, o donde se crean?

Poner más impuestos a la extracción de recursos naturales no renovables o renacionalizar los recursos naturales no resuelve el problema de fondo. Lo que está en juego es saber qué tipo de sociedad vamos a ser en 50 años más. Qué heredarán nuestros nietos. Y, a la vista de los datos duros, de mantener estos índices de economía del conocimiento, América Latina lo tiene complicado.

Seguir haciendo lo mismo que hace 200 años nos está privando de una mejor sociedad para todos. Estamos renunciando a mejores puestos de trabajo, a una economía más diversificada y fuerte, a un ingreso mejor repartido, y a una base económica sustentable en el tiempo, porque el conocimiento no se agota: *siempre* crece y mejora con cada nueva generación de personas, si las cosas se hacen bien respecto de educación, innovación e investigación.

15. Por qué fracasan los países y "Virtualia" es un éxito

"Por qué fracasan los países: los orígenes del poder, la prosperidad y la pobreza" es el título de un reciente Superventas de los autores Daron

Acemoglu y James Robinson[40] que viene muy a propósito de lo discutido en esta segunda parte.

Los autores analizan las diversas teorías existentes sobre las desigualdades en las naciones, y las refutan una a una. Demuestran que las teorías sobre la desigualdad de los países basadas en explicaciones geográficas ("el clima los hace flojos"), culturales ("es la raza") o de ignorancia ("los gobernantes son ignorantes") no son suficientes para explicarlo.

Para los autores, la explicación – apoyada con abundantes ejemplos – es que las naciones no fallan por motivos económicos sino políticos, debido a que se dotan a sí mismas de instituciones extractivas por las cuales una elite domina al país extrayendo rentas desde el resto de la población, evitando a la vez que se genere cualquier destrucción creativa que pueda afectar su estatus quo. Por el contrario, un país tiene éxito cuando desarrolla instituciones inclusivas, donde muchos participan y se genera un buen balance entre poderes.

Por ejemplo, citan el caso de Nogales, una ciudad dividida en dos y separada por una reja. Al lado Norte está Nogales, Arizona. Al lado Sur está Nogales, Sonora. La calidad de vida es muy superior en Nogales, Arizona respecto de Nogales, Sonora. La gente tiene el mismo origen. Cuando Estados Unidos se anexionó Arizona, quedó esta ciudad partida en dos. La geografía es la misma. No se puede hablar de ignorancia: el gobierno de Sonora podría copiar al gobierno de Arizona, que está al lado. Pero no lo hace. ¿Por qué? Por problemas políticos básicos. Estados Unidos se creó con una teoría política – heredada de Inglaterra – que el poder debía estar distribuido, de forma que nadie abusara de él. México se creó con una teoría política opuesta, heredada de España, por el cual el poder debía ejercerse por una minoría sin contrapesos.

Se puede verificar este mismo resultado viendo el bienestar de los inmigrantes latinoamericanos en Estados Unidos. La misma gente, en un lado prosperan y en su propio país, no. Los autores concluyen que prosperan en un ambiente inclusivo como el que encuentran en Estados Unidos, y no lo hacen en uno extractivo como el que tienen en sus países de origen.

---

[40] Why Nations Fail, Acemoglu & Robinson, 2012, Crown Publishers, New York

Corea del Norte y Corea del Sur son una misma nación partida por dos en las cuales cada mitad adoptó una teoría política distinta: extractiva en Corea del Norte, inclusiva en Corea del Sur. El resultado está a la vista. Pobreza en la primera, y bienestar en la segunda. La economía china y el bienestar de China dieron un salto gigante cuando los gobernantes decidieron abrir la economía al Mercado, aunque manteniendo el monopolio del poder político. Los autores del libro afirman que cuando se lleva a cabo esa estrategia, tiene un éxito limitado en el tiempo. Es decir, la economía y el bienestar crecen, pero dejan de hacerlo en un momento determinado.

Detrás de todo esto está la naturaleza humana, que pierde motivación para crear y surgir en un entorno extractivo mientras que lo gana en uno inclusivo, porque en éste ve que se beneficia directamente, y en aquél, beneficia más a otros. Es de sentido común.

Los autores hablan de países tal como los conocemos políticamente, con historia común, leyes comunes y una geografía delimitada. Obviamente lo hacen así, puesto que ese es el enfoque y el título de su libro. Pienso sin embargo que su teoría se aplica plenamente a lo que he definido como "Virtualia", que en este caso es una "supra nación" delimitada no por criterios geográficos, sino de pertenencia, con sus propias leyes y formas.

No existe lugar más inclusivo que Virtualia, y por eso la creación destructiva es parte natural de ella: Virtualia está hecha y se sigue haciendo con destrucción creativa. Nadie manda, por lo cual, nadie extrae. En eso hay una diferencia con la teoría de los autores, que postulan que además de inclusiva, el modelo de sociedad debe ser centralizado porque de lo contrario se cae en una anarquía. Pero en Virtualia se da cierta "anarquía ordenada", por ponerle un término, aunque parezca una paradoja.

En definitiva, creo que la teoría sobre por qué fracasan las naciones es plenamente aplicable a lo que denomino Virtualia y por lo mismo a la Economía en Internet. Ello tiene un corolario lógico: el camino de las naciones de América Latina para pasar desde su actual Sistema extractivo a uno inclusivo pasa por desarrollarse digitalmente, adoptando cuanto antes los paradigmas de la nueva revolución digital.

Lo contrario también es lógico: si no lo hace, la situación social va a hacerse insostenible, porque, en esta ocasión, la población tiene en su diario vivir una experiencia ciudadana inclusiva, que le recuerda que las cosas pueden ser distintas: su vida Online. Por ponerlo más claro: si no aprovecha las oportunidades de transformación hacia una sociedad inclusiva que Internet y las nuevas tecnologías le están brindando, y se insiste en mantener la actual sociedad extractiva, los países de América Latina fracasarán. Y como decía John F. Kennedy, "quienes hacen imposible una revolución pacífica hacen inevitable una revolución violenta".

Es mucho lo que está en juego.

16. Por qué Apple vale más que Exxon

Cuando Steve Jobs falleció el año 2010, el valor de mercado de Apple era de 380 mil millones de dólares. Mucho se especuló sobre si sería capaz de sobrevivir a su fundador, y si no era una exageración ese valor de mercado. Ese argumento no toma en cuenta de que estamos en una economía del conocimiento, y en ésta el valor de la empresa no se basa en lo que dice el Balance de esta, sino en el valor que el mercado atribuye a su capital intelectual, el cual no está recogido en ninguna parte, pero es valorado por el mercado igualmente.

Al finalizar el primer trimestre de 2015, Apple superó los 700 mil millones de dólares de valor de mercado, siendo la empresa más valorada de la historia de la Bolsa en cualquier lugar del mundo. Detrás quedaba Exxon (que hasta entonces había liderado el ranking) con un valor de mercado equivalente al 50% del valor de Apple. En el segundo trimestre de 2015, Microsoft también superó el valor de mercado de Exxon, aunque por poco. Y el cuarto trimestre de 2015, se unió Google, que superó a Microsoft, pero que esta vez supera a Exxon por 100 mil millones de dólares en valoración de mercado. Para que Exxon existiese se necesitaron grandes capitales, y muchos años de actividad: es la empresa heredera del enorme imperio Rockefeller comenzado a mediados del siglo XIX. Apple, Google y Microsoft fueron fundadas con muy poco o ningún capital, y consiguieron esas valoraciones en mucho menos tiempo. ¿Qué ha pasado?

En un artículo publicado en FORBES[41], se muestra cómo la creación de valor de mercado ya no está en los activos tangibles, sino en los intangibles. Los emprendedores de la Sociedad del Conocimiento están generando valor de

---

[41] Forbes, 14/4/2012: Why YOUR Company must become a Tech Company – Apple, Amazon, Facebook, Instagram Lessons, en http://www.forbes.com/sites/adamhartung/2012/04/14/why-your-company-must-become-a-tech-company-apple-amazon-facebook-instagram-lessons/#7e182d6bb10c

mercado más rápido, más alto y consistente del que generan los nietos de la revolución industrial.

Mark Zuckenberg, con Facebook, ha generado como CEO más valor de mercado en 5 años de lo que han hecho el CEO de General Motors o General Electric juntos. En el retail, ya vimos como Sears & Roebuck vale una fracción de Wal-Mart, que es a su vez superada por Amazon, que tiene apenas 25 años.

La industria del retail en América Latina sigue aún el modelo de negocios de Sears & Roebuck. No se ha "digitizado". Amazon puede entrar en cualquier momento en la Región, y detrás (o delante) puede seguir alibaba.com, la empresa de venta al por mayor que revolucionó ese negocio, y que tiene como siguiente estrategia el convertirse en la mayor empresa de retail del mundo, optimizando la cadena de valor logística.

La valoración de Apple no es especulativa. Apple ya es la empresa que más ha ganado en un año en toda la historia. En el ejercicio 2015 Apple ganó 53.400 millones de dólares, *41 veces más que el año 2005*. Las ventas en estos diez años aumentaron 17 veces, y la capitalización de mercado, 15 veces. A pesar del salto que ha dado la capitalización, gracias al mayor salto de utilidades el PER de Apple está en 12,5.

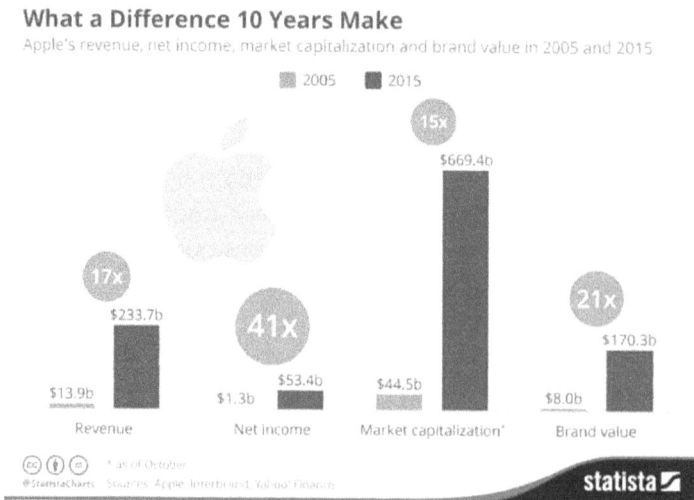

What a Difference 10 Years Make
Apple's revenue, net income, market capitalization and brand value in 2005 and 2015

Figura N°2: Comparación de ventas (revenue), utilidades (Net Income), capitalización de mercado (market capitalization) y Valor de marca (Brand value) entre años 2005 y 2015 para Apple. Fuente: Statista

¿Qué paso en esos 10 años? Apple sacó iTunes, el iPhone, y el iPad, como se puede ver en la figura N° 16. De hecho, fueron esos productos y no los computadores los que generaron el gran salto adelante en ventas, y con márgenes mejores. Consecuentemente, las utilidades sobre ventas subieron desde un 10% a un 22,8%. En definitiva, más productos, mejores productos, mejores utilidades.

Ha sido la primera vez que una empresa de tecnología superó a todas las demás empresas del mundo en utilidades y precio de mercado. Pero no va a ser la única. Las empresas del conocimiento hace ya tiempo que vienen creciendo sostenida y crecientemente. Era cuestión de tiempo. No sería de extrañar que en algunos años más, las 10 mayores empresas del mundo *por utilidades* sean empresas tecnológicas, farmacéuticas o de servicios. Todas, empresas del conocimiento, donde el principal capital es el capital intelectual, producto del talento de quienes trabajan - y están orgullosos de hacerlo – en esas empresas.

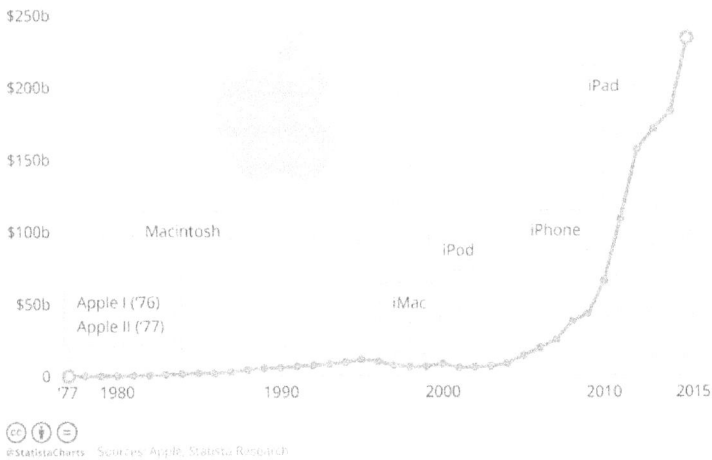

40 Years of Apple
Apple's revenue growth and notable product releases since 1977 (fiscal years)

Figura 3: evolución de ventas de Apple desde su Fundación. Fuente: datos de Apple, Statista Research

Lo más notable de este dato es que se trata de una industria, las plataformas digitales, que opera al revés del resto de la economía, debido al cumplimiento constante de la Ley de Moore. Ganan cada año más dinero a pesar de que los productos no solo no suben de precio en términos constantes y de paridad del dinero, sino que bajan. Y considerando el performance por unidad de dinero gastada, bajan mucho.

La nueva economía que están trayendo las tecnologías emergentes está generando un excedente para el consumidor jamás visto antes en la historia. En Internet, es del 100% en muchos servicios y productos gratis por los que antes se debía pagar (correo, periódicos, películas, etc.). Cuando se combina Internet con la telefonía móvil, se llega a extremos inimaginables hace diez años atrás, como he descrito anteriormente.

Tercera Parte: La transformación digital de la economía.

Desde que se creó Internet el año 1991 hasta la fecha, varios sectores de la economía se han digitizado. No es que **todo** el mercado lo haya hecho, pero hay un patrón que se repite: aparece una empresa que rompe el paradigma del modelo de negocios incumbente con una propuesta digitizada del sector al que ataca, y demuestra que el nuevo paradigma entrega mejores productos a precios sustantivamente más económicos, y además con utilidades. El nuevo paradigma tiene un crecimiento explosivo, debido a la altísima escalabilidad de las plataformas digitales. Surgen empresas competidoras, pero hay espacio para todas. ¡Prácticamente toda la oferta que se crea es consumida! La Economía de Internet es una economía de demanda (más consumo que oferta), mientras que la Economía tradicional es en muchos casos una economía de oferta (más oferta que consumo).

En este capítulo revisamos algunos casos de transformación digital de sectores de la economía y de funciones dentro de la misma, como el trabajo, la gerencia o el marketing.

17. La transformación digital de las telecomunicaciones

La industria de las telecomunicaciones nace como una respuesta eficiente para masificar el uso del teléfono, tras su invención. Las conversaciones telefónicas al momento de crearse eran siempre entre dos puntos. Tal y como se había inventado el teléfono, se requería de una conexión física entre los dos puntos para poder hablar. Entonces, si una persona A quería poder comunicarse con una persona B, tenía que "tirar un cable" entre A y B. Y si además quería hablar con C, tenía que tirar un cable desde A hacia C. Si B quería hablar con C, también debía tirar un cable hacia B. Para que tres personas se pudieran comunicar todas entre sí hacían falta tres cables: de A hacia B, de B a C, y de A hacia C. Pero si entraba una cuarta persona (D) no bastaba con una línea más. Se necesitaban tres líneas más. Y así, cada vez que entraba una persona adicional que quería poder comunicarse con todos los demás, la necesidad de cables se multiplicaba.

Las redes telefónicas resolvieron esta ineficiencia mediante la tecnología de la conmutación. En vez de tirar un cable desde cada casa hacia todas las demás, había un cable hacia una central telefónica, que se encargaba de conmutar (es decir, enrutar) la comunicación de origen con la comunicación de destino. Si recuerdan las películas en blanco y negro sobre los años 30 en Estados Unidos, cuando llamaban por teléfono las personas no marcaban un número, sino que eran atendidas por una telefonista a la que le daban el número al que querían contactar, y veíamos a las telefonistas enchufar una línea en un agujero (que era el de la línea de destino).

El modelo de precios de acuerdo con esta tecnología era bastante obvio: se cobra por tiempo de uso de la central (que es el recurso limitado) y por la distancia entre los dos puntos (ya que, a mayor distancia, mayor inversión en cables). Surge así el servicio local medido (SLM), y la Larga Distancia Nacional (LDN) como forma de tarificación para las comunicaciones dentro del rango de cobertura de la empresa telefónica. Luego se incorporan los cables submarinos para las comunicaciones internacionales, y se crea la Larga Distancia Internacional, más cara debido una vez más a que el recurso es más limitado (no hay para que todos llamen a la vez) y la inversión más alta.

A partir de ese modelo, la industria de las telecomunicaciones comenzó a mejorar eficiencia y costos como toda industria tecnológica. Lo primero en desaparecer fueron las telefonistas, al automatizarse la conmutación gracias a la marcación por tonos.

No vamos a describir cada una de las innovaciones tecnológicas de la industria de las telecomunicaciones. Solo nos interesa una más, que fue el origen primigenio de toda la revolución digital que trajo Internet: la digitalización de la voz.

Efectivamente, en los años 60 las empresas telefónicas transformaron su tecnología analógica en digital. Primero entre centralitas, luego llegando hasta el hogar. Al digitalizar la voz, las redes telefónicas fueron capaces de transmitir voz como si fuesen datos. Por lo tanto, también podían transmitir datos. Sobre esa tecnología se desarrollaron protocolos de intercambio de datos, y uno de esos protocolos (el TCP/IP) habilitó la World Wide Web. Y eso cambió todo.

Las plataformas de telecomunicaciones están compuestas de 7 tipos de elementos, que se llaman "capas OSI" (por el estándar usado). Van desde lo más tangible (el material físico de la red), hasta lo más intangible (el servicio o aplicación que va sobre el resto de la plataforma). Con la innovación de la red digital se generó la red digital de servicios integrados (RDSI) que permitía en un mismo cable mantener dos conversaciones con un ancho de banda superior al máximo que se conseguía con sistemas analógicos.

Puesto que el cable podía soportar dos comunicaciones digitales a la vez, a las empresas de telecomunicaciones les pareció buena idea entregar, junto con el servicio de voz, el servicio de datos, que suponía acceso a la World Wide Web. Puesto que los costos de conexión ya quedaban cubiertos con el contrato de voz, decidieron cobrar una cantidad fija por el servicio de datos. Era una época en que la World Wide Web estaba comenzando, y nadie sabía dónde podía llegar. No había aún un "killer application", es decir, un uso de la tecnología que fuera de tal magnitud, que hiciera el precio de la tecnología algo que merecía la pena gastar.

Hasta que salió el correo electrónico gratuito. Fueron las mismas empresas de telecomunicaciones quienes lo promovieron, como una forma de vender más accesos a Internet.

La tecnología digital de redes siguió la ley de Moore, en el sentido de que cada año y medio o dos años se duplicaba el ancho de banda (es decir, el número de datos que pueden transitar en un segundo a través de la conexión) y se mantenía (o bajaba) el costo.

El año 2003 un danés y un sueco diseñaron un sistema de comunicaciones de voz, texto y video sobre Internet, que fue desarrollado por dos técnicos de Estonia, dando origen a Skype. La aplicación permitía que dos personas cualesquiera con la aplicación en su computador pudieran hablar, enviarse textos e incluso – más adelante – tener una videoconferencia. Gratis.

Ese hecho, más que ningún otro, provocó la transformación digital de las telecomunicaciones. Una aplicación (capa OSI 7) entregaba sin costo un servicio por el que las empresas de telecomunicaciones cobraban – de acuerdo con la distancia entre los dos puntos y el tiempo de la comunicación. Y lo hacían sin haber invertido ni un dólar en ninguna de las 6 capas restantes necesarias para entregar el servicio.

El modelo de tarificación de las telecomunicaciones quedaba disrupcionado. ¿cómo competir contra Skype?

Se intentó bloquear ese tipo de comunicaciones, pero quedó claro que era una pelea perdida. Poco a poco la tarificación por servicio medido y distancia se ha ido reemplazando por "paquetes de datos" a cambio de un precio fijo mensual. La telefonía móvil pudo resistir más tiempo el embate de este nuevo paradigma, pero servicios instalados por los mismos fabricantes de Smartphones, como el FaceTime de iPhone, entregaron video conferencia con razonable buena calidad de imagen y audio (dependiendo de la calidad de la Internet Wi Fi), y terminó también con esos intentos de parar lo inevitable.

Para el año 2013 (10 años después de su lanzamiento) Skype concentraba un tercio de las llamadas internacionales de voz, siendo el líder indiscutido de ese segmento del mercado. Skype sin embargo no había liquidado el negocio de la LDI, sino al contrario: habían aumentado el número de minutos totales de larga distancia internacional hablados:

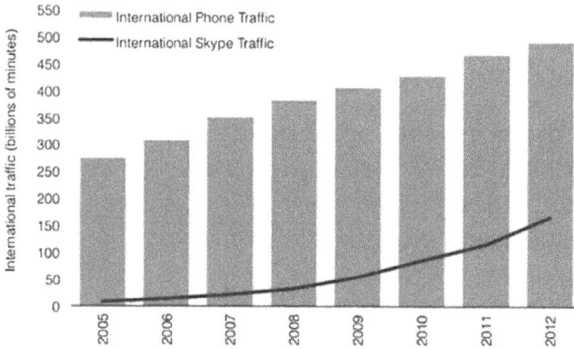

Figura N°4: evolución de tráfico telefónico internacional, en miles de millones de minutos. Fuente: Telegeography

Un año después, la LDI casi ya no crecía y el crecimiento de Skype había bajado:

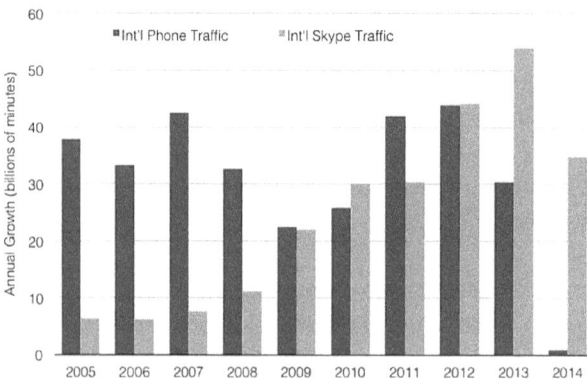

Figura N° 5: evolución de larga distancia internacional, en porcentaje de crecimiento. Fuente: TeleGeography.

¿Qué pasó? Nuevas aplicaciones de comunicación entre personas se tomaron el mercado. Aparte de la ya comentada FaceTime, Messenger (propiedad de Facebook), WhatsApp (también comprada por Facebook, pero que en 2014 aún era independiente) y sus equivalentes chinos le dieron un mordisco a la participación de Skype. Estas aplicaciones se conocen como "over-the-top" (OTT):

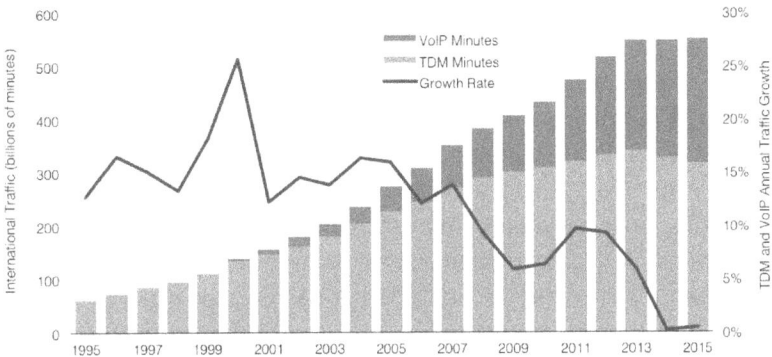

Figura N° 6: evolución de tráfico internacional telefónico en miles de millones de minutos, por tecnología. Fuente: TeleGeography

Como se puede ver en la figura, el **crecimiento** de tráfico internacional por teléfono ha caído prácticamente a cero a partir de 2013, a la vez que la participación de tecnología de voz sobre internet (VoIP) ha aumentado y la tecnología tradicional ha disminuido.

La disrupción en telecomunicaciones no vino solamente desde la digitalización de la voz. Empresas que no eran de telecomunicaciones entraron a competir con las empresas incumbentes. Efectivamente, las empresas que entregaban servicios de TV Cable a domicilio innovaron en su plataforma y dotaron a sus cables coaxiales de retorno, habilitándoles para entregar servicios de telefonía y de acceso a Internet a los hogares a los que ya les daban acceso a TV cable. Las empresas de telecomunicaciones reaccionaron entrando también en el negocio de contenidos digitales, entregando a través de redes inalámbricas servicios de TV Cable. Luego, ambos se han pasado a fibra óptica, con lo cual pueden dar todos los servicios por un solo conducto y cada día con mayor ancho de banda.

La industria de las telecomunicaciones se está transformando en una industria de servicios sobre redes de datos, con dos negocios muy distintos:

el de redes de datos y el de servicios sobre redes de datos. Aún miran ambos negocios como una sola cosa, pero por lógica deberían en algún momento separarlos, ya que son negocios distintos en su naturaleza. Uno es sobre infraestructura tecnológica, el otro es sobre aplicaciones y contenidos digitales.

El negocio de las redes es complejo, porque consiste en arrendar el acceso a una plataforma construida con tecnologías que siguen la Ley de Moore. Es decir, lo que inviertas hoy es más caro que lo que inviertas mañana por unidad de producto entregada (por ejemplo, ancho de banda). Hay que conjugar una rápida obsolescencia tecnológica que afecta directamente a los costos por unidad vendida, con precios que permitan amortizar la inversión y generar utilidades. El modelo de tarificación posiblemente deberá evolucionar hacia algún modelo variable, en función de la cantidad de datos transmitidos. La unidad que se usa actualmente en los planes de las empresas que entregan servicios de banda ancha en móviles se mide en Gigabytes. Los consumidores tendrán que aprender a manejar esa variable, que es muy distinta por unidad de tiempo según se trate de ver un video o de enviar un correo electrónico. Pero cuando comenzaron las empresas telefónicas, los consumidores tampoco tenían una idea exacta de lo que les iba a costar una llamada telefónica, y aprendieron.

Esto lo ha entendido muy bien una empresa recién llegada al mercado de América Latina, y que ha tenido un éxito fulgurante en apenas un año. WOM (Por "Word of Mouth") es una filial de una empresa de Inglaterra que compró una licencia de telecomunicaciones en Chile a Nextel. Chile es uno de los países con mayor penetración de telefonía móvil del mundo, con 139 teléfonos por cada 100 habitantes. El mercado está dominado por tres actores incumbente: la española Movistar, la chilena Entel y la mexicana Claro, que copan más del 95% de la oferta. Claramente la estrategia de marketing correcta (según la matriz BCG), con un mercado saturado, era la de penetración de mercado. Pero WOM hizo una lectura distinta de la situación.

Efectivamente, se dio cuenta que el producto que se vendía al mercado por parte de todos los incumbente no era el que el mercado quería. Todas las empresas competían con los mismos productos, que esencialmente se reducen a dos: "planes", por los cuales se entregan un número de minutos de telefonía y un límite de navegación por Internet, y prepagos.

WOM concluyó que una parte importante del mercado no usa el móvil para hablar por teléfono, sino para navegar por Internet. Por lo tanto, en su oferta puso el énfasis en los Gigabytes que entrega a cambio de un precio. Descubrieron además que el precio por Gigabyte del mercado era alto, y había bastante capacidad de manejo. Finalmente, armaron una agresiva campaña de publicidad orientada especialmente al público joven e híper conectado. En menos de un año consiguieron 1 millón de clientes, aproximadamente un tercio del total del líder del mercado.

La lección que deja esta transformación digital – quizá la primera en la línea del tiempo desde que comenzó Internet – es que este fenómeno es un proceso continuo y muy dinámico. Nadie tiene nada garantizado. Aquí aplica totalmente la destrucción creativa de Joseph Schumpeter, que se está configurando como uno de los principales paradigmas de la Economía Digital. En un "Paper" hecho en conjunto con Jorge Quiroz mostrábamos precisamente cómo en la Banda Ancha se ha dado el fenómeno de la destrucción creativa, debido a la rápida sucesión de tecnologías que salieron, una detrás de otra, hasta configurar la Ley de Moore dentro de la industria de la Banda Ancha[42].

El primer medio de acceso en Internet fue el par de cobre que llega hasta el hogar, usando una tecnología analógica de forma digital. Quienes hayan tenido acceso a Internet en aquellos años recordarán los módems con un ruido enojoso que sucedía mientras se conectaba. Mientras se estaba conectado a Internet, no se podía llamar ni recibir llamadas telefónicas. La velocidad de transmisión era de 14,4 kilobits por segundo.

La siguiente tecnología consistió en utilizar la capa de servicios digitales de la red telefónica, denominada Red Digital de Servicios Integrados (RDSI). Con esta tecnología la velocidad se incrementó a 64 kilobits por segundo, y se podía hablar por teléfono mientras se navegaba, pero a mitad de velocidad.

La siguiente tecnología fue desarrollada por las empresas de TV cable, que dotaron a su infraestructura con señal de retorno, llegando a los 128 kilobits por segundo. Ahí fue cuando la industria del TV cable se metió en el negocio de la telefonía, algo impensado apenas 5 años atrás. La telefonía contraatacó, primero llevando a los 128 kilobits al RDSI, y luego

---

[42] Ref: http://paisdigital.org/situacion-de-chile-en-materia-de-precios-de-la-banda-ancha/

desarrollando una nueva tecnología sobre el par de cobre, denominada ADSL (Asymmetric Digital Subscriber Line, o Línea de Abonado Digital Asimétrica en Castellano), que llevó la velocidad - en sucesivas versiones – hasta los 24 megabits por segundo, es decir, 1.700 veces más rápido que la primera conexión. ¡Y no habían pasado más de 10 años desde la invención de la World Wide Web!

La última tecnología ha sido la fibra óptica, que también ha ido mejorando en sucesivas versiones. A la fecha de la redacción de este libro, el precio de una conexión de 20 megabits por segundo, en mi país (Chile) es equivalente a lo que se pagaba por la primera conexión de 14,4 kilobits. Y se ofrecen hasta 500 megabits por segundo. A fines de los años 90, la unidad de ancho de banda para los mayoristas – denominada E 2 – costaba 700 dólares al mes, y tenía solo 2 megabits por segundo. Hoy 2 megabits por segundo cuestan 25 dólares en algunos países de la Región, directo al computador.

Esa fue la evolución en lo que se denomina banda ancha fija, es decir, conectadas a redes físicas. Otro tanto ha ocurrido con la banda ancha inalámbrica o móvil, que es la que más rápida adopción ha tenido desde que salió el servicio de acceso a Internet en 1991. Ello tiene bastante lógica debido a que también en el campo de los Smartphones, o teléfonos inteligentes, se ha dado la Ley de Moore, con lo cual ha pasado a ser el dispositivo más económico para acceder a todos los beneficios de la Internet, reemplazando al computador conectado a la línea fija de teléfono. Era cuestión de poco tiempo para que los usuarios de los Smartphones se dieran cuenta que podían usarlo para comunicarse sin usar los canales de voz, sino todo a través de Internet, optimizando el costo de usar el aparato. Hoy compran un Smartphone de bajo costo, y se comunican entre ellos usando la aplicación WhatsApp. Por cierto, esta aplicación fue lanzada el año 2009, y el año 2014 fue comprada por Facebook en 19.000 millones de dólares. Nada mal para una inversión inicial de 10 millones de dólares por parte de Sequoia Capitals – y de cero por el equipo que la programó. Más aún: el fundador de WhatsApp había sido rechazado como programador del mismo Facebook el año que creó la aplicación. Lo mejor que le pudo pasar...

La industria de la telefonía surgió con la idea de armar una infraestructura que comunicara a todos con todos, optimizando los costos de comunicación de todo el sistema. Sobre dicha infraestructura generó sus servicios de transmisión de voz. Al digitalizar la voz, reemplazando los impulsos analógicos por cero y unos, creó las condiciones para que, a través de la misma infraestructura, se desarrollara la Internet. Jamás pensaron que una de las aplicaciones que correría sobre dicha plataforma sería precisamente el servicio que era la fuente principal de ingresos: las comunicaciones por voz. Por otra parte, cuando pasaron de una infraestructura pensada para comunicaciones analógicas hacia una pensada en comunicaciones digitales, entraron en la Ley de Moore, y con ello, el modelo de negocios se les complicó enormemente.

Efectivamente, ¿Cómo podrá una industria que está basada en entregar servicios de voz sobrevivir si dichos servicios migran hacia aplicaciones – la mayoría gratuitas – que corren encima de la plataforma en la que han invertido tanto? ¿Cómo hacerlo si además cada pocos años sale una nueva tecnología que deja obsoleta la infraestructura que tienen? En la siguiente figura se recogen las principales diferencias entre el negocio de la telefonía antes y después de la revolución industrial:

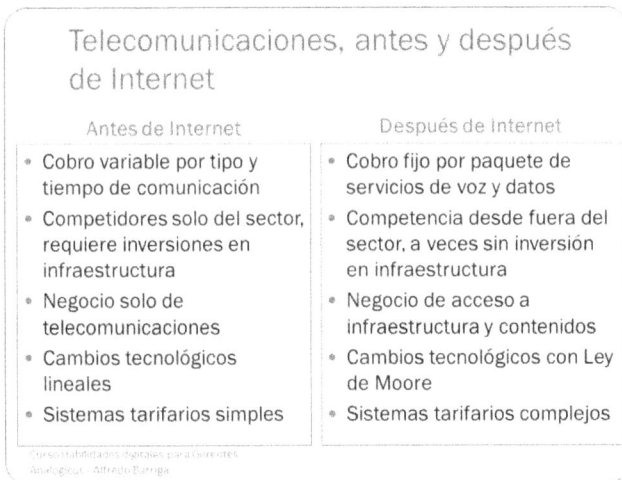

Telecomunicaciones, antes y después de Internet

Antes de Internet	Después de Internet
Cobro variable por tipo y tiempo de comunicación	Cobro fijo por paquete de servicios de voz y datos
Competidores solo del sector, requiere inversiones en infraestructura	Competencia desde fuera del sector, a veces sin inversión en infraestructura
Negocio solo de telecomunicaciones	Negocio de acceso a infraestructura y contenidos
Cambios tecnológicos lineales	Cambios tecnológicos con Ley de Moore
Sistemas tarifarios simples	Sistemas tarifarios complejos

Cursos habilitados digitales para docentes
Analogicus – Alfredo Barriga

Figura N° 7: cambios en la Industria de las Telecomunicaciones debido a Internet

Mi previsión del futuro de este sector es el siguiente:

- Tanto la voz como los datos terminarán 100% en Internet. Quizá se desarrolle un protocolo de transmisión de datos más eficiente que el que se usa por parte de Internet, y ello se pueda vender como "servicio Premium"

- Los servicios de voz entregados como aplicaciones de móviles para Smartphones (Skype, WhatsApp, FaceTime y similares) acabarán con el modelo de negocios basado en pagar por minutos de conversación, obligando a la industria a generar un modelo de ingresos alternativo. Actualmente, en mi opinión, se está en una etapa de transición, a través del modelo de pago mensual fijo por una serie de servicios de acceso a Internet, telefonía fija (regalan y regalan minutos que nadie usa...) y TV cable (que son contenidos). Apuesto a que los contenidos que hoy se ven por TV cable se acabarán viendo vía Internet móvil, en Smartphones, en Tablets, o en Smart TV (televisión conectada a Internet) Por todo ello, en el futuro, apuesto a una tarifa por Gigabits. Es lo que tiene más sentido.

- El concepto mismo de "redes telefónicas" ya es anacrónico. Se trata más bien de "redes digitales". Creo que la capa de servicios debería separarse de la capa de infraestructura, por cuestión de disciplina de negocios: los modelos de negocios de uno y otro no tienen mucho que ver. Creo que la parte de infraestructura, consistente en el arriendo de una plataforma que queda obsoleta cada cierto número de años debido a los avances de la tecnología, requiere de habilidades gerenciales muy distintas a las que se requieren en la otra parte del negocio, que hoy funciona como un todo: servicios de contenido. Creo que servicios como Netflix sacarán del mercado a los operadores de TV cable, ya que la propuesta de valor de Netflix es mejor que la de los operadores de TV cable: mira la película que quieras **cuando quieras**, todo por un fee mensual.

Pero tampoco Netflix lo tendrá fácil. Tanto Netflix como los operadores de TV cable tienen algo en común dentro de su modelo de negocios: son distribuidores minoristas de contenidos de entretención, que son producidos por otros. Tienen, por decirlo en términos de la industria, "la última milla". Lo que está sucediendo recientemente es que los productores de contenidos están llegando a la "última milla" directamente mediante aplicaciones para Internet móvil, saltándose la intermediación de la TV Cable. Actualmente el negocio funciona como lo hacía antes el negocio de la música: a cambio de un pago fijo se tiene acceso a un número determinado de contenidos. Pero, al igual a como pasaba en el caso de los CD o de los discos de vinilo, en el paquete vienen tanto cosas que le interesa al consumidor (sus canales favoritos) como otros que no le interesan. Con la nueva disrupción por parte de los productores de contenidos, el consumidor podrá tener solo aquellos canales que le interesan, pagando un fijo muy bajo por año. Aún no sucede, porque las productoras de contenido no pueden simplemente saltarse a sus canales de distribución sin más. Pero esperen a que tengan masa crítica, y "desconectarse" de los canales de TV cable será cuestión de tiempo. A la TV cable le quedará el negocio de "paquetes de canales" menos populares. Al momento de terminar este libro, varios productores como HBO, Sony o Warner están entrando en ese mercado de última milla. Netflix ha hecho bien en hacer sus propias producciones.

- Por todo lo anterior, apuesto a que las empresas de telefonía migrarán hacia servicios sobre redes digitales (pero no contenidos, ya que a la red digital le da igual si lo que transita es una película, una conversación de voz o un documento: lo que cambia es el tamaño, no el servicio). Creo que las empresas de telecomunicaciones apostarán – como ya lo está haciendo por ejemplo Movistar– por invertir dinero en empresas nuevas (Start Ups) que generen aplicaciones que consuman gigabytes, para que luego sostengan el modelo económico basado en la venta de tráfico de datos, y no de voz.

18. La transformación digital de la industria de la música

La transformación digital de las telecomunicaciones hizo caer el modelo de tarificación – y, por lo tanto, de ingresos – de la industria. En el caso de la música en cambio, gracias a la transformación digital se evitó que cayera la industria entera. Hoy el modelo de negocios es muy distinto de lo que era antes de Internet, con mayor consumo de música, clientes más satisfechos, artistas más satisfechos, y mayores utilidades para todos los que están en el negocio.

El negocio de la música estaba basado en la existencia de empresas discográficas que se encargaban de la producción y distribución de música, además del resguardo de los derechos intelectuales de la misma. Mientras la música estuvo confinada al disco de vinilo, el sello discográfico tenía el poder dentro de la industria. Lo perdió en parte cuando se inventó el casete, ya que se podía grabar música directamente desde la radio. Cuando la música se digitalizó, y apareció Internet, la industria discográfica perdió el control. De poco le sirvió cerrar el servicio de compartición de música

Napster, ya que salieron emuladores en varios países donde no llegaba la justicia norteamericana.

Steve Jobs, una persona que adoraba la música tanto como la tecnología, y que era partidario de que los autores de música fueran remunerados por sus creaciones, encontró la solución y cambió la industria para siempre, a la vez que mostró cómo las plataformas digitales pueden afectar radicalmente los modelos de negocio.

El negocio de la música se basaba en que las empresas discográficas vendían álbumes con dos o tres éxitos y varias canciones más que no lo eran, y los consumidores debían pagar por todo. Steve Jobs llegó a la conclusión de que en la mayoría de los casos las personas no piratearían música si pudieran ser dueños de las canciones que les gustan con una experiencia de uso óptima.

Steve había creado iTunes como un programa para administrar música para su producto estrella, el iPod. Tras una labor de convencimiento – en la cual era experto – demostró tanto a los sellos discográficos como a los artistas de que su única salida a la situación existente consistía en vender las canciones una a una, a un precio de 99 centavos de dólar – por supuesto, a través de la tienda que abrió en iTunes. Los sellos discográficos aceptaron. iTunes salió al mercado con 200 mil canciones, y las más optimistas predicciones – por parte de la gente de Apple – fueron de que se vendería un millón de canciones en 6 meses. La realidad fue se vendieron 6 millones de canciones *en seis días*. El poder de escalamiento de las tecnologías digitales, junto con la potencialidad de la Ley de Redes de Metcalfe – que se explicó en el capítulo anterior – hicieron que las cifras más inverosímiles fueran totalmente superadas por la realidad. Efectivamente, el primer año se vendieron 70 millones de canciones. Eso supondría que en tres años deberían haber vendido 210 millones de canciones. No fue así: vendieron 1.000 millones de canciones. Eso a su vez supondría que en tres años más deberían haber vendido 3.000 millones de canciones. La realidad es que, cuatro años después, ya habían vendido 10 mil millones de canciones. En definitiva, reinventó el negocio de la música usando tecnologías digitales. Además, iTunes disparó la venta del producto de Apple para escuchar música, el iPod. Pasaron de tener el 31% del mercado al 74% del mercado mundial en 6 años.

Sony lo tenía todo para haber sido ellos quienes capitalizaran la revolución digital en la música: tenían una larga trayectoria en aparatos de reproducción de música portátil (fueron los inventores del Walkman), tenían sello discográfico, tenían capacidad de desarrollo de software. Pero no pudieron hacerlo, ni antes ni después de iTunes. ¿Por qué? Por una característica muy típica de las organizaciones basadas en la sociedad industrial: la división de las corporaciones en divisiones.

Apple no tiene divisiones, y Steve Jobs se preocupó, en su estilo particular de liderazgo, de que todas las partes de Apple colaboraran entre sí para lo que fuera mejor para el conjunto. Los gerentes que no llegaban a acuerdos con los demás gerentes de Apple eran despedidos. Y es que la industria de las tecnologías digitales en sí misma tiene muchas lecciones que enseñar respecto de la administración de negocios. La base de datos que consiguió iTunes de la venta de decenas de miles de millones de canciones – consistente en 250 millones de personas – luego sería fundamental cuando lanzaron otros productos de contenidos para empujar las ventas de su última innovación antes de su muerte – el iPad.

Figura N° 8: modelo de negocios predigital y digitizado

El modelo de negocios tuvo aún otra modificación gracias a las redes sociales, especialmente a través de YouTube. Anteriormente, para que un cantante llegara masivamente al público solo tenía un camino: ser elegido por un sello musical. Bien fuera descubierto cantando en un Pub, o por la insistencia en enviar una grabación, o porque consiguiera que una grabación semi-profesional fuera emitida por una radio y tuviera un gran éxito, la única forma era a través de la industria establecida que producía y distribuía la música.

Hasta que llegó YouTube. YouTube no fue creado por supuesto para reemplazar a los sellos discográficos. Fue creado para que la gente compartiera sus videos con el resto del mundo. Pero tuvo un éxito tan grande, que varios lo vieron como una forma de promocionarse a sí mismos o a sus productos.

El cantante Justin Bieber fue el primer fenómeno generado por YouTube. Sus canciones fueron un éxito total, lo cual hizo que los sellos discográficos lo contactaran inmediatamente para cerrar contrato. A la fecha, sus canciones han sido escuchadas en YouTube más de 10.000 millones de veces, algo que sería imposible con los medios tradicionales. Gracias a eso, sus giras son a tablero vuelto, y sus canciones son vendidas por millones en iTunes. Cambió por ello la teoría del negocio en la música.

Antes era impensable que el artista entregara gratis parte de sus creaciones. Hoy eso es parte del negocio: al crearlo gratis, hay mayor demanda mundial, y al haber mayor demanda mundial, la gente compra las canciones favoritas con formato digital desde Internet (de mejor calidad que las que se ven gratis) y va a los conciertos, que no estarían igual de llenos si no fuera por esa enorme promoción que se hace a través de YouTube.

Últimamente, debido precisamente al aporte de Youtube, el Modelo de Negocios ha evolucionado otra vez hacia un nuevo formato de entrega de contenidos: el Streaming. En vez de "bajar" la música hacia el computador o el Smartphone, se *accede* a ella vía Internet, usando servicios como Spotify, Tidal o Apple Music. El siguiente gráfico ilustra cómo, en muy poco tiempo, el Streaming ha pasado a ser el principal sistema de entrega de música en el mercado de Estados Unidos:

The Rise of Music Streaming

U.S. music industry revenue by format (in million U.S. dollars)

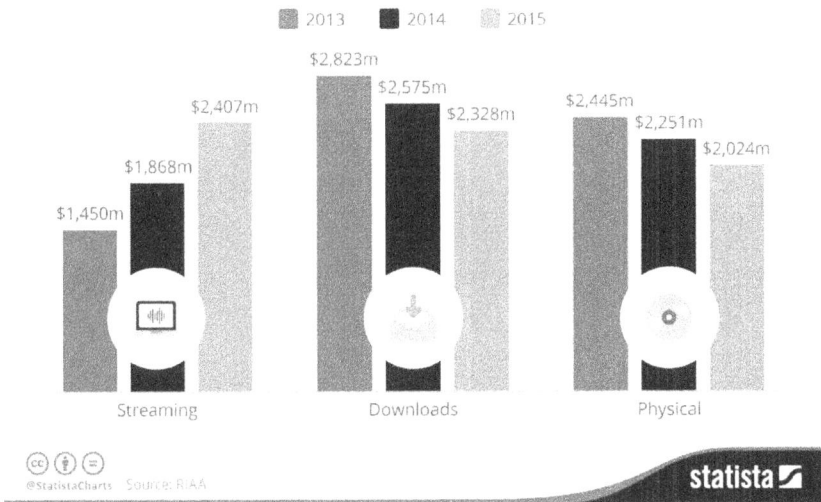

Figura N° 9: ingresos por venta de música por medios (Fuente: RIAA vía Statista)

Como se puede ver, en apenas tres años el Streaming se ha transformado en el medio que más ha vendido música. Tiene la ventaja, para la industria, de que la piratería por ese canal es más difícil, ya que para ello se requiere que la cuenta sea compartida por más de una persona. No quiere decir que no haya, sino que es más difícil que ocurra de la forma masiva que ocurría con el formato digital bajado desde Internet o los CD y DVD.

¿Cuál es el modelo de negocios en este caso? Es como Netflix: a cambio de una cantidad mensual, se tiene acceso a toda la librería de música. En definitiva, se centra en lo esencial de la música: la gente quiere **escuchar** su música favorita cuando quiera y desde donde quiera. No quiere **poseer** la música. Por lo tanto, la propuesta de valor al cliente "tu música cuando quieras, donde quieras por un precio mensual" es superior a la propuesta de valor al cliente "compra tus canciones favoritas por un dólar". Ello implica que el modelo de negocios de iTunes va a migrar hacia el modelo de negocios de Netflix.

Los ingresos totales en la industria de la música habían estado bajando consistentemente debido a la transformación digital, pero este último año ha vuelto a remontar, y gracias a los nuevos formatos digitales. Cierto, el importe total es inferior a lo que era antes de Internet, pero en el nuevo ciclo de valor hay costos que han desaparecido o se han reducido radicalmente, como el costo del medio donde estaba la música (vinilo o CD) y el costo de distribución. Cierto, hubo perdedores en este cambio de paradigma (los fabricantes de vinilo, primero; de casetes después, y de CD finalmente, y las tiendas de música), pero los dos más importantes roles de la industria salieron ganando: los músicos y sus fans.

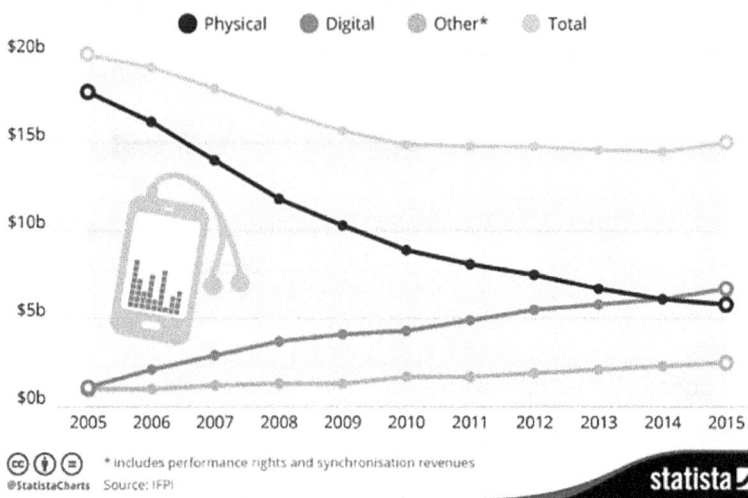

Figura N° 10: evolución de ventas de música en medios. Fuente: IFPI vía Statista

La lección que nos da el caso de la transformación digital de la música es que la digitalización de contenidos permite fragmentar su venta en unidades de muy bajo precio de forma rentable. Vender canciones a un dólar en formato **físico** no habría sido negocio. En formato digital, sí. Pero es que, además, cambia el modelo de negocios, incorporando como parte de este algo que antes era visto con horror: la piratería... que deja de serlo. Efectivamente, en la medida en que los propios artistas suben sus canciones a YouTube, ya no hay piratería. El artista puede incluso hacer de eso un negocio, puesto que puede incluir publicidad de YouTube en su canción. Y el dinero se gana de la venta de esa misma canción en plataformas como iTunes o GooglePlay, y, sobre todo, de las giras (que al ser presenciales no son pirateables). En conclusión, la transformación digital puede cambiar un modelo de negocios en 180 grados, haciendo que sea rentable algo que antes era la ruina del mismo negocio.

A propósito de YouTube, éste se transformó en sí mismo en un medio de hacer negocios para todo tipo de contenidos, haciendo de paso unos cuantos nuevos millonarios en dólares, gracias a las audiencias que consiguen y a la publicidad que se vende asociado a sus contenidos.

En esta área América Latina tiene, por fin un caso de éxito: el *YouTuber* chileno Germán Garmendia, que tiene dos canales en You Tube (Hola soy German[43] y JuegaGerman[44]), es seguido por 40 millones de personas de todo el mundo (más del doble de toda la población de Chile), lo que lo hace el segundo YouTuber más seguido del mundo. Tiene unos ingresos por concepto de publicidad que yo estimo por encima del millón de dólares por año. Recientemente publicó un libro que fue record de ventas, y lo llevó a contactar físicamente a una entusiasta audiencia en varios países de América Latina. Todo un fenómeno de la nueva economía, demostración de que desde nuestra región se pueden crear casos de éxito. Más increíble es el caso de Evan, un niño cuyo padre le comenzó a hacer videos sobre cómo usar juguetes, videojuegos y atracciones, que luego subía a YouTube. A los ocho años generaba 1,3 millones de dólares anuales por publicidad (¿de qué? fácil: de los mismos productos que mostraba en sus videos)[45]

Volviendo a la música, de cara al futuro, pienso que los sellos discográficos van a dejar de tener sentido, y serán 100% reemplazados por los medios digitizados (iTunes, GooglePlay, Netflix, YouTube). Si acaso, a los sellos les quedará el negocio de explotar el fondo de artistas muertos o amarrados con contratos, pero también eso tiene fecha de caducidad. El mercado de la música va a incrementarse, debido a una mayor competencia, una mayor diversidad de oferta, una mejor experiencia de consumo y menores precios. Las tiendas de música ya han prácticamente desaparecido, en muy poco tiempo. El negocio de los eventos musicales irá en incremento, al generarse una mayor demanda por ver a los artistas presencialmente.

En la siguiente figura se reflejan los principales cambios habidos en esta industria, desde la época del vinilo a la época de iTunes y del streaming:

---

[43] Ver en https://www.youtube.com/user/HolaSoyGerman

[44] Ver en https://www.youtube.com/user/juegagerman?sub_confirmation=1

[45] Noticia en http://tecno.americaeconomia.com/articulos/millonario-los-8-anos-la-historia-de-evantube-hd; Canal en YouTube en https://www.youtube.com/watch?v=mvrfXvLgbW0 También puede encontrarlo a través del buscador de YouTube, escribiendo "evan tuve hd"

Industria de la música antes y después de Internet	
Antes de Internet	Después de Internet
• Sello discográfico manda	• Artistas mandan
• Contenido no copiable	• Contenido copiable
• Derechos de autor técnicamente protegidos	• Derechos de autor abiertos por los mismos autores
• Ingresos de músicos vía casas discográficas	• Ingresos de músicos por vía directa y portales de música
• Entrega formato "long play"	• Entrega formato "canción"
• Distribución por tiendas y radios	• Distribución por múltiples canales digitales

Curso Habilidades digitales para Gerentes Analógicos - Alfredo Barriga

Figura N° 11: Resumen de los cambios en la industria de la música debido a Internet

19. La transformación digital de los medios de comunicación y los libros

Los medios de comunicación, en especial la prensa, es otro de los sectores que está siendo rápidamente digitizados.

La prensa en Internet ya existía desde los albores de la World Wide Web. Los dos modelos de negocio más adoptados eran los de generar ingresos por la vía de publicidad Online y en algunos casos – pocos – suscripción. Por lo general, el mismo contenido que existía en papel estaba en Internet, y en algunos casos, con información ampliada. Pero en todos estos casos, el negocio "online" era complementario – y "muy" complementario – del negocio tradicional. Surgieron sin embargo varios medios de prensa que eran solamente digitales – el caso más conocido, el "Hungfinton Post" (www.huffingtonpost.com, www.huffingtonpost.es), y se quedaron por el camino varios medios de prensa tradicionales. El sitio Web www.newspaperdeathwatch.com lleva haciendo una crónica de este fenómeno desde 2007. El caso es que desde la irrupción del iPad y los Tablets el fenómeno explotó. ¿Qué cambió? ¿Por qué el iPad y las Tablets hicieron la revolución que hasta ese momento había avanzado controladamente?

La respuesta es "formato y acceso". Si querías leer el periódico en su versión Internet, tenías que hacerlo vía un computador. Inicialmente, un computador de escritorio (desktop), y luego desde los más populares portátiles (notebook y netbook). Pero ambos se conectaban a Internet vía redes fijas de Internet. Y en ambos casos, se trataba de formatos que, por tamaño, no tenían la misma facilidad que el conocido tabloide para ser leídos y usados.

Hasta que llegó el Tablet. Éste tiene un tamaño suficientemente grande como para leer noticias de prensa, y suficientemente pequeño como para ser llevado en la mano. Y, cosa muy importante, no requiere forzosamente un acceso a Internet fija vía redes de datos, sino que puede hacerlo a través de la red de telefonía móvil (3G y 4G). Por lo tanto, no es necesario estar en un lugar fijo para leer en el Tablet, ni siquiera tener una cuenta de acceso a Internet. Basta con tener un acceso a telefonía móvil o banda ancha móvil. La mayor facilidad de lectura, unida a la mayor base instalada de acceso a redes de telefonía móvil generó el cambio. ¡Y vaya cambio! Hablando en cotidiano, se necesitaba un dispositivo digital "con el cual se pudiera leer en el baño".

Los medios de comunicación digitales están generando una polémica muy válida, que permitirá a los medios de comunicación tradicionales validarse ante el mercado. La polémica se refiere a la calidad y veracidad de la información ofrecida. Las grandes marcas de prensa y medios de comunicación tradicional tienen un gran activo, que no deben dejar de lado: la credibilidad. Tienen sistemas de curación de contenidos que les hace verificar las fuentes y hacer un mínimo de contraste y filtración antes de publicar. Llevan a cabo una buena labor editorial. Claro que esa ventaja puede ser superada con el tiempo por medios digitales que trabajen con el mismo rigor, como sucedió con el Huffington Post.

Está abierta también la discusión de hasta qué punto es beneficioso para la sociedad esta apertura total de entrega de contenidos noticiosos, que pueden no ser verídicos, que se pueden prestar para hacer daño a la honra de las personas, que pueden desatar fenómenos de masa incontrolables basados en mentiras, etc. Al respecto, no se debe echar la culpa a la herramienta. Todos estos problemas existen sin necesidad de Internet. Quizá con Internet se tiene el riesgo de masificarlos y ampliarlos. Pero también dentro de la misma World Wide Web se ha ido generando y sigue evolucionando una enorme conciencia mundial, que poco a poco va distinguiendo la paja del trigo. El mismo fenómeno se observó cuando la imprenta se masificó, y comenzaron a circular los que se denominaron "pasquines". El mismo fenómeno se observó con la popularización de las llamadas "prensa amarilla", "prensa roja" y "prensa negra". Y al final del proceso, siguen allí, pero no reemplazan la credibilidad de la prensa más seria. Hay mercado para todos, porque hay gente para todo. No es la tecnología ni la herramienta la que hace al ser humano. Es bastante predecible porque su naturaleza no cambia. También hay pornografía infantil en Internet, probablemente mucho más de la que nunca existió. Pero igualmente hay mucho mayor conciencia de que se debe combatir, y más medios para hacerlo.

En la medida en que la penetración de Internet permee a toda la sociedad, todos los negocios basados en generación de contenidos (libros, películas, música, educación, investigación...) se van a trasladar hacia Internet, porque es capaz de entregar los contenidos a una fracción del costo respecto de cualquier otro modelo de negocios, accediendo además de forma inmediata a un mercado mundial, y a la vez pudiendo segmentar todo lo que quiera. Y en todos estos casos se darán fenómenos de desintermediación y fragmentación de roles. Me explico: hoy la entrega de contenidos supone la existencia de una entidad integradora, que une las partes que componen la entrega del contenido, para hacerlo "consumible". Así, por ejemplo, las editoriales hoy se encargan de editar los libros, diseñar el formato de lectura, imprimirlos, ponerlos en el mercado y promocionarlos.

Actualmente una persona puede escribir un libro, contratar por Internet los servicios de un editor (alguien que lo corrija y mejore), contratar los servicios de alguien que diseñe la tapa y contratapa del libro, y contratar la impresión de este, a partir de 1 ejemplar. Y/o puede ponerlo en alguno de los múltiples sitios Web de libros, donde pone el precio y paga un porcentaje por libro vendido, quedándose con la diferencia. Y puede contratar publicidad para el libro. Los roles que antes concentraba la casa editorial, ahora se han fragmentado, y son suplidos por profesionales independientes (freelancers), pequeñas empresas (impresores) y sitios Web como Amazon, iTunes, o The Nook Book Store. O, se puede hacer todo vía Amazon, como lo describe un artículo de Forbes escrito en abril de 2014[46]. La autora del artículo cuenta su experiencia con el nuevo modelo de negocios, primero a través de sitios Web de autores independientes y luego a través de Amazon, concluyendo que le fue mejor por esta última vía. Amazon le permite publicar para Kindle, pero también en versión impresa. Para un libro de 150 páginas, por ejemplo, Amazon cobra 2,50 dólares, y entrega una serie de herramientas para hacer

---

[46] Ver en http://www.forbes.com/sites/deborahljacobs/2014/04/25/how-to-self-publish-your-book-through-amazon/#3e1436864447

el libro. La ventaja es que se imprime por demanda, es decir, no obliga a imprimir un número determinado para luego vender. Aquí tenemos un ejemplo claro de la *transformación digital* de la industria: a cambio de un porcentaje de las ventas, la librería (y ahora, editorial) más grande del mundo le ofrece a un Autor independiente la posibilidad de publicar sus libros y promocionarlos en todo el mundo, desde su casa. El modelo de negocios es claramente superior al incumbente.

Demás está decir que este libro fue publicado, como ya habrá podido concluir, por esta vía, y doy fe que funciona. El autor del prólogo, Sebastián Edwards, me ofreció empujar la publicación con su editorial, una muy prestigiosa marca mundial.

-   "Magnífico", le dije. "¿Cuánto tardaría en tenerlo en la calle?"
-   "Un año", fue su respuesta (todo a través WhatsApp: al momento de escribir esto aún no he hablado con él personalmente)

Con Amazon tardé – desde que tuve la copia editada y revisada – dos semanas, incluyendo el servicio de encuadernación digital y mejora de imágenes.

¿Cómo es entonces que se siguen vendiendo libros en librerías, publicados por las grandes editoriales? Es porque están conviviendo ambos sistemas. En la medida en que los libros en formato digital ganen terreno a costa del formato papel, el rol que jugaban las casas editoriales se irá digitizando. El nuevo paradigma en la publicación de libros se llama auto publicación (self-publishing), que es lo descrito arriba acerca de Amazon.

La industria de los libros está comenzando a pasar por el mismo proceso, si bien ha tardado mucho más de lo que se proyectó cuando se inventó la World Wide Web. Ya entonces se hablaba (1996) de dispositivos electrónicos que reemplazarían a los libros, pero no fue hasta la aparición del Kindle de Amazon que eso se hizo realidad. La digitalización de las más famosas obras de la literatura y su distribución gratuita o semi-gratuita (al haber vencido los derechos de autor) fueron el impulsor en la venta de esos dispositivos. Y una vez que se masificó su venta, se abrió el mercado a los autores nuevos.

La autoedición, usando herramientas digitales, está siendo el nuevo paradigma que está reinventando la industria de los libros. Hoy un autor puede hacer una obra, contratar la edición directamente vía Internet y luego publicarla en alguna de los muchos portales de libros electrónicos – como Amazon.com – o imprimir pequeñas ediciones y venderlas por los canales digitales.

La industria de los libros, al igual que sucediera antes con la de la música, está pasando, de depender de las grandes casas publicadoras (como sucedía en la música con las casas discográficas) a depender de los canales de venta de libro digitales (como sucedió con iTunes en el caso de la música). En la medida en que los nativos digitales pasen a ser la mayor población del mundo, los libros digitales relegarán a los libros impresos a una categoría kitsch – al menos, a los libros de bolsillo o de ediciones económicas.

La siguiente figura muestra en qué han consistido los cambios habidos en la industria editor de libros:

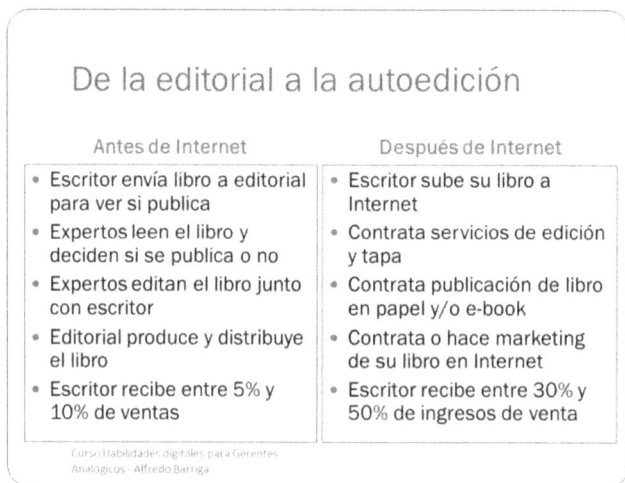

De la editorial a la autoedición

Antes de Internet	Después de Internet
• Escritor envía libro a editorial para ver si publica	• Escritor sube su libro a Internet
• Expertos leen el libro y deciden si se publica o no	• Contrata servicios de edición y tapa
• Expertos editan el libro junto con escritor	• Contrata publicación de libro en papel y/o e-book
• Editorial produce y distribuye el libro	• Contrata o hace marketing de su libro en Internet
• Escritor recibe entre 5% y 10% de ventas	• Escritor recibe entre 30% y 50% de ingresos de venta

Curso Habilidades digitales para Gerentes Analógicos - Alfredo Barriga

Figura N° 12: características de la industria editorial antes y después de Internet

Como vimos, el mismo Steve Jobs cambió el mundo de la prensa y el periodismo cuando lanzó, hace escasos años, el iPad, la primera Tablet, creando un gigantesco mercado que en pocos años reemplazó al computador personal como el principal dispositivo digital. Han sido centenares de periódicos en el mundo – especialmente en Estados Unidos – que han debido reinventarse como medios digitales o cerrar. Los Tablets y los e-book (libros digitales) deberían converger en algún momento, de forma de contar con un único dispositivo de lectura, que además permite ver de forma individual películas, escuchar música, y hablar con otras personas por videoconferencia. Pero además Apple creo a través de su iPad una gran industria de aplicaciones o software para dichos dispositivos, que vende a través de la tienda de iTunes, con el mismo modelo de reparto que el caso de la música. Google no se quedó atrás y creó el Google Play, con sus libros y su música y sus aplicaciones, muy bien sincronizado con su sistema operativo Android, usado en Smartphones Tablets.

En apenas dos años, los royalties pagados a los desarrolladores de aplicaciones por parte de Apple ascendieron a 2.500 millones de dólares, generando la impresionante cantidad de 425.000 aplicaciones que validan su Tablet. Y ambos hicieron lo que ya Bill Gates había descubierto para su sistema operativo 30 años antes: si consigues que haya muchas aplicaciones que usen tu producto, atraes a más público, lo cual a su vez atrae a más desarrolladores que ofrecen más aplicaciones, lo que a su vez atrae más público. Cuando el producto es "absurdamente genial" como el iPad o el iPhone, el crecimiento de la demanda y la oferta es explosiva.

En el caso de la prensa, el tema no es tan claro. Cierto, van a desaparecer muchos medios de prensa, como ya he comentado. Pero llama la atención de que Jeff Bezos, el creador de Amazon, haya comprado The Washington Post "para evitar que cerrara". ¿O no?

Detrás de esa compra hay una estrategia, como es lógico suponer. Hay algo que los medios de prensa tienen como valor agregado que no sucede en el caso de las casas editoriales: precisamente, la labor editorial. Lo que venden los medios de comunicación no son cualquier contenido, sino noticias. Estas noticias afectan la marcha de las sociedades. Por lo tanto, necesitan de una elaboración responsable, lo cual implica chequear la credibilidad de las fuentes, y presentar el contenido de forma que sea "formador de opinión", que es lo que hace de ese medio algo demandado. Por lo tanto, al menos los medios de cierto prestigio - si hacen las cosas bien hechas – deberían sobrevivir, e incluso mejorar.

Muchos pensaban que con la llegada de Jeff Bezos habría un despido masivo de periodistas y se iría hacia un modelo de freelancers o periodistas independientes. La realidad es que Bezos pidió que se trajeran más periodistas y muy buenos, y se dejara a los que no estaban bien para periodismo de investigación. ¿Y cómo sabe los que son buenos o más buenos? Por el tráfico de cada artículo (es decir, las veces que se ve). Tiene puesto un monitor que permite a todos los periodistas ver cómo está su tráfico generando una sana competencia por escribir buenos artículos acerca de aspectos que al lector le interesa. ¿Y cómo saben lo que al lector le interesa? Nuevamente, por el tráfico, puesto que monitorean las noticias en su competencia más directa (New York Times y Wall Street Journal).

Pero además reconvirtió el foco de periódico, hacia... ¿lo adivinaron? ¡Mejorar la experiencia de usuario! Así pues, trajo a algunos de los mejores técnicos de Amazon para mejorar la experiencia de navegación del Post, sobre todo para la versión en móviles. Y luego, combinó el resultado de mejor calidad de contenidos con la plataforma de Amazon – que tiene más años de experiencia que nadie en el mundo vendiendo contenidos a través de Internet. Puso un precio promocional para los usuarios de Kindle. Por cierto, las ventas de la versión impresa siguen declinando – pero, bueno, eso les pasa a todos los grandes medios en Estados Unidos. Llegó para apostar por la transformación digital, y la estrategia le ha dado rendimiento: en apenas dos años, paso de 26 millones de usuarios únicos al mes a 72 millones de usuarios únicos al mes. Eso es casi triplicar la circulación[47].

Tomemos también el ejemplo de The Economist. Este prestigioso medio inglés, dirigido a un público muy segmentado, estuvo en algún momento complicado. La transformación digital lo reinventó y le dio nuevos bríos. Creó una "versión gratuita" digital, consistente en hasta tres artículos semanales, pero para usuarios registrados. Creó una suscripción a la publicación digital, a 39 dólares por 12 semanas o 3,06 dólares semanales. La suscripción impresa cuesta 68 dólares por 12 semanas. Añadieron una tercera opción: impreso más digital (permitiendo al suscriptor decidir en cada momento cual usar).

Esto fue fruto de un análisis hecho por su gerencia al constatar cómo estaba bajando la circulación impresa de las revistas más populares en todo el mundo, mientras que en el formato digital aumentaban. En vez de ver en ello una amenaza, vieron una oportunidad, de llegar aun a más gente. La "capa gratis" pudo hacer algo que no se podía en formato impreso: mostrar un poco de la publicación. Con el tiempo, una cantidad mayor de personas – que antes ni leían la revista – comenzó a comprar la suscripción digital, con lo cual aumentaron el número de suscriptores. Hoy la mitad compra la

---

[47] Ref. artículo en Bloomberg, en http://www.bloomberg.com/news/articles/2015-12-20/bezos-s-behind-the-scenes-role-in-washington-post-s-web-growth

opción más cara (impreso más digital), un 25% tiene la suscripción digital y un 25% tiene la suscripción impresa[48]. Pero la base que lee The Economist en todo el mundo se ha ampliado enormemente, y el crecimiento en las suscripciones digitales se ha mantenido en dos dígitos desde que se lanzó[49].

En la figura siguiente se compara la prensa tradicional con su versión digitizada:

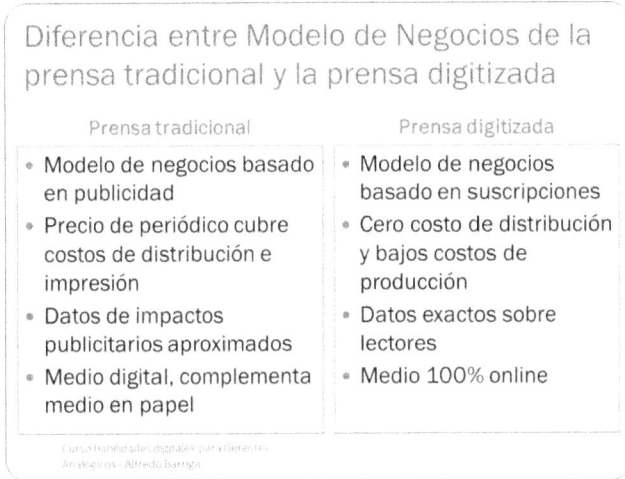

Diferencia entre Modelo de Negocios de la prensa tradicional y la prensa digitizada

Prensa tradicional	Prensa digitizada
• Modelo de negocios basado en publicidad	• Modelo de negocios basado en suscripciones
• Precio de periódico cubre costos de distribución e impresión	• Cero costo de distribución y bajos costos de producción
• Datos de impactos publicitarios aproximados	• Datos exactos sobre lectores
• Medio digital, complementa medio en papel	• Medio 100% online

Fuente: Habilidades digitales para gerentes. Anología os - Alfredo Barriga

Figura N° 13: Comparación de características principales de medios de comunicación tradicionales y digitizados

Pienso que el modelo de ingresos de la prensa a futuro va a venir más por el lado de las suscripciones que de la publicidad. Le creo más al modelo de The Economist que a los que venden publicidad online + impresión. La razón, a mi entender, es muy sencilla: Internet va a ser en breve la plataforma publicitaria mayor del mundo, en la medida que todos los contenidos – incluido películas, música, y noticias – se mueva hacia ella. Y como el costo de distribución de publicidad es bajo, creo que va a haber una sobre oferta de publicidad, con lo cual los precios van a bajar. Por otra parte, los medios de prensa que sobrevivan lo harán debido a que entregarán al público un

[48] Ref. artículo en http://knowledge.ckgsb.edu.cn/2013/08/14/china-business-strategy/the-economist-thriving-in-the-digital-age-with-andrew-rashbass/
[49] Cf. Comunicado de prensa de The Economist en http://www.economist.com/sites/default/files/abc_june_2015_results_pressrelease_total_ww_final.pdf

valor agregado que no tendrán otros medios de contenidos como redes sociales: la seriedad, credibilidad y profesionalismo de los contenidos. Y eso, se paga. Como el mercado es mucho mayor y los costos marginales de distribución de contenidos son casi cero, el precio de las suscripciones será también muy bajo.

Una vez configurado lo anterior, preveo que surgirán "medios de medios", que llegarán a acuerdos con los medios para entregar a sus suscriptores noticias tomadas desde diversos medios profesionales. Algo parecido al modelo que hoy existe en TV Cable, mezclado con algo como lo que hoy es Associated Press. Y preveo que van a existir varios de estos "medios de medios", ya que la segmentación que se puede elaborar en función de categorías de contenidos es muy amplia.

La Televisión también va a pasar por una época de grandes transformaciones. Internet ya es una competencia directísima. YouTube, Netflix, Vimeo son solo algunos de los medios que están reemplazando las horas que las personas dedican a contenidos audiovisuales. La inversión en publicidad en Internet en Estados Unidos está claramente creciendo mientras la inversión en publicidad en TV está claramente bajando, como lo indican las estadísticas. Según Nielsen, el impacto publicitario en Internet es más alto que en la TV. Por lo tanto, se genera un círculo virtuoso: cada vez hay más gente que ve sus contenidos vía Internet y menos que los ve vía TV (abierta o cable), y puesto que el impacto publicitario es más alto, cada vez hay mayor inversión publicitaria en Internet a costa de la inversión publicitaria en TV abierta o Cable. De hecho, el año 2014 la inversión publicitaria en Internet superó la inversión publicitaria en TV por primera vez en Estados Unidos, y también el tiempo dedicado a medios digitales superó al tiempo dedicado a TV.

Time Spent TV vs Internet

Share of Time Spent per Day with Major Media by
US Adults, 2010-2014
% of total

	2010	2011	2012	2013	2014
Digital	29.6%	33.8%	38.5%	43.4%	47.1%
—Mobile (nonvoice)	3.7%	7.1%	13.4%	19.2%	23.3%
—Online*	22.0%	22.6%	20.7%	19.2%	18.0%
—Other	3.9%	4.1%	4.3%	5.0%	5.9%
TV	40.9%	40.4%	39.2%	37.5%	36.5%
Radio	14.9%	13.9%	13.0%	11.9%	10.9%
Print**	7.7%	6.5%	5.4%	4.4%	3.5%
—Magazines	4.6%	3.8%	3.1%	2.5%	1.9%
—Newspapers	3.1%	2.7%	2.3%	1.9%	1.6%
Other	7.0%	5.5%	4.0%	2.8%	1.9%
Total (hrs:mins)	10:46	11:18	11:49	12:03	12:14

Note: ages 18+; time spent with each medium includes all time spent with that medium, regardless of multitasking; for example, 1 hour of multitasking online while watching TV is counted as 1 hour for TV and 1 hour for online; numbers may not add up to 100% due to rounding; *includes all internet activities on desktop and laptop computers; **offline reading only
Source: eMarketer, April 2014
171915   www.eMarketer.com

In 2013 share of time spent per day in Digital (314 mins or 5.2 hrs) exceeded share of time spent on TV (271 mins or 4.5 hrs)

Figura 14: Tiempo dedicado a TV vs tiempo dedicado a Internet en Estados Unidos (Fuente: marketing science

Esto no se nota aún en América Latina debido a que la penetración de Internet es menor que en zonas más desarrolladas del mundo, pero en 5 años más, cuando la inmensa mayoría de la población tenga un Smartphone – que además de contenidos da acceso a todos los beneficios de la Internet – las tendencias se confirmarán. Las proyecciones de crecimiento en publicidad en diversos dispositivos apuntan definitivamente hacia la Internet móvil:

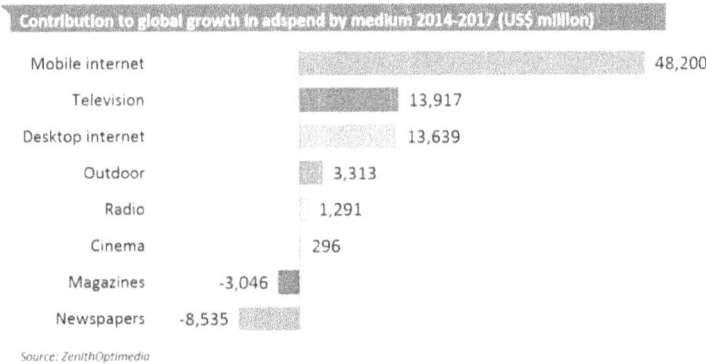

Contribution to global growth in adspend by medium 2014-2017 (US$ million)

Mobile internet	48,200
Television	13,917
Desktop internet	13,639
Outdoor	3,313
Radio	1,291
Cinema	296
Magazines	-3,046
Newspapers	-8,535

Source: ZenithOptimedia

Figura 15: contribución global en inversión publicitaria por medios, 2014-2017.
Fuente: ZenithOptimedia

El año 2009 se aprobó en primer trámite legislativo la nueva Ley de Televisión Digital en Chile. Entonces, escribí que esa ley llegaba con 10 años de retraso, porque el futuro estaba en Internet, Ya entonces había más de 3.000 canales de televisión vía Internet, incluyendo HBO en Brasil. El año 2016, según escribo este capítulo, una nueva polémica ha surgido en el mismo país a raíz de una inyección de 100 millones de dólares para el canal de televisión estatal, de los cuales 70 millones son para digitalizar la señal. Mi proyección es que esa inversión se demostrará fuera de lugar en 5 años más. Los canales deberán "digitizarse", y pensar que, en el futuro inmediato, cada vez serán menos vistas las señales abiertas fijas y más vistas las señales abiertas móviles. Y que la inversión publicitaria se irá mayoritariamente donde está el público, que migrará cada vez más hacia los Smartphones e Internet fija.

Creo que la TV, como la conocemos, tiene los días contados. En cinco años más la mayoría será más bien BBTV, es decir, televisión con banda ancha, y los usuarios verán cada vez más contenidos digitales de Internet propiamente tales, como YouTube o Netflix. Los canales de televisión abierta tradicionales tendrán que cambiar su modelo de negocios hacia generación de contenidos vía streaming video, que tendrá el mismo éxito que está teniendo cada vez más el streaming en la industria de la música. La publicidad en TV se convertirá en publicidad interactiva y contextualizada, en formato de "cuñas" publicitarias relacionadas con los contenidos que se están viendo o la naturaleza de los contenidos. Por ejemplo, una escena de una película en la que los protagonistas ordenan una pizza llevará a que aparezca una cuña publicitaria de una pizzería... más de eso adelante, en "transformación digital del marketing".

Que no haya engaño al respecto: la "torta publicitaria" para la TV se reducirá notablemente, por lo cual varias estaciones de TV saldrán del mercado. Deberán reconvertirse hacia TvIP (televisión por Internet) ya que, como comentamos arriba, los dispositivos que mayoritariamente se usarán para ver contenidos serán los conectados a Internet.

Lo único positivo de estas leyes tardías sobre TV digital es que limpiaron y liberaron el espectro de 700 MHz para Internet.

Los gobiernos de América Latina deberían impulsar la generación de contenidos vía Internet, donde la creatividad latina puede llegar a mayores audiencias y crear una verdadera industria de exportación, a una fracción del costo que hoy se gasta en TV abierta, digital o no.

En la figura siguiente se resume las diferencias entre la industria de la TV tradicional y la digitizada:

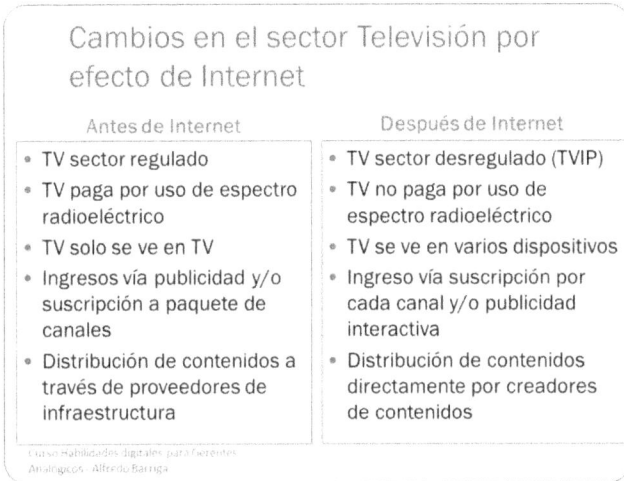

Cambios en el sector Televisión por efecto de Internet

Antes de Internet	Después de Internet
• TV sector regulado	• TV sector desregulado (TVIP)
• TV paga por uso de espectro radioeléctrico	• TV no paga por uso de espectro radioeléctrico
• TV solo se ve en TV	• TV se ve en varios dispositivos
• Ingresos vía publicidad y/o suscripción a paquete de canales	• Ingreso vía suscripción por cada canal y/o publicidad interactiva
• Distribución de contenidos a través de proveedores de infraestructura	• Distribución de contenidos directamente por creadores de contenidos

Curso Habilidades digitales para Gerentes
Análogicos - Alfredo Barriga

Figura N° 16: Resumen de impacto de Internet en el sector TV

20. La transformación digital de los servicios financieros

La industria del seguro es esencialmente una industria de información, desde la información necesaria para calcular el riesgo de un evento determinado dentro de un universo (por ejemplo, la muerte accidental o un incendio en la vivienda, en un país), pasando por la generación de una póliza, y el cobro de esta.

Hoy todo ese ciclo de valor puede hacerse vía Internet. Con la firma electrónica se cerró el único inconveniente que faltaba para hacer el proceso completo por vía digital. Una persona podría buscar pólizas de seguro, usar un comparador de condiciones y precios, suscribir una póliza, pagarla, notificar un siniestro, cobrar el siniestro, cancelar la póliza, sin moverse de su escritorio. Si no se hace para todos los productos de seguro es debido a la cultura y hábito de compra de los usuarios en muchos países, especialmente en los de habla hispana. Hay poca cultura de cobertura de riesgos. Se considera necesaria una relación cara a cara para vender varios productos más sofisticados, como los planes de ahorro y seguro combinados. Pero los productos más estándar si se han masificado vía Internet. Por ejemplo, en el año 2011 el 65% de los seguros obligatorios para automóvil en Chile se compraron vía Internet, un crecimiento del 210% sobre el año anterior. Ello significó un enorme ahorro a las compañías de seguro, en primer lugar, lo cual llevó consigo a mejores precios, beneficiando también a los consumidores.

La figura tradicional del "corredor de seguros" que existía hasta hace poco tiempo se está dedicando a productos de alta sofisticación. Creo que en un futuro no muy inmediato trabajará 100% desde Internet, como experto usuario de las muchas plataformas digitales de seguros comparados que se están creando.

La Banca y, en general, los servicios financieros, han sido profundamente afectados por el uso de plataformas digitales. La Banca electrónica supuso que el costo de la transacción en el punto de atención (sucursal) se redujera en más de un 90% al pasar a Internet, y la calidad de servicio de atención, medida por el tiempo requerido para atender al cliente, mejorara sustancialmente (ya que el cliente siempre es atendido de inmediato). Gracias a las plataformas digitales se pudo además implementar transferencias entre cuentas con efecto inmediato (en vez de esperar varios días para disponer del dinero). Incluso, una persona puede transferir a otra persona, que ni siquiera es cliente del banco, dinero hacia un cajero automático.

Una gran innovación de la Banca vino curiosamente de un banco estatal de América Latina, BancoEstado (de Chile). Este país tiene un documento de identificación fiscal denominado RUT (Rol Único Tributario), que se entrega junto con la cédula nacional de identidad (CNI). BancoEstado creó la "Cuenta RUT". En resumen, la cuenta se abre automáticamente por el solo hecho de tener un RUT, sin necesidad de contratos ni papeleos. Sirve para realizar pagos y cobros electrónicos, o con efectivo a través de cajeros automáticos. Se cobra una comisión por transacción, y nada más. Fue utilizado por el Servicio de Impuestos Internos de Chile (SII) para eliminar los cheques en la devolución de impuestos. Otra innovación de BancoEstado fue "Caja Vecina", por la que pequeños comercios (como tiendas de abarrotes de barrio) pasan a ser caja del Banco para determinados servicios (pago de cuentas, retiro de fondos) a través de una incorporación a la plataforma digital del Banco. De esa forma, BancoEstado incrementó su cobertura con mínimos costos, descongestionando además las largas filas que tenía en sus sucursales (es el Banco con más cuentas abiertas de Chile) y reduciendo los costos de tiempo y traslado de sus clientes, especialmente los de lugares más apartados y pobres.

Hay disrupciones más profundas en camino. La Banca tradicionalmente ha ejecutado tres roles: guardar el dinero de sus clientes, usarlo para prestarlo a otros clientes, y realizar pagos. Es por lo tanto un canal para medios de pago y de financiamiento. Ambos pueden hoy ser des intermediados a través de Internet.

Por una parte, se ha generado más de una divisa internacional de pago (Bitcoin y Ethereum), que podría ser disruptiva de medios tradicionales como transferencias electrónicas, tarjetas de crédito, y cheques.

Bitcoin es una divisa digital introducida el año 2009 por el australiano Craig Wright, quien se hizo pasar como Satoshi Nakamoto de Japón hasta mayo de 2016. Es descentralizada: no está respaldada por algún gobierno ni depende de la confianza en un emisor central. ¿Cómo entonces tiene valor? ¿Quiere decir que cualquiera puede emitir monedas simplemente contra nada que lo respalde?

Para entenderlo mejor, pensemos en el origen de la moneda. Es un medio de pago consensuado por la comunidad. En las culturas más antiguas era monedas hechas de plata u oro. En el imperio azteca eran granos de chocolate. Pero en sí mismas, no tenían valor (bueno, el grano de chocolate se podía comer). Su origen es como una unidad de cambio, que hacía más fácil el comercio que con trueque. A través de las monedas se homologaba el valor relativo de los bienes y servicios. Antes de las monedas era complejo intercambiar por ejemplo animales y frutas por ropa o vivienda. Con la moneda se establece un criterio unificador. En los estados de la antigüedad eran los Reyes y Gobernantes quienes acuñaban monedas. Más tarde, los banqueros de la baja edad media reemplazan la moneda – que era peligrosa de trasladar en grandes cantidades de un lugar a otro por los asaltos – por un papel, en el cual el banquero que tiene en sus depósitos una cantidad de monedas dejadas por un cliente, que quiere llevarlas a otro lugar, le dice a un banquero conocido de ese otro lugar que le entregue esa cantidad de monedas, y que él (el banquero de origen) se las restituirá al banquero de destino. Con el tiempo, esos papeles también se "monetizaron" en la forma de billetes de banco. Y andando más tiempo, la emisión de billetes de banco fue monopolizada por el Estado. No hay que olvidar que hasta el siglo XIX los bancos privados emitían sus propios billetes.

Las divisas como Bitcoin funcionan como esos papeles de los banqueros de la baja edad media, pero no son emitidas por banqueros, sino por personas que compran algo y pagan con este medio de pago digital en el cual hay consenso en la comunidad que sirven exactamente al mismo propósito que en su momento tuvieron las monedas. ¿Y cuál es el respaldo de esa moneda digital? La deuda que se origina entre una persona que compra y otra que vende. Eventualmente, esa divisa digital se acabará transformando en dinero.

Así, si Juan le vende a Andrés un producto por 3 Bitcoins, esos 3 Bitcoins recogen en su código esa transacción, por lo cual Andrés no puede volver a usarlos para pagar. Pero Juan sí puede usarlos para pagar por ejemplo una deuda que tenía con Inés. Entonces, esa transacción queda también incorporada al Bitcoin. Y así sucesivamente. Cada vez que se añade una nueva transacción, se añade lo que se denomina "el bloque" a la cadena de transacciones que identifican a cada moneda empleada. Ese es el principio. ¿Se puede "robar" un Bitcoin? Es muy difícil, pero posible. La razón es que cada moneda – que es código informático, no lo olvide – está encriptada, es decir, tiene un código que altera el contenido (la "llave privada") de forma que sólo es visible con otro código (la llave pública) para ese mismo contenido.

Ethereum es un proyecto que cuenta con el respaldo de varios Bancos bajo el consorcio R3 CEV[50], entre los cuales se encuentran Barclays, Credit Suisse, HSBC, Wells Fargo o UBS. Utiliza la criptomoneda Ether, desarrollada en 2014 y lanzada en 2015. Tiene un plus respecto de Bitcoin: agrega los contratos que originan la transacción. Se le llama también "Bitcoin 2.0". Puede usarse, por ejemplo, para transacciones de acciones, des intermediando a la bolsa (un negocio que, al parecer, interesa a la Banca). O puede usarse para aplicaciones que no son financieras, pero donde la seguridad de la información es clave. Empresas como IBM y Samsung están experimentando con esta tecnología para aplicarlo también en la Internet de las Cosas, por las cuales se enviaría por ejemplo información desde un sensor de un producto a un sistema de monitoreo contra robos.

Las criptomonedas son un desarrollo más sofisticado para poder generar sistemas digitales de pago. Pero hay varios sistemas de "compensación de pagos" digitales que llevan más de 10 años de existencia en Internet, de los

---

[50] A diciembre de 2015 eran un total de 42 Bancos. Ver artículo en Forbes en http://www.forbes.com/sites/laurashin/2016/03/03/bitcoin-technology-tested-in-trial-by-40-big-banks/#1dccdc233d97

cuales el más conocido es PayPal (propiedad de e-Bay).

Los actuales portales de comercio electrónico, como Amazon.com, podrían eventualmente crear sus propios medios de pago digital, e incluso otorgar créditos de consumo a partir de información de riesgo bancario que es vendida en formato digital por empresas internacionales, como Experian.

Apple Pay es un servicio de pago móvil (usando el Smartphone) que salió el año 2014 y estaría des intermediando a la Banca y al emisor de moneda en el rol de medio de pago en efectivo. Las empresas de telecomunicaciones están también sacando sus propias aplicaciones de pago para móviles. La Banca se quedará cada vez más como "última milla" de las transacciones monetarias, perdiendo todo el resto de trayecto.

Por otra parte, los préstamos se pueden hacer poniendo directamente en contacto a personas con dinero y personas que necesitan dinero. Un caso claro es SocietyOne, al que mencionamos anteriormente. Es el Banco que está creciendo más rápidamente en el mundo. Su negocio, como el de cualquier Banco, es prestar dinero. Pero no necesita sucursales. Es más, ni siquiera necesita dinero propio, puesto que éste es de terceros que son quienes realmente prestan a través de SocietyOne, que hace de "Marketplace" o mercado de créditos: junta oferta y demanda, a costos muy inferiores para prestatarios, rentas más atractivas para prestamistas, y utilidades interesantes para el intermediario. Según lo indica su sitio Web, "SocietyOne" conecta los inversores individuales e institucionales con las personas que quieren pedir prestado, usando un modelo más eficiente. Los inversores tienen acceso a un nuevo producto de renta fija con rendimientos atractivos, mientras que los prestatarios reciben tasas personalizadas en función de su situación de crédito.[51]"

Finalmente, como vimos al hablar de nuevos modelos de negocios, la financiación de proyectos empresariales se está cubriendo crecientemente a través de portales de microfinanciación, gracias a los cuales personas de todo el mundo – o de un país – ponen un poco de dinero en proyectos concretos, diversificando riesgos y des intermediando a la Banca o a los Fondos de Inversión. Si bien todavía es poco lo que se financia a nivel mundial por esta vía (solo 16.200 millones de dólares el año 2014) está

---

[51] Ver en https://www.societyone.com.au/peer-to-peer-lending/

creciendo año tras año a dos dígitos.

Incluso ha habido experimentos que creaban auténticas economías digitales financiadas con moneda virtual, como fue el caso de Second Life en su primera versión, pero que no funcionó.

Lo cierto es que los servicios financieros, por el hecho de ser "información en movimiento" van a ser digitizados a un nivel tal, que serán afectados como no lo habían sido desde la baja edad media, cuando se inventaron los bancos como los conocemos hoy. Hay todo un nuevo sector enfocado en esa transformación digital, conocido como "FinTech", y que ya mueve miles de millones de dólares en StartUps. Y es que las utilidades mundiales de la Banca son un "botín" muy suculento, con un billón de dólares anuales, equivalentes al 25% del PIB de América Latina.

Mc. Kinsey acaba de sacar un informe al respecto: "A digital crack in banking's business model" (una rotura digital en el modelo de negocios de la banca), donde explica que los nuevos emprendimientos están enfocados a entregar servicios financieros en donde hoy la banca tiene un mejor retorno sobre activos. Eso es posible porque crecientemente los consumidores se están dando cuenta que pueden fragmentar sus necesidades financieras entre varios proveedores, en vez de dejarlo todo en un único proveedor - el Banco – como era hasta ahora. Mc Kinsey descubrió que el 59% de las utilidades de la Banca provienen de servicios por los que cobra una comisión. Es en este mercado donde los FinTech están entrando, con modelos más eficientes y económicos para el cliente final.[52]

Los servicios de bolsa se han digitalizado, y desde hace mucho tiempo. La razón es bastante obvia: la compra y venta de títulos financieros es esencialmente un negocio basado en el cruce de información. Más temprano que tarde se iban a desarrollar sistemas que hicieran de forma digital lo que antes se hacía de forma presencial. Y más temprano que tarde se iban a desarrollar sistemas con inteligencia que llevaran a cabo operaciones más sofisticadas, como derivados, coberturas de monedas o de commodities, estrategias enteras de compra y venta, con mecanismos automáticos de "stop loss" (parar las pérdidas). Todo ya está aquí.

---

[52]Cf.   www.mckinsey.com/industries/financial-services/A-digital-crack-in-bankings-business-model

Pero si bien están *digitalizados*, aún no están *digitizados*, que se refiere no solo a procesos sino a nuevos modelos de negocio. Hoy la Bolsa aún es un organismo vetusto al alcance de muy pocos. Ya vimos que mediante la microfinanciación el rol de las bolsas de levantar capital puede ser democratizado. También se pueden crear mercados paralelos e informales para empresas que no están en bolsa, usando medios de pago como el descrito arriba con Ethereum.

En la medida en que los medios de pago se digitizan, también pueden crearse nuevas formas de Bolsa de valores, como portales con información financiera y comercial contrastada, unidos a plataformas transaccionales que utilizan diversos medios de pago digitales. El problema de regulación es algo que aún no está resuelto en estos casos. Internet permite un alto grado de informalidad alrededor de la economía. Pero también permite un alto grado de control por parte del mismo mercado.

Mc Kinsey también ha dedicado varios de sus estudios a la transformación digital de la banca y los servicios financieros[53], que muestran cómo pueden ambos ser des intermediados en el futuro próximo, y su rol ser tomado por nuevos actores económicos.

En uno de esos Papers[54] se muestra una cifra interesante: el CAPEX y OPEX siguiendo el modelo tradicional es de 100 a 120 y 35 a 45 millones de dólares, mientras que con la versión digital es de 25 a 45 y menos de 20. Eso quiere decir que los Bancos que no migren 100% a plataformas digitales serán menos rentables. La transformación digital implica avanzar en hacer mucho más fáciles el abrir una cuenta corriente, conseguir un crédito, y pagar o cobrar dinero. Implica avanzar definitivamente en el dinero móvil (m-banking)

Preveo para el futuro la entrada masiva de nuevos actores en el mercado de los servicios financieros, y una reinvención o readecuación de lo que hoy conocemos como Banca, Bolsa, Seguros, etc. Al poder contactar directamente personas que tienen dinero con personas que necesitan

---

[53] Por ejemplo, Strategic choices for Banks in the digital age, en http://www.mckinsey.com/industries/financial-services/our-insights/strategic-choices-for-banks-in-the-digital-age ó The rise of the Digital Bank, en http://www.mckinsey.com/business-functions/business-technology/our-insights/the-rise-of-the-digital-bank

[54] http://www.mckinsey.com/industries/financial-services/our-insights/Building-a-digital-banking-business?cid=other-eml-alt-mip-mck-oth-1304

dinero, y al tener servicios internacionales de evaluación de riesgos basados en inteligencia artificial, creo que se crearán sistemas virtuales financieros, que no sabría cómo llamar, ya que no serán exactamente Bancos, pero tampoco empresas financieras. Serán entidades capaces de articular el movimiento de dinero fragmentando y desfragmentando el mismo de acuerdo con lo que el mercado globalizado requiere.

Y junto a ello, un nuevo dolor de cabeza para las autoridades monetarias de todos los países, ya que lo que es digital puede ser transformado en algo no trazable, aunque se pongan leyes obligando a que lo sea.

La siguiente figura resume el impacto que ha tenido Internet sobre el sector financiero:

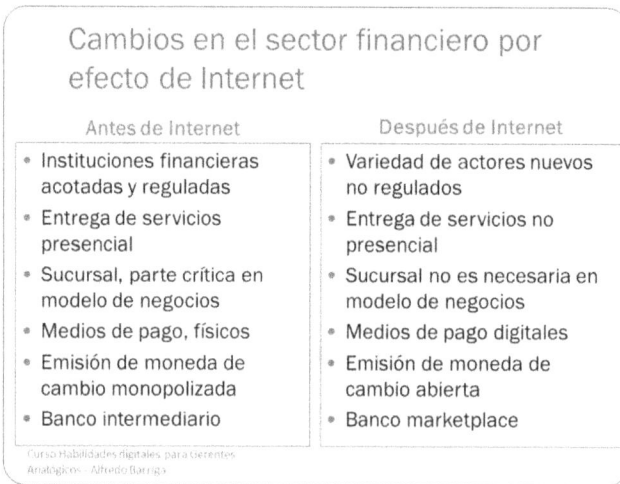

Cambios en el sector financiero por efecto de Internet

Antes de Internet	Después de Internet
• Instituciones financieras acotadas y reguladas	• Variedad de actores nuevos no regulados
• Entrega de servicios presencial	• Entrega de servicios no presencial
• Sucursal, parte crítica en modelo de negocios	• Sucursal no es necesaria en modelo de negocios
• Medios de pago, físicos	• Medios de pago digitales
• Emisión de moneda de cambio monopolizada	• Emisión de moneda de cambio abierta
• Banco intermediario	• Banco marketplace

Curso Habilidades digitales para clientes
Análogicos - Alfredo Barriga

Figura N° 17: Resumen de impacto de Internet en el sector financiero

21. La transformación digital del comercio

La industria del comercio al por menor cambió completamente también, y si bien los nuevos paradigmas aún no desplazan del todo a los antiguos, es cuestión de tiempo para que eso suceda. Efectivamente, el modelo de negocios sobre el que se fundó el comercio fue el de canales de distribución: los fabricantes entregaban a mayoristas, quienes entregaban a minoristas, quienes a su vez vendían a los consumidores. La información final sobre qué se vendió está (en este modelo) en el local que vendió al consumidor final, y ese local recicla esa información hacia atrás en la cadena comercial. Una evolución lógica en este modelo fue la integración de mayoristas y minoristas bajo las grandes cadenas de comercio (supermercados y grandes tiendas de departamentos). Pero el modelo sigue siendo el mismo: el fabricante fabrica lo que cree que el consumidor quiere, las cadenas de distribución compran para vender en las mejores condiciones, y al consumidor se le entrega una gran variedad de opciones para que elija la que mejor le acomode. El paradigma del modelo de negocios es conocido: *venta en grandes volúmenes, bajos precios, alta variedad, en un solo lugar.*

Wal-Mart cambió ese paradigma al añadir un componente más: *eficiencia logística.* Dice la leyenda que los costos de almacenamiento de Wal-Mart se estaban disparando. Haciendo un análisis minucioso de los inventarios, descubrieron que la razón era atribuible fundamentalmente a un proveedor, y a un solo producto. Efectivamente, el 65% de la superficie de bodegaje estaba ocupada por Pañales desechables Pampers de Procter & Gamble (P&G). Wal-Mart llegó a la conclusión que esto era debido al modelo de abastecimiento que tenía la empresa, y que era el que ocupaba todo el sector. Yo lo llamo el modelo "p por q". (pxq) Es decir, un modelo donde compiten cantidad y precio para llegar a cerrar un negocio.

La teoría del negocio de Wal-Mart era "precios bajos siempre". Con ello, el paradigma de compra a precios bajos a cambio de grandes cantidades se llevaba a su estado extremo. Efectivamente, una vez al año se reunían Wal-Mart y P&G. Ambos querían maximizar su negocio. Wal-Mart apuntaba al precio más bajo posible. P&G pedía entonces mayor volumen. Como el énfasis del modelo de negocios de Wal-Mart era "precios bajos", el costo de bodegaje no estaba en el mismo. Al final, Wal-Mart compraba el máximo volumen que permitían sus bodegas, y para P&G, una vez conocido el volumen, el foco pasaba al costo. Fabricaba día y noche y despachaba, para cobrar cuanto antes lo fabricado. No sabía si estaba con sobre stock o no.

Entonces, Wal-Mart tomó una decisión que cambiaría la industria y le catapultaría a ser la empresa más grande del mundo por volumen de ventas. *Cambió la Teoría del Negocio.* Su foco, a contar de ese momento, estaría en conseguir la máxima "penetración de billetera" de los clientes que fueran a un local de Wal-Mart. Es decir, su foco estaría en que las personas que fueran a Wal-Mart salieran con la billetera lo más descargada. Para ello, en vez de ver en sus proveedores un "contendor" en la cadena de valor, los consideró como aliados. Efectivamente, hasta ese momento, debido al modelo de negocios pxq, lo que Wal-Mart ganaba dejaba de ser ganancia para P&G.

Era un modelo de negocios gana/pierde (win/lose). Se trataba de convertirlo en un modelo de negocios gana/gana (win/win).

Wal-Mart llegó a la conclusión que su teoría del negocio no estaba en comprar lo más bajo posible a P&G, sino en hacer una alianza con dicha empresa para que el negocio fuera mejor para todos. Así, acordaron que, a partir de ese momento, P&G tendría a su disposición el 5% de la superficie total de bodega, que la manejaría directamente; se encargaría de administrar la reposición en góndola, y Wal-Mart cancelaría al día siguiente mediante cheque todos los pañales que se hubieren vendido ("pasado por caja") en el día. El precio de venta de P&G a Wal-Mart sería más alto que el que tenía hasta ese momento. P&G y Wal-Mart harían en conjunto promociones, y P&G tendría resultados en línea de estas. Eso le permitiría a P&G hacer un piloto de marketing en una o varias tiendas de Wal-Mart, y escalar rápidamente si la respuesta era buena.

En definitiva, Wal-Mart llegó a la conclusión que ellos no eran expertos en pañales, pero P&G sí, y que les convenía trabajar como socios de forma que Wal-Mart atraía a los clientes a sus tiendas, y P&G les vendía los pañales. Wal-Mart era experto en "atraer público y ofrecerle lo que necesita en variedad y precio conveniente". Era *experto en penetración de billetera*. La rentabilidad del negocio en el nuevo escenario se disparó tanto para Wal-Mart (al reducirse su capital de trabajo amarrado en bodega en un 77%) como para P&G (al mejorar precios, pero, sobre todo, tener información en línea sobre las ventas en cada local de Wal-Mart, y así poder reaccionar a la demanda de forma rápida). Para poder poner en marcha este nuevo modelo de negocios, tanto Wal-Mart como P&G debieron invertir esencialmente en Tecnologías de la Información (TIC). Las TIC hicieron posible la innovación en logística que le dio a Wal-Mart una ventaja competitiva que lo convertiría en la empresa de retail más grande del mundo por volumen de ventas.

Pero esto cambió completamente con la entrada de Amazon e eBay. La Teoría del negocio cambió hacia ofrecer a cada persona lo que necesita, usando toda la información que entrega el consumidor en su experiencia con el comercio – que es mucha. Juntó dos conceptos que bajo el paradigma del marketing tradicional eran incompatibles: personalización y masificación.

Quizá una anécdota personal grafique mejor este cambio de paradigma: cuando en 1997 decidí dedicarme a la consultoría en comercio electrónico – decisión loca, considerando que a nadie en mi país le importaba un bledo el comercio electrónico – una de mis primeras actividades fue buscar en Amazon.com libros sobre Comercio Electrónico, para estar al día en el "estado de arte". Como era mi primera incursión en Amazon.com, tuve que crear una cuenta, tras lo cual me puse a buscar y subir a mi carrito de compra los libros seleccionados. Cuando hube terminado, recuerdo haber hecho clic en un botón de "comprar", a lo que volvió a preguntarme "¿Estás seguro de que estos son los libros que quieres comprar?". Tenía dos opciones "Comprar otros libros" o "Continuar". Hice clic en este último. Salió otra pantalla que me decía "ingresa los datos de tu tarjeta de crédito" y me explicaba cuáles eran (número y código de tres dígitos típicos, pero en esa época nadie conocía lo de los tres dígitos de atrás de la tarjeta). Los ingresé y me aparece otra pantalla diciendo "ahora haz clic de nuevo en "Aceptar" y procesaremos tu pago" ... ¡y hasta ahí llegué! No me atreví a cursar el pago. ¡Y eran 50 dólares!

A la semana, decidí que no podía dedicarme a hacer asesorías en comercio electrónico si ni siquiera me atrevía a comprar 50 dólares de libros sobre comercio electrónico Así que volví al sitio Web. Cual no fue mi sorpresa al ver una pantalla abrirse diciendo "¡Hola Alfredo! Subiste los siguientes libros a tu carrito de compra, pero no los compraste (y ponía la lista). ¿No te interesaría hacerlo ahora?" ¡Amazon.com se dirigía a mí *por mi nombre de pila* para referirse a una experiencia de consumo que solo yo conocía! Eso hizo la diferencia. Y, sin embargo, detrás de esa pantalla personalizada, no había nadie: ¡solo código! Y probablemente, al mismo tiempo que yo estaba recibiendo ese mensaje totalmente personalizado, cientos o miles de personas de todo el mundo estaban recibiendo el mismo mensaje, pero aplicado a su experiencia particular. Y esa experiencia personalizada de consumo le costaba a Amazon.com cero dólares adicionales.

Cuando salió Harry Potter V, Amazon solo tuvo que ver en su base de datos quiénes habían comprado los anteriores 4 libros, y enviarles un correo electrónico indicándoles que tendrían una oferta especial si se registraban, y que se entregarían por estricto orden de registro. ¡Hubo un aluvión! Con ese dato, Amazon.com llamó al editorial para ajustar el precio, y luego lo lanzó en el sitio. Primero vendió, luego compró. Cuando tuvo suficiente masa crítica, Amazon.com hizo una enorme bodega central para almacenar libros... pero no todos los de su enorme catálogo. Solo los de mayor rotación. Solo los "Best Sellers". Y automatizó el proceso de recolección y envío, asociándose con los principales servicios de despacho internacional (UPS, DHL, TNT...)

Wal-Mart usa el espacio físico para vender y la tecnología para ahorrar; Amazon.com usa la tecnología para vender y el espacio físico para ahorrar. Wal-Mart puede ofrecer un gran número de artículos, pero Amazon puede ofrecer un número ilimitado de artículos: todos los que quepan en sus sistemas – que son todos los que quiera poner. Encontrar un artículo en particular en Wal-Mart supone conocer el lugar y encaminarse al mismo. Encontrar un artículo en particular en Amazon.com supone conocer el nombre del artículo en el buscador y hacer clic en "Enter". Cuando una persona compra en Wal-Mart – pese a toda la eficiencia de sus sistemas y su modelo logístico – debe esperar a ser atendido en caja. Cuando compra en Amazon.com, es atendido inmediatamente. Siempre. Aunque haya miles de clientes al mismo tiempo - lo cual sería muy enojoso en el caso de Wal-Mart.

Amazon.com pasó a ser en 5 años la librería más grande del mundo por volumen e importe vendido, superando a Barnes & Noble. Pero no se quedaron allí. Si se podía vender libros, ¿por qué no música? ¿Por qué no otros productos? Como vimos en el capítulo anterior, Amazon cambió el modelo de negocios, centrándolo en su "core knowledge". Hoy, cualquier negocio puede "acogerse" al portal de Amazon y ponerse en línea usando todos los beneficios que tiene, creando su propio "Amazon.com". Amazon no pretende ser "el que sabe de todos los productos". Pero de una cosa es experto: sabe más que nadie cómo manejar la venta personalizada y masificada de productos Online. Por lo tanto, todos salen ganando: el pequeño comercio que se pone al amparo de Amazon.com se encarga de empujar sus ventas. Amazon se encarga de darle todas las herramientas para que lo haga.

Hasta la fecha, después de más de 20 años desde que se creó, todavía no he visto una cadena de tiendas de ningún país hispanoparlante cambiar sus paradigmas hacia el modelo de Amazon.com. Como mucho, han "digitalizado" su negocio ofreciendo sus productos a través de Internet, pero prácticamente de la misma forma a como lo hacen en la tienda física.

El resultado de todo esto está a la vista. La compañía que revolucionó la industria del comercio a comienzos del siglo 20, Sears & Roebuck, ha pasado de una cotización de 87 dólares la acción a comienzos de 2010 a solo 15 dólares en marzo de 2016 (a pesar de todas las reingenierías de negocio que se han llevado a cabo), y tiene una capitalización de mercado de apenas 1.600 millones de dólares. A Wal-Mart le está sucediendo sorprendentemente lo mismo. A pesar de que suma establecimiento tras establecimiento a su cadena, ese crecimiento en los metros cuadrados de superficie de venta – y en dólares vendidos - *no se traspasa en su valor de mercado*: la cotización ha pasado de 53 dólares a comienzo de 2010 a 68 a marzo de 2016 (si bien estuvo entre 74 y 87 dólares durante 2012 y parte de 2015). Su capitalización de mercado es de 214 mil millones de dólares (estamos hablando de la empresa que más vende a nivel mundial en retail). En cambio, Amazon.com, sin añadir ni un metro cuadrado a su superficie de ventas, pasó de 125,41 a 582,95 dólares entre 2010 a 2015, con una capitalización de mercado de 270 mil millones en marzo 2016. Es decir, la cotización de Amazon subió un 465% en los últimos 5 años, y pasó a ser la empresa de retail más valorada en el mercado, superando a Wal-Mart en 60 mil millones de dólares.

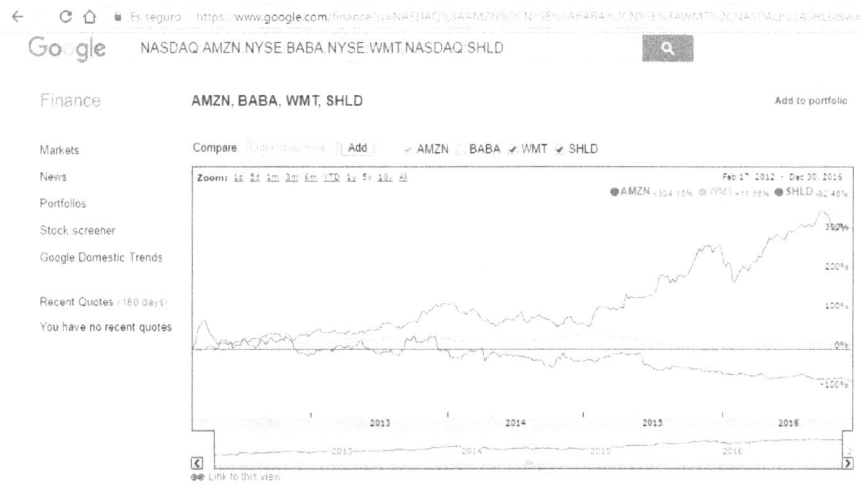

Figura 16: Evolución porcentual de acciones en Bolsa de Sears & Roebuck (verde), Walmart (ámbar) y Amazon (celeste)

Esencialmente, la revolución en el modelo de negocios de Amazon está en la optimización máxima del ciclo de valor en el negocio del comercio. No hay tiendas, ahorrándose todos los gastos asociados que ello implica. La bodega lo es solo para productos con una altísima rotación (y, por lo tanto, altísima rentabilidad). La logística está optimizada, siendo capaz de manejar millones de despachos a personas de todo el mundo por compras de bajo importe. El resultado: menores precios, mejor servicio, mayor cantidad de transacciones, mayor rentabilidad... y mayor crecimiento en la valoración en bolsa.

Un nuevo y magnífico contendor ha entrado en mundo del retail a nivel mundial: alibaba.com. Fundada en 1999 por Jack Ma, un profesor chino de Hangzhou que en un viaje a Estados Unidos en 1995 descubrió que de su país no salía nada en Internet. Decidió armar un directorio de empresas chinas, con ayuda de amigos de Estados Unidos. En 1999 decidió armar un portal de negocios que pondría en contacto a los fabricantes chinos con todo el mundo. Fue un éxito desde el comienzo, ya que los pequeños y medianos fabricantes chinos pudieron tener un canal de ventas directo con el resto del mundo. En 2015 a través de alibaba.com se facturaron 462 mil millones de dólares. Wal-Mart facturó 482 mil millones en el mismo periodo. Alibaba.com ha sido un caso típico de empresa correcta en el lugar correcto en el momento correcto. Abrió un segundo portal, Alibaba express, que está dirigido a público doméstico, con lo cual será un formidable contendor de Amazon.com. Al salir a bolsa el año 2015, alibaba.com convirtió a Jack Ma en el hombre más rico de China.

Aliexpress es la disrupción total del retail. Incluso Amazon sigue haciendo lo que siempre se ha hecho en este sector: comprar, almacenar, vender y entregar. Aliexpress no compra, no almacena, no vende ni despacha, pero hace retail. *Aliexpress es un ecosistema digital donde el retail sucede*. Y allí tiene su modelo de negocios, ya que algo gana en cada hito del proceso. Jack Ma ha declarado que para el año 2036 Aliexpress será la quinta economía del mundo[55]. Me pareció demasiado. Pero no: efectivamente, proyectando lo que este ecosistema ha sido capaz de hacer, los números salen. Para el año 2036 moverá un billón de dólares (trillón en inglés), solo por debajo de China, Estados Unidos, la Comunidad Económica Europea y Japón.

Una consecuencia o "daño colateral" del auge explosivo del comercio electrónico va a ser el colapso de las Aduanas, que están dimensionadas para manejar el tráfico de mercaderías a nivel mayorista o como mucho, de retail, pero no a nivel de personas. El papeleo y el trámite que debe seguir la importación de un producto comprado por una persona no es muy distinto del que debe hacerse por una empresa para importar un conteiner

---

[55] Forbes, 2/7/2017 en https://www.forbes.com/sites/ywang/2017/07/02/can-alibaba-realize-its-global-ambition/#6218217d62dc

del mismo producto. Las Aduanas tendrán que incorporar nuevos modelos de trámite que se hagan cargo del nuevo paradigma, o se convertirán en el embudo del comercio mundial.

Estas son mis previsiones para el sector retail:

- Internet se convertirá en el canal de venta principal para bienes de consumo. Seguirá creciendo a dos dígitos anualmente. Por otra parte, una proporción de la población mundial no conoce la experiencia de consumo de comprar en una tienda. Dentro de 20 años unos y otros serán mayoría en el total de consumidores, con lo cual las tiendas físicas y la venta en tienda como experiencia de usuario será visto como algo arcaico. Subsistirán solo aquellos rubros en los que la presencia física entregue una mejor experiencia de consumo. Y no me atrevo a pronosticar cuáles serán, o siquiera si habrá alguno.
- Las tiendas se transformarán en "show rooms" y puntos de entrega y de atención post venta (especialmente en el caso de alimentos perecibles)
- Las tiendas Online de PYME florecerán al amparo de las grandes marcas de ventas virtuales, como Amazon.com, vendiendo productos de especialidad o a segmentos de mercado de tamaño pequeño.
- Los modelos de negocio "consumidor a consumidor" como e-Bay tendrán una mayor participación de mercado del que tienen hoy, a medida que se desarrollen más las economías colaborativas.
- Saldrán grandes competidores a los actuales líderes del e-comercio como amazon.com o alibaba.com, que se harán con una buena porción del mercado. ¿No es extraño que a la fecha Amazon no tenga competencia real? Si les pregunto con quién compite Amazon.com, ¿Qué contestan? ¡nadie lo sabe! Eso no puede seguir así por siempre. El modelo de Amazon.com es copiable.
- Los servicios de Aduana deberán readecuarse a la nueva realidad, por la cual las entradas de mercaderías al país, que antes eran a nivel de conteiner, se desagregan a nivel de unidades.
- Algunos operadores logísticos con cobertura mundial entrarán en el e-commerce como grandes jugadores. Al fin y al cabo, ellos saben

quién es el cliente final, quién es el proveedor inicial, y tienen el servicio logístico... eventualmente podrían vender a costo, ganando el dinero en su valor agregado, que es llevar las cosas desde un lugar a otro, sin stock en el camino. Con eso des intermediarían a amazon.com y alibaba.com. Por algo, para este último el contar con la logística propia es estratégico.

El año 1999, en la cumbre de la OMC en Seattle, estuve en un panel al lado del número tres de UPS, y me dijo que esa era una línea de acción que estaban estudiando. Considerando el tiempo transcurrido sin que nada suceda, entiendo que debe haber buenas razones para no hacerlo, pero estimo que son más razones políticas (se estarían echando encima a sus principales canales de venta) que técnicas o comerciales.

La siguiente figura resume las diferencias entre el retail "tradicional" (como el de Sears& Roebuck o Wall mart) y el retail "digitizado" (como Amazon o Alibaba):

Diferencias entre retail tradicional y retail digitizado

Retail tradicional	Retail digitizado
• Cliente anónimo	• Cliente conocido
• Variedad de oferta limitada	• Variedad de oferta ilimitada
• Espera en atención y pago	• Atención y pago inmediato
• Información limitada sobre productos	• Información ilimitada sobre productos
• Costos de "show room"	• Sin "show room"
• Centro de distribución	• Sin centro de distribución
• Logística hasta tienda	• Logística hasta casa

Curso Habilidades digitales para Gerentes
Análogicos - Alfredo Barriga

Figura N° 17: Diferencias entre retail tradicional y retail digitizado

22. La transformación digital del turismo.

Este es otro sector que ha sido fuertemente digitizado. El modelo de negocios durante la era predigital era de que la oferta turística se hacía vía canales establecidos: mayoristas y Agencias de Turismo. La base del negocio de ambos es la intermediación de información. De una parte, a lo largo de años de actividad arman una masa crítica de demanda por destinos turísticos, con datos muy previsibles en cuanto a destinos, presupuestos y número de personas. Con esa información en la mano puede asegurar una demanda anual a los operadores turísticos a cambio de mejores precios, que a su vez pasan a sus clientes, aumentando la demanda. El modelo era muy sencillo: había una asimetría de información entre la oferta y la demanda, que era intermediada por los mayoristas de turismo y agencias de viajes.

Con la llegada de Internet, la información se desintermedia: oferta y demanda se pueden juntar sin necesidad de intermediarios. Un hotel en Isla de Pascua que recibía 40 dólares/noche antes del año 2006 de parte del mayorista, se vendía a 140 dólares al retail. El dueño averiguó esto, y decidió vender directamente a través de Internet, a 100 dólares por noche. Para ello, además de hacer un sitio Web, solicitó a todos sus huéspedes que escribieran sus comentarios en el principal portal de turismo, www.tripadvisor.com. En esa época más de 15 millones de personas usaban el portal para planificar sus vacaciones, leyendo los comentarios que los visitantes dejaban en cada uno de los lugares a los que iban. Una viuda de rapanui canadiense, poseedora de dos cabañas frente al mar supo de esta técnica, y en conjunto conmigo, armamos un sitio Web y comenzamos a posicionar sus cabañas. Al cabo de seis meses había duplicado ventas. Subió los precios y siguió vendiendo lo mismo. Amplió la oferta a tres cabañas (el espacio no le daba para más), y vendió todo. Para el año 2010 tenía ventas hasta el año 2012, y había tenido que desviar alrededor de 200 noches a una competencia. Lonely Planet la escogió como "Best Pick" para Isla de Pascua. Nada de esto hubiera sucedido con el antiguo modelo de negocios.

Era cuestión de tiempo que el mismo rol que juegan los mayoristas "físicos" fuera asumido por nuevos mayoristas virtuales, como Expedia (propiedad de Microsoft) o Despegar.com (Argentina). En cuestión de pocos años, los grandes operadores se vieron contra la pared, y uno de los más grandes del mundo, la española Viajes Marsans, quebró justamente el año 2010. No supieron digitizarse a tiempo, teniendo todo el know how acumulado del negocio como para hacerlo.

Las líneas aéreas también han experimentado un proceso de transformación digital que aún sigue evolucionando. Lo primero que hicieron fue vender directamente los pasajes al cliente final, saltándose el canal tradicional de las agencias de viaje, y traspasando parte del menor costo al precio del pasaje. En muy poco tiempo el canal de ventas directas se convirtió en el principal canal de ventas de las aerolíneas. Luego vino la selección de asiento y generación de tarjeta de embarque electrónica, ahorrando tiempo al viajero y costos de atención en el counter del aeropuerto. Luego se añadió la venta adelantada de productos de Duty Free (que habían sido muy mermadas por el establecimiento de Duty Free en los Aeropuertos, normalmente después de pasar por timbraje de pasaportes). Luego se añadió la venta de asientos no vendidos como "ofertas de último minuto", a precios marginales. De forma ininterrumpida, la industria de la aviación comercial ha ido utilizando de forma inteligente las plataformas digitales para reducir costos, aumentar ingresos y mejorar la experiencia de usuario.

Dentro de América Latina, la chilena Lan Chile (ahora fusionada con la brasileña TAM) fue pionera a nivel mundial da varias de estas innovaciones. Para esta empresa, cuyo negocio fundamental estaba en el transporte de carga más que de pasajeros, la venta de pasajes por Internet con entrega de tarjeta de embarque electrónico le permitió establecer un incentivo a sus pasajeros para viajar solo con bolsa de mano, ya que podían ir directamente a la sala de embarque sin pasar por el counter. Con ello liberaban espacio de almacenamiento en el avión, que podían vender como carga. Además, fueron los primeros en poner un PO Box en Miami para latinoamericanos que compraran en Amazon.com, con un enlace directo en el mismo Amazon para enviar lo comprado a través de Lan Chile.

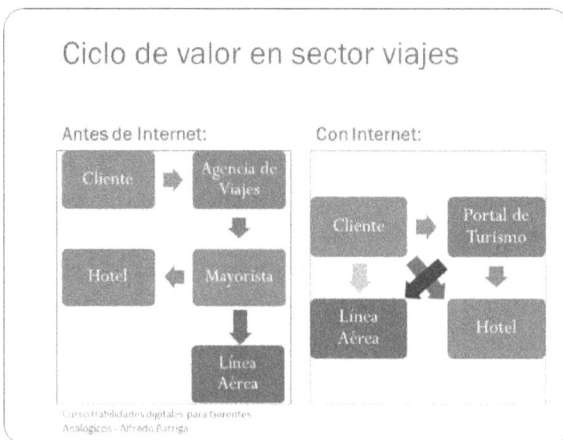

Figura N° 18: Ciclo de negocios en el sector Viajes antes de Internet y con Internet

Estas son mis previsiones para este sector:

- Internet será el principal canal de ventas, desplazando a las agencias de viajes.
- Las agencias de viajes se especializarán en viajes adhoc para grupos y eventos para empresas.
- Los mayoristas actuales serán desplazados por las plataformas digitales como Tripadvisor, Expedia, Despegar, o Booking.com (que vende fundamentalmente hotelería PYME, y es el medio de reserva más utilizado en Internet, cobrando una comisión por cada reserva cobrada).
- Se generará una especialización en materia de turismo por categoría más que por destino, en particular en el turismo de intereses especiales, que es el de mayor valor agregado.

23. La transformación digital de la agricultura

Las economías de la Región latinoamericana están basadas fundamentalmente en la explotación de recursos naturales: minería, agricultura, pesca, forestal... El PIB no viene sin embargo de la actividad primaria. En varios países el sector predominante es de hecho el terciario, pero éste se nutre del primario. El sector secundario es importante fundamentalmente en los dos mayores países de la Región (Brasil y México).

El hecho de que el sector primario sea el motor de la región no significa que la revolución digital no le afecte. Muy por el contrario, tanto la minería como la agricultura están siendo afectadas por las tecnologías digitales a nivel mundial, y por lo tanto también lo serán a nivel regional. No se trata de poner computadores en la mina y el campo, sino en cambios en la forma de gestionar uno y otro.

Así, las tecnologías digitales se están incorporando creciente y rápidamente a la agricultura. El gran reto de la agricultura de cara al año 2050 es cómo adaptarse para alimentar a 9.000 millones de personas, gracias a aumentos significativos en productividad fruto de la innovación[56]. Según la FAO, la agricultura climáticamente inteligente (CSA) pretende mejorar la capacidad de los sistemas agrícolas para prestar apoyo a la seguridad alimentaria, e

---

[56] Ref. FAO (2013): "Historias de éxito de la FAO sobre Agricultura climáticamente inteligente" en http://www.fao.org/3/a-i3817s.pdf

incorporar la necesidad de adaptación y las posibilidades de mitigación en las estrategias de desarrollo agrícola sostenible. Por lo tanto, no se ciñe solo a tecnologías, sino a políticas públicas.

El interés en emprendimientos alrededor de tecnologías digitales para la agricultura es real: de acuerdo con los datos de AgFunder[57], una plataforma de microfinanciación[58] de tecnología para la agricultura, solo en el primer semestre del año 2015 incubaron 228 "StartUps" de tecno-agricultura con una inversión total de 2 mil millones de dólares[59], prácticamente lo mismo que levantaron en todo el año 2014.

Este paradigma de "agricultura inteligente" está siendo tomado también por los proveedores de clase mundial de la agricultura. Por ejemplo, la empresa de maquinaria agrícola John Deree quiere transformar su típico tractor en un "centro de control de información en terreno". Monsanto adquirió en 2013 por 930 millones dólares la empresa Climate Corporation (una empresa de análisis de datos climáticos).

El desafío de alimentar a una población de 9.000 millones de personas para el año 2050 supone un incremento de productividad de la tierra del 167% (un acre de grano deberá producir 2,5 toneladas contra las 1,5 actuales de promedio mundial), y esa productividad solo se podrá conseguir con el procesamiento de datos. Estados Unidos ya está en las 2,75 toneladas gracias en parte a la extensión promedio de sus explotaciones agrarias (450 acres). Pero el resto del mundo como África, por ejemplo, el promedio de extensión es de apenas 2 acres por explotación agraria. De ahí la importancia de la "agricultura de precisión", aunque ésta también se usa en explotaciones extensivas.

Actualmente las tecnologías digitales están apoyando precisamente a la

---

[57]   Ver   video   "Bushels   and   bytes: the   data-driven   farm"   en http://bits.blogs.nytimes.com/2015/08/03/the-internet-of-things-and-the-future-of-farming/?_r=0

[58] El "crowdfunding" es un modelo de negocios para el financiamiento de emprendimientos, que usa la Internet para poner en contacto a los emprendedores con personas de todo el mundo, que no necesariamente son empresas de inversión en capitales de riesgo (Nota del Autor)

[59] Ref https://agfundernews.com/moving-to-mainstream-agtech-gathers-2-06bn-in-the-first-half-of-2015.html

agricultura de precisión que las usa para la evaluación, diagnóstico y solución de problemas productivos en la agricultura[60]. En esta acepción, se busca 1) recolección de datos (monitoreo de cultivo y suelo, mapas de producción) 2) procesamiento e interpretación de la información (análisis), y 3) aplicación de insumos (manejo variable). En esta acepción se busca un manejo inteligente de la explotación agraria. Durante la primera etapa se deben recolectar la mayor cantidad de datos, lo que deben ser georreferenciados, para conocer en profundidad lo que ocurre a microescala. Para llevarla a cabo, se monitorean las principales variables como el suelo, el que, por ejemplo, se puede analizar a través de una rastra de conductividad eléctrica. Con las variables ya designadas y con los datos recolectados, comienza la segunda etapa, de procesamiento de datos. Todos los datos se procesan y se asocian en conjunto elaborando mapas digitales. Estos mapas muestran la variabilidad de los factores antes mencionados. La tercera etapa corresponde al análisis de los datos mediante software especiales los que permitirán y ayudarán a tomar decisiones de manejo en el campo. Por último, la cuarta etapa consiste en llevar a cabo las decisiones de manejo establecidas en la etapa anterior. Así, el predio podrá ser dividido realmente en zonas de manejo similares, las que permitirán la aplicación de dosis variable de insumos, ya sea, de semillas para siembra, aplicación de agroquímicos, fertilizantes y control de riego entre muchas otras.

La agricultura de precisión cuenta con una variedad de tecnologías que se usan en todos y cada uno de los aspectos de la explotación agraria y la cadena de transformación de esta[61].

1. En cultivos tipo commodity:
   - Sistemas de Información Georreferenciada (SIG)
   - Equipos diseñados para registrar los resultados de cosecha obtenidos con un cultivo en distintos sectores, es decir, un registro de la variabilidad espacial de los rendimientos, los cuales son desplegados en forma de mapas georreferenciados mediante DGPS en tiempo real. Esto permite una rápida interpretación de los resultados de cosecha y también la integración de distintos años,

---

[60] Ref. FIA- Ministerio de Agricultura (diciembre 2008) "Tecnologías aplicables en Agricultura de Precisión"   en
http://wapp.corfo.cl/ticrural/descargas/I+D+I_3_TECNOLOGIAS_AGRICULTURA_PRECISION.pdf
[61] CIF Ibíd., Páginas 35 – 70

facilitando los análisis temporales útiles para la gestión y toma de decisiones.

- Sistemas de medición de la humedad del grano, a través de sensores, que utiliza la tecnología NIRs. Esta medición tiene la ventaja que se realiza directamente en el campo, y entrega rápidamente los resultados. Estas mediciones tienen la ventaja de que no destruyen la muestra.

- Sistemas de medición de Conductividad Eléctrica del suelo, mediante el uso de diferentes equipos existentes en el mercado (sobre base Eléctrica y Electromagnética). Estos equipos se utilizan para la subdivisión de suelos en áreas de propiedades semejantes.

- La zonificación de tierras se puede hacer también - cuando el cultivo ya está presente - mediante Imágenes multiespectrales y sensores activos como el Crop Circle o el Green Seker. Las imágenes multiespectrales, son corregidas radiométricamente, georreferenciadas y mosaiqueadas, mediante software especializados de percepción remota. Luego son procesadas mediante software de análisis espacial, donde son clasificadas en distintos niveles de vigor, mapas que representan el estado de desarrollo y estrés de tipo nutricional, hídrico, plagas o enfermedades, pudiendo ser una o todas las que inciden en las diferentes zonas generadas. En el caso de los sensores activos, lo que se obtiene después de pasar el instrumento sobre el cultivo son un gran número de puntos con datos de la refracción de esas plantas. Esta información es incorporada a software de análisis espacial donde son filtradas e interpoladas y clasificadas en distintas clases de vigor, las cuales son finalmente mapeadas para el análisis.

- "SpadMeter", que permite evaluar las deficiencias del nitrógeno.

- Información meteorológica Online y móvil

- Monitor y controlador de siembra. Este sensor monitorea en tiempo real las dosis de semillas utilizadas en cada sector. Conectado a DGPS puede generar mapas de la distribución espacial de las distintas dosis de semillas aplicadas.

- Aplicador variable de agroquímicos. Permiten dosificar en forma eficiente la cantidad de pesticidas según el área foliar de los cultivos.

Conectados a DGPS permiten obtener mapas precisos de la distribución espacial del producto aplicado.

2. En frutales:

- Sistemas de Posicionamiento Global (GPS). Con la información obtenida, posteriormente se tomarán las decisiones de aplicación de tasas variables de semillas, fertilizantes o pesticidas, que determinarán mejoras importantes en los rendimientos y calidad de los productos asociados a un menor impacto sobre el medio ambiente.
- Sistemas de Información Georreferenciada (GIS) usados para información geográfica de predio y actividades de valor agregado (Capacidad de uso de suelo, problemas de drenaje, zonas frágiles, aplicación de fertilizantes, pesticidas y agroquímicos, etc.)
- Teledetección y zonificación de especies (vía satelital)
- Teledetección y usos de mapas de vigor (para optimizar los manejos de carga frutal y aplicación variable de fotoquímicos)
- Sistemas de medición de variabilidad en rendimiento, para planificar una plantación de árboles con un equilibrio fisiológico-reproductivo optimizado (identificando sectores que darán mejor fruta y sectores ineficientes)
- Evaluación a través de visión por computador, procesando imágenes para detectar patrones en cosecha y post cosecha
- Detección de biomasa (índice de área foliar, aplicación de pesticidas por sector)
- Monitoreo de riego
- Monitoreo de diámetro en troncos y frutos, mediante densómetros
- Sistemas de irrigación variable de riego para frutales y viñas, y automatización de riego
- Tecnologías de detección de plagas y enfermedades
- Sistemas de predicción de cosecha y poscosecha
- Sistemas de evaluación de firmeza (tecnología NIRS – Near Infrared Spectroscopy)
- Narices electrónicas para predicción de calidad sensorial de la fruta
- Monitoreo y análisis nutricional a lo largo de la cadena de frío

En el futuro inmediato, la Internet de las Cosas (IoT), la internet móvil, la computación en la nube (cloud computing) y la inteligencia artificial van a tener una adopción exponencial en la agricultura inteligente, debido a la profusión en el uso de sensores para tecnologías como las descritas arriba (teledetección, sistemas de evaluación, sistemas de monitoreo para planificación, siembra, cosecha y post cosecha, etc.), de aplicaciones de valor agregado para la agricultura inteligente en la nube, de la penetración de la internet móvil en las zonas rurales, y del desarrollo de modelos inteligentes para el manejo de predios agrícolas (con sistema de aprendizaje incorporados).

El driver para el uso de estas tecnologías no va a ser solamente por razones de mejora de productividad, sino también por presión de la demanda, que crecientemente quiere saber qué come (de donde vino, como se produjo, qué tipo de fertilizantes se le pusieron, qué irrigación tuvo, etc.)

El uso de tecnologías digitales va a ser por ello muy relevante para mantener y mejorar la productividad de la agricultura chilena. Si Chile quiere convertirse en una potencia agroalimentaria mundial, deberá incorporar masivamente todas estas tecnologías, y las que vengan, de forma rápida y profunda.

El mercado agroalimentario mundial para el año 2050 es una oportunidad de primera magnitud para la agricultura latinoamericana y para el crecimiento económico de la Región. Junto con las tecnologías digitales, los otros grandes drivers tecnológicos serán la biotecnología y la biogenética. En el futuro más que exportar fruta deberemos exportar conocimiento aplicado a la fruta, o fruta customizada por nicho de mercado. Sigue siendo fruta y seguiremos cobrando por kilo despachado, pero en el precio habrá una componente de inteligencia aplicada mayor que la componente de costo de producción.

Para aquéllos que no se suban al "Smart Agriculture" no creo que no haya mercado. Solo que los precios que conseguirán por sus productos serán mucho menores que los que conseguirán quienes se suban al Smart Agriculture, y la rentabilidad por hectárea también será menor.

En la figura de la página siguiente se resumen las principales diferencias entre la agricultura tradicional y la "smart agriculture":

Figura N° 19: Diferencias entre agricultura tradicional y "smart agriculture"

24. La transformación digital de la minería

La transformación digital de la minería viene de la mano de la "minería inteligente" o Smart Mining, que se refiere a las soluciones de Tecnología de la Información y las Comunicaciones (TIC) en toda la cadena de la industria minera[62]. Responde a las necesidades de la Industria Minera, que requiere técnicas de producción más rápidas, más seguras y eficientes. Adicionalmente, ante la necesaria estrategia de reducción de costos, producto del fin de los ciclos de precios altos de metales, el Smart Mining está proporcionando una ventaja competitiva a las organizaciones que adoptan nuevas tecnologías, lo que garantiza la mejora de las operaciones y la producción, tanto en términos de calidad y cantidad.

Actualmente las tecnologías digitales se emplean en varios aspectos del ciclo de valor de la actividad minera, como:

- Generación de información que afecta a los procesos productivos mediante sensores, que hasta ahora no se medían
- Programas de calidad y eficiencia "six sigma"

---

[62] Sacado de Future Market Insights en http://www.futuremarketinsights.com/reports/smart-mining-market

- Programación integrada de la mina desde operación a despacho, incluyendo diseño de mezclas y asignación dinámica de cartera de pedidos a existencias del sistema, estén donde estén
- Análisis predictivo para identificar información relevante e impacto en el negocio,[63] como, por ejemplo, mantención de maquinaria
- Conectividad eficiente entre supervisores, trabajadores y técnicos
- Producción y recuperación óptima con mermas mínimas o nulas en cualquier nivel
- Seguridad en explotación minera: sacar a los mineros de las minas, de modo que los trabajos más peligrosos lo hagan las máquinas. Ello, mediante operación remota de actividades mineras
- Reducción de fallas e interrupciones en procesos productivos
- Generación de energía inteligente (Smart Energy) para la producción, reduciendo costos por tonelada producida. Ello, planificando el ciclo productivo para que sea más intenso cuando el costo de energía es más bajo y con menor impacto medio ambiental.
- Innovación en el modelo de negocios

El mercado mundial de minería inteligente estaba valorado en US $ 5,12 mil millones en 2013, y se espera llegar a US $ 13 mil millones para el 2020[64], lo que refleja una tasa compuesta anual del 14,5% durante el período de pronóstico 2.015-2.020. Mayor productividad, reducción de costos operacionales, y la mejora de la seguridad son algunos de los factores importantes que impulsan la demanda de equipos automatizados y componentes de Smart Mining. Se espera que la introducción de soluciones de análisis predictivo por parte de jugadores clave de la industria impulsarán aún más el crecimiento del mercado. Otro gatillador de la incorporación de Smart technologies en la minería es el énfasis de muchos gobiernos en reducir el impacto de la actividad minera en el medio ambiente.

---

[63] Sacado de IBM, ftp://ftp.software.ibm.com/la/documents/imc/la/pe/news/post_events/software_solutions/presentaciones/Una_vision_de_futuro_de_la_mineria.pdf

[64] Sacado de Future Market Insights en http://www.futuremarketinsights.com/reports/smart-mining-market

De acuerdo con una encuesta de Future Market Insight[65], la automatización se está convirtiendo en una tendencia creciente en la minería tanto de superficie como subterránea. Cerca del 88,3% de las empresas consultadas (no incluye a las Américas) están usando tecnologías inteligentes tanto en minas en superficie como subterráneas. El 97,2% de ellos está usando soluciones autónomas. El 30,8% de quienes dijeron no estar usando tecnologías inteligentes planean incorporarlas antes de un año.

De acuerdo con la misma encuesta, el 71,7% del mercado total de Smart Mining para 2013 fue en equipamiento automatizado – destacando equipos automatizados para excavación (25%), mientras el 28,3% fue en componentes como sistemas inteligentes, software analítico, servicios de consultoría, ingeniería y mantenimiento.

Las proyecciones muestran según dicho estudio un mayor crecimiento hacia el año 2020 de componentes sobre equipamiento automatizado, aunque ambos se incrementarán. Los servicios de ingeniería y mantenimiento de Smart Mining serán los que tendrán un crecimiento interanual mayor, alrededor de un 19%[66].

El emprendimiento latinoamericano está tímidamente respondiendo a los desafíos de la minería inteligente, como la chaqueta para mineros que en realidad es una Estación de Monitoreo Móvil (EMM), equipada con un conjunto de sensores portátiles capaces de medir datos medioambientales y médicos. Estos son transmitidos en tiempo real tanto al teléfono inteligente del trabajador como a la nube, para ser revisados y analizados[67]. Sus creadores son tres chilenos, los ingenieros Mauricio Contreras y Erik Atenas, y el diseñador industrial Jorge Morales, quienes comenzaron con el proyecto como parte de sus tesis y terminaron llevándose el gran premio del Desafío Intel Global de la Universidad de Berkeley en Estados Unidos. Igualmente está el emprendimiento para capacitar a operadores de maquinaria pesada de minería mediante simulación en realidad virtual.

Donde aún no hay "cambio de paradigma" es en el Modelo de Negocios. Por ejemplo, CODELCO. Es esencialmente una empresa **extractora y**

---

[65] Ibíd.
[66] Ibíd.
[67] Ver en:
http://www.bbc.com/mundo/noticias/2013/10/131015_tecnologia_chaqueta_estacion_monitor eo_movil_mineros_ch

refinadora de cobre chileno. Tiene un gran know how, de clase mundial, sobre cómo explotar minas – tanto a cielo abierto como subterráneas. Sin embargo, no explota esa característica. ¿Por qué no puede CODELCO asociarse con empresas mineras del cobre de otros países – especialmente emergentes – a los que aportaría su know how o bien la operación de la mina? De esa forma, más que cobre se estaría exportando conocimiento, sin necesidad de hacer cuantiosas inversiones mineras, mejorando por lo tanto el ROI de la empresa. Otro tanto pasa a las demás empresas de cobre chilenas, que también han desarrollado un know how de explotación minera de cobre de clase mundial. En el lado positivo, al menos se ha dado un primer paso, con acuerdos para desarrollar proyectos mineros de cobre fuera de Chile. CODELCO lo hizo hace dos años con Colombia, [68] y Antofagasta Minerals compró una primera mina en Minnesota a comienzos de este año.

Dentro de las 12 tecnologías emergentes que Mc Kinsey señala tendrán un impacto económico mundial equivalente a entre una y dos veces el actual PIB de USA, aparece en sexto lugar "vehículos autónomos o semiautónomos", es decir, vehículos que pueden moverse con ninguna o muy reducida intervención humana. Esto afectaría a un sector mundial de la industria que mueve 4 billones de dólares al año (trillones en la nomenclatura anglosajona). Por otra parte, a través de la Internet de las cosas (IoT) – que es la tercera de la lista de Mc Kinsey - sensores puestos en todas las calles de una cuidad podrían tomar datos de tráfico y entregar opciones más rápidas a los conductores, reduciendo tacos, reduciendo congestión, reduciendo contaminación y reduciendo costos de traslado por kilómetro (por un menor consumo de carburante por kilómetro). Mediante el Big Data y la Inteligencia Artificial (que es la segunda de la lista de Mc Kinsey), se pueden sacar patrones de comportamiento de tráfico, y proactivamente cambiar los mismos, mediante sistemas de información o de tarificación vial de las calles más congestionadas. Por último, mediante tecnología NFC, y banca móvil se podrían pagar los traslados directamente desde el Smartphone, ahorrándose el costo de la infraestructura y mantención de medios de pago desarrollados solo para los transportes.

Estas mejoras no solo se están introduciendo en la fabricación de "Smart cars", sino también en "Smart trucks", lo cual mejora sustancialmente la

---

[68] Ver en: https://www.codelco.com/codelco-y-gobierno-de-colombia-firman-alianza-de-exploraciones/prontus_codelco/2013-04-08/215629.html

productividad y el costo por kilómetro en el sector del transporte terrestre, a la vez que reduce emisiones de CO2, que son mayores en este tipo de vehículos.

Mi previsión para el futuro inmediato es que se está yendo a una minería intensiva en el uso de tecnología que reemplazará a mano de obra. Vamos hacia una minería sin mineros. No va a haber 33 mineros atrapados en una mina porque en la mina va a haber máquinas semiautónomas, redes e Internet de las cosas. Esto pondrá una enrome presión social en países con mucha minería en la Región, como Chile, Perú, Brasil, Argentina, Bolivia, Colombia y México.

La figura siguiente resume las diferencias entre la minería tradicional y la "minería inteligente" o Smart Mining:

Diferencias entre minería tradicional y "Smart Mining"

Minería tradicional	Smart Mining
• Intensiva en mano de obra en la extracción	• Sin mano de obra en extracción
• Arranque, carga y transporte presencial	• Arranque, carga y transporte remotos
• Información solo en puntos finales de procesos	• Información a lo largo de todos los procesos
• Programación estática de extracción y producción	• Programación dinámica de extracción y producción
• Altas mermas en proceso	• Mermas mínimas o nulas

Curso Habilidades digitales para Gerentes
Analogicos: Alfredo Barriga

Figura N° 20: Diferencias entre minería tradicional y "smart minning"

25. La transformación digital de la educación

La educación está pasando por un proceso de transformación digital. No es meramente la adopción de tecnologías digitales en el aula, sino la respuesta a los grandes desafíos que tiene la educación de cara al siglo 21.

Tom Vander Ark fue Superintendente de Educación del Estado de Washington (Estados Unidos) durante doce años. Por lo tanto, conoció de primera mano el sistema público de enseñanza básica y media de Estados

Unidos (que en algún momento fue el mejor del mundo). Después trabajó con la Fundación Bill & Melinda Gates, a cargo del capítulo de educación. Actualmente es presidente de su propia organización, que se llama "Open Education" (educación abierta). En 2012 publicó un libro de título sugestivo (Smart Learning: how digital education is changing the World[69]), donde analiza la situación actual de la educación pública y describe cómo la educación basada en herramientas digitales está ya cambiando el modelo educativo y lo cambiará aún más.

1. En primer lugar, ya es un dato que *no todos los alumnos aprenden de la misma manera ni al mismo ritmo*, y, sin embargo - debido al diseño del sistema - quedan atrasados o fuera del sistema debido a que no cumplen en el tiempo establecido con las metas que se les impone en la única modalidad de aprendizaje definida[70]. *El modelo de "educación de talla única" existente en la actualidad ya no es satisfactoria para cumplir los objetivos educacionales.*[71]

Se ha desarrollado diversas categorizaciones sobre estilos de aprendizaje, y múltiples maneras de medir el talento. Pero seguimos utilizando las mismas de siempre, que ya no son útiles para la realidad que se asoma en el siglo 21.

Aparte de la "inteligencia intelectual", las personas pueden tener desarrolladas otro tipo de inteligencia, que hace que su forma de aprender sea distinta de la tradicional, y que su futuro trabajo esté en áreas que no son necesariamente las más consideradas en la educación de talla única[72]:

*   Inteligencia lingüística: aprende mejor leyendo. No se refiere solo al clásico ejemplo del escritor, sino, por ejemplo, al político. Un caso muy conocido es Winston Churchill, que tuvo pésimas notas en el colegio, salvo en inglés – fue Premio Nobel de literatura – porque el

---

[69] Cf. "Getting Smart: How Digital Learning is Changing the World", Tom Vander Ark, 2012
[70] En esto coincide con el análisis de Ken Robinson (nota de Autor)
[71] Ver en:
http://www.educarchile.cl/UserFiles/P0001/File/ajuste_curricular/AficheEducacionChilena.pdf
[72] Tomado de investigaciones llevadas a cabo por Howard Gardner, David Thornburg, Thomas Armstrong, David Lazier, Linda Campbell, Bruce Campbell, Dee Dickinson, y Jeannette Vos. Se pueden ver en http://www.thelearningweb.net/learningstyles.html junto a una lista de famosos que tenían cada tipo

colegio al que iba – de los mejores de Inglaterra – se enseñaba mediante exposición de materias en clases.

- Inteligencia visual-espacial: aprende mejor viendo. No se refiere solo al clásico ejemplo del pintor o el arquitecto, sino, por ejemplo, al estratega militar o al físico teórico.
- Inteligencia musical: aprende mejor escuchando. Este es campo casi exclusivo de la música, pero incluye carreas técnicas como ingeniero de sonido
- Inteligencia corporal-kinésica: aprende mejor usando el cuerpo. No solo se refiere al clásico caso de danza, sino también, por ejemplo, al cirujano.
- Inteligencia social o interpersonal: aprende mejor de los demás y con los demás. Aquí se sitúan también los políticos y líderes religiosos, además de los más típicos: vendedores, gerentes, relaciones públicas o profesores.
- Inteligencia intuitiva o intrapersonal: aprende mejor pensando. Por ejemplo, los filósofos y los teólogos

Por supuesto, esta categorización no quiere decir que las personas tengamos solo un tipo de inteligencia, sino que tenemos más desarrollado un tipo que los demás.

El modelo educativo actual, en definitiva, tiene como primera falla estructural el reduccionismo al que se somete a la persona-estudiante. La linealidad del proceso, sumado a la masificación de este, pasan por alto lo más relevante de cada persona: sus talentos inherentes y sus afinidades. Así, muy pocos terminan trabajando en lo que realmente tienen talento y les gusta – lo que, en palabras de Ken Robinson, se considera "su elemento". Con ello, afectan no solo la productividad de su trabajo y por lo tanto de la empresa en la que trabajan y de la nación en la que viven, sino que el clima social, puesto que se ven forzados a trabajar en donde no tienen necesariamente más talento y/o afinidades, dando lugar a una vida con muchas frustraciones. Considerando la estratificación social existente en América Latina, es en los segmentos de la sociedad menos afortunados donde más se puede generar esa frustración. En consecuencia, los países de América Latina se verían muy beneficiados – tanto en la productividad de los factores como en el clima social – si adoptara en su modelo de educación un foco hacia el desarrollo de talentos personales, con una metodología de aprendizaje diversa.

2. En segundo lugar, *la actual metodología de enseñanza está cada vez más separada de la forma de vida fuera del lugar de enseñanza*. Los jóvenes de hoy *son* distintos. Viven en un entorno híper conectado, sea por Internet o por telefonía móvil. Su vida es muy dinámica. Su capacidad de atención focalizada sobre temas que no les afectan es cada vez menor. Su forma de aprender, fuera del aula, es interactiva, y es más eficaz. *Los jóvenes aprenden a menudo más fuera que dentro del aula.*[73]

El profesor Win Veen de la Universidad Delft de Tecnología escribió un Paper para la OCDE[74] sobre este extremo ("Homo Zappiens and the need for New Education System). Introduce el término "homo zappiens" para referirse al joven de hoy, en contraposición al "homo sapiens" para referirse al joven anterior a la revolución digital. Establece que hay tres determinantes que están actuando sobre un cambio radical en los sistemas de educación: los cambios socioculturales, la economía y la tecnología.

Efectivamente, debido a los cambios socioculturales, los jóvenes de hoy usan las tecnologías para crear su identidad; son capaces de trabajar en equipo de forma natural (especialmente gracias a los juegos Online), y por lo mismo, captan y usan el concepto de compartir como una forma de "llegar antes". Son multitarea: son capaces de mantener hasta 10 conversaciones Online simultáneas sin perder el hilo de lo que están intercambiando; son capaces de ver 4 o 5 canales de televisión a la vez, encontrando lo esencial de cada uno y construyendo conocimiento significativo a partir de ese ejercicio. El aprendizaje ha pasado, de ser una actividad pasiva y personal, a una actividad activa y social. Por el contrario, en el aula el alumno es sometido a una rutina mono tarea, donde debe además adoptar una postura pasiva (salvo preguntar), encontrándose además en un ambiente competitivo (por las notas), donde no se comparte. El entorno externo es proclive a la creatividad, pero el ambiente en el aula es contrario a la misma.

La forma en que el joven de hoy funciona fuera del aula es totalmente distinta a como lo hace dentro del aula, salvo que no tenga acceso a Internet – lo cual es realidad en la mitad de la población de América Latina, al año 2015. El problema es que las habilidades que se van a requerir para el siglo 21 están más cerca del Homo Zappiens que del Homo Sapiens. La generación que se está educando hoy en nuestras aulas va a ser digitalmente

---

[73] Tom Vander Ark, Ibid
[74] Ref. http://www.oecd.org/edu/ceri/38360892.pdf

analfabeta, y ello los va a dejar en desventaja a la hora de desarrollarse profesionalmente. Puesto que el trabajo se transforma en un bien transable, dicha desventaja podría suponer que las oportunidades de trabajo sean tomadas por jóvenes que fueron educados como homo zappiens en otros países.

La siguiente tabla muestra las diferencias entre el "homo zappiens" y el "homo sappiens":

Diferencias entre el "Homo Zappiens" y el "Homo Sappiens" basado en trabajo de Marc Prensky (2001) Traducido del Paper de Win Veen por el Autor	
Homo Zappiens	**Homo Sappiens**
Alta velocidad	Velocidad normal
Multitarea	Mono tarea
Aproximación no lineal	Aproximación lineal
Habilidades icónicas	Habilidades lectoras
Conectado	Aislado
Colaborativo	Competitivo
Activo	Pasivo
Aprende externalizando	Aprende internalizando
Gratificación inmediata	Gratificación postergada
Realidad	Fantasía

Tabla 2: Diferencias entre "Homo Zappiens" y "Homo Sapiens"

Por otro lado, la economía también es un factor determinante que está actuando sobre cambios radicales en sistemas de educación. Como ya se ha descrito, el mundo está pasando desde una economía donde el valor está en lo tangible, hacia una economía donde el valor está en lo intangible. Dicha economía requiere de una enorme cantidad de trabajadores del conocimiento, tanto o más de lo que en su momento necesitó obreros la economía industrial. Y esos trabajadores del conocimiento necesitan de una formación continua (life-long learning). Las necesidades de formación de una gran masa de trabajadores del conocimiento no pueden ser atendidas con el actual modelo formativo. No hay suficientes aulas, ni capacidad para hacerlas.

Por último, la tecnología es el tercer factor determinante que está actuando sobre cambios radicales en sistemas de educación. Como veremos en mayor detalle más adelante, ya no se trata solo de computadores en el aula conectados a Internet, con los textos escolares dentro. Es el uso de toda una gama de aplicaciones desarrolladas fuera del ámbito de la educación, pero que se utilizarán en la misma para hacer los grandes cambios que se requieren en cuanto a metodología de enseñanza y en cuanto a conseguir el objetivo de desarrollar los talentos naturales de cada alumno de acuerdo con una malla curricular personalizada. En el libro de Tom Vander Ark hay una amplia descripción de dichas tecnologías y su aplicación.

3. En tercer lugar, *las habilidades principales requeridas para el siglo 21 son distintas de las de siglos anteriores*, y por lo tanto las habilidades adquiridas en el colegio y la educación superior ya no son suficientes. La rapidez con la que se ha dado el cambio generado con la revolución digital ha tomado de sorpresa a las autoridades, que no han actualizado las mallas curriculares.

Si la Sociedad del Conocimiento se basa en recursos intangibles generados por las personas basadas en su talento, se requiere de nuevas habilidades y competencias para los puestos de trabajo del conocimiento. Conseguir que las personas desarrollen sus talentos y los apliquen donde tienen mayor afinidad es lo que permitirá optimizar la creación de valor y llevará al mundo a una nueva era de prosperidad. Pero para que esos talentos produzcan esa prosperidad se requiere de habilidades y competencias muy distintas de las que hasta ahora se requerían, y requiere un cambio radical en el modelo de educación – pública o privada – que tenemos actualmente.

4. En cuarto lugar, *la demanda por personal cualificado con formación superior universitaria o técnica se ha disparado, dando lugar a una espiral de costos* que lleva a los alumnos y sus familias – o al Estado –

a grandes desembolsos[75]. Esto, debido a que la demanda por puestos de trabajo del conocimiento es superior a la oferta, y consecuentemente la demanda por educación superior es mayor que la oferta.

A pesar de ello, la cualificación de los alumnos egresados de educación superior no es suficiente para las demandas de las empresas y organizaciones a las que acceden, debiendo volver a capacitarse en las habilidades no adquiridas, con lo cual el proceso completo es mucho más costoso, tanto para los estudiantes como para quienes los contratan. También en algunos casos, como en Estados Unidos, los subsidios a los estudiantes en Educación Superior no han aumentado la oferta de estudios universitarios, sino que han aumentado los precios[76].

Según el estudio de Mc Kinsey sobre el mercado laboral ya citado[77], el 80% de los nuevos trabajos que hoy se crean en Estados Unidos requieren título profesional, pero con todas las Universidades que hoy existen allí solo se puede cubrir el 30% de dicha demanda. Así pues, el precio se dispara, se trate o no de organización con fines de lucro. En toda América Latina sucede igual. Los precios de las Universidades públicas se han incrementado igual que los precios de las Universidades privadas, haya o no lucro de por medio. Por lo tanto, el precio no tiene que ver con el lucro. Tiene que ver con la demanda por educación superior, alimentada además por una clase media aspiracional donde los hijos son la primera generación que puede ir a la Universidad.

Esta absurda hiperinflación de costos de la educación, especialmente en la Formación Superior, es otro fallo estructural del sistema.

Mi Licenciatura en Ciencias Económicas y Empresariales de la Universidad Complutense de Madrid me costó 3.500 dólares de la época (1972-1977), e incluía el Centro de Estudios Universitarios (CEU) del Colegio Mayor San Pablo, un centro privado de prestigio que mejoraba la educación demasiado masiva de la Complutense. Entre el año 1977 y 1979 hice mi MBA en el IESE,

---

[75]   Este   no   es   un   fenómeno   chileno.   Cf.   por   ejemplo http://www.edtechmagazine.com/higher/article/2012/03/students-and-parents-facing-rising-postsecondary-costs-will-drive-change

[76] Cf. http://www.bloomberg.com/news/2011-12-09/u-s-universities-feast-on-federal-student-aid-virginia-postrel.html

[77] Cf. Mc Kinsey Global Institute: Help Wanted: the future of job in advanced economies, March 2012 (ya citado)

que me costó 3.600 dólares de la época (1977-1979). Mi primer sueldo, egresado del IESE, fue de 2,000 dólares líquidos de la época (1979). Por lo tanto, el costo de toda mi formación superior, incluyendo un post grado en la mejor escuela de negocios de España, fue equivalente a menos de 7 meses del sueldo inicial que tuve una vez egresado.

Mi hijo salió de Ingeniería Civil de la Universidad de los Andes el año 2010. Su carrera costó 27 meses de su ingreso inicial. Si quisiera hacer el MBA del IESE, mejoraría su sueldo inicial al doble, pero ahora el MBA del IESE cuesta 80.000 dólares. Por lo tanto, si quisiera hacer lo mismo que hice yo hace 40 años atrás, necesitaría alrededor de 35 meses para pagar todo. Eso, antes de comprarse un auto y qué decir de una casa. Simplemente, no es rentable tener la misma formación que tuve yo hace 40 años atrás. Mi recomendación ha sido que no tome un MBA y espere a que el mercado corrija este estado absurdo de cosas, como está comenzando a suceder.

Lo explico de esta forma porque el fenómeno de la sobre inflación en el costo de la educación es mundial. ¿Qué ha pasado? Desde luego, la educación de hoy no es 5 veces mejor que la que recibí yo, y los sueldos no son 5 veces mejores. Esto, comparando situaciones idénticas en periodos distintos (costo de educación y primer sueldo después de salir), es decir, igual paridad de adquisición de los mismos bienes, y estoy midiendo con el mismo criterio la rentabilidad de la inversión (sueldos necesarios para pagar la inversión). Y no estoy incluyendo la formación básica y media, porque no cuento con los números de antes, pero sé que - en dinero constante – el costo de dicha educación en mi país se ha incrementado en un 100% desde el año 1992 (en colegio privado).

El caso es que el mercado (público o privado, da igual) no puede dar respuesta a la demanda por formación superior con el actual modelo formativo. El modelo actual fue pensado para que solo una elite se educara para adquirir un título profesional, y todo fue dimensionado de acuerdo con ello: el tamaño del claustro, la modalidad de "profesor que imparte materia", la cantidad de alumnos por curso. Hoy, debido a la demanda, este modelo es inviable. La infraestructura no estaba pensada para una masificación de profesionales con título. La respuesta más lógica sería más Universidades, pero no es la respuesta innovadora. El mercado es innovador, y ya está dando respuestas de tal magnitud que posiblemente veremos los costos de la formación superior y de la educación en general ***bajar*** hacia el año 2020.

¿Cómo?

La respuesta es el aprendizaje digital personalizado. Con un cambio en los roles de los profesores y en la metodología de aprendizaje

En su libro, Tom Vander Ark nos entrega una visión de cómo ello ya está sucediendo y se va a acelerar a la velocidad de todo lo que tiene que ver con Internet. Solo unas pinceladas, ya que la mejor forma de saber qué dice es leer el libro (170 páginas, bien redactadas, livianas de leer).

El sector de educación alternativa en Estados Unidos está trabajando en cómo educar al siguiente billón (mil millones) de alumnos – que incluye alumnos de países emergentes y subdesarrollados - de forma que cada uno pueda ir a su ritmo, con la metodología de educación que se le ajuste mejor de entre una variedad de posibilidades, una malla flexible, una mejor calidad de formación y un costo significativamente menor. Y lo están logrando: 3,5 millones de alumnos atendieron a clases desde su casa el año 2010 en el K12 (educación básica y media), lo cual equivale al 12% de la población escolar. El aprendizaje digital está creciendo a tasas del 40% anual, y se prevé que para el año 2020 el 100% tenga acceso al mismo – si quiere. La predicción es que en dicho año la mitad de los Estados habrá adoptado este nuevo sistema, que no es 100% Online, sino una mezcla (BLearning). Los profesores asumen un rol de "red de mentores" a la cual tienen acceso los alumnos en una relación uno-a-uno.

Hay varias tecnologías provenientes desde otros lados que se están incorporando a la educación:

- Los video juegos y la "gamificación". Los video juegos son una herramienta formidable para el aprendizaje: el alumno tiene la motivación permanente de "superar etapas". La gratificación por etapa superada es inmediata y estimula al máximo para superar la siguiente etapa. Para conseguir superar etapas debe trabajar en equipo, pero a la vez está compitiendo con otros equipos. Para superar una etapa, **debe aprender**: no sirve memorizar. Los juegos estimulan su imaginación y su creatividad. Lo hacen buscar diversos caminos para hallar una solución encaminada a obtener un objetivo, que implica de paso resolver problemas nuevos. Aprende de la prueba y el error. Su proceso de aprendizaje es orgánico, no lineal.

En definitiva, es una herramienta que se ajusta bien al perfil del "homo zappiens", y busca despertar la creatividad. El ex Senador y empresario chileno Fernando Flores fue pionero en esta visión, generando un curso de aprendizaje a partir del popular juego "Worlds of Warcraft".

Jane McGonical es una experta en "gamificación2, quien tiene una interesante conferencia en TED, la cual se puede ver en https://www.ted.com/talks/jane_mcgonigal_gaming_can_make_a_b etter_world

- Los sistemas de inteligencia artificial utilizados para conocer las necesidades y gustos de los consumidores en sitios web como Amazon o en programas como Genius de Apple (que sirven para detectar qué tipo de música le gusta a una persona) se usarán para detectar los talentos y gustos de cada alumno y proponer asignaturas acordes, armando una malla curricular personalizada, orgánica e incremental.

- Los sistemas de simulación de vuelos o de equipo industrial con realidad virtual se usarán para aprendizaje del alumno en relación con su conexión e interacción con el exterior

- Aplicaciones digitales de juegos de negocios se utilizarán para asignaturas relacionadas con ciencias sociales, tecnologías y matemáticas

- Los sistemas de retroalimentación de datos utilizados en industrias sofisticadas como la militar, aviónica o salud serán utilizados para generar métodos de tutoría personalizada por cada alumno y para crear evaluación de habilidades y aptitudes

En el citado libro de Tom Vander Ark, se hace una serie de predicciones respecto de cómo estas formas alternativas de aprender se incorporarán en la educación:

1. Dentro de 5 años, 200 millones de alumnos asistirán a clases impartidas bajo la modalidad de "blended learning" (aprendizaje realizado parcialmente en Internet y parcialmente en el colegio) en África, China e India.

2. Dentro de 10 años, la mayoría de los estudiantes de Estados Unidos atenderán colegios en modalidad blended learning, donde reportan a un lugar físico, pero donde la mayor parte del proceso de aprendizaje es en Internet.

3. Dentro de 5 años se habrán desarrollado sistemas en Internet que permitirán generar mallas curriculares personalizadas a los alumnos, recomendándoles los contenidos que deben tomar bajo un enfoque progresivo

4. Dentro de 10 años, con suficientes datos a mano, se desarrollarán aplicaciones en Internet que permitirán realizar tutorías de forma más económica y eficaz que la tutoría cara a cara.

5. En 5 años, se habrá incorporado de forma generalizada a la metodología de aprendizaje los juegos, simulaciones y entornos virtuales, generando retroalimentación inmediata respecto de los objetivos de aprendizaje de cada alumno

6. En 10 años se habrá generado un sistema que permitirá a los estudiantes tomar la propiedad, y dirigir su propio aprendizaje - con mucha ayuda del profesor, pero cuándo, dónde, y cómo los estudiantes requieran

Vander Ark ya tiene detectado por lo tanto que, en la India, en África y en China se estarán generando sistemas alternativos de educación. No hace mención alguna a América Latina, ni a Europa.

Los modelos alternativos de educación que están surgiendo alrededor de estos nuevos paradigmas son muy diversos:

Por el lado de la formación superior, Universidades del prestigio de Harvard, M.I.T. y Stanford están apuntando en la misma dirección: cómo llegar a millones de estudiantes en todo el mundo. Stanford está trabajando en generar un Master of Science por 2.000 dólares anuales, lo cual pondrá una presión enorme en el modelo actual de formación superior. Entre un MsC. de Stanford a ese precio y uno equivalente en una buena Universidad de América Latina a 20,000 dólares por año, no hay donde perderse. También en este caso se trata de llegar a más alumnos con una mejor formación y costos mucho más bajos.

Como dijimos en el capítulo 1, Harvard y M.I.T. lanzaron en abril de 2012 la plataforma eDX[78], que entregará gratis contenidos de alta calidad. Quieren llegar a mil millones de personas en todo el mundo. El modelo de negocios está en la acreditación: con un pequeño porcentaje de personas que deseen acreditar los conocimientos aprendidos Online, a un precio muy inferior de lo que cuesta un grado académico de Harvard o el MIT se podrá tener una acreditación de lo aprendido, que, aunque no es un grado académico, tiene todo el prestigio de ambas Universidades. Y puesto que lo que las empresas están buscando son habilidades concretas, esas personas tendrán trabajo cualificado con una inversión mucho más baja que la actual y sueldos posiblemente al mismo nivel que el de un titulado recién egresado. Un país africano, antigua colonia inglesa, al saber de la constitución de eDX, estableció como estrategia de largo plazo que se usarán solo los contenidos de eDX para todas las carreras impartidas en el país. Los profesores y las Universidades harán tutoría y evaluaciones a los alumnos, acreditarán los conocimientos y emitirán el correspondiente título. Y ayudarán con becas a quienes deseen una acreditación adicional en la Universidad de donde se generó el contenido (a un costo que es la fracción de lo que cuesta hoy)

Tanto en uno como otro caso, cada alumno podrá generar un "currículo digital" donde vayan quedando las competencias demostradas que va adquiriendo, sobre una malla curricular personalizada, que quedará a disposición del mercado del trabajo para potenciales empleadores.

Salman Khan, fundador de The Khan Academy[79], ha introducido un interesante paradigma denominado "flipping the classroom" (intercambiando la clase). Su metodología de enseñanza le ha permitido que la instrucción sea realizada por el alumno por su cuenta (clases vía YouTube), y "las tareas" sea lo que se haga en clases. Esto permite, usando tecnología, saber qué alumnos han avanzado más y quienes menos. A través de la tecnología, se ayuda a los que van más atrasados con el apoyo de los que van más adelantados. El resultado es que no se requieren clases de más de media hora, y los alumnos aprenden y aplican lo aprendido continuamente.

¿Qué se hace con el resto del tiempo? Aquí viene la parte formativa. Veo en el futuro a los profesores en un rol 70% de mentor y solo 30% docente. Su función es ayudar a que cada alumno pueda descubrir sus talentos naturales

---

[78] Ver en https://www.edx.org/
[79] Su sitio Web es www.khanacademy.org/

y desarrollarlos dentro y fuera del colegio. Con la información generada por el paradigma "flipping the classroom" se puede definir cuales asignaturas son las que cada alumno debe desarrollar más – al estar en el centro de su talento y su afinidad – y cuales puede tomarlas a título de "conocimiento general". Los alumnos no estarían por lo tanto en una sola aula (o sea, un grupo homogéneo con el que transcurren a lo largo de toda su docencia) sino que en aquellas clases que realmente los potencian. Al estar con compañeros que comparten sus afinidades, la clase entera se potencia. Los profesores, según sus propios talentos y afinidades, pueden apoyar (en el sentido de "ser mentores de") a aquellos alumnos a los que mejor pueden apoyar, y mejor pueden descubrir su talento. Eso crea un entorno estimulante para la creatividad de alumnos y profesores, dejando a los primeros mejor preparados para el mundo en que les tocará vivir.

Sugata Mitra ha generado una metodología de clases sin profesor[80], donde los alumnos son sus propios profesores, a partir de material didáctico digital, y lo ha probado en países como Bangladesh, Sudáfrica, Italia o Gran Bretaña. Célebre es su frase "si un profesor *puede* ser reemplazado por un computador, entonces *debe* ser reemplazado por un computador". No se refiere obviamente a que el profesor desaparezca del proceso de aprendizaje, sino que cambia su rol hacia el de mentor y facilitador de procesos de aprendizaje, donde los propios alumnos son los que llevan a cabo el proceso.

Hizo su primer experimento en un barrio pobre en Bangladesh. Puso computadores en el barrio al cual podían acceder niños, y cargó los computadores con programas educativos. Luego dejó que las cosas anduvieran por su cuenta. Al cabo de unos meses, los niños habían descubierto cómo usar los computadores; habían tomado los contenidos de inglés – ya que lo necesitaban para jugar con los juegos educativos – y ya sabían ese idioma lo suficiente como para usar los juegos; habían aprendido las cuatro operaciones matemáticas básicas, habían aprendido a leer, habían aprendido a escribir en el teclado. Sin profesor. ¿Cómo?

La curiosidad, el estímulo de poder jugar con el computador, y el trabajo en equipo (los que aprendían algo le enseñaban a los demás). Repitió el

---

[80] Se pueden ver varias de sus conferencias en las que habla de sus experimentos en TED, como https://www.youtube.com/watch?v=pqoruTqMiUc o
https://www.youtube.com/watch?v=dk60sYrU2RU

experimento en una aldea lejana que no contaba con escuela, y con contenidos para niños de 12 y 13 años (incluyendo Biología y Química). El resultado fue el mismo: los niños aprendieron.

El Massachussets Institute of Technology (MIT) inventó hace años el concepto de "OpenCourseWare", por el cual cualquier persona tiene acceso al material usado en asignaturas impartidas en esa prestigiosa Universidad y otras de gran renombre. El sistema no se desarrolló porque no había Modelo de Negocios detrás. Eso estaría superado con eDX.

Internet está permitiendo que cualquiera pueda "ir a clases" en cualquier lugar del mundo, tomando asignaturas, haciendo diplomados, o adquiriendo grado académico. Para lo primero, se ha desarrollado en muy poco tiempo un nuevo paradigma educacional, especialmente para la formación superior o posterior: el Massive Online Open Course (MOOC). Se trata de cursos que se pueden tomar en Internet, impartidos por los mismos profesores que los imparten en el Campus, pero de forma asincrónica dentro de una ventana de tiempo. Típicamente los estudiantes deben ver una presentación (como sin asistieran a clases), estudiar material que se pone en el sitio Web del curso, participar en alguno de los múltiples foros y llevar a cabo alguna actividad que demuestre lo aprendido, la cual es evaluada por los pares.

Este nuevo paradigma de los MOOC tiene una historia que merece la pena contar.

A fines de 2011, Stanford sacó cuatro cursos Online. Uno de ellos era sobre Inteligencia Artificial, dado por los dos profesores titulares de Stanford. Las previsiones eran que se matricularían alrededor de 300 a 500 personas. Se matricularon 160 mil. Veinte mil personas aprobaron el curso, la mayoría independientes que no estaban cursando pregrado. Al mismo tiempo que se realizó este curso gratuito, se llevó a cabo el curso presencial en el campus de Stanford. Más de 200 alumnos tuvieron puntaje total en el examen final, la mayoría del curso Online. Seis Universidades europeas dieron 4 créditos a los alumnos de sus universidades que aprobaron el curso.

Con ello, se creó un nuevo modelo de negocios donde todos ganan: profesores de renombre mundial, en conjunto con Universidades, generan cursos online que pueden ser atendidos desde cualquier lugar del mundo. Las personas que no pagan reciben un certificado de asistencia. El resto paga por ser acreditado. Universidades distintas de la que generó el curso pagan un fee a la Universidad generadora de contenido para que se atienda a sus alumnos. Con ello, aumenta la cobertura de educación de pre y postgrado, los profesores renombrados ganan más, la Universidad generadora también y las Universidades que pagan un fee ahorran costos.

Los profesores que hicieron este curso de inteligencia artificial renunciaron a la Universidad y con otra colega de Stanford crearon Coursera, una plataforma para la generación de cursos en Internet, que en apenas un par de años subió a más de 60 universidades de los 5 continentes. Para el año 2012 más de 1,5 millones de estudiantes de todo el mundo tomaron alguno de los 600 cursos gratuitos entregados en dicha plataforma. Para el año 2015 la cifra superó los 17 millones, para más de 1.800 cursos dados por más de 130 Universidades de todo el mundo (incluyendo 4 de Brasil, 1 de Chile, 1 de Colombia y 2 de México).

El modelo de negocios de los MOOC ha madurado: junto a los cursos gratis, ahora hay cursos pagados – especialmente, de las Universidades más renombradas, como Stanford, Harvard, Yale, Princeton, Oxford, Cambridge, UCLA, etc. Eso implica que tienen valor para los alumnos, lo cual solo puede significar una cosa: *las empresas que contratan validan esos estudios.* Es el preludio a un verdadero cambio en el Modelo de Negocios, que va a ser muy rápido. Y en América Latina no están preparados para ello, como si lo estará el país africano comentado más arriba a propósito de la plataforma de eDX.

No podemos terminar este "Tour" alrededor de modelos alternativos en la educación sin mencionar algunas iniciativas 100% latinoamericanas.

El Plan Ceibal en Uruguay fue concebido como un proyecto de desarrollo social, dependiente directamente de la Presidencia de la República, con una institucionalidad propia[81]. Se entregó un computador por alumno (de los creados por Negroponte en su proyecto OLTPC – One Lap Top per-Child); se crearon contenidos para las mallas curriculares existentes y se cambió la metodología de enseñanza. Hubo que combatir la resistencia de los profesores -muchos de los cuales no sabían utilizar un computador- y combatir estigmas ("se los van a robar").

El Plan tuvo un gran impacto en la sociedad, especialmente para los estratos

---

[81] Ref http://www.ceibal.edu.uy/

socioeconómicos más modestos. Los computadores no solo no fueron robados, sino que se generó una dinámica nueva al interior de las familias. Los padres rápidamente captaron que el computador por alumno era una herramienta de promoción social para sus hijos. No pasó mucho tiempo antes que ellos también vieran ventajas en el uso del computador, como buscar trabajo. Se generó un espacio entre padres e hijos donde el conocimiento está en el hijo, pero la autoridad sigue en el padre. En el aula, sucedió algo parecido. Los profesores temían que el mayor conocimiento de los alumnos en el uso de computadores iba a minar su autoridad. Al final fue una "transacción", por la que los alumnos ayudaban al profesor en su capacitación tecnológica, pero el profesor tenía el conocimiento de la materia (y la evaluación) de su lado.

Uruguay escaló varias posiciones en el índice NRI del Foro Económico Mundial gracias al Plan Ceibal.

La Comuna de Huechuraba, en Santiago de Chile, es muy diversa desde el punto de vista socioeconómico, coexistiendo barrios de clase media emergente con otros de hogares muy vulnerables. El proyecto Wilan, llevado a cabo por la alcaldesa Carolina Plaza a partir del año 2008, consistió en entregar un notebook a cada alumno de 4° y 8° básico en colegios públicos de la Municipalidad de Huechuraba, localizados en barrios de hogares vulnerables. El primer efecto fue aumentar la asistencia a clases (el absentismo escolar era el principal problema de escolaridad en dichos colegios). Se repitió el mismo patrón que en Ceibal: resistencia inicial, aprobación y éxito. Wilan permitió una mejora del 67% en la tasa de aprobación en la prueba neurolingüística para niños de 4° básico, y una mejora del 25% en la prueba SIMCE - la prueba nacional de asimilación de contenidos para alumnos de 8° básico.

En definitiva, Internet está generando el cambio más radical de la Educación desde que se inventara la Educación Pública en el siglo 19. Los roles de colegios, profesores, Universidades están cambiando y van a cambiar más. La Sociedad del Conocimiento va a requerir enormes cantidades de mano de obra altamente cualificada y especializada, que el sistema educacional existente no puede entregar sin Internet. No se trata de que el aula física vaya a desaparecer.

En Iquique (Chile) lleva varios años funcionando The Think Academy, que ha llevado la malla curricular oficial del Ministerio de Educación a una plataforma 100% online, permitiendo que los más avanzados vayan más rápido, y los menos avanzados vayan a su ritmo con mayor apoyo.

En varios países de América Latina se está llevando a cabo una discusión política acerca del modelo de educación, donde el tema es ideológico (acerca del lucro en la educación). Se sigue trabajando sobre un modelo de educación del siglo XIX, que no va a preparar mejor a los niños que hoy se incorporan a la educación en prekínder y en 20 años más buscarán trabajo.

Por encima de las nuevas soluciones a antiguos problemas, lo que está sucediendo es que se está creando un consenso creciente sobre la necesidad de cambiar el paradigma mismo de la educación, para que sea una respuesta a los nuevos desafíos que tienen la sociedad y la economía, en todo el mundo. *"**Educación para todos y de calidad, a menor costo y más personalizada**[82]"* es el nuevo desafío, posible gracias a Internet y las tecnologías digitales.

Dado lo que se ha dicho acerca de la importancia de tener individuos que aporten con toda su creatividad y talento en aquello que más les gusta – lo cual creará individuos más realizados - el objetivo de la educación debería ser **el descubrimiento y desarrollo de los talentos y afinidades *personales* de cada alumno, mediante las herramientas que le permitan su desarrollo integral, facilitando que pueda trabajar donde es más talentoso y tiene mayor afinidad, elevando su grado de realización personal y optimizando su contribución a la Sociedad**.

En la medida en que cada persona pueda desarrollarse sobre la base de aquello en lo que más talento tiene y que más le gusta, su nivel de satisfacción personal, su calidad de vida y su aporte a la Sociedad será más alto. No solo contribuirá a construir una sociedad más próspera y competitiva, sino también con mayor paz social.

¿Cómo será la educación para la Sociedad del Conocimiento, en 30 años más? Preveo el siguiente escenario:

Los alumnos serán evaluados por sistemas inteligentes usando gamificación en etapas tempranas de su vida. Con esta evaluación se conocerán sus

---

[82] Se puede ver en http://www.unesco.org/new/en/education/themes/leading-the-international-agenda/education-for-all/international-cooperation/high-level-group/

talentos, habilidades y afinidades inherentes de forma temprana. Además, se averiguará cuáles son las mejores metodologías de aprendizaje para el alumno, dentro de una amplia variedad. A partir de esa información, se generará una malla curricular adhoc para el alumno. Esta evaluación podrá ser o no llevada a cabo por colegios o por nuevos actores especializados.

Los colegios tendrán cargada la malla curricular de cada alumno, con las correspondientes asignaturas, metodologías y objetivos de aprendizaje de cada materia. La misión del colegio es conseguir los objetivos de aprendizaje. Los alumnos aprenderán desde el comienzo a ser actores activos de su proceso de aprendizaje, aprendiendo a aprender, utilizando las herramientas que entregan las plataformas digitales. Las clases presenciales serán para desarrollar **habilidades blandas sociales** (como el trabajo en equipo, la valoración de la diversidad, el descubrimiento de complementariedad con los compañeros de clases y el apoyo al compañero de clases en los aspectos débiles) y para demostrar lo aprendido. La metodología de enseñanza será diversa para diversos alumnos, pero se aplicará esencialmente fuera del aula para las habilidades duras. Inherente a todas ellas estará la filosofía de "aprender haciendo". Los profesores en el aula serán tutores y mentores más que "entregadores de contenidos": éstos estarán en Internet, llevados a cabo por otros profesores que no están en el aula, pero que son expertos en explicar contenidos.

Las clases estarán de esta forma compuestas por alumnos a los que previamente se les ha detectado tener talentos y afinidad para la asignatura a la que asisten. Esto hará las clases más productivas para todos. Se estará trabajando para una formación especializada y los valores morales o religiosos estarán inherentes en la forma de desarrollar tanto las habilidades blandas como duras (por ejemplo, la autodisciplina para adquirir conocimientos, la ventaja de trabajar en equipo y de complementarse con los demás, el respeto a la integridad de cada persona con sus particularidades, el amor por el trabajo bien hecho, etc.)

Durante esta etapa escolar se harán nuevas evaluaciones de talentos, ya que pueden despertar nuevos talentos no detectados en la educación temprana.

Los alumnos no tendrán que "pasar año", sino "nivel", y no tendrán un tiempo límite fuera del cual quedan excluidos del sistema escolar. El ritmo de paso de nivel considerará también dimensiones psicológicas como el grado de madurez de cada alumno. De esa forma, cuando termine el colegio tendrá una buena idea de qué quiere hacer del resto de su vida, aunque quizá aún no esté maduro para tomar una decisión de vida. Apoyarlo en esa decisión será una parte importante de la misión de los tutores en los últimos niveles, en conjunto con los padres y apoderados.

Lo que hoy se conoce como "formación profesional" tendrá otro modelo. Por una parte, estarán los "generadores de experiencias de formación profesional": los profesores. Sus clases estarán disponibles en Internet, con diversas herramientas de aprendizaje, como lecturas, juegos, videos y audios, etc. Algunos o la mayoría de estos generadores serán profesionales independientes, y la minoría estará "de planta" en instituciones como Universidades.

La Universidades serán acreditadores de competencias para títulos académicos de investigación. En todo lo demás, competirán con nuevos actores. La acreditación profesional de competencias no será un monopolio de las Universidades, sino que habrá nuevos actores. No habrá "carreras" en el sentido que hoy las conocemos, sino "áreas de conocimiento", dentro de las cuales cada alumno se especializará siguiendo diversos cursos o asignaturas, lo cual le dará un espacio especializado en el área. Dicha especialización le facultará para dar servicios profesionales en cualquier lugar del mundo, a veces como profesional independiente, a veces (aunque cada vez menos) como empleado de planta.

El modelo de negocios lo veo parecido al que actualmente tiene la industria del cine. Están los actores, que dan contenido a un guion. Están los escritores del guion. Están los directores, que hacen que el trabajo de los actores tenga contexto y calidad visual. Están los productores, que hacen posible la creación de la película. Están los Estudios, que son los distribuidores de la película. Así, los profesores que dan clases toman el papel de actores; otros profesores y programadores de juegos se encargan del "guion"; las Universidades y otros centros docentes son los productores/Estudios, y los alumnos son los espectadores – pero muy activos.

Uno de los aspectos importantes de la educación es la inserción laboral, y pienso que también eso va a cambiar. Habrá una gran demanda por talento, y al existir herramientas de detección precoz, se activará un mecanismo de mercado desde las empresas por captar dichos talentos. De igual forma que hoy los mayores equipos de fútbol del mundo buscan talentos infantiles en todo el mundo, las empresas buscarán talentos especializados, y tal vez patrocinen y financien los estudios de alumnos desde etapas anteriores a la formación profesional.

Así creo que será el mundo de la educación, muy diferente a lo que es hoy. Viendo lo que es hoy la educación en América Latina, creo que habrá fuertes discusiones sobre la necesidad de evolucionar, y será necesario un gran liderazgo político para hacerlo posible. Esta es la madre de todas las batallas en el siglo 21. Los países que adopten e impulsen la educación como un proceso de detección y desarrollo óptimo de talentos, serán los que progresen. Los demás, tendrán una sociedad conflictiva, con sueldos bajos, mucho desempleo, y mucha infelicidad.

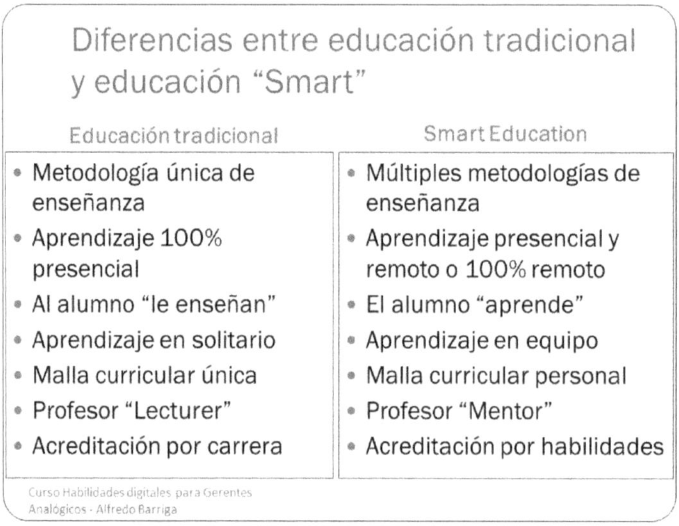

Diferencias entre educación tradicional y educación "Smart"

Educación tradicional	Smart Education
• Metodología única de enseñanza	• Múltiples metodologías de enseñanza
• Aprendizaje 100% presencial	• Aprendizaje presencial y remoto o 100% remoto
• Al alumno "le enseñan"	• El alumno "aprende"
• Aprendizaje en solitario	• Aprendizaje en equipo
• Malla curricular única	• Malla curricular personal
• Profesor "Lecturer"	• Profesor "Mentor"
• Acreditación por carrera	• Acreditación por habilidades

Curso Habilidades digitales para Gerentes Analógicos - Alfredo Barriga

Figura N° 21: Diferencias entre educación tradicional y "smart education"

26. La transformación digital de la salud

Uno de los sectores que está siendo más fuertemente impactado por la revolución digital es el sector de salud, en todos sus aspectos. Al punto de que hay todo un nuevo campo que se ha generado alrededor de esta transformación digital, denominado e-salud. Y no se trata solo de incorporar tecnologías digitales a la consulta médica o al laboratorio de exámenes o a la sala de operaciones, sino de repensar cómo se consigue una población más sana y se reducen los ya enormes costos de la salud.

Esta nueva área de la salud tiene ya varios años, pero de acuerdo con la Ley de Moore su adopción ha sido lenta al comienzo y más rápida en los últimos años. El enfoque de la e-salud (y por eso constituye una transformación digital de la actividad) es que las tecnologías digitales no debieran ser utilizadas para hacer más de lo mismo con menos recursos, sino que como habilitantes para abordar de una manera distinta la salud de la población. Mediante la incorporación de tecnologías digitales se puede revisar profundamente los modelos de atención al paciente y repensar las prácticas de trabajo.

Un aspecto clave para el desarrollo humano de un país reside en el bienestar de sus ciudadanos. En la mayoría de los países, los costos de salud se han disparado en la medida en que, gracias a la investigación y los avances tecnológicos, se han hallado nuevas formas para combatir las enfermedades y ha aumentado la esperanza de vida de las personas, las que por su parte han cambiado hábitos alimenticios y de vida, lo cual ha supuesto un cambio en el cuadro de las patologías más comunes. Naciones como Estados Unidos dedican hoy la impresionante suma de un 17% de su PIB a la salud, y no necesariamente atienden bien a toda la población, como lo demuestra la polémica levantada con iniciativas como HealthCare y MediCare. La necesidad de contar con información integrada y procesos homologados son una parte no menor del actual problema de la salud pública en todo el mundo, generando ineficiencias que encarecen la misma a la vez que reducen la calidad de los servicios prestados.

Por ello, no es de extrañar que el rápido y creciente desarrollo de las Tecnologías de la Información y Comunicaciones (TIC) hayan permeado también el ámbito de la salud, materializándose en la aplicación de las nuevas tecnologías a la sanidad, la prevención y el cuidado de la salud, y al fomento de la vida saludable.

Esta aplicación de las TIC al ámbito de la salud, conocida como e-salud, es definida por la Organización Mundial de Salud como "el uso rentable y seguro de la información y las comunicaciones en apoyo a campos de la salud y relacionados, incluidos los servicios de atención, la vigilancia de la salud, la educación para la salud, la literatura y el conocimiento relacionados con la salud y la investigación médica".

Según expertos de la Unión Europea en el sector, "la e-Salud es la revolución individual más importante en la asistencia sanitaria desde la aparición de la medicina moderna, las vacunas, o incluso la popularización de medidas de salud pública como el saneamiento y el agua potable".

Esta declaración radical choca con la realidad, ya que las TIC, en contraste con la aplicación directa de la medicina y el saneamiento, no son aún una parte integral de la práctica médica. Las pruebas concretas de la afirmación anterior son hasta ahora modestas, pero el argumento se sustenta al establecer paralelismos con otros sectores de la sociedad. La penetración de las TIC en la industria y los servicios (industria del automóvil y la banca son ejemplos destacados) ha tenido notables efectos en su calidad y productividad, trasladables hoy en día a los servicios públicos en general. El potencial es igual o mayor en el cuidado de la salud, que es extremadamente intensivo en la explotación de la información, ya que la salud corre sobre dos canales: información y procedimientos.

En Europa, desde que en 2004 la Comisión Europea publicó su comunicado "La salud electrónica - una mejor asistencia sanitaria para los ciudadanos europeos: Plan de acción para un Área de e-Salud europea", los Estados miembros de la Unión Europea se han comprometido a desarrollar y difundir, en el marco de sus estrategias digitales nacionales, planes de trabajo nacionales para la implementación de aplicaciones de e-Salud que abordan las acciones normativas y reguladoras identificadas en el plan de Acción Europeo de Salud Electrónica.

Existen múltiples ejemplos que evidencian que las tecnologías digitales no sólo mejoran la eficiencia del sector, sino que además permiten rediseñar los tradicionales modelos de atención e incluso crear nuevos servicios:

- Los usuarios se han acostumbrado a nuevos estándares de servicio y empiezan a exigir lo mismo en su relación con la salud, por ejemplo, agendamiento electrónico, consulta en línea de resultados de exámenes, centro único de contacto etc., todas aplicaciones actualmente disponibles con adecuados soportes informáticos

- En muchos lugares, las personas se están organizando en comunidades globales en tiempo real para apoyarse frente a las enfermedades.

- A diario aparecen nuevos dispositivos integrados, de uso personal (ejemplo: biosensores integrados a móviles) o comunitarios (ejemplo: quiosco de monitoreo de signos vitales), que permiten nuevos modelos de monitoreo y control de pacientes crónicos

- El telediagnóstico y la telemedicina permiten cuidar a los pacientes de localidades remotas con especialistas que se encuentran en cualquier lugar del país o del mundo.

- Los sistemas expertos acumulan el conocimiento de muchos especialistas y permiten apoyar los diagnósticos, basados en la evidencia, pero también en el conocimiento experto.

- La tasa de errores médicos en las instituciones que utilizan registros clínicos electrónicos con información confiable y oportuna disminuye considerablemente.

Varios países del mundo han desplegado desde el sector público agendas digitales de salud, incluyendo en América Latina. El resultado ha sido positivo, pero no disruptivo. En general apuntan hacia generar una data de salud basada en Registros Electrónicos de Salud o Registro Clínico Electrónico (en inglés conocido como EHR – Electronic Health Record). Ello supone homologar los datos de salud e intentar crear una interoperabilidad de dichos datos, de forma que cualquier médico dentro del país tenga acceso a los datos actualizados del paciente al que está atendiendo, y pueda a su vez actualizarlos. Otro tanto sucede con los resultados de exámenes de laboratorio.

Una de las tecnologías digitales que no está entre las doce de Mc Kinsey – y que probablemente, si hicieran el estudio hoy sí estaría – es el Big Data, es decir, la tecnología que permite procesar miles de millones de datos de forma compleja (detectando patrones de datos, correlaciones, etc.) En la medida en que los datos de los Registros Electrónicos de Salud se conecten y registren los síntomas y diagnósticos, las patologías, los tratamientos, exámenes de laboratorio, las prescripciones médicas, las intervenciones quirúrgicas y los datos generales de salud (edad, peso, estatura, grupo sanguíneo, factor RH, etc.), con el Big Data y la Inteligencia artificial se tendrá una herramienta de gestión de salud formidable.

Pero también se puede alimentar bases de datos de seguimiento de enfermedades crónicas y de epidemiología. Contrastando variables de ambiente, la información de un lugar del mundo puede ser útil para otros lugares del mundo, reduciendo los tiempos de control de epidemias y el efecto de estas en la población mundial.

Dando acceso al mundo de la Academia y a la industria de la salud a dichos datos (agregados, nunca personales), se pueden generar modelos de simulación que permitan acortar los plazos de I+D para el descubrimiento de medicamentos y tratamientos para todo tipo de enfermedades, salvando quizá millones de vidas humanas.

Las políticas públicas de Salud darían un salto cuántico en cuanto a calidad, por la riqueza de los datos que se tendría para comprender – en tiempo real – el perfil de salud de una población y poder así reaccionar proactivamente o – en el peor de los casos – a una velocidad muy superior a la actual. Con sistemas de simulación inteligente se puede proyectar la evolución de enfermedades y poner a tiempo las medidas para romperle la mano a las proyecciones.

La calidad de la salud es directamente proporcional a la calidad y cantidad de la información de salud. El Big Data permite contar con esa cantidad y calidad, pero solo en la medida en que las aplicaciones que capturan esa información funcionen correctamente. Big Data + Bad Data = Horrible Data. Big Data + Good Data = Wonderful Data. El Big Data es la constante en la ecuación. La calidad de los datos es lo que hace la diferencia, y para ello, las aplicaciones que capturan los datos deben ser de buena calidad y estar ampliamente implementadas.

En otro artículo de Mc Kinsey, totalmente adhoc al tema[83], se muestra que el Big Data en salud depende también de otro aspecto fundamental: que se pueda recolectar información veraz de salud por paciente desde diversas fuentes. Esa es el principal origen de Big Data actualmente en Estados Unidos. La necesidad de usarlo, sin embargo, viene de los elevados costos de la salud en dicho país. Se busca cambiar el modelo de remuneración de la salud, desde uno basado en remuneración por servicio prestado a uno por resultados, tanto para prestadores de salud como para empresas farmacéuticas. Y eso sería un cambio disruptivo en materia de modelo económico de salud. En este ambiente, compartir y procesar información es esencial para optimizar resultados económicos. Para los médicos, tener acceso a información que les permita tener un mejor diagnóstico significa una mayor tasa de éxito de tratamiento y por ende mejores ingresos. Lo

---

[83] The big-data revolution in US health care: Accelerating value and innovation, Mc Kinsey Global Institute, April 2013, en http://www.mckinsey.com/insights/health_systems_and_services/the_big-data_revolution_in_us_health_care

mismo corre para las empresas farmacéuticas. El Big Data en sí no traería el nuevo modelo de negocios, pero sí lo haría factible.

¿Qué tan cerca estamos de ese mundo ideal? La respuesta depende de otra pregunta: ¿Qué tan cerca **queremos estar** de ese mundo ideal? Al menos desde el punto de vista conceptual-tecnológico, ya estamos allí, como demuestra el simple hecho de que podamos describir ese mundo ideal. Desde el punto de vista tecnológico, estamos muy cerca, ya que todas las tecnologías ligadas a esta visión son tecnologías exponenciales, que se comportan con arreglo a la Ley de Moore. Llegará más temprano que tarde la factibilidad técnica para poder tratar el Big Data de salud. El punto es ¿lo queremos?

Este cambio de paradigma significa un enorme salto en la calidad y en el costo de la salud a nivel mundial, pero afecta al estatus quo de la salud, caracterizado – también a nivel mundial - por una creciente participación en el PIB de los países[84]. Las tecnologías exponenciales rompen con esa tendencia, porque son capaces de dar soluciones radicalmente mejores con costos abismalmente más bajos. Lo rápido del proceso depende de la capacidad de resistencia del estatus quo, de las fuerzas del mercado para imponer modelos más eficientes, y de la sociedad para reclamar una salud de mejor calidad y menor costo.

Así, la genómica de nueva generación traerá un cambio de paradigma. El costo de secuenciación del ADN bajará a un dólar para el año 2025. Ello traerá consigo la individualización de la farmacopea y la irrupción definitiva de la salud preventiva, impactando el costo de la salud mundial que se calcula en 6,5 billones de dólares. Se ha dicho por ello que la siguiente gran industria digital será la biotecnología. La secuenciación de ADN permitirá hacer entre otros, tratamiento de cáncer individualizado según los genes de cada persona, y medicamentos adhoc de mayor impacto y menor costo por cada paciente. La genómica de nueva generación permitiría también avanzar fuertemente en tratamiento de diabetes tipo 2, en cuidado prenatal.

Esta reducción de costos debido a una mayor salud preventiva vendrá también de la mano de la Internet de las cosas y de la Internet móvil, que traerán consigo la multiplicación de dispositivos digitales conectados a la nube entregando y recibiendo información, y el uso de aplicaciones para

---

[84] En Estados Unidos se ha empinado hasta el 17.6% Big Data Revolution, Op.Cit.

Smartphone que cumplirán el mismo rol. Dentro de aplicaciones de mayor impacto estará el monitoreo remoto de enfermedades y patologías crónicas como la diabetes, la hipertensión o la obesidad. Mc. Kinsey calcula un ahorro de 2 billones de dólares anuales para el año 2025 producto del uso de aplicaciones móviles de salud solo en el control de enfermedades crónicas, y alrededor de 1,5 billones más en otras aplicaciones. Por eso, quizá la tecnología digital que más impacto va a tener en la salud mundial es la Internet móvil, puesto que incorporará a 3.000 millones de personas que hoy no tienen acceso, y que en gran medida tampoco tienen acceso a la salud – sobre todo las personas que viven en lugares más alejados.

La robótica es otra de las tecnologías que entrarán con fuerza en la salud. La robótica es una de las tecnologías afectas a la "Ley de Moore", y ha demostrado sustanciales reducciones de costos en los últimos años, que se ampliarán en la próxima década. Como consecuencia de ello, muchas operaciones quirúrgicas que hoy son muy costosas se podrán hacer a costos mucho más bajos, con mayor precisión y con menor invasividad (esto último gracias también a los avances en nanotecnología, que a su vez será más económica debido a materiales avanzados). Esta tecnología también tendrá efecto, según Mc Kinsey, en reducción de costos de personal de salud por paciente atendido. Mc Kinsey calcula un impacto económico mundial de entre 800 mil millones y 2,5 billones de dólares a nivel mundial para el año 2025, basados en salvar vidas y mejorar la calidad de vida.

La impresión 3D tendrá aplicaciones importantes en salud, como audífonos adhoc al paciente, partes de prótesis de cadera, dentadura adhoc al paciente, prótesis de manos y pies, injertos en cráneo, etc. Varios de estos ya se han hecho realidad después de la publicación del informe de Mc Kinsey, incluyendo el caso que ya comentamos del padre que construyó una prótesis de una mano a su hijo que nació sin ella, usando una impresora 3D que le costó dos mil dólares y material por diez dólares. Aquí hay un cambio enorme de paradigma, puesto que un sector de la salud podrá ser resuelta por las propias personas, y a costos radicalmente inferiores a los actuales.

En materiales avanzados el mayor aporte podría venir en el tratamiento del cáncer mediante nanomateriales. Una vez detectado el cáncer, una dosis customizada de químicos contra el mismo se adherirán a una nano-célula, que atacará solo a las células cancerígenas. Las drogas basadas en nanotecnología harían la quimio terapia más efectiva a la vez que con menos efectos colaterales.

¿Cómo será la salud en 10 o 20 años más?

Todos tendremos algún dispositivo dentro de nuestro organismo. No sé qué será, pero sí sé qué hará: monitorear nuestras constantes vitales. En caso de problemas, alertará a nuestro médico de cabecera, quien podrá tomar la decisión con tiempo. Actualmente, ya hay un parche-termómetro para bebés que mide la temperatura y la envía a un teléfono móvil. Ya existen aplicaciones para Smartphone que pueden tomar la presión, además de las clásicas para medir las pulsaciones conectadas a zapatillas deportivas, o bandas para brazos, etc.

En caso de vacunaciones, se sabrá de inmediato si el efecto fue bueno o malo. En caso de epidemias, se podrá controlar su propagación o su control. Pero, sobre todo, en el caso de enfermedades crónicas – que se llevan la parte del león en el costo de salud de todos los países – se podrán tomar medidas preventivas, e incluso medicación inmediata, como por ejemplo en el caso de los insulino-dependientes.

Todos nuestros datos clínicos y de salud estarán en una ficha electrónica a la cual podrán acceder aquéllos a quienes autoricemos. Cada vez que nos tomemos un examen de laboratorio, sistemas de inteligencia artificial nos darán un diagnóstico muy acertado.

Los dispositivos de control médico que cubren aspectos no cubiertos por el dispositivo que lleva control de las constantes vitales (como la pesa) tendrán comunicación inmediata con nuestra ficha electrónica.

Nuestro ADN estará secuenciado, con lo cual las enfermedades potenciales a las que estaremos expuestos se conocerán desde nuestro nacimiento, estableciendo procedimientos médicos personalizados para salud preventiva. La farmacopea será por lo tanto también personalizada.

A través de nanomedicina se podrá llevar a cabo intervenciones para combatir el cáncer no invasivas, al centrarse solo en las células cancerígenas, con cero daños colaterales.

La impresión 3D solventará los problemas de prótesis e implantes. De hecho, ya lo está haciendo. Médicos chinos terminaron en marzo de 2016 una cirugía espinal con esta tecnología[85]. Otros usaron la impresión 3D para implantes de cráneo de titanio[86].

Los dolores crónicos serán curados de forma permanente con sistemas de impulsos electrónicos, afectando la enorme industria de "painkillers" o analgésicos que existe actualmente. Esta tecnología ya está en camino en 2016[87]. Se ha demostrado que puede mejorar los dolores crónicos en un 81%, reduciendo en un 67% la necesidad de medicamentos.

Por último, y para no extendernos demasiado, miles de millones de personas que hoy no tienen asistencia de salud, o la tienen muy precaria, accederán a estos beneficios, reduciendo los costos mundiales de salud en varios billones de dólares al año, lo cual veremos con mayor detalle en el siguiente capítulo. Gracias a ello, un enorme número de horas laborales adicionales estarán disponibles, acrecentando la productividad y la producción de los bienes y servicios propios del siglo 21.

La salud, al igual que la educación, va a ser uno de los dos sectores clave de cara a la economía del conocimiento. La razón es obvia: se necesita gente de talento, pero también sana. El "brainpower" o capacidad intelectual de la población de un país va a ser directamente dependiente de esas dos variables: stock de talentos y disponibilidad laboral para producir.

En la siguiente figura se resumen las diferencias más destacadas entre la salud tradicional y la "Smart health":

---

[85]   Artículo   en   América   Economía,   Cluster   Salud,   24/3/2016,   en http://clustersalud.americaeconomia.com/medicos-chinos-terminan-cirugia-espinal-con-tecnologia-de-impresion-en-3d/
[86]   Artículo   en   América   Economía,   Cluster   Salud,   16/2/2016,   en http://clustersalud.americaeconomia.com/lanzan-nuevas-placas-de-titanio-impresas-en-3d/
[87]   Artículo   en   América   Economía,   Cluster   Salud,   11/1/2016,   en http://clustersalud.americaeconomia.com/avanza-alivio-del-dolor-cronico-con-impulsos-electricos/

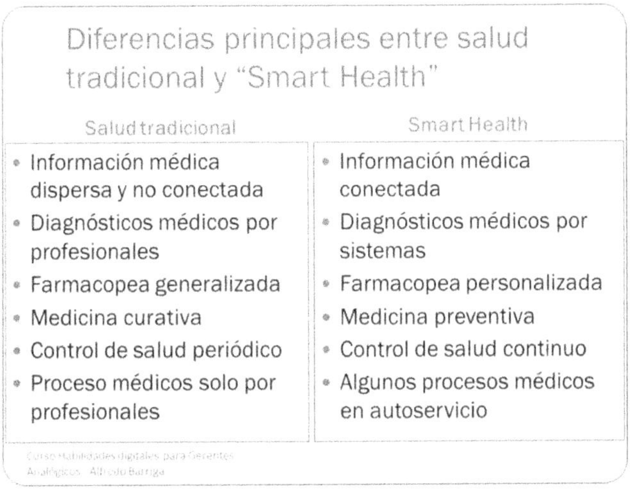

Diferencias principales entre salud tradicional y "Smart Health"

Salud tradicional	Smart Health
• Información médica dispersa y no conectada	• Información médica conectada
• Diagnósticos médicos por profesionales	• Diagnósticos médicos por sistemas
• Farmacopea generalizada	• Farmacopea personalizada
• Medicina curativa	• Medicina preventiva
• Control de salud periódico	• Control de salud continuo
• Proceso médicos solo por profesionales	• Algunos procesos médicos en autoservicio

Curso Habilidades digitales para Gerentes Analógicos. Alfredo Barriga

Figura N° 22: Diferencias entre salud tradicional y "smart health"

27. La transformación digital de los consumidores y de la economía de libre mercado

Un empresario amigo de un amigo le decía que los negocios están basados en tener más y mejor información que los consumidores. Hasta ahora, así ha sido. La razón por la cual en todos los países el sector público necesita un organismo que fiscalice el mercado es porque las leyes de mercado no funcionan en la realidad, y se requiere un permanente escrutinio para detectar y combatir abusos contra los consumidores.

Siempre me ha parecido poco inteligente esa actitud frente al mercado. Y mientras más global se vuelve el mercado, y más fácil es el efecto sustitución de los productos – por ejemplo, vía transformación digital – menos inteligente me parece. Nada mejor para un empresario que sus clientes tengan toda la información, y que fiscalicen mejor que nadie lo que se les entrega. Nada mejor para un empresario que tener clientes muy exigentes. Mientras más exigentes sean, más los forzarán a ser creativos con su oferta, y mientras más creativos se pongan, mejores productos y servicios entregarán, con lo cual aseguran su permanencia en el mercado.

Por ponerlo de forma más directa: el mercado del siglo 21, totalmente informado a través de redes sociales, con acceso ilimitado a información sobre precios, características y – sobre todo – opiniones de otros consumidores sobre todo lo que hay para comprar, ya no aceptará engaños.

Y puede detectarlos de forma cada vez más contundente, debido a que los mercados se han globalizado, y ahora hay miles de millones de ojos mirando lo que se les ofrece y opinando al respecto – aunque sea con un simple "me gusta / no me gusta" puesto en una red social. Amazon, al incorporar la posibilidad de que el consumidor tuviera opinión en todo lo que compra, cambió para siempre la asimetría de información que había entre la oferta y la demanda en la era predigital.

Lo anterior es una gran noticia para los defensores del liberalismo. Las reglas de mercado, en la era predigital, no funcionaban en la realidad. Las teorías de los economistas liberales como Hayek o Friedman eran solo eso – teorías. Es cierto que llevando políticas económicas liberales el desarrollo económico era muy superior que con el fracasado modelo de economías centralizadas y planificadas. Pero de ahí a decir que todo funcionaba tal como decía la teoría, hay un buen trecho. Por algo se requiere de estas fiscalías públicas sobre el mercado.

Internet ha hecho que la teoría de economía liberal sea una realidad. Y eso es debido precisamente a que las hipótesis sobre las que se basa la economía liberal – que no son verdaderas fuera de Internet – funcionan plenamente dentro de Internet: libertad de entrada y salida al mercado, barreras de entrada y salida muy bajas, simetría de información entre oferta y demanda, libre concurrencia, libre competencia... incluso, en muchos casos, un efecto neutro del Estado. Por eso la Economía de Internet es la más dinámica del mundo. Valida que los postulados de la economía de libre mercado funcionan... cuando las hipótesis sobre las que se funda funcionan. La economía de libre mercado, al digitizarse, se valida.

En la sociedad digital no hay espacio para las empresas que ganan utilidades sobre la base del engaño. Puede que lo consigan a corto plazo, pero más temprano que tarde son detectadas por el mercado, y repudiadas. Y de poco o nada les sirve contratar los servicios de un "gestor de comunidades" (servicio para responder a lo publicado en redes sociales con manejo comunicacional) porque al final el mercado no se dejará engañar.

En América Latina este fenómeno aún no se ha establecido con fuerza, debido a que durante decenios las economías locales fueron mercados de demanda, debido a las políticas públicas de desarrollo económico basadas en mercados cerrados a la competencia externa con altos aranceles. Si bien ese factor se ha revertido en muchos países, aún persiste cierta timidez de la demanda para manifestar su malestar y reclamar perseverantemente sus derechos. Pero, esto es algo que se aprende rápido. Y como digo arriba, es una muy buena noticia para los defensores de la libre competencia.

Los países de la Región tienen una institucionalidad pública que defiende en teoría a los consumidores de los abusos que cometen algunas empresas en sus productos y servicios. Pero no siempre son eficientes. Twitter se ha transformado en no pocas ocasiones en la mejor institucionalidad que defiende a los consumidores, con la ventaja que es operada por los mismos consumidores.

Hoy hay algunos sectores de la economía que tiene excelentes sistemas de protección al consumidor, y que son entregados como parte de la oferta de nuevos productos que digitizan el Mercado en el que operan.

Tomemos por ejemplo el caso del sector de viajes y turismo, que ya analizamos antes. Un operador de turismo que da un buen servicio tiene una buena referencia en portales como Trip Advisor. Viceversa, si da un mal servicio, queda también reflejado en dicho portal. Y la mala opinión de varios turistas puede hundir un negocio. Ha sucedido. En el futuro, esto será una característica propia de la economía digital. El consumidor opina, y su opinión queda reflejada e inamovible, en un espacio de Internet independiente de la empresa que oferta el producto o servicio. Por lo tanto, por mucho que intente una política comunicacional para tapar un mal servicio, no le va a servir. Solo sirve la verdad: tapar un mal servicio se hace con un muy buen servicio, hasta que queda claro para los consumidores que los malos comentarios son cosa del pasado. Esta dinámica, propia de la era digital, es una excelente noticia tanto para consumidores como para oferentes, puesto que entrega información clarísima acerca de lo que el mercado quiere y por lo que está dispuesto a pagar.

Y es que gracias a la transformación digital el concepto mismo de "producto" evoluciona, desde algo tangible como el producto en sí, hacia algo más intangible denominado "experiencia de cliente". Steve Jobs era un fanático de este concepto. Para él, cuando sacó el iPhone, el producto no era el iPhone en sí mismo, sino toda la experiencia de comprarlo: la cajita blanca con letra bonita y simple; el abrir la cajita con un cierre especial y patentado por el mismo Jobs, que hace "clic" al sacar el iPhone; el sacar el celofán que cubre la pantalla táctil (en un episodio de "The Big Bang Theory" vemos a Howard Wolowitz y Rajesh Kootrapali tomando al mismo tiempo el celofán de su iPhone 5 para despegarlo de la pantalla, como si fuese casi una experiencia erótica). El consumidor busca "experiencias de consumo" más que "productos", y las empresas del siglo 21 deberán asimilar este nuevo concepto si quieren competir. Un concepto que he visto poco asimilado en las empresas de América Latina, aunque está de a poco siendo considerado, pero no exactamente como en ejemplo del iPhone.

El consumidor del siglo 21 será por lo tanto más exigente y bien informado, y tendrá herramientas a su alcance que le permitirán contar con una simetría de poder frente a las empresas que le quieren vender sus productos. Será quien ponga en definitiva el "me gusta" o "no me gusta", configurando por agregación el veredicto del mercado para cualquier producto o servicio, en cada una de las distintas fases de la experiencia de consumo. Las empresas que ofrezcan productos que no cumplan con las expectativas que crearon serán expulsadas por el mercado. Por lo mismo, las empresas contarán a su disposición con innumerables herramientas para conocer, escuchar y responder a lo que el mercado quiere, que no necesariamente es lo que quieren que quiera.

El consumidor del siglo 20 no tenía ese poder. En gran parte por asimetrías de información, pero también por la esencia misma del modelo industrial. La revolución industrial puso a disposición de una gran cantidad de personas productos y servicios a los que no tenían ninguna opción de acceder antes, a precios mucho más económicos, y que podían comprar debido a que tenían mejores sueldos por la mayor productividad de su trabajo. La contraprestación era que tenían que comprar lo que los productores ofrecían. Durante muchos años, sobre todo al comienzo, casi todo lo que se podía masificar en su oferta tenía compradores. Se generó un mercado de demanda que duró muchos años. Era la época en que Henry Ford decía "mis clientes pueden tener el Ford T del color que quieran, siempre que sea negro". Es decir, o lo toma o lo deja. Eso evolucionó después, pero nunca llegó del todo a ser "lo que Ud. quiera como Ud. lo quiera", hasta Dell Computers.

Internet consiguió que se pudiera generar lo mejor de ambos sistemas: la personalización y la masificación.

El modelo detrás de Dell Computers es que la persona puede pedir el computador como lo desee. La realidad es que un porcentaje muy bajo realmente añade o cambia las cosas del computador que se le ofrece como referencia, debido a la distribución estándar (la campana de Gauss). Si la cantidad de usuarios es suficientemente grande, se distribuye de forma que la mayoría se queda con el producto como está, y la minoría lo modifica. Pero en el subconsciente de todos ha quedado la experiencia de consumo de que compró el computador tal como lo quería.

En la figura siguiente se muestran las principales diferencias para el consumidor del siglo 21 respecto del siglo 20

Diferencias principales para el consumidor del siglo 21

Consumidor Siglo 20	Consumidor Siglo 21
• Información asimétrica a favor de la oferta	• Información simétrica para oferta y demanda
• Poco poder ante abusos	• Alto poder ante abusos
• Defensa del consumidor vía instituciones	• Defensa del consumidor por los propios consumidores
• Experiencia de compra la define el fabricante	• Experiencia de compra la define el consumidor
• Se paga por todo	• Hay cosas gratis
• Opciones limitadas	• Opciones ilimitadas

Curso Habilidades digitales para Gerentes
Analógicos - Alfredo Barriga

Figura N° 23: Diferencias para el consumidor del siglo 21 respecto al del siglo 20

28. La transformación digital de los gerentes

En sus Insights del mes de febrero 2016, Mc Kinsey entrega una entrevista a dos expertos respecto de la necesidad que tienen los gerentes y empresarios de adquirir una mentalidad digital.[88]

A pesar de que ya van 20 años de revolución digital, aún a las empresas les cuesta entender qué es "digital". La razón de ello es que para las empresas el término es *un canal adicional a su negocio*: en el caso de soporte a clientes, para contactarlo y atenderlo; en el caso de ventas, un canal adicional de ventas; en el caso de compras, una plataforma administrativa. O es una

---

[88]   Entrevista   en   audio,   texto   y   PDF   en http://www.mckinsey.com/Insights/High_Tech_Telecoms_Internet/Achieving_a_digital_state_of _mind?cid=other-eml-alt-mip-mck-oth-1602

herramienta de gestión. Como apuntamos antes, las tecnologías digitales se ven como algo que ayuda a ahorrar costos y a agilizar procesos. No se ven como algo que cambia modelos de negocio. Entienden lo que es "digitalizar", pero no lo que es "digitizar".

Como vimos al analizar la revolución en la educación para la sociedad digital del siglo 21, para el año 2020 se necesitarán habilidades blandas distintas. Una de ellas, apuntadas en el estudio realizado por el Institute of the Future, es "la mentalidad digital" (digital mindset). Eso supone que los gerentes son capaces de "ver" el negocio en lo digital. Que pueden entender una tecnología digital en términos del efecto que puede tener sobre la creación de valor de los productos, los costos, los precios, el modelo de ingresos, el efecto reemplazo por parte de nuevos actores, etc.

Y eso es debido a que el término "digital" no es acerca de "más de lo mismo, pero por otro formato", sino "diferente". Es un modelo de negocios diferente basado en lo digital. Es también una nueva forma de crear y entregar valor a los clientes. Lo que les cuesta entender a los gerentes y empresarios, respecto de los temas digitales, es que este es un enfoque disruptivo respecto de la forma en que hoy operan. Las empresas que están adoptando tecnologías digitales de forma exitosa no las ven como una simple herramienta operacional, sino como algo central y estratégico, que les permite generar un modelo de negocios que supone una nueva forma de operar la empresa: orientada al dato, obsesionada con el cliente, y tremendamente ágil.

Esto supone una reinvención de los CEO en cuanto a su actitud y mentalidad. Deben tener una visión digitizada de su negocio. Deben crear una mentalidad digital en su organización. Que todos sean capaces de ver y pensar en términos de transformación digital. Eso supone responder a una pregunta, cuya respuesta es compleja: si tuvieran que comenzar todo el negocio de nuevo desde cero, considerando todo lo que ha traído la revolución digital, ¿cómo lo harían? Para poder responder, primero deben ser "digitalmente evangelizados", y luego adquirir conocimientos estratégicos sobre transformación digital. De ahí sale una visión, una meta. Luego se genera una estrategia, un camino. Lo demás, es "business as usual".

La mentalidad digital cambia la mentalidad de cómo hacer negocios, pero no cambia la esencia de los negocios.

Para adquirir la habilidad de entender el efecto de las tecnologías digitales es bueno, pero no imprescindible, que hagan un diplomado en la materia (lo más probable es que sea muy técnico). Más sencillo – aunque tome algo más de tiempo – es que se suscriban y lean lo que escriben consultores de empresa como el propio Mc Kinsey, o revistas y periódicos de negocios al respecto.

Para América Latina, una buena fuente es la sección de tecnología de América Economía. De allí suelo sacar la mayor parte del material que uso en mis conferencias de evangelización a empresas, porque lo ven como algo cercano y que les atañe directamente a ellos: no se trata de artículos escritos en inglés sino en castellano y en un medio dirigido a los empresarios de la Región. El sitio Web es http://tecno.americaeconomia.com/, y además tienen una página en Facebook (https://www.facebook.com/aetecno) y una cuenta en twitter (@AETecno).

También son buenas fuentes de auto evangelización las secciones de tecnología de las revistas Forbes, Fortune, y artículos publicados por The Economist, Finantial Times o The Wall Street Journal. Y por supuesto, el muy mencionado Mc Kinsey (www.mckinsey.com/). Hay que registrarse, y en la sección de configuración de la cuenta (Manage Account), elegir "Alerts" y "Business Technology".

Respecto de la transformación digital, una vez se entiende de tecnología y negocios, el ejercicio más relevante es diseñar una Estrategia Digital. Se puede usar la herramienta de Balanced Scorecard, y - como dijimos anteriormente – buscar cómo las tecnologías digitales pueden ayudar a adquirir fortalezas, aprovechar oportunidades de negocios, superar debilidades de la empresa, y sortear amenazas que puedan venir – especialmente desde la propia transformación digital del sector.

En conclusión, veo al gerente del futuro esencialmente como un armador de equipos y un inspirador de misión, usando motivación trascendente como principal herramienta de conseguir objetivos y motivación intrínseca en la configuración de equipos. Veo la organización de la empresa como una entidad flexible orientada a objetivos. Fijados los objetivos, se genera el equipo mejor preparado para conseguir cada uno. Cada año, por lo tanto, los equipos cambian. Esta forma de organización la leí por primera de Microsoft. Y, sin embargo, hay una institución antiquísima que funciona con la misma lógica: el ejército en tiempos de guerra. Fijados los objetivos, se genera la estructura, y conseguidos los objetivos, se vuelve a comenzar. La organización de empresa en el siglo 20 partía al revés: se creaba una estructura y esa estructura se encargaba de poner y conseguir los objetivos. Esa forma de trabajo no es competitiva en el siglo 21, porque asume que la realidad no cambia de año en año, y asume que las competencias de las personas que trabajan son estándar. La realidad es que año a año las cosas cambian, y para cada objetivo se necesita el mejor equipo posible formado de talentos concretos y especializados.

La siguiente figura muestra las diferencias entre un gerente del siglo 20 y uno del siglo 21:

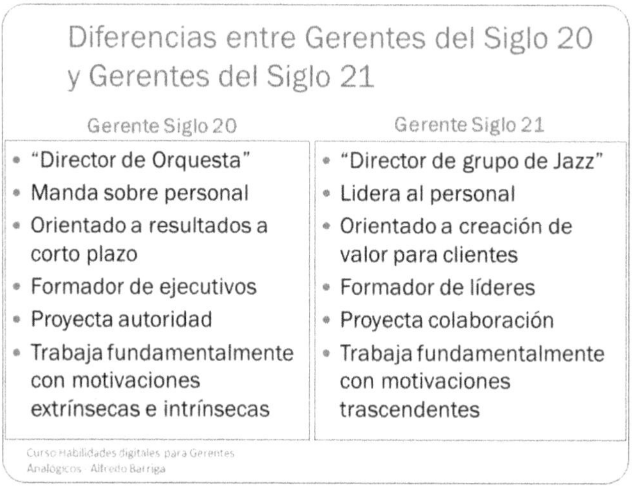

Diferencias entre Gerentes del Siglo 20 y Gerentes del Siglo 21

Gerente Siglo 20	Gerente Siglo 21
• "Director de Orquesta"	• "Director de grupo de Jazz"
• Manda sobre personal	• Lidera al personal
• Orientado a resultados a corto plazo	• Orientado a creación de valor para clientes
• Formador de ejecutivos	• Formador de líderes
• Proyecta autoridad	• Proyecta colaboración
• Trabaja fundamentalmente con motivaciones extrínsecas e intrínsecas	• Trabaja fundamentalmente con motivaciones trascendentes

Curso Habilidades digitales para Gerentes Analógicos : Alfredo Barriga

Figura N° 24: Diferencias entre el gerente del siglo 20 y el gerente del siglo 21

29. La transformación digital del marketing

Dentro de las múltiples funciones que hay dentro de una organización, el marketing es lo que más está siendo afectado y será afectado con la nueva revolución digital.

Hasta ahora, se ha creado un nuevo concepto denominado "marketing digital", que consiste en el uso de una serie de herramientas digitales enfocado a encontrar, escuchar y convencer a los potenciales clientes de que compren los productos o servicios que la organización ofrece. Escribo "organización" y no "empresa" porque es aplicable a todo tipo de organizaciones, y no solo empresas como las entendemos. Se usa en organismos públicos, organizaciones no gubernamentales, organizaciones sin fines de lucro, etc. Hasta ahora, este "marketing digital" ha estado corriendo en paralelo con el marketing tradicional, y, en América Latina, corriendo muy atrás. Ya vimos en el apartado de la transformación digital de los medios de comunicación que la inversión publicitaria en Internet ya alcanzó a la inversión publicitaria en Televisión en Estados Unidos, y que hacia adelante la primera tiene una tendencia al alza y la segunda una tendencia a la baja.

El marketing digitizado tiene una serie de características que lo hacen radicalmente distinto al marketing tradicional:

1. Lo primero y más importante, es que el marketing digitizado busca *involucrarse* con el cliente potencial, para apelar a sus intereses, más que intentar convencerlo con un slogan o una consigna repetida hasta el cansancio

2. Gracias a lo anterior, la "P" de "producto" se transforma en "experiencia de cliente", como vimos anteriormente en el apartado "la transformación digital de los consumidores y de la economía de libre mercado"

3. El involucramiento pasa a ser parte de la experiencia de cliente, para lo cual no funciona una sola campaña publicitaria, sino múltiples micro campañas en función de distintos intereses que tienen los clientes, que generan distintas visiones respecto de por qué se quiere tener un producto. Internet entrega herramientas que permiten detectar dichas visiones, y generar una experiencia de cliente que parte por compartir intereses, involucrando a los clientes con el producto ya antes de comprarlo, y creando así un vínculo que tiene una alta posibilidad de terminar en compra.

4. Por todo lo anterior, el marketing digital es, por naturaleza, bidireccional. Ello implica que no es marketing digital utilizar herramientas digitales para enviar mensajes al mercado. Se trata de escuchar al mercado y responderle.

5. El mensaje se puede adaptar y cambiar flexiblemente en función de las respuestas de los clientes potenciales. En el marketing tradicional, una vez determinado el "concepto comunicacional central" por parte de la agencia de publicidad, no hay posibilidad de cambios

6. Las herramientas disponibles permiten una trazabilidad y una medición que no entregan los medios tradicionales. Por ejemplo, un anuncio en un sitio web (se les denomina "banner") es como si fuera una gigantografía puesta en un lugar de mucha circulación de vehículos. Pero el banner entrega datos de cuantos "automóviles" han pasado frente a él (técnicamente, "unique visitors"), cuantas veces lo han hecho (técnicamente, sesiones) y cuantas veces, después de ver el anuncio, han ido a la tienda (técnicamente, "clic through rate" o porcentaje de clics sobre total de vistas). Si ese banner está conectado al sitio Web, se puede incluso saber cuánto dinero ha generado en ventas, y **quienes compraron y qué compraron**.

7. Los costos del marketing digitizado son muchísimo más bajos que los del marketing tradicional (alrededor de un 90%) por lo cual el retorno sobre inversión publicitaria es enormemente más alto.

8. El marketing digital entrega a la empresa la reacción del mercado a sus productos y su experiencia de compra, sin filtros. Eso lo convierte en la mejor herramienta para establecer KPI (Key Performance Index) en marketing

Los gerentes de marketing de las empresas de América Latina deben cambiar de mentalidad. Hay una especie de "pánico escénico" respecto de invertir en medios digitizados en vez de los tradicionales. Y es que el modelo de negocios del marketing tradicional se basa en una premisa muy simple: a mayor inversión publicitaria, más ventas. Prevalece la mentalidad entre los gerentes de marketing de América Latina de que, si dejan de invertir en medios tradicionales pero la competencia sigue, les ganarán en el posicionamiento, y al final, en las ventas. Nada más equivocado. Quizá aporten a esta visión las Agencias de Publicidad, porque significa un cambio radical en su modelo de negocios – que hoy es un porcentaje sobre inversión publicitaria, la cual caería radicalmente con el nuevo paradigma – y en su forma de trabajo.

Recuerdo a comienzos de la década del 2.000 en un MBA de una prestigiosa Universidad chilena, que le estaba explicando a los alumnos (varios de ellos, gerentes generales y gerentes comerciales de empresas) cómo funcionan los banners (en esa época eran la única herramienta publicitaria de Internet). Les mostraba los banners de un portal, les mostraba como dichos banners estaban en un lugar distinto del sitio Web donde estaba navegando, les mostraba cómo medían las diversas variables y cómo se medía el retorno sobre inversión publicitaria. Y cual era éste en comparación con una campaña publicitaria tradicional. Todo, directamente en la pantalla navegando por Internet, sobre datos reales de una campaña real en un portal real, y en tiempo real. Al terminar mi exposición, hubo un silencio sepulcral en el aula. Poco después, un alumno – por fin – levantó la mano:

-   "Profesor yo creo que todo lo que nos ha contado es mentira"

Ante mi perplejidad por la acusación, me explicó su argumento:

-   "Es que todo lo que Ud. dice es obvio, y, sin embargo, ni las agencias de publicidad ni los gerentes de marketing lo están usando. Por lo tanto, tiene que ser mentira."

A nadie le extrañe por lo tanto que las empresas de América Latina vayan atrás en la transformación digital del marketing. Por cierto, el marketing digitizado aún no se enseña en las escuelas de negocio de América Latina, ni está en las mallas curriculares de las carreras de negocio de las Universidades de la Región – salvo honrosas excepciones. Por lo general ese conocimiento se imparte bajo la modalidad de Diplomado, como una formación de extensión.

Actualmente coexisten ambos marketing, los unos bajo Agencias de Publicidad tradicionales, los otros bajo Agencias de Publicidad Digital. La inversión en publicidad digital aún es una fracción de la inversión total de publicidad. Además, por lo general no conversan entre ellos: son canales paralelos. Y en el caso de las Agencias de Publicidad Digital, más que vender marketing, venden tráfico (page views), clics, y "likes" ("me gusta"). Eso es no entender el marketing digitizado. Pero lo venden así porque es lo que sus clientes – los gerentes de marketing – compran, porque es lo que entienden de marketing digital, debido a que lo pueden medir.

La realidad es que no tienen por qué no coexistir, pero la tendencia en el mundo más avanzado es clara. El marketing digitizado reemplazará al marketing tradicional. No implica eso necesariamente que la publicidad se va a ir de la TV, y ésta industria va a desaparecer (ya lo vimos en la transformación digital de los medios de comunicación), sino que cambiará la forma en que se hace publicidad en TV junto con la forma en que se hace

TV.

El marketing digital debe ser **parte** del marketing, no un canal paralelo. Como tal, debe existir una estrategia comercial por la cual el marketing digital pasa a ser parte de la experiencia de compra, y por lo mismo, una parte de la propuesta de valor al cliente que va dentro del producto.

El marketing digital **no es** acerca de tener un sitio Web, comprar anuncios en Adwords, tener un Fan page en Facebook y conseguir "likes", o tener seguidores en Twitter y conseguir RT ("re-tuits). Eso es no entender de qué se trata el marketing digital. El marketing tradicional es típicamente "outbound" y "push", es decir, "hacia afuera". La empresa envía mensajes para "empujar" el producto por el canal. El marketing digital es "inbound" o "pull", es decir, intenta "atraer" a los potenciales clientes para armar juntos una "experiencia de compra". Ambos pueden coexistir en la medida en que se refuerzan y están bajo la misma estrategia de marketing.

El marketing digital va a ser dominante en el futuro por dos simples razones: porque el mercado va a pasar cada vez más en Internet, y porque, al ser más eficaz, más eficiente y económico, va a permitir a las empresas que lo usan ser más competitivos, reduciendo costos de transformación. Los gerentes de marketing y ventas en las empresas de América Latina deberán apurar el paso para incorporar el marketing digital como parte central de su estrategia. Me sorprende que en las carreras de administración de empresas en América Latina apenas se enseñe esta materia (cosa que sé porque soy profesor en varias Universidades).

Diferencias entre marketing tradicional y marketing 2.0

Marketing tradicional	Marketing 2.0
• Fundamentalmente "Push"	• Fundamentalmente "Pull"
• Busca **convencer** al cliente	• Busca **involucrar** al cliente
• El producto y la publicidad son temas aparte del marketing	• La experiencia de compra y de consumo son parte del producto
• Segmentación amplia	• Segmentación fina
• Baja trazabilidad medible	• Alta trazabilidad medible
• Medición de resultados al finalizar acciones	• Medición de resultados en tiempo real

Curso Habilidades digitales para Gerentes Analógicos - Alfredo Barriga

Figura N° 25: Diferencias principales entre el marketing tradicional y el marketing 2.0

30. La transformación digital del trabajo y el valor del talento

La Sociedad Industrial creó de forma masiva el trabajo dependiente y presencial, porque el centro estaba en la fábrica, y para hacerla producir había que estar allí mientras estuviese funcionando. Para llevar a cabo las actividades propias de la empresa se necesitaba la coordinación de muchas personas con un rol específico, que eran contratadas bajo un criterio de presencia en el lugar de trabajo.

En la medida en que las labores presenciales se puedan automatizar, no es necesaria la presencia de las personas en el lugar de trabajo. Esas personas pasan a gestionar procesos más que a ser parte de estos. Las nuevas tecnologías, por otra parte, están trayendo consigo una súper especialización del trabajo, por lo cual son cada vez más las actividades que pueden ser realizadas por personal que no está trabajando exclusivamente para una empresa.

La automatización masiva de actividades productivas y administrativas, que comentaré más adelante - incluso de actividades de alta complejidad - van a cambiar la naturaleza del trabajo desde uno dependiente hacia uno independiente, con una gran creación de puestos de trabajo que hasta ahora no existían: ¡seis de los diez trabajos más demandados en 2010 no existían en 2004!

En otro estudio de Mc Kinsey[89] se concluye en los mismos términos: las tecnologías están cambiando la naturaleza del trabajo. En la medida en que las empresas redefinen cómo y dónde las diferentes actividades se llevan a cabo, requieren de nuevas habilidades y de nuevas relaciones empleador-empleado.

A pesar de altos índices de desempleo en varios países, los empleadores tienen dificultades para encontrar trabajadores con las competencias que se requieren en la actualidad. Gracias a la globalización, dichas empresas tienen acceso a talento fuera de sus fronteras, muchas veces a menores costos, pero también se está generando una creciente necesidad por más trabajadores más cualificados. Los trabajos menos cualificados están desapareciendo debido a la automatización. Los trabajos que se crean en el sector manufacturero tienen más que ver con investigación y desarrollo, diseño de producto, ingeniería, y marketing. Se están "desagregando" los puestos de trabajo, separando actividades rutinarias que no requieren cualificación, las cuales se automatizan o reasignan a trabajadores especializados[90].

Según estadísticas de US Bureau of Labor, entre los años 2000 y 2009, los trabajos que involucran solucionar problemas complejos requieren experiencia y manejo de contexto, crecieron un 4,8% anual. Los trabajos que pueden ser automatizados o transformados en rutinas bajaron un 0,7%. Y los trabajos relacionados con procesos productivos que convierten materias primas en productos terminados se redujeron en un 2,7%. Entre estos últimos hay un "efecto migración" hacia países como China, es decir, no es que estrictamente el puesto de trabajo haya desaparecido. Pero también hay tareas que han sido robotizadas, y esas sí que han destruido puestos de trabajo.

Pero quizá el mayor efecto de la revolución digital sobre el factor trabajo es que Internet hizo de éste un bien transable. El trabajo se "digitizó". Hasta antes de Internet, el trabajo para una unidad operativa se nutría de mano de obra local. Internet hizo posible que se pueda atender desde cualquier lugar del mundo. Hizo posible además que se redujeran los escalones de jerarquía

---

[89] Cf. Mc Kinsey Global Institute "Help wanted: The future of work in advanced economies" en http://www.mckinsey.com/global-themes/employment-and-growth/future-of-work-in-advanced-economies
[90] Ibid, pág. 3

dentro de una organización. "Aplanó" al mundo, como describe Thomas Friedmann en su Superventas "The World is Flat".[91] Y eso permitió que el trabajo se transformara en un bien transable.

La quiebra de varias empresas de redes de fibra óptica a comienzos de los años 2000 dio pie a una fuerte expansión en Business Process Outsourcing (BPO) o subcontratación de procesos de negocio. Cientos de miles de puestos de trabajo relacionados con administración de procesos administrativos, de innovación y de conocimiento se trasladaron desde sus lugares de origen hacia países como India, Irlanda del Norte o China. Algo ha llegado a América Latina, pero mucho menos de lo que se podría capturar.

Las personas que trabajan en esta modalidad crecientemente lo hacen por contenidos: se contrata una tarea y se paga por hacerla. Ello es un cambio disruptivo en las relaciones contractuales entre empleador y empleado. Cada vez habrá menos empleados y más "freelancers" o profesionales independientes, haciendo trabajos desde cualquier lugar del mundo. 15 años atrás hice un trabajo para una empresa norteamericana donde nunca conocí a quien me contrató. Todo fue vía Internet. Conozco una neozelandesa que trabajó para British Petroleum desde Pucón (Chile), por varios años. Ante ello, la legislación laboral actual queda sobrepasada. El autoempleo ya es el principal "empleador" en varios países de la Región, y ni está sindicado ni tiene los derechos consagrados a los trabajadores por cuenta de terceros, como el seguro de desempleo o las licencias médicas.

La transformación digital de la economía va a tener un impacto enorme sobre el trabajo en los próximos 10 años. Se destruirán cientos de millones de puestos de trabajo, cuyas tareas se realizarán por sistemas digitales, y se crearán cientos de millones más, pero para gestionar la nueva realidad. En América Latina hay actualmente más puestos de trabajo de los que se destruirán que de los que se crearán, y no hay formación profesional para éstos últimos. Esto no está contemplado ni en la discusión de las reformas laborales ni en la discusión de las reformas educacionales de la Región. Si no se incluyen, el resultado va a ser devastador.

---

[91] The world is Flat: a brief story of the twenty-first Century, 2005. Un buen resumen en castellano lo pueden ver en http://elpais.com/diario/2005/05/15/negocio/1116162869_850215.html

No es que todos los puestos de trabajo en si desaparezcan, en tanto rol funcional. Pero va a haber una gran automatización de **actividades** dentro de la función. Los conductores de camiones de la gran minería siguen existiendo, como vimos anteriormente. Pero no son conductores en el sentido tradicional del término. Usan un "joystick" desde miles de kilómetros de distancia. No cambió la funcionalidad del puesto de trabajo (conducir los camiones) pero si la actividad que se hace en el rol. El tema crítico es por ello el reentrenamiento de la mano de obra. En definitiva, va a haber dos tipos de efectos sobre el trabajo de las nuevas tecnologías: cambia el tipo de actividad o el puesto desaparece.

La rápida adopción de la Internet de las Cosas y los avances en robótica avanzada e inteligencia artificial afectarán de manera directa en la destrucción de varios puestos de trabajo, como garzones de restaurant, cajeras y vendedores del retail, administrativos y oficinistas, funcionarios de gobierno, médicos expertos en diagnóstico, abogados y auditores "junior" (los que hacen los trabajos más rutinarios), o mineros.

Sin embargo, esas mismas tecnologías están empoderando puestos de trabajo existentes, en el sentido de que mejoran sustancialmente la productividad. Esto sucede especialmente en los trabajos de conocimiento. Los científicos cuentan con plataformas y herramientas que hacen en minutos lo que antes tomaba meses. Los tomadores de decisiones tienen a su alcance sistemas inteligentes que entregan información más rápida, más elaborada y exacta. Los profesores pueden dejar sus clases totalmente armadas para ser vistas y seguidas por miles de estudiantes. Los médicos cuentan con más y mejor información para prescribir tratamientos y medicamentos. La lista es larga.

Por otra parte, la economía digital está destruyendo 1 puesto de trabajo a la vez que creando 2,6 puestos de trabajo. Pero esos nuevos puestos de trabajo requieren de habilidades distintas y *de un marco laboral distinto*. Fuera de la economía digital, los puestos de trabajo que se están destruyendo no se están reemplazando con nuevos puestos de trabajo, salvo en puestos relacionados con el manejo de las nuevas herramientas, en número muy inferior al de los puestos de trabajo destruidos. **El efecto neto a corto plazo es de menos puestos de trabajo.**

Hay dos visiones respecto de este fenómeno: una distópica y otra más utópica. Según Marshall Brain, fundador de "How Stiff Work" y autor del libro

Manna, en Estados Unidos hay más personas en edad laboral recibiendo algún tipo de subsidio de bienestar de las que hay no recibiendo ningún tipo de subsidio[92]. Otro pensador prominente, James Hughes del Trinity College, lo pone de forma muy sencilla: "estamos entrando en una era donde la tecnología está comenzando a destruir trabajos más rápido de lo que es capaz de crear trabajos nuevos. Los avances en tecnologías de la información, inteligencia artificial y robótica eventualmente reducirán la demanda de todo tipo de formas de trabajo humano, incluyendo aquéllos fuertemente dependientes de habilidades "humanas" como la empatía y la creatividad." A este desempleo ya se le está comenzando a llamar "desempleo tecnológico", es decir, un desempleo estructural derivado del hecho de que las tecnologías han hecho desaparecer la profesión o el trabajo, como en su día le pasó al ascensorista o a las telefonistas. Es por todo ello que cada vez hay más voces apoyando la idea de un "ingreso básico incondicional" financiado por los excedentes que esas mismas tecnologías producen. [93]

La visión más utópica es apoyada entre otros por el mismo Mc Kinsey. En un artículo[94], aparecido en el momento en que estaba por entregar el libro a publicar, dice que aproximadamente el 60% de todos los trabajos podrían ver automatizados alrededor de un 30% de las actividades que hacen. Solo un 5% de los trabajos serían automatizados en un 100%. Esto quiere decir que en ese 60% de casos en los que un 30% de las actividades del puesto de trabajo se automatizan, la productividad del trabajador mejora sustancialmente. Pero debe ser reentrenado para asumir ese trabajo reinventado. El caso comentado de los conductores de camiones en la gran minería es un buen ejemplo de esto.

Eso sí, Mc Kinsey advierte que cuando habla de puestos de trabajo que no desaparecerán producto de las nuevas tecnologías, se apresura en aclarar en que no desaparecerán... aún. No sabemos que pueda pasar en cincuenta años más.

---

[92] Ref www.cmarshallbrain.com/basic-income.htm

[93]   Ref   http://io9.gizmodo.com/how-universal-basic-income-will-save-us-from-the-robot-1653303459

[94]   Ver   en   http://www.mckinsey.com/business-functions/business-technology/our-insights/where-machines-could-replace-humans-and-where-they-cant-yet?cid=other-eml-alt-mkq-mck-oth-1607

Hay hasta una teoría utópica extrema que dice que la raza humana no tendrá que trabajar en la satisfacción de nuestras necesidades, sino que podrá dedicarse a temas en los cuales las máquinas no pueden estar, como los de tipo espiritual.

En materia de trabajo es donde se está gestando la peor "tormenta perfecta" para América Latina. La fuerte destrucción de puestos de trabajo "tradicionales" va a provocar una fuerte reacción por parte de los movimientos sindicales de países de la Región, que tratarán de oponerse a la adopción de nuevas tecnologías. Y lo único que conseguirán quienes traten de proteger sindicalmente esos puestos de trabajo es que migren hacia otros países, donde hay personas más que dispuestas a hacer lo mismo por menos dinero. Y no podrán detenerlo, porque el trabajo se ha transformado en un bien transable usando esas mismas nuevas tecnologías contra las que estarán los sindicatos.

La legislación laboral en los países de la región responde a una sociedad industrial y agraria. No considera otra modalidad de trabajo que la contratación por presencia a cambio de una remuneración. No incorpora la figura del FreeLancer, ni la contratación por contenidos en vez de por presencia, a pesar de que una no despreciable cantidad de trabajadores por cuenta propia cobra por ese criterio. Busca además potenciar el papel de los sindicatos, para forzar mejores remuneraciones por hacer esencialmente lo mismo.

Aunque apoyo completamente mejores niveles de salarios, la sindicalización es una herramienta del siglo 20, que no va a servir para el siglo 21. Va a conseguir dos efectos: primero, una más rápida adopción de automatización de labores con sistemas digitales y electrónicos (lo cual es bueno), y segundo, la generación de mayor desempleo (lo cual es malo). Paradójicamente, será un factor de modernización de la infraestructura corporativa, especialmente de las empresas más intensivas en mano de obra.

Corremos el peligro de que la creación de empleos de mayor valor agregado (y mejores sueldos), para atender los nuevos sistemas inteligentes de producción, se cubra con profesionales de fuera de la Región (debido a que la transformación digital del trabajo lo ha convertido un factor de la producción transable), mientras que los trabajos de "cuello azul" (obreros) y "cuello blanco" (administrativos y funcionarios) sean reemplazados por robots, y sistemas operados con inteligencia artificial.

A menos que se lleve a cabo rápidamente una capacitación de la fuerza de trabajo local para suplir la demanda por esos nuevos puestos de trabajo, los puestos de trabajo que se destruyan no van a ser reemplazados, y los que se creen serán tomados fuera de la Región por personas capacitadas para llevarlos a cabo. **En conclusión, la única herramienta para mejorar sueldos y productividad está en la transformación digital de la economía**, de la cual he hablado en este capítulo.

Y es que hay una buena noticia detrás de las tecnologías disruptivas: no solo cambian la naturaleza del trabajo, sino que mejoran los sueldos y la equidad.

El capitalismo ha sido el sistema económico más exitoso hasta ahora en la historia de la humanidad, creando riqueza como nunca se había creado, gracias a la generación de incentivos para la innovación y el emprendimiento. Donde sin embargo no ha funcionado, es en la distribución de la riqueza generada.

La razón de fondo es que la productividad se genera en la actualidad desde el capital invertido en recursos naturales, en capital industrial y en tecnología. La productividad sin embargo tiene su **origen primero** en el capital intelectual. Es lo que hace posible la creación de valor, fruto de la combinación de inteligencia, recursos naturales y recursos de capital previamente existentes. Es la fuente real de innovación y emprendimiento. Es la fuente real del crecimiento económico. Los recursos naturales siempre estuvieron ahí. Fue el capital intelectual el que hizo posible – mediante el uso inteligente de los demás factores de la producción – que esos recursos se convirtiesen en productos y servicios cada vez más valiosos y útiles.

Tradicionalmente, en el sistema económico capitalista se remunera bien al capital financiero, al capital industrial y a un grupo reducido de personas que aportan capacidad de gestión a las organizaciones que generan valor. Últimamente han surgido, sin embargo, empresas donde el aporte a la creación de valor es fundamentalmente originado por el capital intelectual, mientras que el capital industrial es un commodity y el capital financiero es el resultado (y no el origen) del capital intelectual interactuando con el capital industrial.

Empresas como Apple o Google son las mejores exponentes de este nuevo paradigma. Frases como la de Mark Zuckenberg, fundador de Facebook, a sus accionistas ilustran lo del capital financiero: "no hacemos grandes productos para ganar dinero, sino que ganamos dinero para hacer grandes productos[95]".

Ambas empresas tienen en común una altísima valoración del talento, que no está concentrado en un grupo reducido de personas, sino que es **condición** para **todos** los puestos de trabajo de la organización, independiente del nivel jerárquico que tengan. El nuevo paradigma es que todos los equipos de trabajo deben ser "Equipo A", es decir, lo mejor en talento para la función que deben llevar a cabo. Algunas de estas empresas, cuando fueron creadas, contrataban personal sin saber dónde lo iban a ocupar, solo porque eran personas talentosas[96].

La novedad de este enfoque frente al tradicional es que la productividad que de verdad crea valor es la productividad intelectual generada por los trabajadores, y que por lo tanto al ser más productivos y generar más valor, son mejor remunerados. Como resultado, se crean productos y servicios de muy alto valor agregado, a precios mucho más bajos que los productos que se reemplaza, generando mayores excedentes del consumidor, junto con utilidades y valoraciones históricas en Bolsa, como se ha comentado. Es lo que ha sucedido con Apple. Ya lo he contado anteriormente: el iPhone reemplazó en un solo dispositivo a un celular, más un "personal estéreo", más una cámara de fotos, más un GPS, más un computador, etc. La parte industrial del iPhone – su fabricación – se "comoditizó", y se fabrica en China. La producción de personal estéreos, GPS, cámara de fotos, etc. se "digitizó", es decir, más que ser lo mismo en formato digital, se transforman en algo distinto en formato digital, que resuelve mejor las necesidades del mercado.

El factor "trabajo" – que se usa fundamentalmente para operar el factor capital, el más importante en la actual sociedad capitalista – es reemplazado por el factor "talento", y el conocimiento reemplaza al factor capital como el más importante de la sociedad. Por ello a esta nueva realidad se le denomina "Sociedad del Conocimiento".

Y ese factor "talento" no es reemplazable con facilidad, como sucedía con el factor trabajo en el modelo capitalista, porque el talento es personal e inherente a cada persona. La forma en que funciona una empresa exitosa del siglo 21 que aporta talento, es parecida a un equipo de fútbol exitoso.

---

[95] Mark Zukenberg, carta a accionistas antes de su IPO
[96] Me lo contó como experiencia personal una de las primeras 100 empleadas de Yahoo! (nota del Autor)

Todos y cada uno de los jugadores son talentosos. Suele haber un líder que es el que lleva el equipo a la victoria. Pero el equipo juega mejor, y es casi invencible, cuando todos esos talentos **juegan como equipo**.

Un ícono de ese tipo de organización es Pixar, la empresa de dibujos animados que Steve Jobs compró a George Lucas cuando estaba recién comenzando, y en la que invirtió dinero durante nueve años antes de sacar su primera película de largo metraje – Toy Story. El éxito fue tan grande que Jobs aprovechó de lanzar a bolsa la empresa junto con el lanzamiento de la película, logrando ser valorada en 1.200 millones de dólares de inmediato. Luego fue comprada por Disney, convirtiendo a Jobs en el accionista personal más grande de dicha empresa.

Desde el lanzamiento de Toy Story, el 100% de las películas de Pixar han sido éxito de taquilla, algo jamás logrado por ninguna empresa del rubro en toda la historia del cine. En un documental sobre el porqué de este éxito, se revelaba la importancia que se le da al trabajo en equipo, y a un ambiente en el cual cada uno puede desplegar todo su talento sin que nadie "le robe la idea", es decir, respetando escrupulosamente lo que cada cual ha aportado al trabajo común. Eso hace que todos y cada uno de los componentes del equipo que hace la película se vuelque plenamente en ella y dé lo mejor de sí mismo, sabiendo que todas sus buenas ideas le serán reconocidas y las podrá ver en el producto final. Además, el proceso, aunque estresante e intenso, se hace divertido.

Todas las tecnologías disruptivas que van a tener un impacto en el mundo del tamaño de la economía de Estados Unidos son intensas en el factor "talento", como contraposición a los sectores tradicionales de la economía que son intensas en el factor "trabajo", en el factor "capital" o en el factor "recursos naturales". Cuando el factor importante es "trabajo", da igual la persona que lo lleva a cabo. La remuneración por lo tanto es más baja por dos razones: hay mayor oferta de trabajadores, y el valor aportado al producto final es menos relevante. En los computadores ensamblados en China el costo del trabajo es escasamente un 5%, y los trabajadores viven en auténticas ciudades alrededor de la fábrica, cobrando sueldos bajos.

Lo que está demostrando la evidencia empírica es que, cuando el factor "trabajo" se reemplaza con el factor "talento", el valor de lo producido genera un excedente para el consumidor mucho más alto, los productos se valoran más, los precios son mejores, y las remuneraciones son mayores.

Hace un tiempo atrás, Apple tenía solo un 16% del mercado mundial de notebooks, pero un 80% del total de todas las utilidades mundiales del negocio.

Las empresas que están triunfando en el mundo son empresas especialmente dedicadas a la búsqueda, incorporación y retención de talentos. Las empresas exitosas de la sociedad industrial se dirigían como una orquesta sinfónica: la partitura está escrita, y de lo que se trata es de que suene lo mejor posible, para lo cual el director coordina que cada instrumento toque de acuerdo con la partitura. Las empresas exitosas de la sociedad digital son más parecidas a una banda de jazz. El líder de la banda introduce el tema, y entre todos lo desarrollan. El aporte conjunto de cada miembro de la banda es lo que hace la partitura y le da su consistencia y calidad. El talento está en el aporte espontáneo a lo que se está desarrollando, más que al talento de aplicar una y otra vez lo que otros escribieron como música. En el jazz todos son compositores y ejecutores. No es que en la orquesta sinfónica haya menos talento que en la banda de jazz. Simplemente, usando esta analogía, en el siglo 21 lo que sirve en los negocios, es el jazz, no la sinfonía. Son talentos distintos, coordinados de forma distinta.

El corolario de esto es obvio: **las economías que sigan basándose en las industrias tradicionales, intensivas en trabajo y/o capital financiero, tendrán menor valor y menores remuneraciones que las relacionadas con tecnologías disruptivas**. Un segundo corolario: **las economías que no desarrollen los talentos mediante una educación personalizada y de calidad no podrán aprovechar los beneficios de economías basadas en tecnologías disruptivas**. Sus habitantes están condenados a tener peores remuneraciones, y sus sistemas educacionales a ser tercermundistas.

La revolución digital no es un slogan de una campaña publicitaria. Tampoco es algo que solo afectará un sector minoritario de la sociedad. Afectará a toda la infraestructura productiva de las economías, dejando en el subdesarrollo a todas quienes no la tomen en serio.

Las economías de América Latina son especialmente vulnerables ante estos efectos de la revolución digital. Sus economías están basadas en sectores altamente demandantes de trabajo, pero no de talento. Debe reorientar su matriz productiva hacia soluciones con mayor valor agregado. Eso no quiere decir que se deben abandonar los sectores de la actividad económica en los que se basa su matriz productiva, sino que se debe añadir el factor talento, para crear productos de mayor precio que generen puestos de trabajo mejor remunerado.

América Latina no puede seguir con una matriz económica arcaica basada solo en la explotación de recursos naturales. Eso funcionó hasta ahora, pero no será suficiente para el siglo 21. El crecimiento económico y el crecimiento de puestos de trabajo con mejores sueldos no va a venir de estos sectores de la economía, sino de la economía del conocimiento. Va a venir a través de los 15 a 30 billones de dólares adicionales que se van a generar a través de las doce tecnologías disruptivas de las que hablamos en el capítulo siguiente.

El que los mejores sueldos van hacia trabajos del conocimiento, y que de éstos va a haber mayor demanda ya es una realidad. Los 10 trabajos mejor remunerados en Estados Unidos son trabajos del conocimiento:

America's Best-Paid Jobs In 2016
U.S. occupations by annual median base salary in 2016

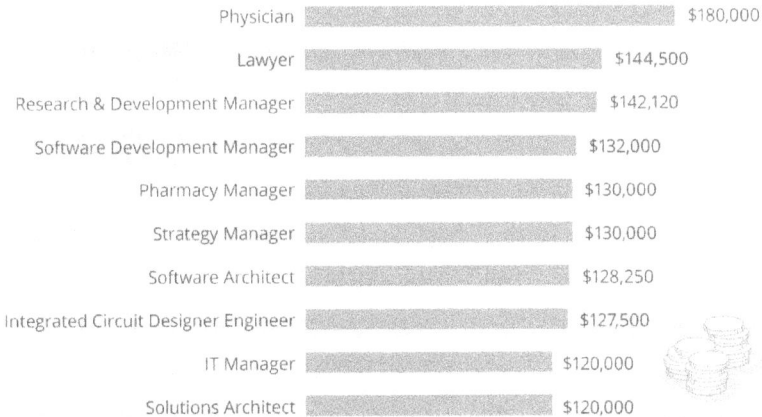

Physician	$180,000
Lawyer	$144,500
Research & Development Manager	$142,120
Software Development Manager	$132,000
Pharmacy Manager	$130,000
Strategy Manager	$130,000
Software Architect	$128,250
Integrated Circuit Designer Engineer	$127,500
IT Manager	$120,000
Solutions Architect	$120,000

@StatistaCharts   Source: Glassdoor

statista

Figura N° 26: Sueldos promedio por profesión en Estados Unidos – 2016 (Fuente: Glasdoor, vía Statista)

Una observación adicional que se puede hacer de esta figura: 7 de los diez trabajos se pueden realizar 100% de forma remota, desde Internet. La búsqueda de "paraísos fiscales" desde donde trabajar es cuestión de tiempo, y eso supondrá, para los países que pierdan esos profesionales, menor PIB y menos recaudación. En la medida en que esto se globalice y masifique, se va a generar una discusión no menor acerca de cómo cobrar impuestos a la renta de las personas. Mejor aún, espero que llegue el momento en que los países compitan por retener talentos de mayores rentas, debido al rendimiento de la paridad de las monedas, es decir, el poder adquisitivo de las rentas en distintos países. Pienso que, si esto se masifica, los países de América Latina que deseen atraer talento – y no solo retener el talento local – deberán competir en sus tasas de impuestos a la renta de trabajos del conocimiento.

Y otro botón de muestra: de los 10 lugares donde más quieren trabajar la generación de los Millenials, 8 tienen que ver con trabajos en empresas de conocimiento, donde se reconoce el talento y se puede hacer "cosas entretenidas" que cambian la sociedad. Por supuesto, están las que se han mencionado antes, aunque Apple aparece en décima posición y Google en primera.

The Brands Millennials Most Want To Work For

Index rankings of companies millennials would be proud to work for

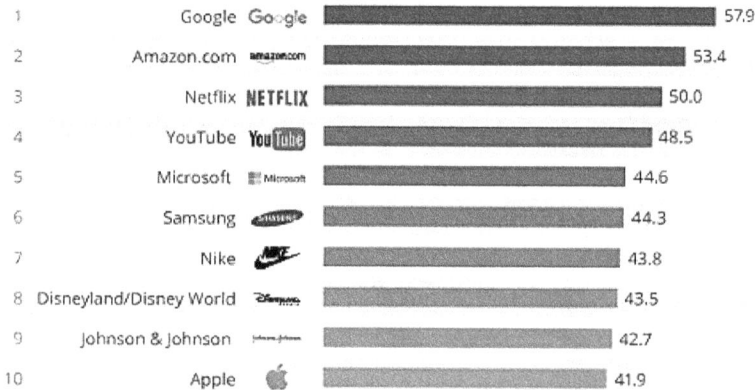

1	Google	57.9
2	Amazon.com	53.4
3	Netflix	50.0
4	YouTube	48.5
5	Microsoft	44.6
6	Samsung	44.3
7	Nike	43.8
8	Disneyland/Disney World	43.5
9	Johnson & Johnson	42.7
10	Apple	41.9

@StatistaCharts Source: YouGov

statista

Figura N° 27: empresas dónde más quieren trabajar los Millenials. Fuente: YouGov, Vía Statista

Este enfoque no está presente en las empresas latinoamericanas, donde aún las redes personales tienen más peso que el talento a la hora de elegir a los colaboradores de quienes dirigen las empresas. Las relaciones interpersonales están aún más determinadas por una competencia por el poder (como era típico de las empresas en el siglo pasado) que por el talento. Y, sobre todo, falta "mística", ese orgullo de pertenecer a una organización que está cambiando la sociedad de cual es parte.

El futuro del trabajo por lo tanto está en el trabajador del conocimiento, que es capaz de formarse permanentemente y puede entregar sus servicios en cualquier lugar del mundo, especializándose en aquello para lo que es más talentoso y más le gusta realizar, que es igual a lo que es más productivo.

La legislación laboral debe adaptarse a esta nueva realidad, y en América Latina se está muy lejos de ello. Se insiste en legislar para el trabajo dependiente y para actividades propias del siglo 20.

En la figura siguiente se recogen las principales diferencias entre el trabajo en el siglo 20 y el trabajo en el siglo 21

Diferencias entre el trabajo en el siglo 20 y el siglo 21

Trabajador del siglo 20	Trabajador del siglo 21
• Solo presencial en el lugar de trabajo	• Puede ser en el lugar de trabajo o no
• Bien no transable (solo se puede contratar en el lugar de trabajo)	• Bien transable (se puede contratar en lugares distintos del de trabajo)
• Contrato por tiempo de presencia	• Contrato por resultados entregados
• Valoración por **costo**	• Valoración de **talento**
• Se pide CV y experiencia demostrada	• Se piden competencias y habilidades potenciales

Curso Habilidades digitales para Gerentes Analógicos - Alfredo Barriga

Figura N° 28: Diferencias entre el trabajo en el siglo 20 y el trabajo en el siglo 21

31. La transformación digital de la función pública

Si hay un sector donde Internet ha tenido un gran impacto – y lo tendrá cada vez mayor – es el de gobierno (e-gobierno). El Estado es esencialmente una organización que maneja procesos y fondos. Es por ello de sentido común que el intensivo uso de TIC permita generar un Estado más eficiente, más transparente y participativo. Así lo han entendido en numerosos países, muchos de los cuales han transformado sus economías gracias a los nuevos paradigmas generados por el uso de TIC.

Ya vimos el caso de Singapur, que mediante el uso intensivo de tecnologías digitales consiguió triplicar la productividad de sus puertos, gastando una fracción de lo que le hubiera costado una solución más tradicional de la era predigital.

Nadie hubiera pensado que en Chile las primeras aplicaciones exitosas de clase mundial en materia de e-gobierno vendrían del Servicio de Impuestos Internos (SII) y de las compras públicas. Y, sin embargo, hoy ambas aplicaciones son totalmente usadas por la población en el primer caso y por todos los organismos gubernamentales en el segundo.

El proceso de recaudación de renta antes del portal del SII era complejo, costoso (para el SII y para el contribuyente) y lento. Acostumbrados a hacer las cosas a última hora, los tres últimos días de plazo para pagar impuestos se caracterizaban por largas filas en los Bancos. El proceso suponía contratar contadores que ayudaran en la confección de la declaración de impuestos. Luego venía el ingreso manual de todas las declaraciones en los sistemas del SII, lo cual daba a veces lugar a errores de digitación. Luego venía la liquidación por parte del SII, seguido de una auditoría de declaraciones y correcciones de estas.

El portal del SII vino a cambiar el paradigma de recaudación de impuesto de la renta a nivel mundial. Las organizaciones retenedoras del impuesto (empresas) debían ingresar las retenciones y las rentas de los empleados y contratados por honorarios en el portal del SII. Se creó la "boleta electrónica" gratuita para los profesionales independientes, que de esa forma se ahorraban la impresión de estas y la obligatoriedad de timbrar en las oficinas del SII. Con ello se consiguió que las rentas estuvieran en los sistemas del SII ingresadas por los directamente afectados, ahorrando miles de horas y millones de pesos chilenos en digitación de datos. El sistema del SII genera la declaración de renta completa para cada uno de los contribuyentes, que accede a ella con tiempo suficiente para aprobarla o hacer sus reparos. La declaración ya está hecha. Si hay dinero a devolver (un buen porcentaje de los contribuyentes) basta con hacer clic en el botón correspondiente. Para alentar a no dejarlo para el último día, el SII devuelve primero a los que hacen su declaración primero. La devolución se hacía originalmente mediante un cheque enviado al domicilio del contribuyente, lo cual tenía un beneficio financiero para la Tesorería, ya que no se cobraban todos los cheques inmediatamente. Pero a poco andar descubrieron que el costo del proceso – en especial para los cheques de menos importe – era muy caro. Decidieron implementar un sistema de abono automático a la cuenta corriente del contribuyente, mejorando la experiencia de usuario y reduciendo costos para la Tesorería. La rentabilidad del proyecto para la Tesorería fue de un 2.700%.[97]

¿El Resultado? Un 96% de los contribuyentes usan la declaración electrónica en vez de la tradicional en papel. Un éxito en "penetración de mercado" por donde se mire. El pago de las devoluciones, como se dijo más arriba, se hace también de forma electrónica, con lo cual el cobro por parte del contribuyente es automático y sin costo para el fisco. Antes se emitían cheques.

Otro caso es el de las compras públicas. Aquí la "penetración de mercado" es del 100%, pero porque es mandatorio (por ley). Todo el proceso de compras pública se debe realizar a través del portal chilecompras.cl El resultado ha sido un ahorro de cientos de millones de dólares para el Estado en sus compras, pero además con un efecto colateral muy bueno: antes de chilecompras.cl, la participación de las pequeñas y medianas empresas (PYME) en las compras del Estado era de un 25%. Hoy está cerca del 45%. 300 mil nuevos empleos se crearon, y 80 mil se destruyeron, demostrando empíricamente la proporción señalada en el estudio de Mc Kinsey sobre Internet que comentamos anteriormente (2,6 puesto de trabajo nuevos por cada uno destruido).

Otra de las ineficiencias de todos los Estados en cuanto "organizaciones que presta servicios a la comunidad" es la duplicidad de información y la superabundancia de trámites que podrían ser mucho más expeditos, ya que en varias instancias se trata de certificados de datos que obran en el mismo Estado, solo que en otra repartición. Ante este hecho, varios países en el mundo han tomado la iniciativa de interconectar los datos de los diversos organismos públicos de forma que cuando en el trámite de un organismo se requiera un dato que ha sido originado en otra repartición o departamento, éste sea consultado electrónicamente en vez de solicitar al ciudadano un certificado. Y es que la primera revolución digital en el Estado

---

[97] Dato entregado en entrevista del Autor con quien fue Jefe de Informática de la Tesorería cuando se llevó a cabo el proyecto

tuvo que ver con mejorar procesos y trámites hacia dentro del Estado, sin importar mucho el tiempo perdido por las personas. En cambio, **en esta nueva revolución lo que se busca es mejorar la experiencia de usuario por parte de los ciudadanos**, lo cual a la larga tiene un retorno económico a nivel país muy rentable.   A este paradigma se le ha llamado "interoperabilidad", y consiste en que los datos del Estado queden disponibles para el mismo Estado (y en ocasiones, para entidades fuera del Estado) en el momento en que son generados, de parte de la entidad que los genera.

No ha sido un camino fácil, ya que se ha descubierto que los mismos datos eran llamados de forma distinta en distintas reparticiones públicas, y tenían distintas características (como por ejemplo el tamaño del dato). Ha sido necesario crear en varios países una institucionalidad que homogenice los datos y centralice los servicios a través de un único bus de datos. Esta no es la única solución técnica, pero independiente de ello, lo positivo es que se están efectivamente eliminando trámites, incorporando en algunas ocasiones incluso a entidades externas al Estado.

Un ejemplo es el pago anual de permisos de circulación en Chile, que se lleva a cabo en las Municipalidades, pudiendo pagarse en cualquier Municipio – lo cual lleva a una competencia por captar dueños de vehículos. Para la renovación del permiso de circulación, el vehículo debe estar al día en su inspección técnica – lo cual está en un certificado emitido por la entidad inspectora – y debe tener un Seguro obligatorio valido por el año siguiente. El trámite predigital consistía en ir personalmente a alguno de los muchos lugares habilitados por las Municipalidades para pagar el permiso de circulación, y llevar el permiso de circulación anterior, el seguro obligatorio válido por un año, y copia del certificado de inspección.

El trámite tuvo una primera versión por la cual el dueño ingresaba los datos de su vehículo y adjuntaba una copia del seguro y del certificado de inspección, quedando sujeto a revisión por parte de un fiscalizador. Este año 2016 se inauguró un sistema completamente interoperativo: el dueño del vehículo compra por Internet el seguro obligatorio, y luego ingresa en la Municipalidad donde pagó la última vez los datos de su vehículo. Automáticamente la plataforma se conecta con las bases de datos de las compañías aseguradoras y envía los datos del seguro obligatorio, y con las bases de datos de las empresas de inspección técnica, que envía los datos de la última inspección. Con ellos, el sistema autoriza la renovación del permiso de circulación, conecta con la aplicación de pago vía Internet de Tesorería, y al finalizar entrega digitalmente el Permiso nuevo. El proceso completo no toma más de cinco minutos, terminando para siempre con largas filas para hacer los trámites – típicamente el último día de plazo. Este es un ejemplo de lo que se entiende por interoperabilidad, que, como se puede ver, puede conectar al Estado con entidades ajenas cuando se trata de trámites que incorporan información desde diferentes fuentes.

Precisamente a raíz de la cantidad de datos que se originan desde los Gobiernos, se han ido generando diversas instancias de transformación digital del Estado. Una de gran impacto fue la iniciativa denominada "Apps for Democracy" lanzada el año 2008 en Washington, DC. El jefe de informática del Estado, Vivek Kundra - que posteriormente sería nombrado para el mismo cargo a nivel de Gobierno Federal por el presidente Barak Obama, y repetiría el experimento[98]- lanzó un concurso a los desarrolladores de aplicaciones para Internet (y para Smartphones) para que, usando tecnologías populares como Facebook o Google Maps, generaran servicios de utilidad para los habitantes del Estado. Liberaron 200 fuentes de datos públicos. En 30 días, se generaron 47 aplicaciones que le costaron al Estado 50 mil dólares, pero que le ahorraron 2,3 millones de dólares si hubieran querido entregar los mismos servicios a los ciudadanos. No eran muy sofisticadas, pero sí muy valoradas por los habitantes, como una aplicación para hacer un Tour histórico por la ciudad de Washington, u otra que indica, para un lugar donde se está en ese momento, dónde están las tiendas más cercanas, el servicio de correo, lugares donde se han reportado crímenes, etc.

Esta iniciativa tuvo un alto impacto mediático, y como sucede típicamente en este mundo digital, el interés de varios países se concretó el año 2011 en una organización mundial llamada Open Government Partnership (http://www.opengovpartnership.org), "para proporcionar una plataforma internacional para las reformas internas comprometidos a hacer que sus gobiernos sean más abierto, responsable y sensible a los ciudadanos", según dicen en su página Web. Comenzó ese año con 8 países fundadores, y hoy acoge a 69. Prácticamente todos los de América Latina y el Caribe están representados, y ya van en su segundo Plan de Acción en ejecución, es decir, están todos en el grupo de los "adelantados". Eso quiere decir que todos los países de la Región han entregado una Declaración de Gobierno Abierto, un

---

[98] Ver en http://www.govtech.com/pcio/Washington-DC-Reloads-Apps-for-Democracy.html

Plan de acción que ha sido contrastado con la ciudadanía, y se han comprometido a entregar un informe del progreso del Plan. Cuenta con apoyo del Banco Mundial, de la OEA, del BID, del ECLAC, de la OCDE, de la ONU y del Banco de Desarrollo de Asia.

El Gobierno Abierto no es algo surgido de la revolución digital. Es más bien una doctrina política que lleva el software libre a los principios de democracia. El software libre a su vez es un movimiento que postula abrir el código de software a una comunidad de desarrolladores que lo mejoran, con la condición de que las mejoras las pongan a disposición del resto de la comunidad. El origen es de larga data: hacia finales de 1970, en Inglaterra. La novedad está en el enfoque: el Estado abre sus datos para que la comunidad haga uso de ellos en beneficio de la misma comunidad, ahorrándose con ello muchos recursos, y dejando operar al mercado respecto de cuáles son las aplicaciones que desea. Es además una instancia para la innovación de la comunidad. En su esencia hay una voluntad de parte del Gobierno de ser transparentes, colaborativos con la comunidad a la que sirven para el desarrollo de aplicaciones de valor, y participativo (en el sentido de que son los propios ciudadanos quienes determinan qué es lo que necesitan, armando de esa forma una dinámica desde abajo hacia arriba (down/top), totalmente distinta a la tradicional forma de actuar del Estado, desde arriba hacia abajo (top/down).

Un ejemplo extremo de Open Government fue la iniciativa del Gobierno de Islandia, que intentó modificar la Constitución del país a través de una consulta popular vía Internet, donde se intentó redactar una constitución literalmente hecha por el pueblo. Hay varios artículos que explican qué paso y por qué falló[99].

Como contraparte del Gobierno Abierto se requiere que haya datos abiertos. Ello ha creado el concepto de "Open data". Esta es una filosofía que busca que los datos que se generan desde un origen estén disponibles de forma libre para todo el mundo, sin restricciones de derechos de autor, patentes u otros mecanismos de control[100].

---

[99] Por ejemplo, http://constitutional-change.com/why-the-making-of-a-crowd-sourced-constitution-in-iceland-failed/   o http://www.slate.com/articles/technology/future_tense/2014/07/five_lessons_from_iceland_s_failed_crowdsourced_constitution_experiment.html
[100] https://es.wikipedia.org/wiki/Datos_abiertos

Los beneficios del Open Data pueden ser enormes. Por ejemplo, en salud: con el registro de las prestaciones de salud del sector público (consultas médicas, exámenes de laboratorio, intervenciones quirúrgicas, diagnósticos, pagos de seguros médicos públicos, venta de medicamentos) se puede crear una gigantesca base de datos de salud sobre la cual se puede generar estudios de todo tipo: seguimiento de epidemiología por comuna, edad, sexo, medicamentos y resultados de tratamientos; se puede levantar información sobre mejores prácticas médicas por diagnóstico y patología (y de acuerdo a resultado de tratamiento); se puede conocer la evolución de enfermedades entre la población según diversas variables. Incluso, asignando costos a los procedimientos y medicamentos, aunque no sean exactos, se puede tener una idea de lo que cuesta al país cada acción de salud pública. La variedad, profundidad y riqueza de los datos que se podrían obtener con la agregación de todos los eventos de prestación de salud en un país sería interminable de enumerar.

La transformación digital del Estado supone que los procesos correrán de forma automática a través de sistemas digitales; que los ciudadanos no deberán perder tiempo en trámites puesto que se harán vía Internet. Por lógica, van a sobrar muchos funcionarios, y eso va a ser un problema para los Gobiernos que deban reducir el tamaño del Estado. Porque el tamaño en cuanto a número de personas será mucho menor, pero la eficacia será mucho mejor, lo cual supone una mayor productividad por cada unidad monetaria recaudada al ciudadano, y un ciudadano más contento. Además, se podrá destinar más dinero a las cosas que realmente benefician a la gente, sustrayéndolo al costo actual de entregar esos beneficios. Pero ¿Qué hacer con todos los funcionarios públicos? Creo que también aquí va a haber una evolución en el perfil del cargo. Si en vez de tener burócratas que mueven procesos tenemos gestores que resuelven problemas, tenemos otro Estado. Se trata por lo tanto de digitizar la función pública dejando a los sistemas hacerse cargo de los procesos, y focalizando a los funcionarios a resolver los problemas de los ciudadanos. Convirtiéndolos en trabajadores del conocimiento, en vez de autómatas que mueven papeles y ponen timbres (es una figura, no estoy siendo literal).

Diferencias entre el Estado que tenemos y el Estado que necesitamos	
Estado que tenemos	**Estado que necesitamos**
• Organismos orientados al poder	• Organismos orientados a la gestión
• Funcionarios que mueven procesos	• Funcionarios que resuelven problemas
• Organigrama fragmentado	• Organigrama integrado
• Procesos "silo"	• Interoperabilidad
• Eficiencia para el Estado	• Eficiencia para el país
• Duplicidad de funciones y roles	• Unicidad en funciones y roles
• Gobierno cerrado	• Gobierno abierto

Curso Habilidades digitales para Gerentes Analógicos - Alfredo Barriga

Figura N° 28: Diferencias entre el trabajo en el siglo 20 y el trabajo en el siglo 21

32. La transformación digital de las ciudades ("Smart City")

Hasta ahora hemos analizado el efecto de las tecnologías digitales sobre sectores individualizados de la economía. Pero hay otra visión que está tomando forma y fuerza: la de digitizar ecosistemas completos, que involucran a varios sectores a la vez. La unidad geográfica básica es la ciudad. De ahí el término que se viene acuñando desde hace algunos años de "ciudad inteligente", traducción del original acuñado en inglés, "Smart City".

No es que la ciudad entera se "virtualice", sino que se genera una dinámica que permite aprovechar diversas tecnologías para, en este caso, optimizar la "experiencia de ciudadano", análogamente a cuando hablábamos de la "experiencia de consumo" en el caso de los productos y servicios. Este concepto de "ciudad inteligente" es un concepto en evolución, por lo cual no todos entienden lo mismo.

Para algunos, bajo un criterio de amplitud, no son las tecnologías la que hacen de la ciudad algo "inteligente". Son solo una más de las herramientas a las que se echa mano para conseguir que sea una ciudad inteligente. Ciudad inteligente, bajo esta acepción, es un tipo de desarrollo urbano basado en la sostenibilidad que es capaz de responder adecuadamente a las necesidades básicas de instituciones, empresas, y de los propios habitantes, tanto en el plano económico, como en los aspectos operativos, sociales y ambientales.

Una ciudad o complejo urbano podrá ser calificado de inteligente según esta acepción en la medida en que las inversiones que se realicen en capital humano (educación permanente, enseñanza inicial, enseñanza media y superior, educación de adultos...), en aspectos sociales, en infraestructuras de energía (electricidad, gas), tecnologías de comunicación (electrónica, Internet) e infraestructuras de transporte, contemplen y promuevan una calidad de vida elevada, un desarrollo económico-ambiental durable y sostenible, una gobernanza participativa, una gestión prudente y reflexiva de los recursos naturales, y un buen aprovechamiento del tiempo de los ciudadanos.

Según la Fundación País Digital[101] de Chile, las Smart Cities son ciudades que, por medio de las aplicaciones de la tecnología en sus diferentes ámbitos, se transforman en localidades más eficientes en el uso de sus recursos, ahorrando energía, mejorando los servicios entregados y promoviendo un desarrollo sustentable. La meta de las Smart Cities es solucionar los principales problemas a los que se ven enfrentados diariamente los ciudadanos, logrando de esta forma, que las personas mejoren su calidad de vida. En otras palabras, las ciudades inteligentes buscan modernizar la gestión de las ciudades, fomentando una mayor interacción entre las instituciones y los ciudadanos.

Otra acepción, en cambio, es más centrada en el significado del término "inteligente" o "Smart", como se aplica a otros conceptos como Smartphone, Smart Agriculture, o Smart Mining, que ya henos visto. Según esta acepción se refiere al uso concreto pero integrado a la ciudad de las tecnologías utilizadas en colegios, bibliotecas, transporte, hospitales, entrega de electricidad, entrega de agua, entrega de gas, manejo de basura, servicios comunitarios y ejercicio de la ley.

Ambas coinciden en el propósito: entregar una mejor calidad de vida al ciudadano mediante el uso de tecnologías emergentes combinadas.

Boyd Cohen, profesor norteamericano experto en ciudades inteligentes, que trabaja actualmente en la Universidad del Desarrollo de Chile, ha elaborado un Modelo de ciudades inteligentes, en el cual considera cinco pilares y quince ámbitos de acción, según la figura 14:

[101] Definición en sitio Web de Fundación País Digital http://paisdigital.org/smart-cities/

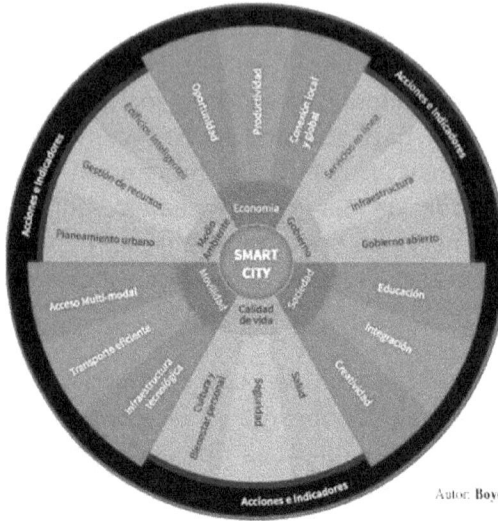

Figura N° 29: Modelo de Smart Cities de Boyd Cohen (Fuente: sitio Web de Fundación País Digital)

Hay ya varias ciudades en todo el mundo que consideran estar construyendo ciudades inteligentes. Hay varios congresos y conferencias mundiales sobre la materia. El más grande es el Smart Cities Expo World Congress (SCEWC) que se lleva a cabo en Barcelona, y que en su versión de 2015 tuvo 568 ciudades de 104 países representadas, con más de 14.000 asistentes y 485 expositores. En general, lo que hay es más bien proyectos que entran dentro de la categoría de Smart City, pero falta aún un caso de éxito real donde haya una planificación de corto, medio y largo plazo, con objetivos claros y una parrilla de proyectos sinérgicos e interdependientes. Quizá es debido a es políticamente más complicado hacer de una ciudad existente una ciudad inteligente, ya que deben estar de acuerdo todos los partidos políticos que aspiran a gobernarla, y debe ser algo apoyado por los ciudadanos.

Lo que sí hay es ciudades inteligentes que parten desde cero, lo cual parece ser una forma más fácil de conseguirlo. En un estudio sectorial llevado a cabo por la colombiana CINTEL (Ciudades Inteligentes) se analiza los casos de Tianjin en China y Songdo en Corea del Sur[102]. La primera fue creada bajo la

---

[102] Ref: http://cintel.org.co/wp-content/uploads/2013/05/01.Ciudades_Inteligentes_CINTEL.pdf

idea de eco-ciudad; la segunda es parte de la Incheon Free Economic Zone (IFEZ), un área de 203 km² orientada a los negocios, y que apunta a convertirse en uno de los tres mayores centro de operaciones del mundo. En estos dos casos sí hay una visión de largo plazo con objetivos claros y medibles, y un Plan de acción que engloba el diseño urbano, la energía, el transporte, el uso del agua, y el manejo de desechos sólidos.

Mi visión de una ciudad inteligente en el futuro es que tendrá un sistema de transporte operado por vehículos semiautónomos y no contaminantes, que entregarán información real y en línea acerca de las horas en arribo de buses, y tiempo estimado hacia cualquier lugar del recorrido. La ciudad tendrá sensores en todas las calles, con lo cual podrá informar automáticamente de velocidades medias de circulación y de vías alternativas en caso de mucho tráfico.

Las personas podrán ir a trabajar a "Smart Centers" en su barrio, en vez de desplazarse por toda la ciudad. Allí tendrán un puesto de trabajo con escritorio, conexión a Internet y servicios de oficina, y podrán ir a almorzar a su casa[103]. Los estacionamientos públicos darán información instantánea de las plazas libres que les quedan.

Los departamentos y casas contarán con conectividad de banda ancha de alta definición. Los hijos podrán "ir al colegio" sin trasladarse, teniendo las clases en su casa mediante videoconferencia. Irán para socializar[104].

Mediante miles de cámaras se tendrá un monitoreo continuo de las calles de la ciudad, con lo cual se podrán detectar rápidamente accidentes, daños en infraestructura, infracciones de tránsito, robos o intento de robo. En cada caso, habrá una comunicación instantánea con las instituciones a cargo de resolver cada tipo de problema (salud, obras municipales, control de tránsito, policía). Cualquier ciudadano podrá colaborar en la seguridad de los barrios enviando hacia una central de inteligencia videos o fotos de personas sospechosas en su barrio.

Todos los productos podrán ser registrados en una gran base de datos, y al

---

[103] Nota: ya hay centros de este tipo en ciudades como San Francisco, Amsterdam, o Seúl, en una iniciativa en la que participan empresas como Cisco e IBM

[104] Vi algo de esto el 2010 la ciudad coreana de Songdo, incluyendo una habitación para hacer ejercicios, y decoración de cuadros del Louvre en pantallas LED (Nota del Autor)

poseer una identificación se podrán encontrar vía Internet de las Cosas. Con ello, el robo dejará de ser un buen negocio, y caerá radicalmente.

A través de sensores se tendrá un monitoreo continuo de las redes de infraestructura como electricidad, gas y agua, detectando fugas peligrosas. Las casas y edificios con generación autónoma de electricidad podrán conectarse a los sistemas de distribución y vender sus excedentes.

Los centros de salud pública y privada estarán interconectados para tener acceso a las fichas clínicas de los ciudadanos. Los episodios de enfermedades crónicas podrán ser monitoreados y generar a tiempo intervenciones, incluyendo el traslado a centros asistenciales de forma rápida.

A través de sensores todos y cada uno de los árboles, plantas y áreas verdes de la ciudad serán cuidados y regados, optimizando el uso de agua para que no haya ni un árbol no regado, pero tampoco ni una gota de agua desperdiciada.

Menos tiempo de desplazamiento (lo cual supone más tiempo disponible), mayor seguridad, y uso eficiente de recursos sociales son las tres mayores categorías de beneficios que ya están trayendo las ciudades inteligentes.

Para tener una idea de en lo que se está trabajando respecto de ciudades inteligentes, recomiendo ver el primero de una serie de videos de la empresa Dow Corning (inventora del Gorilla Glass, el que se usa en el iPhone, iPad y competencia) denominado "A day made of glass 1". Se puede ver en YouTube.[105]

33. Conclusiones sobre la transformación digital

Las plataformas digitales no han sido meras herramientas operacionales para reducir costos de mano de obra o agilizar procesos de gestión de empresas y gobiernos. Han cambiado modelos de negocio, debido especialmente a Internet, que permite escalar los negocios de forma eficiente y muy rápida, y a la ley de Moore, que permite reducir costos por unidad de entrega de forma continua. Unido a un buen producto, una y otra vez gracias al uso de tecnologías digitales con nuevos modelos de negocio

---

[105] Se puede ver en YouTube: https://www.youtube.com/watch?v=wk146eGRUtI

se han conseguido números "absurdamente impresionantes" (como diría Steve Jobs) en tiempos récord:

- 10 mil millones de canciones bajadas en 7 años (iTunes)... sin ni una campaña de publicidad en TV.
- Mil quinientos millones de usuarios en 8 años (Facebook)... sin necesidad de abrir ni una oficina en ningún país
- Cuatro mil millones de búsquedas diarias (Google)... sin necesidad de personas que las atiendan
- 74% del mercado de reproductores de música en 6 años gracias a un producto (iPod).
- 300 mil millones de dólares al año en transacciones entre personas, en 20 años (eBay).
- 462 mil millones de dólares al año en transacciones de fabricantes a minoristas, en menos de 10 años (alibaba.com)
- 304 millones de clientes de todo el mundo comprando 104 mil millones de dólares en productos de todo tipo, en menos de 20 años (Amazon)... sin necesidad de tiendas, ni vendedores
- Un tercio del tráfico telefónico mundial, capturado en menos de 10 años (Skype)
- Cantante cuyas canciones en video se han visto más de 4.000 millones de veces (Justin Bieber), o una sola canción cantada en castellano cuyo video se ha visto más de 1.400 millones de veces (Enrique Iglesias, con "Bailando")
- 600% de incremento en tres años en financiamiento de proyectos a través de la microfinanciación, elevándose a 16.200 millones de dólares el año 2014[106].

La transformación digital de la economía seguirá su curso, permeando todos y cada uno de los sectores de negocios, y creando mayor valor de mercado que la economía industrial. Un caso que no comentamos arriba es el del software, que siguió la misma evolución que la industria de la música: inicialmente el producto se entregaba en medio físico (diskette). Luego pasó a ser bajado desde Internet ("download"). Ahora va hacia soluciones en la

---

[106]   http://www.statista.com/statistics/269957/estimated-volume-of-funds-raised-by-crowdfunding-platforms-worldwide/

nube (cloud computing) por las cuáles en vez de comprar el producto, se "arrienda" en la medida en que se ocupa, bajo la modalidad Software as a Service (SaaS) de la cual hablamos en el siguiente capítulo.

La digitización de la economía es un fenómeno disruptivo e irreversible, con el cual deberán convivir los empresarios, los Gobiernos y las personas de la Sociedad. En la medida en que más tecnologías se comportan con arreglo a la Ley de Moore, una parte mayor de la economía deberá funcionar con paradigmas opuestos a los que fueron casi "leyes de la economía" en la era industrial y capitalista:

- Los precios se mantienen o bajan. Estábamos acostumbrados a que los precios subieran porque los costos subían.
- Los productos, al estar basados en tecnologías exponenciales o correr sobre plataformas tecnológicas exponenciales, tienen una rápida obsolescencia. Estábamos acostumbrados a planificar y movernos en ventanas de tiempo de más de cinco años.
- El mercado tiene simetría de información: pretender hacer negocios sobre la base de manejar más información que el consumidor no funciona. Pretender que un mal servicio no se sepa por parte de los consumidores, no funciona (gracias a las redes sociales). Cada vez son más exigentes, y piden coherencia a las empresas entre lo que dicen que les venden y lo que les venden. *El producto, tal y como entendíamos el concepto, ya no es lo importante, sino la "experiencia de consumo", que abarca todo el proceso desde que surge una necesidad o una aspiración hasta que es completamente satisfecha*. El marketing basado en convencer mediante campañas publicitarias no funciona.
- El talento de las personas importará más que el currículo. Lo que una persona sea capaz de hacer es más importante a lo que ha hecho en el pasado. Estábamos acostumbrados a contratar personal basados en los estudios y el currículo, que no necesariamente muestran el talento de las personas, sino solo su historia laboral, que puede ocultar los verdaderos talentos del candidato.
- Los sueldos subirán, pero a cambio de trabajos del conocimiento de mayor valor agregado. Estábamos acostumbrados a que los sueldos subieran producto de la inflación, de negociaciones entre

empleados y empleadores, o de mayor demanda por determinados trabajos.

- La adopción de productos por parte del mercado puede seguir un crecimiento exponencial. Estábamos acostumbrados a crecimientos lineales.
- La "creación destructiva" de Schumpeter es lo normal. Hasta ahora, era lo extraordinario.
- Los políticos y los gobernantes son escrutados por la base social de forma completa y continua, y los comportamientos no éticos son repudiados. Hasta ahora, lo que hacían y cómo lo hacían no era conocido de todos.
- La ética en la política tiene estándares más altos. Se pide de quienes estén dedicados a esta actividad una auténtica dedicación hacia los demás, sin ningún privilegio por el hecho de tenerla. Hasta ahora, no había esa exigencia a los gobernantes
- Los ciudadanos de un país tienen acceso a Internet, donde llevan a cabo una "vida virtual" que se vuelve cada vez más real, hasta que ya no hay diferencia entre una y otra. En su vida virtual son conscientes de que gozan de una experiencia de vida que no tienen en la vida no virtual: son iguales a los demás, tienen libertades que no pueden ejercer fuera de su vida virtual, y tienen un mayor poder. Los gobernantes deberán aprender a gobernar para ciudadanos virtuales, con exigencias muy distintas a las que tienen actualmente
- Los países que deseen mejorar sus ingresos per cápita deberán hacer esfuerzos en materia fiscal para retener y atraer talentos, que de lo contrario pueden emigrar hacia países más interesantes sin menoscabo del trabajo que realizan.

En resumen, el nuevo panorama para los empresarios es: competir con nuevos productos y servicios generados por creación destructiva, gracias al aporte de trabajadores del conocimiento con talento, que consiguen innovaciones disruptivas, que se concretan en costos exponencialmente decrecientes y experiencias de consumo exponencialmente mejores. ¿Dónde encaja esto en una Región cuya principal actividad es la extracción de recursos naturales, con mano de obra no cualificada, contratada en función no de sus talentos potenciales sino de lo que ha hecho en el pasado, con escaso o ninguna inversión en investigación y desarrollo, y sin una cultura innovadora? ¿Qué chances hay de éxito en un mundo como el que viene? De eso me hago cargo en la Quinta Parte, "Desde la encrucijada".

Respecto de los Gobiernos, deberán acostumbrarse a ser escrutados por sus ciudadanos, que van a ser cada vez más exigentes. Deberán focalizarse en el desarrollo de una economía del conocimiento, que permita que todos y cada uno de sus ciudadanos pueda descubrir sus talentos naturales, desarrollarlos y utilizarlos en los trabajos que más le gusten. Será la mejor manera de aumentar la productividad del país, en especial una que hoy no se mide: la productividad intelectual, que es la que permitirá tener mejores puestos de trabajo y mejores remuneraciones, y que serán accesibles directamente por méritos personales, y no por razón del origen de nacimiento. En América Latina, especialmente, deberán cambiar su modelo de desarrollo hacia dicho desarrollo del conocimiento, actualizando sus mecanismos de apoyo al emprendimiento, fomentando la creación de carreras técnicas y profesionales propias del siglo 21, generando un buen marco para el teletrabajo, y una política fiscal que retenga y atraiga talentos.

Hace 40 años atrás la única empresa de tecnología que estaba entre las primeras 20 empresas por capitalización de mercado era IBM. Las restantes eran o industriales o petroleras. Hoy hay 5 empresas tecnológicas entre las primeras 10, y 6 entre las primeras 20 (Apple y Google se turnan en los #1 y #2, Microsoft es #3, Facebook es # 6, Amazon es # 9, y Alibaba.com es 20). Pero cuando IBM estaba entre las 10 primeras, ya tenía más de 50 años de historia.

Hace 40 años atrás **ninguna** de las empresas de tecnología que hoy están entre las 20 más valiosas empresas mundiales por capitalización de mercado siquiera existía. La más antigua es Apple, fundada el año 1977. Quitando a Apple y Microsoft, ninguna existía hace escasamente 25 años. De las restantes 14 empresas más valiosas por capitalización de mercado hoy, 3 son financieras, 4 son industriales (2 de bebidas), 2 son de salud, 3 de telecomunicaciones y solo 1 de petróleo y gas.

Podemos hacer otra medición para ilustrar mejor nuestro punto: si medimos cuántos miles de millones de dólares de valor de mercado fueron capaces de crear cada una de las empresas por año desde su fundación, los números a favor de las empresas tecnológicas son apabullantes, encabezada por Google con 35.000 millones de dólares de capitalización de mercado por cada año de existencia, seguido por Facebook con 33.000 millones de dólares de capitalización de mercado por cada año de existencia. Las empresas tradicionales (industriales, financieras, de salud o de telecomunicaciones) tienen todas más de 70 años, por lo cual su capitalización bursátil por año de existencia no supera siquiera los 4.000 millones de dólares por año. Por lo tanto, son estas empresas del conocimiento las que han demostrado ser capaces de crear valor de mercado más rápido y alto que ningún otro sector desde que se tienen cifras.

La siguiente tabla, tomada del 14/3/2016 muestra las 20 empresas más valiosas del mundo por capitalización de mercado:

Capitalización bursátil en miles de millones de dólares

Empresa	Capitalización	Sector	País
1. Apple	568,4	Tecnologías Digitales	USA
2. Google	516,4	Tecnologías Digitales	USA
3. Microsoft	420,5	Tecnologías Digitales	USA
4. Exxon Mobil	342,2	Petroleo y Gas	USA
5. Berkshire Hathaway	310,7	Finanzas	USA
6. Facebook	312,8	Tecnologías Digitales	USA
7. Johnson & Johnson	297,1	Salud	USA
8. General Electric	295,0	Industrial	USA
9. Amazon	270,0	Tecnologías Digitales	USA
10. Wells Fargo	253,2	Finanzas	USA
11. AT&T	235,7	Telecomunicaciones	USA
12. China Mobile	227,5	Telecomunicaciones	China
13. Procter & Gamble	219,5	Industrial	USA
14. JP Morgan Chase	216,6	Finanzas	USA
15. Wal mart	214,6	Comercio	USA
16. Verizon	214,0	Telecomunicaciones	USA
17. Coca Cola	196,1	Industrial	USA
18. Anheuser Busch	188,2	Industrial	USA
19. Pfizer	185,8	Salud	USA
20. Ali Baba	179,4	Comercio Y tecnología	China

Elaborado por el Autor de diversas fuentes (Dow, Bloomberg, PWC)

Tabla 3: Empresas más grandes del mundo por capitalización bursátil

Como se puede ver (y se comentó), Amazon superó ampliamente a Wal-Mart en valor bursátil, a pesar de que ésta tiene más utilidades y vende

mucho más. Alibabá.com (el portal que conecta las PYMEs manufactureras chinas con el resto del mundo) salió a bolsa el año 2015, y ya está entre las

20 más valiosas del mundo. Durante el año 2015 la empresa china con mayor valor de mercado era PetroChina. Este año, es China Mobile (con un valor inferior en 100 mil millones de dólares al valor que tenía Petrochina el segundo trimestre de 2015). PetroChina ni siquiera está entre las 20 empresas más valiosas del mundo.

Si tomamos las Top 10, la mitad son relacionadas con tecnologías digitales, y todas tienen menos de 50 años de existencia. El resto del top 10 son empresas con más de 100 años de existencia. Pero la suma de la capitalización de mercado del primer grupo es de 2,1 billones de dólares, mientras que la suma de la capitalización de mercado del segundo grupo es de 1,5 billones de dólares (un 28,5% inferior).

A lo largo de todo el Siglo 21 las empresas del conocimiento han ganado crecientemente en preeminencia frente a las empresas industriales. Tasas de crecimiento en ventas muy superiores y tasas de crecimiento en número de clientes aún mayores. Tasas en crecimiento de valoración de mercado jamás vistas. Y la prueba de fuego (para refutar a muchos que pensaban que se trataba más bien de capitalización de mercado especulativa): utilidades más altas. Durante el ejercicio 2015, Apple obtuvo las utilidades más altas de la historia desde que se tienen registros. ¡A pesar de que no tiene mayor participación de mercado en ninguna de sus categorías! Ni en Smartphones, ni en computadores, ni en Tablets. ¿La razón? Mejores productos a precios más altos.

Las empresas digitizadas ya no son el futuro, sino el presente. Son las que más se valoran. Son las ganadoras. Las oportunidades, para cualquier empresa en cualquier lugar del mundo, están en la transformación digital. Aún no hay un Amazon latinoamericano, ni un Facebook latinoamericano, ni un Google latinoamericano. La empresa más grande por capitalización bursátil de América Latina no es una empresa industrial, ni minera, ni financiera, ni comercial: es la mexicana Telmex (grupo Claro en el resto del continente), que ha hecho a su dueño, Carlos Slim, una de las diez personas más ricas del mundo.

Y a pesar de todo esto, los empresarios de América Latina siguen apostando por empresas con poco valor agregado, y mantienen estilos gerenciales del siglo pasado (aunque sean de muy de finales del siglo pasado). Y los Gobiernos siguen impulsando leyes para la sociedad del siglo XX.

Cuarta Parte: Doce tecnologías que cambiarán el mundo para el año 2025.

En esta parte analizaré cuáles son y qué efectos pueden tener para América Latina las doce tecnologías disruptivas del estudio que el Mc Kinsey Global Institute publicó en el año 2013 ("Disruptive technologies: Advances that will Transform Life, Business, and the Global Economy - Tecnologías Disruptivas: avances que transformarán la vida, los negocios y la economía global).

Ya dijimos que el impacto económico de esas tecnologías disruptivas sería de entre 1 y 2 veces el actual PIB de Estados Unidos. Eso es entre 4,5 y 9 veces el PIB de América Latina y el Caribe[107]. Esto es lo que se llama "un cambio de juego" o "game changer", como lo llaman en Estados Unidos. Que un impacto de ese tamaño suceda en apenas 12 años (desde que se publicó) es lo que hace la revolución digital tan importante y peligrosa para quienes no adopten sus paradigmas. Muestra cómo estamos saliendo de la Sociedad Industrial y entrando de lleno en la Sociedad del Conocimiento. Muestra donde están las oportunidades y los desafíos de economías como todas las de América Latina, fuertemente ligada a la explotación de recursos naturales. Y desde que saliera la publicación hasta hoy, las predicciones se están cumpliendo. Algunas, más rápido de lo que se proyectaron.

Esta clasificación no es la única que hay. También el Foro Económico Mundial publicó el año 2015 las que según su criterio serían las 10 tecnologías emergentes del año. Puesto que el énfasis en este caso está puesto en lo que está emergiendo en el año 2015, difiere del estudio de Mc Kinsey en cuáles son dichas tecnologías, pero hay varias que coinciden. Usaré ambas fuentes para describir el fenómeno que se está gestando en torno a dichas tecnologías cuando coincidan.

Las tecnologías fueron elegidas en función de 4 criterios:

1. La tecnología debe mostrar avances rápidos y persistentes en el tiempo
2. El alcance del impacto debe ser vasto (afectar a miles de millones de personas)
3. El impacto económico de su uso debe ser significativo (en trillones de dólares)

---

107   Según   datos   del   Banco   Mundial   (ref.: http://databank.worldbank.org/data/download/GDP.pdf) el PIB de Estados Unidos en el año 2014 fue de 17,4 billones de dólares. América Latina y el Caribe tuvo un PIB de 4,8 billones de dólares en el mismo periodo.

4. El impacto debe ser disruptivo, afectando industrias enteras, transformando la forma en que las personas viven y trabajan

La Tabla de las siguientes páginas entrega un resumen de las doce tecnologías, tomada directamente del documento de Mc. Kinsey publicado en Internet, pero traducido al castellano.

Además del nombre de la tecnología, la tabla entrega el importe del impacto en dólares, y datos respecto de la velocidad, el alcance y el valor económico en juego de cada caso. Un análisis de estos datos, junto con un análisis de cada una de las tecnologías nos entrega una visión de lo que está en juego y de cómo puede afectar a empresas latinoamericanas. La tabla tiene varias páginas, pero se han mantenido las filas de cabecera. Comienza a partir de la siguiente página, por una cuestión de paginación. Pedimos las disculpas del caso por el diseño resultante.

	Velocidad, alcance y valor económico en juego de TIC disruptivas		
Tecnología e impacto económico para el año 2025 (PIB Estados Unidos = $17 billones)	Tasas ilustrativas de la mejora y difusión de tecnología	Productos y recursos que podrían verse afectados	Bolsas de valor económico que podrían verse afectadas
Internet móvil Entre 3,7 y 10,8 trillones de dólares	**$5 millones vs $400** Precio del computador más rápido en 1975 vs precio del iPhone en 2013, con igual capacidad de procesamiento **6x** Crecimiento en ventas de smartphones y tabletas desde el lanzamiento del iPhone en 2007	**4.3 mil millones** Personas no conectadas a Internet y que podrían estarlo potencialmente vía Internet Móvil **1 mil millones** Trabajadores que realizan transacciones e interacciones, (aprox. 40% fuerza de trabajo)	**$1,7 billones** PIB relacionado a la Internet **$25 billones** Costos de trabajadores que realizan transacciones e interacciones = 70% del costo global de mano de obra

		100x	230+ millones	$9 billones
	Automatización de trabajo del conocimiento Entre 5,2 y 6,7 trillones de dólares	Incremento en potencia de procesamiento entre Deep Blue (computador de IBM que ganó juego de ajedrez a campeón) y Watson (ganador de juego Jeopardy en 2011) **400+ millones** Incremento de usuarios de asistentes basados en inteligencia artificial como Siri y Google Now en los 5 años pasados	Trabajadores del conocimiento, un 9% de fuerza de trabajo global **1,1 mil millones** Usuarios actuales de Smartphone, que pueden potencialmente ser usuarios de aplicaciones de inteligencia artificial	Costos de trabajadores del conocimiento, 27% de fuerza laboral total
	"Internet de las cosas"	300% Crecimiento	1 billón (trillón en	$36 billones Costos

	Entre 2,7 y 6,2 trillones de dólares	en dispositivos máquina-a-máquina-conectados en los últimos 5 años **80-90%** Reducción de costo de MEMS (Sistemas micro-eléctrico-mecánicos) en los últimos 5 años	**inglés)** Cosas que podrían conectarse a Internet a través de industrias como manufactura, salud, y minería **100 millones** Conexiones existentes a nivel global máquina a máquina (M2M) en sectores como transportes, seguridad, salud, y servicios públicos (agua, gas, electricidad, etc.)	operativos de industrias clave afectadas (manufacturas, salud, minería)
	Cloud Computing Entre 1,7 y	**18 meses** Tiempo para duplicar	**2 mil millones (billones en inglés)**	**$1,7 billones** PIB relacionado con Internet

		Velocidad, alcance y valor económico en juego de TIC disruptivas	
Tecnología e impacto económico para el año 2025 (PIB Estados Unidos = $17 billones)	Tasas ilustrativas de la mejora y difusión de tecnología	Productos y recursos que podrían verse afectados	Bolsas de valor económico que podrían verse afectadas
	6,2 trillones de dólares	rendimiento por dólar invertido **3x** Mayor costo de tener un servidor en propiedad vs. arrendar uno en la nube	Usuarios mundiales de correos basados en la nube como Gmail, Hotmail y Yahoo **80%** Instituciones de Estados Unidos que planean llevar aplicaciones críticas a la nube	**$3 billones** Importe gastado por corporaciones en TIC

	Velocidad, alcance y valor económico en juego de TIC disruptivas		
Tecnología e impacto económico para el año 2025 (PIB Estados Unidos = $17 billones)	Tasas ilustrativas de la mejora y difusión de tecnología	Productos y recursos que podrían verse afectados	Bolsas de valor económico que podrían verse afectadas
Robótica avanzada Entre 1,7 y 4,5 trillones de dólares	**75%-85%** Reducción de costo de Baxter[1] respecto de un robot manufacturer o típico **170%** Incremento de ventas de robots industriales entre 2009 y 2011	**320 millones** Trabajadores mundiales en industria manufacturera **250 millones** Cirugías anuales en el mundo	**$6 billones** Costo de trabajadores en industrias manufactureras a nivel mundial (19% de costos totales a nivel mundial) **$2-$3 billones** Costo mundial de cirugías mayores

		7	1 mil millones (billones en inglés)	$4 billones
	Vehículos autónomos o semiautónomos	Millas conducidas por vehículo autónomo en el DARPA Grand Challenge de 150 millas en 2004	Automóviles y camiones a nivel mundial	Ingresos mundiales de industria automotriz
		1.540	**450.000**	**$150 mil millones**
	Entre 0,2 y 1,9 trillones de dólares	Millas totales conducidas por vehículos autónomos en el Grand Challenge de 2005	Aviones civiles, militares y de uso general en el mundo	Ingresos por ventas mundiales de industria aeronáutica
		300.000 + Millas conducidas por el vehículo autónomo de Google con solo 1 accidente (por causa humana)		

	Velocidad, alcance y valor económico en juego de TIC disruptivas		
Tecnología e impacto económico para el año 2025 (PIB Estados Unidos = $17 billones)	Tasas ilustrativas de la mejora y difusión de tecnología	Productos y recursos que podrían verse afectados	Bolsas de valor económico que podrían verse afectadas
Impresión 3D Entre 0,2 y 0,6 trillones de dólares	**90%** Reducción de precio por impresora 3D para el hogar respecto a hace 4 años **4x** Incremento en ingresos mundiales de fabricación aditiva en los últimos 10 años	**320 millones** Trabajadores en industria manufacturer a mundial, 12% del total de la fuerza de trabajo **8 mil millones (billones en inglés)** Juguetes fabricados anualmente en el mundo	**$11 billones** PIB de manufacturas a nivel mundial **$85 mil millones** Ventas de juguetes a nivel mundial

		Velocidad, alcance y valor económico en juego de TIC disruptivas		
Tecnología e impacto económico para el año 2025 (PIB Estados Unidos = $17 billones)		Tasas ilustrativas de la mejora y difusión de tecnología	Productos y recursos que podrían verse afectados	Bolsas de valor económico que podrían verse afectadas
	Materiales avanzados Entre 0,2 y 0,5 trillones de dólares	**$1,000 vs $65** Diferencia en precio de un gramo de nanotubos en 10 años **115x** Ratio dureza/peso de nanotubos de carbono vs acero	**7,6 millones de toneladas** Consumo anual global de silicona **45.000 toneladas métricas** Consumo mundial anual de fibra de carbono	**$1,2 billones** Ventas mundiales de industria de semiconductores **$4 billones** Transacciones anuales en el mundo de mercado de carbono

(1) Robot de propósito general de última generación

Tabla 4: Velocidad, alcance y valor económico en juego de TIC disruptivas. Fuente, Mc Kinsey Global Institute[108]

Algunas conclusiones para los negocios, que nos afectarán particularmente:

---

[108] Mc Kinsey Global Institute, "Disruptive Technologies: Advances that will transform life, business, and the global economy", Mayo 2013, página 5, Exhibit E2

El trabajo se transforma en un bien transable. Ya lo analizamos anteriormente. Hasta ahora, quienes salían al mercado laboral en su país era para una oferta de trabajo físicamente localizada en su país. A contar de ahora, crecientemente, la oferta laboral será globalizada. Un radiólogo indio puede hacer diagnósticos desde Bangalore para centros médicos en Estados Unidos. De hecho, eso ya lleva años sucediendo. Pero también un arquitecto de cualquier país puede atender trabajos de cualquier otro país, lo mismo que un ingeniero, un consultor de negocios, un contador, y en general, cualquier trabajador del conocimiento. No es por nada que es en la automatización de trabajos del conocimiento donde el informe Mc Kinsey tiene el "mayor menor impacto económico" de las 12 tecnologías (es decir, el que más impacto va a tener en el peor de los escenarios), con 5,7 billones de dólares.

La minería va hacia un paradigma de "minería sin mineros". Con robótica avanzada se podrá llevar a cabo la labor de prospección. Con vehículos autónomos se podrá llevar a cabo la extracción la carga, arrastre y transporte. Y con la Internet de las cosas se podrá monitorear todo el proceso desde una oficina.

En el futuro tendremos transporte público sin choferes. Vehículos como el de Google se combinará con Google Maps e Internet de las cosas e Internet móvil, lo cual permitirá al transporte público circular por vías segregadas sin accidentes. Las personas en una parada avisarán vía Smartphone su intención de tomar el bus (ingresarán el número del bus en el Smartphone, emitiendo un mensaje al mismo, que avisará al llegar a la parada).

Las fábricas serán atendidas por robots avanzados, solo se requerirá personal de mantención en las premisas. Hay un chiste que dice que las fábricas del futuro solo tendrán una persona y un perro: la persona es para alimentar al perro, y el perro está para que la persona no toque nada...

La cirugía podrá ser llevada a cabo por médicos de forma remota (desde su hogar) en cualquier lugar del mundo

Los diagnósticos médicos se podrán hacer sin necesidad de ir al médico, solo tomando exámenes. La información de los exámenes se contrastará con una gran base de datos de praxis médica, con los cual sistemas inteligentes determinarán la patología y el tratamiento.

La toma de decisiones basadas en la interpretación de datos será realizada por sistemas inteligentes, sin necesidad de intervención humana

Sistemas inteligentes determinarán una malla curricular a la medida de los talentos de cada alumno, poniendo a su disposición la metodología de aprendizaje que mejor resultado le dé, y podrá avanzar en las materias a su ritmo.

Lo anterior obviamente supone una destrucción de puestos de trabajo existentes y la creación de puestos de trabajo nuevos. Desaparecerán puestos de trabajo que, por ejemplo:

- Se relacionen con captura y movimiento de datos
- Consistan en tareas repetitivas (incluyendo "profesor que pasa materia")
- Supongan el manejo de máquinas (incluido transporte)
- Impliquen toma de decisiones que siguen lógica a partir de datos

Se crearán, por el contrario, puestos de trabajo que, por ejemplo:

- Interpreten datos elaborados nuevos
- Imaginen servicios y productos nuevos
- Gestionen nuevas tecnologías
- Solucionen problemas concretos a clientes, proveedores y ciudadanos (sin necesidad de escalar)
- Generen aplicaciones nuevas para nuevas tecnologías
- Coordinen procesos complejos en ambiente multicultural y multi-idioma
- Lleven a cabo mentoría de talentos
- Entreguen formación continua

Esto va a suponer un enorme desafío a los Gobiernos de todas las naciones, especialmente en aquellos países cuya mano de obra se ocupa esencialmente en puestos de trabajo que van a desaparecer. Considerando el carácter abierto de las economías – lo cual no hará sino aumentar gracias a Internet y la economía digital – los Gobiernos se verán obligados a reconvertir millones de personas hacia los nuevos puestos de trabajo, dotándolos rápidamente de las habilidades y competencias de esos nuevos puestos de trabajo. No hacerlo los llevará a crisis económicas muy fuertes, con un gran desempleo estructural. Pero también supondrá enormes desafíos a las empresas y organizaciones en general, que se verán enfrentadas a competidores de todo el mundo con ofertas de mercado de mucho mayor valor agregado a menores costos.

Mc Kinsey estructura los efectos de estas tecnologías sobre las personas, las empresas, y la economía y el Gobierno. Por el lado de las personas, el estudio de Mc Kinsey analiza cómo cada una de las tecnologías afecta la calidad de vida, cambia los patrones de consumo y cambia la naturaleza de su trabajo. Por el lado de las empresas, el estudio analiza si las tecnologías crean oportunidades para el emprendimiento, crea nuevos productos y servicios, genera un bolsón de valor que se va de una industria a otra, crea un bolsón de valor que se va desde las empresas a los consumidores, y cambian las estructuras organizacionales. Por el lado de las economías y los Gobiernos, el estudio analiza si las tecnologías conducen a un incremento de la economía y de la productividad, si cambia las ventajas competitivas de las naciones, si afecta al empleo, y si supone nuevos desafíos regulatorios y legales.

La siguiente figura muestra el resultado de dicho análisis, en inglés. En columnas, cada una de las categorías de efectos descritas arriba (les 3 primeras para las personas, las 5 siguientes para las empresas y las 4 últimas para economía y Gobierno). El grado de intensidad de azul de cada intersección muestra la intensidad del efecto:

Exhibit E6
How disruptive technologies could affect society, businesses, and economies

■ Primary ■ Secondary ▨ Other potential impact

	Implications for individuals and societies				Implications for established businesses and other organizations				Implications for economies and governments			
	Changes quality of life, health, and environment	Changes patterns of consumption	Changes nature of work	Creates opportunities for entrepreneurs	Creates new products and services	Shifts surplus between producers or industries	Shifts surplus from producers to consumers	Changes organizational structures	Drives economic growth or productivity	Changes comparative advantage for nations	Affects employment	Poses new regulatory and legal challenges
Mobile Internet												
Automation of knowledge work												
The Internet of Things												
Cloud technology												
Advanced robotics												
Autonomous and near-autonomous vehicles												
Next-generation genomics												
Energy storage												
3D printing												
Advanced materials												
Advanced oil and gas exploration and recovery												
Renewable energy												

SOURCE: McKinsey Global Institute analysis

Figura N°30: Efecto de tecnologías disruptivas en la sociedad, los negocios, la economía y el gobierno[109]

El efecto mayor en cada una de las tres categorías está relacionado con buenas noticias para la humanidad. En lo que respecta a las personas, las 12 tecnologías tendrán sobre todo una mejora de la calidad de vida, en especial por lo que respecta a acceso a la educación y mejor salud. El cambio en la naturaleza del trabajo va a afectar, pero no en todas las tecnologías.

Referente a las empresas, estas 12 tecnologías traerán sobre todo grandes oportunidades en la forma de nuevos servicios y productos. Y respecto de los países, aquéllos que incorporen agresivamente estas tecnologías en sus economías tendrán mayor crecimiento económico debido a una mayor

---

[109] Ibid, página 20 (Exhibit 6: How disruptive technologies could affect society, business and economies

productividad de la economía.

Durante mucho tiempo he conversado con empresarios, políticos y académicos sobre estos cambios que se vienen, y en general he tenido poca receptividad. A nadie le gusta que le digan que el "estatus quo" va a cambiar radicalmente en poco tiempo y le va a afectar directamente. Sobre todo, considerando que los países de América Latina han llevado muchos años en una "zona de comodidad" debido a los precios internacionales de los recursos naturales que exportan, que es su principal fuente de ingresos. Pero es que detrás de este cambio de estatus quo hay oportunidades que jamás antes habíamos tenido.

Llegar a entender cómo puede afectar las nuevas tecnologías el negocio propio con la simple lectura de documentos como el de Mc Kinsey es una de las habilidades digitales que deberán poseer los gerentes del siglo 21. Para adquirir esa habilidad, es necesaria una constante inducción sobre la base de lectura de artículos sobre TIC en medios de prensa y revistas de negocios. Al final de este libro se entregan varias referencias que son de utilidad.

A continuación, haré una descripción de cada una de esas doce tecnologías, y el efecto que pueden tener sobre la sociedad, los negocios y la economía. La descripción no es técnica: es de negocios, para que todos la entendamos.

34. Internet móvil

La primera de la lista de Mc Kinsey es Internet móvil[110], es decir el acceso a Internet a través de dispositivos móviles como Smartphones o Tablets. Para que nos entendamos, Smartphones son móviles como el iPhone de Apple, el Galaxy de Samsung o cualquier teléfono móvil que tenga el sistema operativo Android o Windows CE. Estos dispositivos serán los que permitirán incorporar a Internet y todos sus beneficios a más de 2.000 millones de personas adicionales entre 2015 y 2025, con lo cual más de 5.000 millones de personas tendrán acceso a Internet para dicha fecha.

Según Mc Kinsey, Internet Móvil va a afectar especialmente los patrones de consumo de las personas, generando grandes oportunidades para el

---

[110] Disruptive technologies: Advances that will transform life, business, and the global economy, págs. 29-39 incluidas

emprendimiento gracias a la creación de nuevos productos y servicios. A la fecha – y en solo 7 años desde el lanzamiento del iPhone – se han creado más de un millón de aplicaciones para smartphones, que corresponde a otros tantos productos. Los consumidores pasan cada vez más tiempo conectados a su teléfono móvil con acceso a Internet, que pasa a ser crecientemente el "lugar" donde se informa, busca, compara y compra productos.

Quizá una forma de ilustrar las oportunidades que se generan en la Internet móvil, y de paso explicar cómo cambian los paradigmas de los negocios en la sociedad digital, es contar la historia del sistema operativo Android, propiedad de Google. El sistema operativo de un teléfono móvil es el software que le permite correr aplicaciones además de gestionar los servicios que se entregan a través del teléfono móvil. Android era propiedad de una pequeña empresa que fue adquirida por Google por 50 millones de dólares cuando estaba recién partiendo. A Google le interesó una singularidad de este sistema operativo: que era abierto, es decir, el código podía ser modificado por el fabricante de los teléfonos móviles. Los sistemas operativos para móviles que había en el mercado eran todos propietarios (solo operaban con la marca del móvil, como iPhone de Apple o Nokia) o bien eran cerrados (como el sistema Windows CE de Microsoft). Lo que hizo Google con Android fue crear una plataforma abierta para Internet Móvil, y la optimizó para su célebre sistema de búsqueda. La apuesta era que las personas iban a usar crecientemente los teléfonos móviles para buscar en Internet, lo cual llevaría a que las empresas invertirían en publicidad para esa plataforma.

A continuación, innovaron en el Modelo de Negocios: habiendo invertido millones de dólares en el desarrollo de Android (aparte de los invertidos para comprar la empresa) en vez de vender el sistema operativo a las empresas de teléfonos móviles, se lo regalaron. Cualquier fabricante podía poner en su teléfono móvil Android, sin pagar absolutamente nada, y modificarlo para las características de su aparato. Para Google el negocio no estaba en el sistema operativo, por bueno que fuera, sino en la vente de publicidad.

La estrategia fue un éxito completo. En apenas dos años, Android desplazó a Apple en participación la de mercado de teléfonos móviles usando su sistema operativo, y solo el primer año vendió 120 millones de dólares en publicidad para sistemas móviles. El segundo año las ventas para esos dispositivos subieron a 1.200 millones de dólares. Fue una jugada de billar, por el cual se golpea una bola para que otra sea la que en definitiva entre en la esquina.

Pero, aunque Mc Kinsey no lo pone al mismo nivel de importancia, hay más efectos.

Gracias a Internet móvil las personas podrán recibir educación y apoyo en salud. Junto con algunos dispositivos que surgirán alrededor de la Internet móvil se podrá por ejemplo hacer un monitoreo de enfermedades crónicas. Con el desarrollo de la inteligencia artificial (otra de las doce tecnologías) y la adición de dispositivos para tomar signos vitales se podrán realizar diagnósticos de forma remota a un costo muy bajo. La Internet móvil permitirá "bancarizar" a toda una población que hoy tiene el efectivo como único medio de pago, debido a que una creciente cantidad de productos y servicios serán pagados con dispositivos móviles (el llamado "m-money"). El empresario argentino Wenceslao Casares, creador de Patagon.com – que vendió al Banco de Santander en 750 millones de dólares, cree que la unidad monetaria "bitcoin" va a reemplazar las actuales monedas como forma de pago Online[111].

Actualmente hay ya en marcha tres grandes proyectos que buscan dar acceso a Internet gratis a la población del mundo que gana menos de diez dólares al día. Una de ellas (Free Basics) está empujada por Mark Zuckenberg, el fundador de Facebook. Está enfocado especialmente en móviles y busca que sus usuarios tengan acceso gratuito a una serie de sitios web, como Wikipedia o sitios de organizaciones no gubernamentales que entregan beneficios – aparte, obviamente, de Facebook. Partió en 2013 y ya está en marcha en países de Asia, América Latina (Colombia y Guatemala) y África.

Otro proyecto es Project Loon, de Google. Se trata de una red de globos de helio conectados entre sí, que podrían llevar internet a dos tercios de la población mundial, en los lugares más apartados de la tierra.

El tercer proyecto es OneWeb de Richard Branson (el creador del grupo Virgin). Consiste en la construcción y lanzamiento de la mayor red satelital para acceso a Internet del mundo: alrededor de 650 satélites para cubrir más

---

108 http://www.businessinsider.com/casares-wences-interview-on-realvision-television-2015-11

de 500 países para el año 2019.

Estas iniciativas permitirán salir de la pobreza a la mayor cantidad de personas desde el principio de la historia de la humanidad, tanto en lo que respecta al número total como al tiempo que se tardará. Esencialmente, proveerá de la posibilidad de trabajar desde la casa a una enorme población, la que podrá cobrar diez dólares por hora en vez de los diez dólares por día que hoy ganan[112].

Mc Kinsey ha estimado el impacto de esta tecnología en el año 2025 entre los 3,7 y 10,8 billones de dólares al año, es decir, hasta dos veces el PIB de América Latina y el Caribe. Considerando las iniciativas que está en curso, es una meta perfectamente creíble, y va a cambiar la estructura de la Sociedad, de la matriz de producción mundial y de la política.

Esta es la tecnología que más deberán impulsar los países de América Latina, ya que es el principal habilitante para incorporar a toda la población en Internet, lo cual es el primer objetivo de política pública que deberían tener los gobiernos de la región.

35. Automatización de trabajo del conocimiento

Por automatización del trabajo del conocimiento Mc Kinsey se refiere al uso de sistemas digitales para llevar a cabo tareas que suponen análisis complejos, juicios sutiles, y resolución creativa de problemas. Esto, a todos los niveles de la organización. Así, por ejemplo, a través de computadores se podrá preguntar directamente por un dato que antes suponía pedirle a una persona que accediera a un índice de documentos, decidiera dónde puede estar, leyera el contenido de varios de ellos, hasta encontrar el dato. Pero también se puede dar el caso comentado antes sobre la empresa de Hong Kong, que reemplaza a un director, o el caso de reemplazo de diagnóstico médico (eso no va a estar aún para el año 2025, debido a que antes hay que poblar millones de diagnósticos en todo el mundo, y hacer posible que conversen entre ellos). O el caso reciente del primer "abogado virtual" contratado por un estudio jurídico en Estados Unidos, "para preparar

---

[112] Cf. artículo en América Economía, en http://tecno.americaeconomia.com/articulos/internet-gratuita-la-iniciativa-que-sacara-4000-millones-de-personas-de-la-pobreza

casos"[113].

Según Mc Kinsey, la automatización de trabajo del conocimiento cambiará la naturaleza del trabajo y afectará mundialmente a 125 millones de trabajadores administrativos y de soporte a clientes; 55 millones de trabajadores en educación y salud; 35 millones de trabajadores en ciencia y tecnología; 50 millones de trabajadores en puestos de trabajo gerencial; y 25 millones de profesionales en servicios financieros (ejemplo: corredores de seguros, agentes de cambio y bolsa) y legales (notarías y archivos judiciales). En total, serán afectados 280 millones de puestos de trabajo[114]. Según comentamos arriba, a propósito de esto, la estructura de las organizaciones cambiará, subcontratando en cualquier lugar del mundo talento aplicado a la solución de problemas concretos o para tareas concretas. El concepto de "oficina" del siglo 20 va a ser afectado por este nuevo paradigma, resultando en organizaciones con menos personal fijo y contratos con remuneraciones basadas en entregables u objetivos cumplidos.

No se trata de que se vayan necesariamente a eliminar los 280 millones de trabajadores que ocupan esos 280 millones de trabajos, pero sí van a cambiar su rol. Ya hablamos antes de cómo el profesor en el aula no va a enseñar, sino que los alumnos van a aprender y el profesor va a cumplir un rol de tutoría, respondiendo a preguntas y acreditando el nivel de aprendizaje. El rol de "enseñanza" podrá ser llevado a cabo por sistemas digitales y programas, o por grabaciones de clases impartidas por los mejores profesores a nivel mundial (para aquéllos que aprenden mejor escuchando y viendo a un profesor que no a un sistema). Este año, sin ir más lejos, los alumnos de un curso Online del Georgia Institute of Technology tuvieron entre otros a Jill Watson como profesor asistente (tutor). Grande fue su sorpresa cuando al finalizar el curso se enteraron de que Jill no era una persona: era una entidad de inteligencia artificial del supercomputador Watson, de IBM[115].

Otro tanto pasa con el rol que hoy juegan las enfermeras: sistemas

---

[113] Ref. artículo en el Diario Financiero, en http://www.df.cl/noticias/tendencias/negocios-y-mundo/desarrollan-el-primer-abogado-con-inteligencia-artificial-y-ya-esta/2016-05-16/151433.html
[114] Disruptive technologies: Advances that will transform life, business, and the global economy, pág 44.
[115] Ref. Wall Street Journal, mayo 6 2016, en: http://www.wsj.com/articles/if-your-teacher-sounds-like-a-robot-you-might-be-on-to-something-1462546621

inteligentes se encargaran de monitorear el tratamiento, administrar medicamentos y gatillar alarmas para procedimientos médicos. Pero nada reemplaza esa persona cálida que muestra que está en control de la situación y que se hace cargo del paciente. No nos sanamos solo por medicamentos, sino por ser atendidos apropiadamente.

Pero en medicina ya se está avanzando en la dirección apuntada antes respecto de "jubilar" al Dr. House. El supercomputador Watson, de IBM, diagnostica sobre casos de cáncer accediendo a información y evidencia médica relevante sobre 600.000 casos, dos millones de páginas de texto de 42 Revistas médicas (Journal), y las fichas clínicas de 1,5 millones de pacientes que han tenido tratamientos o experimentos de tratamiento. Con ello, puede comparar los síntomas individuales de cada paciente, signos vitales, historia familiar, medicamentos, estructura genética, la dieta, el ejercicio y la rutina para diagnosticar y recomendar un plan de tratamiento con la mayor probabilidad de éxito[116].

También está llegando al ámbito de la abogacía. Podría pensarse que en este caso el trabajo es más creativo, y requiere de criterio. Y, sin embargo, en Estados Unidos – país con un sistema jurídico consuetudinario, en el que se establece jurisprudencia con los resultados de los juicios - recientemente un bufete de abogados contrató al primer abogado hecho con inteligencia artificial[117].

Actualmente hay también sistemas que se encargan de escribir las noticias financieras, reemplazando a los periodistas especializados, quienes sin embargo editan los artículos y le ponen su comentario. También hace años que hay sistemas que entregan pronósticos del tiempo que son hechos directamente por sistemas y que sin costo alguno para el usuario le pueden dar predicciones tanto o más confiables que las que se daban hasta ahora.

Donde sí se va a dar destrucción neta de trabajo del conocimiento va a ser en puestos de trabajo "frente al computador" que suponen ingresar datos y procesar información. La razón de ello estará en los sistemas inteligentes, y

---

[116] Disruptive technologies: Advances that will transform life, business, and the global economy, pág 45.
[117] Ref. https://www.df.cl/noticias/tendencias/negocios-y-mundo/desarrollan-el-primer-abogado-con-inteligencia-artificial-y-ya-esta/2016-05-16/151433.html?utm_source=email&utm_medium=email&utm_campaign=Lo+Leido_1605201 6&utm_content=Link_Nota

en los mismos combinados con la tecnología disruptiva que veremos en el siguiente apartado (la Internet de las Cosas).

También, en la medida en que la generación digital tenga más edad, el comercio y la banca electrónicos van a superar completamente al comercio y la banca "física", es decir, basada en tiendas o sucursales. Hoy Amazon es capaz de atender mejor a un comprador que un vendedor persona. Es capaz de identificar qué cosas le gustan al cliente y ofrecerlas de inmediato; puede decirle qué opinan otros compradores del mismo producto (y de forma neutral: lo bueno y lo malo); puede entregarle toda la información del producto y de los productos alternativos, y hacer una comparación de cada característica, puede recoger información relevante del cliente y decirle qué le conviene más y por qué. Y puede darle una "experiencia de consumo" que no tendrá en el mundo "real".

En un reciente reportaje del comercio electrónico, se decía que, en la China comunista, donde una gran masa de la juventud se acaba de incorporar al consumo, los jóvenes simplemente no entendían el concepto de "ir a una tienda" para comprar algo. ¿Para qué, si todo está en Internet? Respecto de sucursales bancarias, una vez que el dinero se digitalice, no necesitaré ir a una sucursal para nada. De hecho, con todo lo que he explicado sobre la transformación digital de los servicios financieros, no sé siquiera si necesitaré un banco, puesto que los servicios que hoy me entrega un banco podré tenerlos de otros proveedores.

Para mi formación profesional continua no necesito asistir a clases, ni siquiera en una Universidad de prestigio en América Latina (por aquello de las redes de contacto). Puedo tomar un curso directamente en Internet, en universidades de aún más prestigio (como Stanford, Harvard, MIT, Princeton, Oxford, Cambridge, Yale, etc.) a un precio más bajo, y haciendo una red de contactos aún mejor. He hecho dos MOOC de los que hablamos arriba. En uno de ellos éramos 40.000 compañeros de curso. Nunca había tenido una experiencia de aprendizaje más entretenida. Nunca había tenido discusiones tan apasionantes. Nunca había aprendido tanto en tan poco tiempo. Tuve mi diploma. Y me costó... ¡cero! No creo que "costo cero" sea el paradigma a partir de ahora, ya que esta modalidad ha madurado enormemente en apenas 4 años. Pero está en la dirección que señalamos antes, de una educación personalizada, universal, de calidad y más económica. Y no hablo ya del año 2025, sino de 2015. Ya está aquí.

¿Significa que van a haber muchos profesores en paro? Depende de lo que hagan. Como profesor, tengo más trabajo que antes. Como alumno de un MOOC, aprendí cómo son. Ahora hago mis cursos Online, no aún en modalidad MOOC, pero reproduciendo esa experiencia de aprendizaje que tuve como estudiante, y que fue tan útil y estimulante.

Como ya he dicho, la sociedad del conocimiento es acerca del desarrollo de talentos, y el bienestar del mundo descansa en que el mayor número posible de talentos se descubierto, desarrollado y puesto a producir. Se necesitarán muchos profesores, aunque no harán clases como ha sido hasta ahora.

La automatización de trabajos del conocimiento afectará directamente la productividad del factor trabajo y el crecimiento de la economía, de acuerdo con el estudio de Mc Kinsey. Es obvio que, si procesos que hoy emplean mucha mano de obra se automatizan con sistemas digitales, la productividad de la mano de obra resultante será mayor que en la actualidad. Los gobiernos deberán hacer frente a un complejo cambio en la estructura productiva de sus países, con un fuerte componente en la capacitación de la población empleada en nuevas habilidades blandas para nuevos tipos de puestos de trabajo, a la vez que un fuerte desempleo en trabajos más tradicionales. Este efecto ya lo describimos más arriba al hablar de los cambios en la naturaleza del trabajo, incluyendo una descripción del tipo de trabajo que se verá afectado por la automatización de trabajo del conocimiento. Como vimos, no afecta solo a trabajos poco cualificados, sino también – y bastante – a trabajos muy cualificados.

El impacto económico de la automatización de trabajos del conocimiento, según el estudio de McKinsey, está entre 5,2 y 6,7 billones de dólares anuales para el año 2025[118], es decir, entre un 8% y un 40% más grande que toda la economía de América Latina y el Caribe en 2014. Es la tecnología disruptiva con el mayor de los menores impactos, es decir, la que más va a tener un impacto mínimo. Va a afectar a entre 75 y 90 millones de trabajadores de economías avanzadas y entre 35 y 50 millones de trabajadores de países en desarrollo[119].

Otra tecnología exponencial que tiene que ver con la automatización de

---

[118] Disruptive technologies: Advances that will transform life, business, and the global economy, pág 40.
[119] Ibid, pág 43.

trabajos de conocimiento, aparte de la inteligencia artificial, es el denominado "Big Data", que -curiosamente - no aparece entre las doce tecnologías disruptivas, debido a que al momento de hacerse el informe aún no tenía el potencial que se ha descubierto desde entonces.

¿Qué es el "Big Data"? Se llama Big Data a la tecnología para tratar datos generados en gran volumen, a una gran velocidad, de naturaleza muy distinta, una gran variabilidad y muy distinta veracidad. Típicamente son datos que se generan en Internet a través de sitios Web, búsquedas, redes sociales, aplicaciones para Internet móvil, y bases de datos estructuradas conectadas a Internet (por ejemplo, la que tiene Amazon de todas las ventas de sus millones de clientes) o bases de datos interconectadas entre redes privadas, como la de la Banca.

La fuente de esos datos es múltiple: de una parte, está toda la información generada en sitios Web y blogs, de los cuales hay cientos de millones en todo el mundo, que cada día generan nuevos contenidos que contienen datos. De otra parte, están los miles de millones de personas interactuando en plataformas digitales y especialmente en redes sociales, que cada día comunican y opinan abiertamente. Está la información que envían a Internet decenas de miles de millones de dispositivos como sensores (Internet de las Cosas). Por último, están las plataformas más cerradas de correos electrónicos de miles de millones de personas que cada día envían y reciben mensajes. La información es muy variada en su naturaleza: textos, imágenes, audios y videos. En total, cada día se crean $2,5 \times 10^{18}$ bytes de nueva información.

A través del Big Data se puede sacar información de esa información no estructurada. Mediante inteligencia artificial se pueden detectar patrones, analizar textos, definir contextos, sacar conclusiones para la acción. La empresa Adidas, por ejemplo, tiene los derechos de venta de la camiseta de Leo Messi para la selección argentina. A través de redes sociales detectó que la camiseta de la diez iba a tener una baja en ventas cuando Messi falló el penal contra Chile en la final de la Copa América Centenario. Por lo tanto, la retiraron de circulación y esperaron a que saliera la campaña "no te vayas, Leo" para volverla a colocar. En definitiva, armaron la oferta en la medida en que fue evolucionando la demanda.

Hay un enorme campo hacia adelante en temas de salud, prevención de delitos, mejoras en experiencia de cliente, educación, manufactura, finanzas, genómica, etc.

También hay "Big Data" en los datos estructurados. Actualmente Amazon tiene miles de millones de datos estructurados, producto de las ventas que ha realizado en más de 20 años a más de 100 millones de personas de todo el mundo. Esos pueden dar mucha información para toma de decisiones, como el envío del correo electrónico, a todos los compradores de los primeros cuatro volúmenes de Harry Potter, ofreciendo Harry Potter V si reservaban la venta, permitiéndoles comprar a la casa editorial lo que ya tenían vendido. Pero cuando tienen mayor uso es cuando se combinan con datos no estructurados, como, por ejemplo, los datos que se generan en la navegación en el sitio Web de Amazon por parte de las personas en todo el mundo. Para que se concrete una venta una persona antes debe navegar. Eso quiere decir que para generar el dato estructurado "venta" antes se han generado múltiples datos no estructurador de "navegación". Juntando ambos se identifican necesidades no cubiertas de los consumidores, además de comprender mejor su lógica de compra. Todo ello luego se combina con inteligencia artificial para llevar a cabo procesos por los cuales el sitio Web presenta al cliente productos que ni sabía que estaba buscando, aumentando la penetración de billetera.

América Latina será una de las regiones claramente afectadas de forma negativa por la automatización del trabajo del conocimiento, y deberá poner todo su esfuerzo e imaginación para reconvertir una gran masa laboral hacia puestos de trabajo basados en nuevas habilidades, para las cuales lamentablemente no hay al momento carreras. América Latina no es fuerte en la formación de carreras profesionales del tipo STEM (Ciencias, Tecnologías, Ingenierías, Matemáticas) que serán las más demandadas en el siglo 21. Es allí donde hay que concentrar los esfuerzos de reconversión. Al menos, los dineros públicos para financiar carreras profesionales deberían apuntar hacia esas carreras y no hacia las más tradicionales. En Ciencias destacarán Medicina, Biología, Física y Química.

36. Internet de las Cosas (IoT por sus siglas en inglés)

La llamada Internet de las Cosas por su parte, tendrá un impacto económico para el año 2025 equivalente a entre 2,7 y 6,2 billones de dólares[120], entre un 56,2% y un 129% del tamaño de la economía de América Latina y el

---

[120] Ibid, pág. 51.

Caribe. Según el mismo informe, es la tercera tecnología emergente de mayor impacto económico, detrás de la Internet móvil y la automatización de trabajo de conocimiento. Afectará primariamente la calidad de vida de las personas, de la salud y el medio ambiente, creando nuevos productos y servicios, y afectando la productividad y el crecimiento de las naciones.

La Internet de las Cosas esencialmente es sobre sensores que están en todas partes, miden de todo, y están conectados a Internet. Gracias a ello, pueden enviar información a otros sistemas inteligentes. Dicha información se incorpora en procesos, se usa para análisis, o se usa para toma de decisiones – automáticas gracias a la inteligencia artificial, o con intervención humana. Se estima que en la próxima década el número de sensores instalados en todo el mundo podría ser de entre 50 mil millones y un billón. Es decir, por lo bajo, alrededor de 7 sensores por habitante en el mundo.

Son muchos los sectores de la Economía de América Latina que están fuertemente expuestos a los cambios de paradigma de la Internet de las Cosas. El monitoreo remoto de enfermedades crónicas, por ejemplo, ayuda a reducir los costos de dichas enfermedades, mejorando a la vez la calidad de vida de esas personas. La capacidad para monitorear y controlar las redes de energía y sistemas de agua puede tener un gran impacto en la conservación de energía, las emisiones de gases de efecto invernadero y la pérdida de agua. Los sensores incorporados en los productos de todo tipo, y comunicados con Internet, permitirían la ubicación de especies robadas en cuestión de minutos. Sensores en todas las calles de la ciudad pueden tomar el pulso al tráfico y modificar las luces verdes, a la vez que guiar los buses de pasajeros, con el chófer cómodamente sentado en su casa con un joystick. El uso a gran escala de los identificadores de radio frecuencia permite tener inventarios continuos en tiempo real de cientos de miles o incluso millones de ítems distintos. Sensores especializados pueden mejorar los rendimientos de las cosechas, como veíamos anteriormente. Pero especialmente puede afectar a las economías de América Latina reemplazando mano de obra que hoy se ocupa en recoger e ingresar información en sistemas.

La Internet de las Cosas va a redefinir muchos puestos de trabajo, mejorando su productividad y su aporte a la creación de valor en la organización. Pero para que ello suceda se requiere comenzar a trabajar desde ya, para el manejo del cambio. De lo contrario, puede suceder que, teniendo una tecnología disruptiva habilitante, no haya mano de obra capaz de usarla, con lo cual la organización se queda en el pasado. Se debe ser consciente también que se van a destruir y crear nuevos puestos de trabajo, para lo cual se va a requerir un gran esfuerzo de capacitación y readecuación laboral.

La IoT es una tecnología de punta detrás de lo que se ha dado por denominar "realidad inteligente", y que se traduce en "ciudades inteligentes", "edificios inteligentes", "producción inteligente", "agricultura inteligente", "salud inteligente", etc. Todo ello configura una verdadera "Economía inteligente" (smart economy), que es una de las características de la Economía del siglo 21. En definitiva, son las cosas las que se encargan de recoger, procesar y entregar información para la toma de decisiones.

Con el IoT se podrá poner un dispositivo conectado a Internet a cualquier producto, quedando éste geolocalizado. Con ello se podrá perseguir los robos hasta los lugares donde las especies son reducidas a dinero (tiendas, bazares, etc.) Mediante una acción coordinada y perseverante de confiscación de productos robados, el "negocio" del robo dejará de serlo, y la seguridad de las personas aumentará.

La IoT está despegando fuertemente, permeando ya varios sectores tradicionales de la industria. Como apuntamos anteriormente, en las últimas ferias de tecnologías digitales, como la CES (principal feria digital del mundo) o la MWC (Mobile World Congress, principal feria de tecnología digital móvil) las principales atracciones no fueron nuevos computadores o sistemas digitales de consumo, sino la industria del automóvil y su concepto del "automóvil conectado" (connected car).

En resumen, la IoT va a afectar a puestos de trabajo en América Latina, dejando fuera todos los trabajos que consistan en capturar e introducir datos en sistemas. Pero también va a abrir una gran cantidad de posibilidades para industrias como la logística, y podrá ayudar en temas que son muy sensibles a la población como la seguridad. Tendrá una intensa aplicación en actividades propias de la Región, como la agricultura, la minería o la ganadería, y en los sectores de electricidad, gas, y agua potable.

37. Cloud Computing o Computación en la Nube (Internet)

La computación en la nube se refiere al uso de toda la infraestructura creada alrededor de Internet para entregar productos y servicios basados en plataformas digitales. Va más allá de un concepto tecnológico: es un nuevo paradigma de negocios, que surge de la evolución de la Internet.

Tan lejos como en los años 60 ya existían tecnologías de red amplia (WAN, por Wide Área Network), que permitían a varios computadores centrales distantes entre sí conectarse y compartir datos. Pero eran redes privadas, pertenecientes a una empresa, y no compartían capacidad de procesamiento – es decir, no trabajaban "en equipo", sino que cada computador trabajaba por su cuenta. Algunas empresas tecnológicas como IBM o General Electric crearon WAN mundiales que arrendaban. Seguían sin embargo siendo redes privadas, en el sentido de "cerradas", es decir, el acceso estaba limitado a los terminales de la empresa que las usaba.

Luego se comenzó a ver el beneficio de interconectar redes para compartir documentos y datos entre distintas empresas de una cadena de valor. Sin embargo, el problema era que cada empresa tenía su propia forma de estructurar documentos. Como solución a este problema surgió el formato de intercambio electrónico de documentos (EDI, por Electronic Data Interchange), que permitió a grandes multinacionales como General Electric conectar procesos de negocios completos, con proveedores y clientes.

Cuando salió Internet, se generó automáticamente una "red de redes", una gran WAN donde todos se conectaban con todos y abrían sus redes al público en general. Era lógico y cuestión de tiempo que comenzaran a desarrollarse aplicaciones o software de utilidad para todos quienes que se subían a Internet, para ser utilizados por cualquiera desde cualquier lugar del mundo que tuviera acceso a la red. La primera aplicación exitosa bajo esta modalidad fue el correo electrónico, y la empresa que lo popularizó fue Hotmail, desarrollada por un estudiante indio en California, que lo vendió dos después años a Microsoft por 600 millones de dólares.

Con la aparición de los móviles inteligentes ("smartphones" como iPhone o Samsung) y las "Tablets", nuevas categorías de dispositivos tuvieron acceso a Internet. Se generó por ello una evolución hacia aplicaciones multiplataforma por las cuales una persona puede comenzar a leer un libro digital en su computador, seguir leyéndolo en su móvil mientras vuelve a casa, y terminar en su Tablet en la cama. Los desarrolladores comenzaron por ello a popularizar el desarrollo de sus aplicaciones "para la red", donde esencialmente se tiene acceso tanto a aplicaciones (por ejemplo, el correo electrónico) como datos (los correos en sí). Y todo ello está en Internet, con lo cual no es necesario tener un gran disco duro en el dispositivo de acceso a Internet.

Por último, esta gigantesca red de redes se acabó por transformar en una suerte de "plataforma de plataformas", de forma que una empresa que necesita más capacidad de procesamiento para una demanda inusual de datos puede arrendar – mientras lo necesite – dicha capacidad en Internet. O en vez de comprar un software de clase mundial que hoy cuesta cientos de miles o millones de dólares, puede arrendarlo según lo necesite. Se genera con ello un nuevo paradigma de negocios: servicios según se demanda (pay-as-you-use-services).

Todo eso es el cloud computing, o computación en la nube.

Los servicios más comunes entregados vía Internet ya son parte de la computación en la nube, como correos electrónicos, redes sociales y video streaming (entrega de contenidos audiovisuales como en YouTube, TED, Netflix, etc.).

La razón de que se haya transformado en una de las doce grandes tecnologías emergentes que mayor impacto va a tener en la economía mundial (en cuarto lugar, con un impacto de entre 1,7 y 6,2 billones de dólares anuales[121], equivalentes a entre un 35% y un 129% el tamaño de la economía de América Latina y el Caribe) es fundamentalmente debido a la transformación digital de la economía. La "nube" (por llamarla en idioma castellano) es una tecnología habilitante: de trabajos del conocimiento, de la Internet de las Cosas, de Internet móvil, de productos y servicios que se digitizan. La computación en la nube es de hecho lo que permite que el trabajo se digitice y se vuelva un bien transable, por el cual el trabajador puede estar en cualquier lugar del mundo.

La computación en la nube crea disrupciones en múltiples modelos de negocios, que se vuelven ubicuos, y altamente móviles y ágiles. Por ejemplo, la industria del cine y la televisión, o del turismo (reservas en línea). Cuando Mc Kinsey hizo su informe aún no se había generado los fenómenos de AirBNB y Uber, que es otra disrupción de modelos de negocio y que están basados en computación en la nube (e Internet móvil, para el caso de

---

[121] McKinsey Global Institute (2013), Disruptive technologies: Advances that will transform life, business, and the global economy, pág. 61

Uber)[122].

El valor del impacto viene fundamentalmente de excedentes de consumo para los 5.000 millones de usuarios de Internet y de mejoras en la productividad de sistemas digitales (que inciden en menores costos de transformación de productos y servicios, cada vez más intensos en uso de plataformas digitales).

Una de las proyecciones de Kevin Kelly, en la conferencia en TED sobre los 5.000 días de la Internet es que todos los datos acabarán en la nube. Es como un agujero negro digital. Y todos los dispositivos (computadores, móviles inteligentes, Tablets, sensores de Internet de las cosas...) serán como ventanas a esa nube (Kelly la llama "la máquina").

Quizás cuando escuche hablar de cloud lo sorprendan con una serie de acrónimos incomprensibles, a los que tan aficionada es la industria de la informática para hacernos pasar malos ratos y sentirnos ignorantes. No son para nada complejos. Arriba comentamos todos ellos conceptualmente. Solo que les pusieron de nombre un acrónimo. Y los que nos afectan realmente son solo dos.

Así, cuando se utiliza una aplicación o software a través de una versión disponible en Internet, como Office 365 de Microsoft, se le denomina SaaS o "Software as a Service". En cambio, si de lo que se trata es de arrendar capacidad de procesamiento para necesidades puntuales, capacidad de almacenamiento según se necesite, o redes locales virtuales (VLAN) – que es lo que hacen tanto Amazon con AWS como Google y Microsoft – se habla de IaaS o "Infrastructure as a Service". En ambos casos hay un ahorro en la operación de la plataforma digital. En el primer caso, en lo referido a la actualización de nuevas versiones (en el SaaS siempre se usa la última versión). En el segundo caso, en la supervisión de la plataforma, pero también en inversiones en infraestructura, ya que se usa solo lo necesario – lo cual permite ahorrar inversiones en nuevos computadores para

---

[122] AirBNB (https://es.airbnb.com/) es un sitio que une personas que tienen un alojamiento disponible con personas que necesitan un alojamiento. Compite directamente con los hoteles y B&B. Uber (www.uber.com), por su parte, es un servicio de transporte en ciudad que pone en contacto personas con auto y personas a pie, compitiendo directamente con los taxis, buses y Metro. (Nota del Autor). Estos dos emprendimientos están presentando problemas de toda índole a ambas industrias, ya que cambia la naturaleza del negocio, afectando incluso la parte fiscal.

necesidades marginales o temporales de procesamiento de datos y aplicaciones.

Últimamente se ha considerado también dentro de la computación en la nube servicios de valor agregado como entrega de contenidos (Netflix, iTunes), Publicidad (Google Adwords) o software para bajar, aunque no hay unanimidad sobre si eso es o no Cloud computing.

Servicios Cloud e impuestos

Estos servicios en la nube han reanimado un debate de larga data y siempre latente acerca de los impuestos que se debe cobrar para productos o servicios en Internet.

Esto surgió ya desde el comienzo de Internet. Las personas que compraban desde América Latina a Amazon pagaban – y pagan – impuestos locales en Estados Unidos (que es donde fiscalmente está incorporado Amazon) pero luego volvían a pagarlos en su país, al importarlos. Eso estaría en contra de lo establecido en los Acuerdos Internacionales sobre Comercio Mundial de la Ronda de Uruguay, por los cuales una misma transacción no debería estar sujeta a doble tributación, para evitar un efecto nocivo sobre el comercio mundial. Pero se estableció como estándar, y sigue así. Cada Gobierno de los países compradores ha manejado el tema a su criterio, no habiendo una posición homogénea. Algunos han liberado de aranceles e impuestos a compras hasta cierto monto, otros han liberado de aranceles, pero no de impuestos a las ventas, y otros por fin cobran todo. Y en el tiempo esto ha evolucionado.

Recientemente, en Italia y Chile las autoridades fiscales han llevado a cabo acciones para cobrar impuestos a la empresa Google por los servicios de publicidad en su buscador realizados a través de su plataforma Adwords, que es la principal fuente de ingresos de esa empresa. La razón detrás de ello está en que se trata de ingresos obtenidos por Google de ventas realizadas en dichos países, que no pagan impuesto a la renta o impuesto al valor agregado como todas las demás ventas realizadas a empresas locales. El tema surge de que Google factura desde Estados Unidos, y, sin embargo, la autoridad fiscal considera que se trata de la venta de un servicio dentro de su país, que incluso pasa a ser gasto deducible de impuestos para las empresas que los contratan. Por lo tanto, debe estar afecto a impuesto a la renta por parte de Google.

En Chile, la Asociación de Emprendedores de Chile (ASECH) entabló una demanda al Servicio de Impuestos Internos (SII) por cobrarle a empresas PYME que son agencias de marketing digital un 35% más intereses y multas de todos los pagos realizados entre 2010 y 2012 a Google por la contratación de campañas publicitarias en dichas plataformas. Para la mayoría de las empresas afectadas ese 35% con intereses y multas significa el cierre, ya que ese es el orden de magnitud de los márgenes brutos sobre campañas en Adwords. La directriz del SII estableció de que el pago del impuesto no es responsabilidad de Google, sino de quien contrató sus servicios.

En Italia, por el contrario, la aplicación de una "ley Google" fue parada en la Comunidad Económica Europea para ser discutida a nivel de Región.

Adwords es solo la punta del iceberg. Aplicando el mismo criterio, las personas de América Latina que compran una canción en iTunes por un dólar, deberían pagar – en el caso de Chile – 35 centavos de dólar por cada compra que hagan. Lo mismo para quienes utilicen software o aplicaciones Online como Office 365, o aplicaciones para hacer encuestas, servicios de telefonía como Skype, etc. Se abre una caja de pandora, y de difícil fiscalización, en especial en el caso de cantidades ínfimas de impuestos a las ventas, que deberían ser pagadas por consumidores.

El que un servicio o producto esté en un país distinto al de consumo es algo inherente a la tecnología cloud. Una compra desde América Latina de un producto europeo donde además el sitio Web está en Estados Unidos tiene tres países involucrado. Físicamente hablando, la tienda está en Estados Unidos, donde el arriendo es afecto a impuestos locales. La venta está en Europa (con sus impuestos a las ventas y a la renta) y el consumo, en América Latina (con sus aranceles e impuestos a las importaciones). En definitiva, una cadena de valor que se lleva a cabo en Internet puede estar sujeta a muchos más impuestos que fuera de Internet.

Este debate no es nuevo. Ya en la Administración Clinton se discutió ampliamente. En aquellos tiempos Estados Unidos era más de la mitad del tráfico en Internet y del Comercio electrónico, y, por lo tanto, lo que hicieran sentaba un precedente para el resto del mundo. Durante dicha administración se generó la primera política fiscal referida a Internet, llamada Tax Freedom Act, por la cual se prohibió a los gobiernos federales, estatales y locales de gravar el acceso a Internet y de imponer impuestos discriminatorios para solo Internet, tales como tasas de bits de ancho de banda, o impuestos de correo electrónico (que en esa época no eran todos gratis, y ya constituían la primera aplicación "cloud"). La ley también prohibió múltiples impuestos sobre el comercio electrónico.

Puesto que los EE. UU. fue el principal proveedor de bienes y servicios durante los primeros años de la World Wide Web, y el resto de los países no prestó mucha atención al flujo comercial en línea, la cuestión de los impuestos entre países se encargó por sí mismo, con un tratamiento de facto, lo que ha supuesto en muchos casos que la venta en línea es gravada dos veces (en el país de origen como en el país de destino). A pesar de que esto va en contra del espíritu de la Ronda de Uruguay en el marco para el movimiento internacional de productos y servicios, hasta donde yo sepa, no se han hecho intentos para estudiar o cambiar el asunto por la OMC o cualquier otra organización Mundial.

El año 1999, durante la cumbre de la OMC en Seattle, propuse - dentro del capítulo sobre comercio electrónico - que se estableciera un sistema internacional con un impuesto sobre ventas bajo (5%) que se dividiría entre el país comprador y el país vendedor[123]. Los norteamericanos me dijeron que sería impracticable de poner en marcha, por todos los impuestos federales, estatales y municipales que hay sobre dichas ventas. Varios años después, en una alta reunión de los países de la OCDE sobre el futuro de la economía en Internet, llevada a cabo en París el año 2011, volví a proponer que se tomase en cuenta el tema, pero no hubo interés por parte de los países más ricos. Creo que obviamente no les interesa: tendrían que compartir impuestos que hoy cobran en un 100%, puesto que son vendedores netos de productos a países en desarrollo.

Poner impuestos a la renta o al valor agregado puede significar dejar a las empresas y consumidores de países consumidores de productos y servicios en la nube fuera de los beneficios del cloud computing debido a costos fiscales más altos. Y, en el caso de las empresas, que usan dichos servicios en su ciclo de valor, significa un incremento de costos que les resta competitividad respecto de países que no cobran tantos impuestos.

Hasta ahora el tema era anecdótico. Pero ante las proyecciones de Mc Kinsey, en el sentido de que la tecnología en la nube o cloud computing

---

[123] La propuesta fue comentada por la BBC en http://news.bbc.co.uk/2/hi/business/544725.stm

tendría un efecto económico de entre 1,7 y 6,2 billones de dólares, gran parte de los cuales es facturación de servicios en la nube, los impuestos sobre servicios offshore (que eso es lo que en definitiva son los servicios en la nube) pasa a ser un tema. Si todos los servicios de impuestos del mundo quisieran aplicar la misma tasa que Chile (primer país en ejecutar efectivamente una legislación en ese sentido), estaríamos hablando de al menos 350.000 millones de dólares de mayor costo para los usuarios... y de mayores ingresos en las arcas fiscales de los Gobiernos del mundo.

La solución no es fácil, puesto que también no cobrar impuesto alguno supone discriminar en contra de las soluciones equivalentes locales. Es decir, si hubiera un competidor de Google en un país, que tuviera incluso más uso que Google en el mismo país, y vendiera publicidad, sí que estaría afecto a todos los impuestos locales, quedando en desventaja frente a Google. El desafío que se genera con esto es mayúsculo, ya que se trata de una armonización en impuestos al comercio de servicios y productos a nivel mundial. Con lo que han costado las armonizaciones fiscales a nivel de países de una misma región, parece casi imposible. Y, sin embargo, es un tema que tendrá que enfrentarse, especialmente por la cantidad de transacciones "hormiga" que se van a generar realizadas por millones de personas para comprar productos o servicios de muy poco valor en todo el mundo de miles de empresas.

Otro tema de impuestos que está surgiendo de la tecnología cloud, es que, al ser la tecnología habilitante para la transformación digital del trabajo, puede permitir la generación de paraísos fiscales donde los trabajadores del conocimiento se vayan a trabajar para pagar menos impuestos. En una conferencia sobre el NAFTA electrónico, en 1.999, le comentaba al representante de Bermudas que invertir en tener la mejor banda ancha disponible en su país podría ayudarles a captar rentas altas de trabajadores del conocimiento: por ejemplo, atraer a los programadores de las grandes empresas para que se fueran a su país a trabajar desde ahí. ¿Qué ganan? Mejoran el PIB per cápita. Y todo lo que esas familias se gastan en su país de origen, lo trasladan a su país de trabajo.

Sería interesante ver en un futuro a los Gobiernos de los países compitiendo con impuestos más bajos para atraer trabajadores del conocimiento con rentas más altas. ¡Gracias a la tecnología cloud, cada vez más se podrá decir, con Clinton "It's the economy, stupid!" ... También la política se digitizará.

El cloud computing es una gran oportunidad para América Latina, pero para aprovecharla debe trabajar en dos aspectos: homologar la carga tributaria de los servicios cloud extranjeros, de forma que tengan un efecto neutro sobre la competitividad de la economía, y crear legislación de privacidad y manejo de datos privados que les permitan ser catalogados de "puerto seguro" por los países desarrollados demandantes de estos servicios. Con ello, los países de América Latina podrían competir en todas las líneas de servicios mundiales del Cloud Computing, atrayendo inversiones y creando puestos de trabajo. **América Latina es perfectamente capaz de captar una parte interesante de esta economía que representará entre 1,7 y 6,2 billones de dólares anuales.**

38. Robótica Avanzada

Ya llevamos varias décadas con la robótica tomando tareas peligrosas, difíciles o impracticables para los seres humanos. La planta manufacturera de hoy tiene mucho menos operarios que la planta manufacturera de hacer 50 años, y la diferencia está en la automatización de tareas tomada por la robótica – como soldar, pintar, o acarrear metales. La robótica avanzada se refiere a una combinación de robótica con inteligencia artificial, visión mecánica, sensores, motores, hidráulica, e incluso materiales avanzados que imitan la sensación de tacto, que permite a los robots reemplazar trabajos delicados que hacen personas altamente cualificadas, como, por ejemplo, cirujanos. Pero también permiten que personas discapacitadas físicas puedan llevar a cabo trabajos que hasta ahora les están vedados. O que personas mayores tengan una mejor calidad de vida gracias a prótesis robóticas y exo-esqueletos (uno de los cuales se mostró en la inauguración del Campeonato Mundial de Fútbol de Brasil 2014). Mc Kinsey estima que estas dos características podrían beneficiar a 50 millones de personas en todo el mundo para el año 2025[124].

Esto supone un incremento en la productividad de trabajos que hoy deben ser realizados por humanos, a la vez que aumenta la productividad de humanos que hoy tienen limitaciones. Mc Kinsey estima que el efecto económico de la robótica avanzada especialmente en salud, manufactura (quizá sería más apropiado inventar el término "robotfactura") y servicios

---

[124] McKinsey Global Institute (2013), Disruptive technologies: Advances that will transform life, business, and the global economy, pág. 73

será de entre 1,7 y 4,5 billones de dólares anuales para el año 2025 (entre un 35% y un 94% el tamaño de la economía de América Latina y el Caribe)[125].

La robótica avanzada está siguiendo también un patrón de costos decrecientes y funcionalidades crecientes, por lo cual la productividad que entrega por costo aplicado va a ser de órdenes de magnitud mejor que lo que se puede conseguir con los medios actuales de producción. Al considerar estos menores costos se ha de contemplar no solamente el precio de los robots, sino la diferencia total en costos de producción, puesto que los robots no hacen huelga, no sufren accidentes de trabajo, no tienen absentismo laboral, y no se cansan: pueden trabajar al mismo ritmo 24/7. Mc Kinsey estima en 355 millones para el año 2025 la cantidad de robots empleados en manufacturas[126].

Una fábrica en el año 2030 tendrá pocos operarios, pero muy cualificados, en la planta, cuyo trabajo será fundamentalmente el de supervisar lo que hacen miles de robots que fabrican productos a una velocidad nunca vista, con una calidad impecable. Si aparece un nuevo producto, esos supervisores entrenan a los robots en nuevas rutinas, usando interfaces gráficas fáciles de manejar, e incluso instrucciones verbales. El trabajo de los supervisores es el de mejorar los procesos de trabajo basado en lo que ven en la planta.

En el año 2025, los médicos cirujanos son asistidos por mini robots capaces de llevar a cabo operaciones quirúrgicas con una precisión y velocidad nunca vista, reduciendo además la invasividad del procedimiento médico, y con ello, las posibilidades de resultados no deseados en la operación[127]. Mc Kinsey calcula que para el año 2025 se realizarán alrededor de 200 millones de intervenciones quirúrgicas en países con sistemas de salud avanzados.[128]

Lo que hace "avanzados" a estos nuevos robots es su mayor movilidad, destreza, flexibilidad, adaptabilidad y capacidad de interacción con seres humanos, lo cual acrecienta enormemente las aplicaciones que se pueden hacer con ellos.

---

[125] Ibíd., pág. 68
[126] Ibíd., pág. 73
[127] Ibíd., página 69
[128] Ibíd., pág. 73

Pueden incorporar reconocimiento de imagen de alta definición, lo cual les permite posicionar objetos de forma muy precisa para tareas de movimiento o intervención delicadas. Pueden moverse muy rápido gracias a motores sofisticados. Gracias al uso de inteligencia artificial y de sensores, pueden realizar cálculos complejos, tomar decisiones y realizar trabajos de forma autónoma (sin intervención humana), pudiendo incluso manejarse con fluidez en ambientes de incertidumbre o situaciones complejas[129]. Estos robots más avanzados podrán también reemplazar a las personas en tareas poco atractivas como recogida de basura o tratamiento de materiales tóxicos – esos trabajos que nadie quiere hacer pero que tienen que hacer para ganarse un sueldo.

La legislación laboral que existe actualmente en los países de América Latina va a acelerar el efecto sustitución en los sectores manufactureros y mineros. Eso por un lado es bueno, en el sentido que las economías se modernizan, pero por otro lado va a tensionar el clima social, ya que los puestos de trabajo destruidos no van a ser reemplazados en una proporción de uno a uno. Es más: los trabajadores que pierdan su puesto de trabajo no lo van a recuperar en otra empresa ni en otra industria. Su única salida será capacitarse para la nueva realidad. El informe de Mc. Kinsey resalta esta dinámica: las economías emergentes pueden acelerar su desarrollo económico al mejorar sustancialmente su productividad, pero tendrán una creciente masa laboral sin reemplazo de trabajo[130].

Un artículo de Business Insider[131] dice expresamente que los robots van a destruir más puestos de trabajo en las economías de África, Asia y América Latina, y está de acuerdo con las conclusiones planteadas aquí, en el sentido de que va a ser necesario capacitar a una gran masa laboral para los trabajos que los robots no podrán hacer.

Los gobiernos de la Región harían bien en comenzar inmediatamente a tomar en cuenta el impacto que la robótica avanzada puede tener sobre sus economías, tanto en lo positivo (mejora de productividad y competitividad del país) como negativo (pérdida de puestos de

---

[129] Ibíd., página 70
[130] Ibíd. página 68
[131] Andrew Meola, "Robots could make poor people stay poor", en http://www.businessinsider.com/iot-robots-could-eliminate-industrial-jobs-2016-5?IR=T&utm_source=Triggermail&utm_medium=email&utm_campaign=BII%20Daily%202016.12.05&utm_term=BI%20Intelligence%20Daily

trabajo). Esta tecnología es una alerta más para poner foco en la capacitación de una gran masa laboral. Una cosa que **_no_** pueden hacer los gobiernos es poner obstáculos a la robotización de la economía. Eso es pan para hoy y hambre para mañana. Lo único que conseguirán es que la competitividad del país quede muy atrás en muy poco tiempo, lo cual, a la larga, traerá aún más desempleo y malestar social. Y cuando entonces quieran modernizar la economía, tendrán que hacerlo de forma rápida, lo que se presta para tomar medidas precipitadas. Como dijo un empresario chileno que hizo la frase célebre: "las prisas pasan y las cagadas quedan".

39. Vehículos Autónomos y Semiautónomos

Vehículos autónomos son aquéllos que no son pilotados por acción humana, como el auto de Google, carretillas elevadoras o drones usados para fumigación de cosechas, y vehículos semiautónomos son aquéllos que requieren de acción humana, aunque en forma remota, como los camiones a control remoto que se usan en la minería.

Hay varias tecnologías involucradas en los vehículos autónomos, la mayoría de las cuales son exponenciales, y siguen la Ley de Moore: visión mecánica (que permite a un vehículo "ver" mediante sensores, cámaras y manejo de datos), software de reconocimiento visual (OCR, por "Optical Recognition Software), GPS, detección vía fuentes laser (LIDAR, por laser-imaging detection and ranging), e inteligencia artificial. La combinación de esas tecnologías permite tener vehículos capaces de ver el entorno, interpretarlo, y traducir esa interpretación en una conducción de acuerdo con reglas de tráfico establecidas.

En la CES 2015 – la feria del mundo digital – la estrella no fue algún gadget digital como nuevos Smartphones o nuevos wearables. Fueron los "connected cars". Prácticamente todas las marcas de renombre y muchas populares ya están introduciendo en sus modelos sistemas digitales de seguridad activa como visión 360°, cámara de retroceso, control de velocidad en función del tráfico y la velocidad del vehículo que va delante, escaneo del auto en forma continua y en línea a través de Internet móvil (para detectar posibles fallos que pongan la seguridad del vehículo en riesgo), etc.

Estos autos ya están preparados para la Internet de las Cosas, de forma que podrán detectar sensores de tráfico e información en línea de tráfico, y aceptar rutas alternativas más rápidas o de menor costo de consumo de gasolina, tener datos sobre el precio del litro de gasolina en las estaciones de servicio más cercanas, recibir datos acerca de una ambulancia que viene acercándose para poder tener tiempo de cederle espacio, etc. Los datos con los que trabajan los connected cars, conectados con redes como Uber, podrían hacer mucho más eficiente y económico el transporte de lo que es hoy.

Según un estudio de Business Insider, para el año 2021 habrá 380 millones de "connected cars" en el mundo. No solo las marcas caras, sino también los utilitarios. Los consumidores están adoptando estos autos mucho más rápido de lo que se había proyectado. Ello permitirá especialmente a los gobiernos locales (Municipalidades) entregar servicios de valor agregado a los automovilistas, reduciendo la congestión de tráfico y apoyando el uso racional de los mismos. Es un dato también que las empresas de tecnologías van a entrar al mercado jugando un rol importante, que podría incluir la manufactura de automóviles. Al menos Apple y Google han manifestado interés en el tema y están invirtiendo.

La industria del automóvil puede estar pasando por una disrupción en su modelo de negocios solo comparable a la que tuvo cuando Henry Ford desarrolló el Ford T y cambió el paradigma del negocio transformando un producto elitista en un producto de consumo.

Modelos de negocio como Uber, combinado con tecnología de vehículos autónomos y eléctricos podrían cambiar la forma en que la gente accede a un automóvil. En vez de comprarlo (puesto que son casi commodities) se podría pasar a arrendarlo cuando se necesite (el mismo modelo "pay as you use" del cloud computing). Y en vez de "un" automóvil, podrían ser varios según el uso que se requiera. Por ejemplo, en la ciudad podrían ser "citicars" eléctricos y autónomos de uno o dos pasajeros, que se podrían tomar igual como hoy se toman las bicicletas que se entregan como servicio de transporte en varias ciudades.

En algunas ciudades de Europa, el modelo ya se ha puesto en marcha, aunque no se trate de vehículos autónomos ni eléctricos. Pero sí son citicars y funcionan igual que el arriendo de bicicletas. Si, en cambio, la persona quiere trasladarse fuera de la ciudad con su familia, arrendaría un vehículo solo para eso, por el tiempo que lo necesite. La ineficiencia global de tener un auto para usarlo solo una fracción del tiempo sería superada con este modelo, y el ahorro de costos globales permitiría a las personas quizá hasta ahorrar dinero respecto del actual modelo de compra y propiedad de un vehículo, además de evitarse las molestias de reparaciones y días perdidos en mantención.

Un tema relevante de política pública de transporte que tiene que ver con tecnologías disruptivas es el referente a fuentes de emisión. Según el estudio de Mc Kinsey, el costo de las baterías de litio-ion para vehículos eléctricos bajó en un 40% entre 2009 y 2012, y es previsible que baje más hacia adelante. Es otra tecnología que podría estar afectada por la Ley de Moore, haciendo al automóvil eléctrico una posibilidad comercial clara, y las acciones de Tesla – que salió a bolsa el año 2010 – una buena opción. Efectivamente, la empresa de Elon Musk anunció a mediados del año 2015 su solución para hogares a un precio de 3.500 dólares por hogar. Un año antes, el precio de la competencia era de 23.429 dólares, de acuerdo con el Wall Street Journal[132]. Otros medios han proyectado un costo de 172 dólares por Kw/h el año 2025[133].

Estas mejoras no solo se están introduciendo en la fabricación de "Smart cars", sino también en "Smart trucks", lo cual mejora sustancialmente la productividad y el costo por kilómetro en el sector del transporte terrestre, a la vez que reduce emisiones de $CO2$, que son mayores en este tipo de vehículos. Ya se están usando en camiones para faenas mineras y de alto riesgo, gracias a lo cual los enormes camiones que antes eran conducidos en las minas de tajo abierto para el acarreo de material barrenado por conductores in situ, ahora son manejados con dispositivos parecidos a los populares "joysticks" de los video juegos, a kilómetros de distancia.

El vehículo autónomo de Google anduvo 300.000 millas con un solo accidente (causado por el conductor). Ya tiene un modelo propio desarrollado, que ha andado más de 700.000 millas. Para su masificación se requiere, sin embargo, cambios en las leyes de tránsito.

---

[132] Artículo en Sitio Web de Ars Technica, http://arstechnica.com/science/2015/07/electric-vehicle-batteries-are-getting-cheaper-much-faster-than-we-expected/

[133] Lux Research, en http://www.luxresearchinc.com/news-and-events/press-releases/read/electric-vehicles-market-set-big-boost-li-ion-battery-costs-hit

Tesla Will Extend Price Advantage, Thanks to Its Gigafactory – but Others See Price Reductions Too

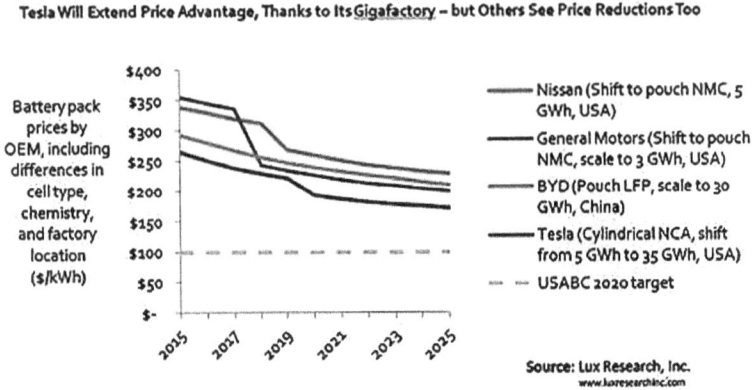

Figura N°31: evolución de precios de paquetes de baterías de ion-litio. Fuente: Lux Research

La necesidad de contar con un marco legal para vehículos autónomos o semiautónomos no ha evitado que firmas como Audi, BMW, General Motors, Mercedes, Tesla, Toyota o Volvo ya estén trabajando en sus propias versiones.

Según estimaciones de Mc Kinsey[134], si las autoridades reguladoras y los consumidores del mundo adoptan las mejoras que trae el Smart transportation, tendría un impacto económico de entre 200.000 millones y 1,9 billones de dólares en el año 2025. Según esas mismas estimaciones, la incorporación de solo un 20% de vehículos autónomos para el parque mundial el año 2025, que utilizaran un 50% del tiempo de viaje bajo control del computador de a bordo, significaría entre un 70% a un 90% de menos accidentes de vehículos respecto de la actualidad; entre un 10% y un 40% de uso más eficiente de combustibles en camiones y entre 15% y 25% en automóviles, y alrededor de 8 dólares por hora ahorrada debido a conducción más eficiente y en menor tiempo para llegar al mismo destino. La reducción de emisión de CO_2 (considerando las tecnologías promedio existentes en el parque de 2012) sería de entre 20 y 100 millones de toneladas al año.

La publicación Business Insider, por su parte, estima que para el año 2020

---

[134] Disruptive technologies: Advances that will transform life, business, and the global economy, páginas 81-83

habrá 10 millones de vehículos autónomos o semiautónomos en circulación[135]. En dicha cifra están incluidos automóviles que ya tienen incorporadas funcionalidades de autonomía, ya que definen los automóviles autónomos como "cualquiera que tenga funcionalidades que le permitan acelerar, frenar y dirigir el curso de un automóvil sin necesitar intervención del conductor". Ya hay, en 2016, varios modelos de gamas altas que pueden, por ejemplo, mantener la distancia con el automóvil que va delante, sin intervención del conductor, y frenar en caso de emergencia – si la distancia se reduce bruscamente. O mantener al vehículo en un carril, detectando cuando cruza la línea y corrigiendo la trayectoria. Por lo tanto, no es una predicción que se pueda calificar de optimista. Dada la Ley de Moore, podemos esperar que funcionalidades de este tipo sean rápidamente incorporadas a automóviles de menor precio.

Los medios de locomoción pública son esenciales en los países de América Latina para la mayoría de su población: para desplazarse al lugar de trabajo, a centros asistenciales de salud, a los colegios... Las economías en costos de transporte que trae el Smart Transportation se podrían traspasar a los usuarios, que están en las clases medias y las menos favorecidas de nuestros países. Para ellos el costo del transporte, como porcentaje de sus ingresos, es una partida importante. Adicionalmente, está la reducción en emisión de contaminantes, la cual es altísima en todas las grandes ciudades de la Región. Ello supone menos casos de enfermedades respiratorias, que afectan especialmente a los sectores de la población que más dependen del Estado. Por último, está la reducción en accidentes de tráfico y el ahorro de combustible de vehículos tanto particulares como públicos.

En definitiva, **para América Latina sería conveniente poder comenzar cuanto antes, con una legislación para vehículos autónomos, y con la creación de infraestructura que habilite una rápida adopción de esta tecnología**. La rápida adopción por parte de sectores clave de la economía, como la minería y los transportes serán clave para mantener competitiva a la Región.

---

[135] Cf. Business Insider, artículo aparecido el 6 de mayo de 2015, en http://www.businessinsider.com/report-10-million-self-driving-cars-will-be-on-the-road-by-2020-2015-5-6

40. Genómica de siguiente generación

Una nueva era de innovación está llegando a la genómica. La secuenciación del ADN se ha convertido también en una tecnología exponencial que sigue la Ley de Moore en cuanto a costos y potencia. En realidad, ha superado la Ley de Moore. En el año 2001 la secuenciación de un genoma de ADN estaba en los 100 millones de dólares. En el año 2012 (fecha de publicación del Informe de Mc Kinsey), había llegado a los 5.000 dólares. El año 2015 llegó a los 1.000 dólares.[136] A este paso, es muy posible que para el año 2025 la secuenciación de genoma sea una práctica estándar en exámenes médicos.

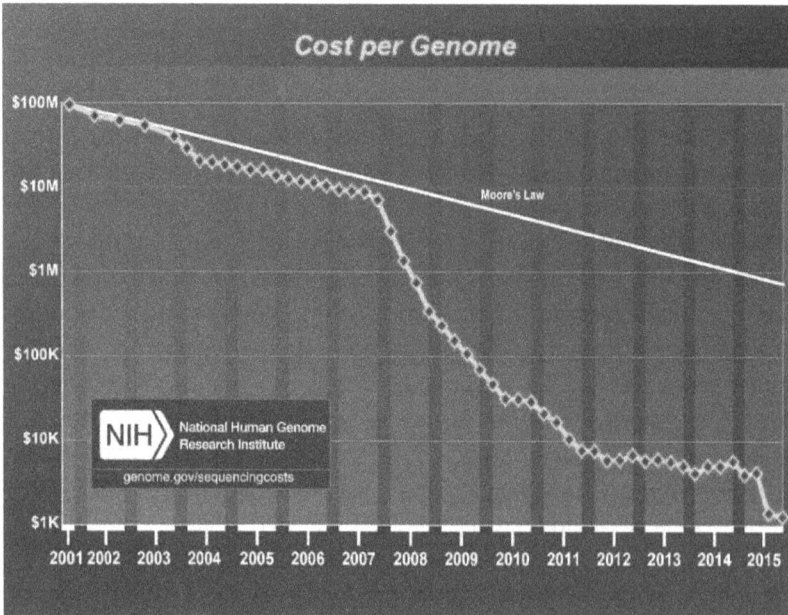

Figura N° 32: Evolución en costo de secuenciación de un genoma. Fuente: National Human Genome Research Institute

Las tecnologías digitales por su parte se están aplicando para acelerar el proceso de análisis de datos generados por la secuenciación, y así identificar cómo los genes determinan los rasgos o mutan los genes que causan las enfermedades. Ello permite desarrollar técnicas nuevas para reescribir el ADN e insertarlo en las células, desarrollando organismos especializados

---

[136] Fuente: National   Human   Genome   Research   Institute,   en https://www.genome.gov/sequencingcosts/

para cada persona y medicamentos para tratar el cáncer y otras enfermedades de este tipo. Paradigmas como el de la Singularidad, descrito antes, podrían hacer posible que la secuenciación de ADN se hiciera con un computador de mil dólares en el escritorio del médico, generando un gigantesco impulso a la "biofarmacia", o medicamentos personalizados. Sería volver a los orígenes de las farmacias ("boticas", como se les llamaba en varios países de América Latina), donde el farmacéutico hacía la receta elemento por elemento para cada paciente. Ello supondría un cambio disruptivo en el modelo de negocios de los grandes laboratorios (al bajar significativamente los costos de investigación) y de la cadena de distribución de fármacos.

La secuenciación genética llevada a cabo por computadores y a un costo reducido cada dos años en un 50% llevará a una nueva era en los descubrimientos biológicos. La investigación en el campo de la biología ha sido históricamente un proceso de prueba y error, basado en hipótesis. Con el uso del "Big Data" en la secuenciación genética se pueden descubrir con mayor exactitud cuales genes producen cuáles efectos[137]. También dicha secuenciación permitirá el desarrollo de la medicina personalizada, ya que una misma enfermedad puede requerir tratamientos distintos para genomas distintos. Lo que comentamos en otra parte de este libro, acerca de tener acceso a millones de datos sobre resultados de exámenes, cruzados con diagnósticos, se potencia en órdenes de magnitud al cruzarlo con secuencias de ADN. Considerando que los costos de salud son los que más han crecido en las economías avanzadas en los últimos 50 años[138], el efecto que esto puede tener es enorme.

Efectivamente, el impacto de estas tecnologías, según el informe de Mc Kinsey, está entre los 700.000 millones de dólares y 1,6 billones de dólares. El 80% de este impacto económico vendría de mejoras en la salud de las personas y en el impacto sobre alimentos genéticamente modificados. Incluso podría ser mayor si se usa esta tecnología en el desarrollo de biocombustibles.

El acceso de la secuenciación de ADN a nivel de computadores personales

---

[137] Disruptive technologies: Advances that will transform life, business, and the global economy, pág. 87
[138] En Estados Unidos, corresponden a cerca del 17% del PIB (nota del Autor)

podría generar una comunidad mundial de cocreadores para avanzar en biotecnología en modos que no podemos ni imaginar, como sucedió con Internet o la misma computación personal de la mano de aficionados[139].

La genómica de siguiente generación es definida por Mc Kinsey como la combinación de tecnologías de secuenciación de próxima generación, con análisis de grandes volúmenes de datos y tecnologías con la capacidad de modificar organismos, que incluyen tanto técnicas recombinantes como síntesis de ADN (es decir, la biología sintética). Tiene el potencial de dar a los humanos mayor poder sobre la biología, lo que nos permitiría curar enfermedades o personalizar organismos para ayudar a satisfacer la necesidad mundial de alimentos, combustible y medicinas. Con una población mundial cercana a los ocho mil millones de habitantes para el año 2025 existe una creciente necesidad de formas más eficientes para proporcionar combustible para calefacción, electricidad, alimentar a la gente y para curar sus dolencias[140].

Por ello, en el campo de la agricultura y la piscicultura, los cultivos genéticamente modificados pueden generar mejor productividad por área plantada y mayor contenido nutricional que actualmente (por lo tanto, mejor precio). En piscicultura pueden mejorar el tiempo de maduración de especies. Por ejemplo, una empresa de Estados Unidos ha solicitado aprobación de la autoridad para comercializar un salmón del Atlántico con un gen de Congrio que hace que madure en la mitad del tiempo[141]. En el campo de la biología sintética también hay innovaciones en curso. Si resultan, la modificación de organismos puede ser tan sencilla como escribir código de computación. Siendo Latinoamérica una Región intensa en agricultura, estas tecnologías le afectarán. Al menos debería incorporarlas en las instancias de investigación de sus Universidades, en asociación con sus pares de países más avanzados.

Otra aplicación de la genómica de siguiente generación es la edición genética, consistente en "editar" un genoma, modificar las partes afectadas con partes sanas, y luego utilizar ese genoma modificado para reemplazar células enfermas. La técnica busca crear genéticamente células inmunes y

---

[139] Ibíd. pág. 86
[140] Ibíd. página 86
[141] Ibíd. página 88

reemplazar las enfermas, y hay varias versiones (como TALEN o CRISPR, que fue inventado el año 2011, y que para el año 2017 piensan usarlo en humanos[142]). Estas se usan para combatir el cáncer, pero también podrán usarse como tratamiento para el SIDA y para la esclerosis múltiple. Las células genéticamente modificadas se denominan T Cells, y pueden rastrear, sentir las cosas, e incluso matar a otras células. Son como pequeños robots. Empresas farmacéuticas como Juno, Novartis o Cellectis están trabajando en ello, según reporta un artículo del MIT[143].

Otra aplicación disruptiva de la genómica de siguiente generación es la creada por Helix, una Start-Up creada en San Francisco que ha levantado 100 millones de dólares para desarrollar una "App Store" genética[144]. Nuestros genomas contienen información acerca de nuestros riesgos para la salud, nuestros rasgos físicos, y con quienes estamos relacionados. Sin embargo, aparte de las pruebas de ascendencia, que proporcionan una instantánea genética limitada, no hay un mercado masivo de datos de ADN. El fundador de Helix, Justin Kao, tuvo la idea escuchando en la radio la noticia sobre el descubrimiento de un gen que hace que te gusten más los dulces. Kao, que ama las galletas, pensó "feliz pagaría 5 dólares por saber si tengo ese gen".

La idea de Helix es recoger una muestra de saliva de cualquier persona que compra una aplicación de ADN, secuenciarla y analizar los genes de los clientes, y luego digitalizar los resultados para que puedan ser accedidos por los desarrolladores de software que desean vender otras aplicaciones. Helix llama a la idea de "secuenciar una vez, consultar a menudo." La compañía dice que los clientes encontrarán estas aplicaciones en sitios web y, posiblemente, en las tiendas de aplicaciones de Android y Apple. Este tipo de enfoque está generando un nuevo mercado que puede ser de proporciones gigantescas, el de "genómica de consumo".

Por supuesto, hay una segunda cara de la moneda en la edición genética. La revolución tecnológica va a gatillar posibilidades en el manejo biológico que nos van a llevar necesariamente a discutir nuevos límites sociales, éticos y

---

[142] Ref https://www.technologyreview.com/s/601717/first-human-test-of-crispr-proposed/
[143]   Ref   https://www.technologyreview.com/s/600763/10-breakthrough-technologies-2016-immune-engineering/
[144]   Ref   https://www.technologyreview.com/s/600769/10-breakthrough-technologies-2016-dna-app-store/

legales. La introducción de organismos genéticamente modificados puede interferir con ecosistemas naturales y poner en peligro de extinción hábitats y especies. La secuenciación del ADN genera temas de privacidad de datos aún mayores a los que ya de por sí trae la Internet. También puede ser fuente de una nueva especie de terrorismo (el bioterrorismo). Pero así ha sucedido a lo largo de toda la historia de la humanidad cuando se cruzan límites tecnológicos. Una cosa ha enseñado la misma historia, en cualquier caso: cuando los hombres juegan a ser Dios, siempre pierden. Cuando respetan las leyes de la naturaleza y de la historia, hay ganancia. Es de esperar que ante estos nuevos desafíos aprendamos como especie de la historia.

Esta tecnología va a tener un profundo impacto en América Latina, ya que significará un salto en materia de salud, que es uno de los temas en los que hay más retraso respecto de países desarrollados. Es además un muy buen campo para involucrar fondos de investigación y desarrollo, y crear así una industria latinoamericana de salud.

41. Almacenamiento de Energía

Como vimos en el apartado dedicado a transporte inteligente, en esta industria se desarrollarán los vehículos movidos por energías no fósiles en los próximos 10 años, lo cual ha atraído investigación y desarrollo en materia de almacenamiento de energía eléctrica para vehículos, pero que también tendrá otros usos domésticos e industriales, especialmente en países emergentes para llevar electricidad a zonas remotas. Todos los países de la Región entran en esta categoría.

Un segundo efecto de este tipo de energía es que ayuda a reducir la emisión de CO_2, que es especialmente alta en las grandes ciudades de los países de América Latina.

Un tercer efecto es el de mejorar la eficiencia en la generación y el consumo energético, poniendo capacidad de almacenamiento en las redes de energía eléctrica: en origen para recibir la electricidad generada en parques eólicos y solares, y en destino, para ser usados en las horas de mayor consumo. El objetivo detrás de esto es el almacenamiento de energía producida en horas de poca demanda para ser utilizada en horas de alta demanda, con lo cual se puede satisfacer la demanda de horas altas sin necesidad de añadir capacidad instalada. De esa forma, se mejora la utilización de la energía generada a lo largo del día, en el sentido de que no se pierde nada y que se usa más eficientemente de acuerdo con la demanda.

Esta tecnología de almacenamiento tendrá una importancia capital en la denominada "Smart Grid" o Red de electricidad inteligente, cuyo modelo es el de complementar o reemplazar la generación centralizada (en plantas de generación) con generación distribuida (por ejemplo, paneles solares en los techos de casas y edificios, o mini molinos de viento en zonas más cercanas al consumo de electricidad. Al igual que sucede con el Smart Transportation, el impacto de estas tecnologías es mayor en países emergentes donde aún hay zonas con electricidad precaria o sin electricidad (lo cual sucede en gran parte del territorio latinoamericano.

Este concepto de generación distribuida debería ser un aliciente para armar grandes redes distribuidas multilatinas, es decir, entre varios países de la Región. Las redes eléctricas siguen la Ley de Metcalfe, por lo tanto, mientras más puntos de generación tienen, mayor valor agregado entregan: el valor de la electricidad entregada es superior a la suma simple de la electricidad entregada por cada una por separado y no conectados, ya que cada uno entrega algo que de lo contrario se perdería.

Para la Región, como apuntamos antes en el apartado de vehículos semiautónomos es una gran oportunidad para participar en el desarrollo de sistemas de almacenamiento energético – en concreto, baterías de ion-litio – aportando algo más que solo la materia prima.

Mc Kinsey cifra el impacto económico de esta tecnología en un rango entre los 70.000 y los 600.000 millones de dólares[145]. Estima que al menos un 40% de los vehículos vendidos el año 2025 será eléctrico o híbrido; que entre un 35% y un 55% de las redes de electricidad en países emergentes habrán adoptado soluciones de generación energética combinando placas solares con baterías de ion-litio, y una adopción de entre un 50% y un 55% de sistemas de generación energética combinada en áreas rurales y pobres.

El país de América Latina que más podría ganar en este rubro es Chile, poseedor de uno de los lugares con mayor radiación solar del planeta (el desierto de Atacama) y de las mayores reservas de litio del mundo. Sería a estas alturas inconcebible que, después de no haber creado una industria de valor agregado ni con el salitre ni con el cobre, volviera una vez más a caer en el mismo error, de poner _solo_ la materia prima en la

---

[145] Disruptive technologies: Advances that will transform life, business, and the global economy, pág. 98

generación de energía solar y de baterías de ion-litio. Debe crear una industria con valor agregado. Algo se está haciendo desde el Ministerio de Economía, fomentando un "clúster" (o grupo) de Energía solar, por el cual se busca atraer las mejores Universidades del mundo en la materia para trabajar con Universidades chilenas, así como a empresas de manufactura de celdas solares y de baterías de ion-litio a crear filiales en el país con capacidad manufacturera.

42. Impresión 3 D

Ya señalamos que esta tecnología es una de las que está trayendo una nueva revolución industrial. Pero también está cambiando el paradigma del modelo industrial, y ello por dos razones:

En primer lugar, los costos cada vez más reducidos de impresión 3D están llevando la manufactura *desde la planta manufacturera al hogar*, en lo que podría ser una nueva categoría de "prosumidor" autónomo que ya no necesita de productores para satisfacer algunas de sus necesidades.

Ya comenté el caso de la prótesis que un padre hizo para la mano de su hijo. Es solo un ejemplo de productos que se pueden hacer directamente saltándose el proceso de producción masiva debido a que el costo variable de una solución 3D es inferior al costo variable de una producción masiva, y además la inversión necesaria es también mucho más baja. Una vez comprada la impresora 3D (que ya se puede comprar por menos de mil dólares) el costo es de tiempo (que para el consumidor puede ser considerado dentro del tiempo para hobbies, que tiene un costo de oportunidad cero) y materia prima (donde no hay grandes economías de escala en el costo por unidad de producto).

Por lo tanto, la propuesta de valor al cliente final es mucho más atractiva: puede hacer el producto de acuerdo con sus necesidades particulares, en el tiempo que decida y a un costo significativamente menor. Muchos productos dejarán de comprarse en el comercio porque se "imprimirán" directamente en la casa.

La segunda razón es que la impresión 3D le da alas a un nuevo paradigma de manufactura: la producción por adición, que ya mencionamos en el capítulo 2. Hasta ahora, el proceso de manufactura consideraba materias primas a las que se les sacaba algo para hacer el producto final, con lo cual en el proceso se generaban muchas mermas o pérdidas. Algunas de ellas eran recuperables, y otras, no. El proceso por lo tanto es por definición ineficiente.

Con la impresión 3D en cambio, no hay mermas, ya que las materias primas se van incorporando al proceso en la medida en que se necesitan y solo por la cantidad que se necesita. Esto lo hace esencialmente más eficiente. Es esencialmente, la misma tecnología de extrusión que se usa en plásticos (versus la tecnología de inyección, que genera mermas). Las materias primas de insumo son de momento mucho más caras que las usadas en inyección de plástico, pero están también entrando en una dinámica de ley de Moore, como lo está siendo también el precio de las impresoras 3D en sí, que hace unos años atrás costaban 30 mil dólares y hoy ya hay por menos de mil dólares.

Con la impresión 3D además se puede ir desde el diseño al producto saltándose muchos pasos que actualmente son necesarios con los métodos tradicionales de producción.

También permite cambiar el paradigma de producción hacia uno de manufactura por demanda: solo se fabrica cuando se vende, lo cual genera un gran ahorro en inventarios en curso y de productos terminados. Pero además permite acercar la producción al mercado: se puede subcontratar la producción en el mercado local, al igual que actualmente se subcontrata la maquila en la industria de la moda (con miles de señoras cosiendo prendas desde sus casas con máquinas de coser). La empresa puede por lo tanto descentralizar la producción sin aumentar costos, acercándola al mercado y respondiendo a la demanda de forma rapidísima. El único insumo que necesita es el plástico, el metal, o lo que sea que se utilice en el futuro como insumo de la impresora 3D (puede ser materiales avanzados).

La venta de impresoras 3D ha estado creciendo año tras año a tasas de tres dígitos desde el año 2007. Los productos a los que se aplica crecen cada día, en aplicaciones para la salud, la vivienda, la industria de las herramientas, la ingeniería, el diseño de productos, y un largo etcétera.

En salud, se están usando placas de titanio con impresoras 3D como implantes craneales o cráneo faciales. Las placas están destinadas para la sustitución de huesos que no soportan carga y se unen a tejido óseo existente utilizando tornillos de titanio autorroscantes. Cada una de las placas se imprime en impresoras 3D de fabricación aditiva de Arcam AB que utilizan la tecnología de fusión de haz de electrones[146].

Menos conocido es el impacto de impresión en 3D en el tiempo de uso de los quirófanos. Modelos impresos en 3D hechos con imágenes de resonancia magnética como guía, por ejemplo, pueden ayudar a los cirujanos a planificar los procedimientos, disminuyendo costosos minutos de cirugía, dado que cada minuto cuesta 70 dólares, sin contar los honorarios del cirujano. El año 2015, se utilizó esta técnica para trazar un tumor en crecimiento en la base del cráneo de la psicoterapeuta Pamela Scott, lo cual llevó a su neurocirujano a utilizar un procedimiento mínimamente invasivo para quitarla. Sin el modelo 3D, los cirujanos de la señora Scott habrían eliminado el tumor mediante el procedimiento convencional, una craneotomía. Su cráneo hubiera sido abierto y los médicos habrían tenido que levantar el cerebro para extirpar el tumor, un procedimiento mucho más arriesgado y largo[147].

Más recientemente, médicos de la provincia central china de Hunan llevaron a cabo con éxito una cirugía espinal utilizando la tecnología de impresión en tres dimensiones (3D) en un paciente que sufría una deformidad en la columna vertebral[148].

Desde el año 2014, la empresa china Winsun construye casas de 200 m² que vende por 4.000 euros usando impresoras 3D de 6,6 x 10 metros usando cemento mezclado con fibra de vidrio.

El 'Strati' ("capas", en italiano, en alusión a que se manufactura agregando lámina sobre lámina) es un vehículo eléctrico que se imprime utilizando como materiales principales un plástico denominado ABS mezclado con fibra de carbono. Este coche impreso en 3D tarda menos de dos días en fabricarse mediante un proceso llamado "Broad Area Additive Manufacturing" o BAAM, (fabricación aditiva a gran escala) y se termina de montar en 48 horas más incorporando a su cuerpo principal, la batería, el

---

[146]   Cita   textual   de   fuente: América   Economía   16/2/2016   en http://clustersalud.americaeconomia.com/lanzan-nuevas-placas-de-titanio-impresas-en-3d/
[147]   Cita   textual   de   fuente: América   Economía   8/12/2015   en http://clustersalud.americaeconomia.com/la-impresion-3d-entra-al-quirofano/
[148]   Cita   textual   de   fuente: América   Economía   24/3/2016   en http://clustersalud.americaeconomia.com/medicos-chinos-terminan-cirugia-espinal-con-tecnologia-de-impresion-en-3d/

motor, el cableado, la suspensión y otros componentes mecánicos suministrados por otros fabricantes, como la francesa Renault. Mientras que un automóvil convencional está formado por más de 20.000 piezas, el 'Strati' no llega al centenar sumando sus componentes impresos, como el cuerpo principal, la cubierta del techo, el parabrisas o las ruedas, y las de tipo mecánico o eléctrico, suministradas por terceros, según aseguran sus creadores[149].

Para el caso de manufactura de productos y partes de productos de series cortas o muy personalizados, la impresión 3D ya se está utilizando en varios casos. Boeing, por ejemplo, imprime actualmente 200 partes para 10 plataformas de aviación. Se está usando impresión 3D también en odontología, en traumatología.

En esta tecnología hay algunos "brotes verdes" en América Latina:

- En Uruguay, la impresión 3D ha llegado al Plan Ceibal, del cual hablamos antes, y entre los trabajos que se van a realizar está el proyecto de una UTU para realizar autopartes, la idea de un liceo del Cerro de Montevideo de crear piezas de robótica y un plan para prototipar modelos a escala relacionados a la ciencia en un liceo de Solymar[150].
- Con apenas 16 y 17 años, varios jóvenes argentinos crean la primera fábrica de impresoras 3D[151]
- La compañía de ingeniería chilena BDL cuenta con una tecnología que le permite documentar una estructura en 3D con gran precisión, mediante el uso de dispositivos de tecnología 3D portátil, con los que puede explorar lo más profundo de los edificios y estructuras existentes, sean nuevas o con cientos de años de antigüedad. El escáner láser móvil,

---

[149]   Cita   textual   de   fuente: América   Economía   24/3/2016   en http://tecno.americaeconomia.com/articulos/conoce-al-strati-el-1deg-automovil-impreso-en-3d-conducible
[150]   Cita   textual   de   fuente: América   Economía   30/5/2014   en http://tecno.americaeconomia.com/articulos/impresoras-3d-llegan-al-plan-ceibal-de-uruguay
[151] Fuente: América Economía 2/9/2014 en http://tecno.americaeconomia.com/articulos/con-16-y-17-anos-crean-la-1deg-fabrica-de-impresion-3d-en-argentina

lanza haces de luz muy estrechos que rebotan en los objetos y permite reproducirlos con increíble precisión[152].

Son algunos ejemplos de lo que ya está sucediendo, pero el efecto mayor vendrá del reemplazo de productos comprados en el comercio por productos imprimidos en la casa. Mc Kinsey estima que el impacto económico de esta tecnología emergente estaría entre los 230 y los 550 mil millones de dólares anuales para el año 2025.

La impresión 3D traerá la "democratización" de la manufactura, fomentando la creación de cientos de miles de pequeñas y microempresas, que generarán trabajo allí donde se perderá debido a la irrupción de los robots y de la Internet de las Cosas. **Se debe fomentar la adopción de esta tecnología en América Latina bajo la figura de subcontratación de manufacturas, por la cual las empresas manufactureras de la Región contratan a pequeños fabricantes 3D, de forma similar a como se hizo con la industria textil y la subcontratación de microempresas para la confección de ropa.**

43. Materiales avanzados y el caso del grafeno

Una nueva revolución en los materiales ha ido tomando forma en los laboratorios de investigación de todo el mundo durante las últimas décadas. Los científicos están perfeccionando nuevas formas de manipular la materia para producir materiales avanzados con atributos jamás antes escuchados que podrían permitir innovaciones en campos que van desde la construcción de infraestructura hasta la medicina. Estos avances incluyen a los llamados "materiales inteligentes" capaces de autocuración o de autolimpieza, metales con memoria que pueden volver a su forma original, cerámicas piezoeléctricas y cristales que se convierten en energía de presión, y los nanomateriales[153]. De toda esta lista, el informe de Mc Kinsey se concentra solo en los nanomateriales, debido a que los demás aún están en etapa de laboratorio, mientras que en materia de nanomateriales ya hay resultados, faltando solo ahora que opere la Ley de Moore.

---

[152]   Cita   elaborada   de   fuente: América   Economía   27/8/2014   en http://tecno.americaeconomia.com/articulos/escaneo-3d-la-nueva-topografia-digital-en-construccion
[153] Disruptive technologies: Advances that will transform life, business, and the global economy, pág. 114

Las aplicaciones de nanomateriales son innumerables. Cuando se detecta un cáncer, una dosis personalizada de los productos químicos que matan el cáncer podría adherirse a nanopartículas que entregaría el tratamiento a las células cancerosas sin afectar las células sanas. La administración de fármacos a base de nanomateriales podría hacer que la quimioterapia fuese más eficaz, ayudando a salvar vidas al tiempo que reduce los efectos secundarios.

Los nanomateriales avanzados se podrían utilizar para la fabricación de todo tipo de productos. Los dispositivos electrónicos de consumo tendrían niveles sin precedentes de velocidad y potencia porque su circuito se basa en el grafeno, altamente conductor. También, con baterías de supercondensadores basados en grafeno, tomaría sólo unos pocos minutos para dar una carga que duraría una semana a un dispositivo de Internet móvil. Y gracias a los nanos compuestos, un automóvil eléctrico autónomo puede conducir 300 millas sin necesidad de recarga, y es sin embargo más ligero y fuerte que los "anticuados" automóviles de acero y plástico.

Su Tablet ya no sería un dispositivo rígido, torpe, en forma de libro, sino más bien una hoja delgada que se puede enrollar y colocar en un bolsillo. En los hogares y oficinas, las paredes podrán estar cubiertas con pantallas basadas en nanomateriales ultradelgados que se pueden utilizar para ver información, disfrutar del entretenimiento, o simplemente para colocar un cuadro bonito en la pared. Y no habría ninguna necesidad de preocuparse de gastar electricidad: estas pantallas consumen niveles muy bajos de energía, provistos por células solares altamente eficientes, basados en grafeno, a la vez que sistemas de almacenamiento de energía en los hogares suministrarían la mayor parte de las necesidades de energía de los consumidores.

Los nanomateriales también pueden ser la clave para resolver los problemas de escasez de agua del mundo. Filtros basados en grafeno podrían convertir el agua salada en agua dulce y eliminar todas las impurezas, por lo que la escasez de agua sería cosa del pasado[154].

¿Cuál es el denominador común de todo el relato anterior? El grafeno. ¿Y

---

[154] Disruptive technologies: Advances that will transform life, business, and the global economy, pág. 115

qué es el grafeno?

El grafeno es una sustancia formada por carbono puro, con átomos dispuestos en patrón regular hexagonal, similar al grafito, pero en una hoja de un átomo de espesor. Se considera 100 veces más fuerte que el acero y su densidad es aproximadamente la misma que la de la fibra de carbono, y es aproximadamente cinco veces más ligero que el aluminio[155]. Andrey Gueim y Konstantin Novosiólov ganaron el premio Nobel de Física en 2010 por sus descubrimientos sobre el Grafeno

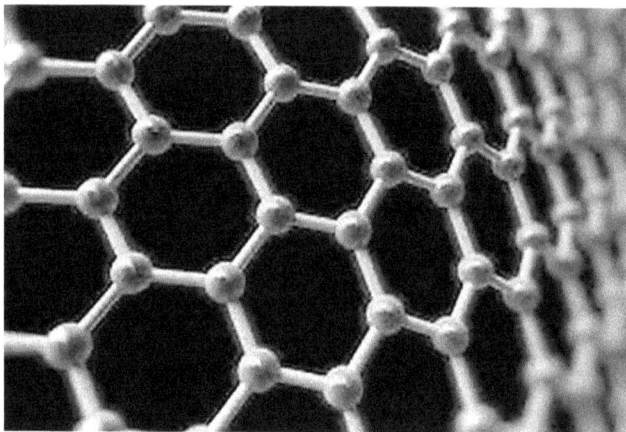

Figura N° 33: representación de grafeno

Entre otras propiedades, el grafeno es extremadamente duro; muy flexible y elástico; con una conductividad térmica y eléctrica muy alta, pero se calienta menos al conducir electrones; de gran ligereza (como la fibra de carbono, pero más flexible); consume menos electricidad que el silicio para igual uso (computadores); genera electricidad al ser alcanzado por la luz, y se bel (cuando una lámina de grafeno sufre daño y se quiebra su estructura, se genera un 'agujero' que 'atrae' átomos de carbono vecinos para así tapar los huecos)[156]. El grafeno tiene un grosor de un átomo. Pesa la sexta parte por unidad de volumen, aunque es 100 veces más duro, tiene un 35% de menor resistencia a la electricidad que el cobre, y 10 veces más la conductividad del cobre o del aluminio. A partir del grafeno se podrían construir procesadores

---

[155] Definición tomada de https://es.wikipedia.org/wiki/Grafeno
[156] ibid

1.000 veces más rápidos que los que existen en la actualidad[157].

¿Por qué entonces no ha habido una avalancha de fabricación de productos con grafeno? Porque aún es carísimo de fabricar. Pero eso – al igual que ha sucedido con el costo de la secuenciación de ADN o con el costo del Kw/h entregado por una celda solar – va a evolucionar según la Ley de Moore, por lo cual en 10 años más el costo se habrá reducido en un 96,875%.

El grafeno y los nanotubos de carbono tienen una gran cantidad de aplicaciones posibles. Debido a sus propiedades químicas y eléctricas únicas, incluyendo gran área superficial y alta reactividad, los nanotubos de carbono pueden actuar como sensores extremadamente potentes, permitiendo la detección de moléculas de trazas de sustancias peligrosas o bio-marcadores para enfermedades tales como el cáncer. Supercondensadores basados en el grafeno se están desarrollando con el objetivo de producir baterías ultra-eficientes que podría cargarse en cuestión de segundos y, sin embargo, alimentar un teléfono inteligente u otro dispositivo durante días.

El grafeno también podría potencialmente ser utilizado para crear células solares de alta eficiencia (véase más adelante "Energías Renovables No Convencionales"), o como un revestimiento de electrodos de baterías de iones de litio, que permita una carga más rápida y una mayor capacidad de almacenamiento, con un potencial impulso a la adopción de vehículos eléctricos (como vimos anteriormente en "Almacenamiento de energía"). Y ambos nanotubos, de grafeno y de carbono, pueden ser utilizados como emisores de electrones para construir ánodos para pantallas altamente eficientes, súper finas, y, posiblemente, flexibles y transparentes.

Por último, debido a sus cualidades de absorción únicas, el grafeno puede ayudar a mejorar el acceso al agua potable, un problema creciente en muchas partes del mundo. Lockheed Martin ha anunciado recientemente un progreso en la creación de filtros basados en grafeno, que podrían producir agua potable a partir de agua de mar a una pequeña fracción del coste de los métodos actuales, tales como ósmosis inversa.

Sin embargo, a pesar de que las aplicaciones potenciales se multiplican, no queda claro si la producción y los procesos de manipulación del grafeno y

---

[157] Disruptive technologies: Advances that will transform life, business, and the global economy, pág. 118

de los nanotubos de carbono se pueden ampliar de forma rentable. Un perfeccionamiento de las técnicas de producción, rentables y escalables, bien podrían tomar más de una década. Los precios del grafeno y los nanotubos de carbono varían ampliamente según la pureza, tamaño, forma y material de sustrato. Hoy en día, el precio de venta de "nanoplatelets" de grafeno (de cinco a ocho nanómetros de espesor) fabricados por XG Sciences se venden por alrededor de 220 a 230 dólares por kilogramo. Los precios de los nanotubos de carbono van desde 50 a más de 700 dólares por gramo[158].

La investigación está trayendo la tecnología para la fabricación a gran escala de grafeno y los nanotubos más cerca.

En 2012, investigadores de la Universidad Sains Malasia anunciaron avances en la creación de nanotubos de carbono que dicen podría reducir el precio de este material a entre $ 15 y $ 35 por gramo. En 2011 Lockheed Martin anunció que su avión de combate F-35 utilizará plásticos compuestos de nanotubos de carbono en algunas partes estructurales gracias a un proceso de fabricación mejorado, que según la compañía reduce el costo de producción de piezas a base de nanotubos en un 90%. Samsung e IBM están financiando I + D en aplicaciones comerciales de grafeno y los nanotubos, y varias instituciones de investigación más importantes también las están investigando[159].

La nanotecnología se refiere a materiales de menos de 100 nanómetros (un nanómetro es un milmillonésimo de metro). Para hacerse una idea, el grosor de un cabello típico está entre los 20.000 y los 80.000 nanómetros. El grafeno no es el único nanomaterial. Arriba mencionamos los demás. Veamos qué son y para qué sirven:

Los "materiales verdes" intentan resolver problemas ambientales. El hormigón de baja emisión de CO_2, por ejemplo, podría reducir las emisiones en la producción de hormigón, que se estima que representan el 5 por ciento de las emisiones totales de CO_2. La adición de materiales avanzados reduce la cantidad de combustible necesaria para arder y moler los ingredientes del

---

[158] Disruptive technologies: Advances that will transform life, business, and the global economy, pág. 119, traducción del Autor

[159] Disruptive technologies: Advances that will transform life, business, and the global economy, pág. 120, traducción del Autor

hormigón y reducir la necesidad de decarbonante de piedra caliza en el horno.

Materiales de auto reparación se inspiran en los sistemas biológicos que pueden autoorganizarse y auto repararse. Los materiales de auto reparación reducirían la necesidad de un mantenimiento costoso restableciéndose a sí mismos cuando se produce un daño. Un ejemplo es el concreto auto curable, que incluiría ingredientes que se liberan de forma automática o que se expanden para llenar las grietas cuando éstas aparecen.

Los materiales piezoeléctricos que convierten la presión en electricidad no son nuevos, pero los investigadores continúan encontrando nuevas aplicaciones potenciales, tales como la generación de energía eléctrica a partir del movimiento. Se puede capturar energía eléctrica a partir del movimiento de los peatones para generar electricidad o para incorporar materiales piezoeléctricos en la ropa, para alimentar dispositivos móviles de Internet.

Los metales con memoria pueden volver a una forma previa cuando se calienta a una temperatura específica. Estos materiales están siendo considerados como una forma de producir movimiento en robots muy livianos -utilizando una carga de bajo costo para expandir o contraer el material, imitando el movimiento muscular. Algunas versiones de metales con memoria, incluso pueden ser "programados" para asumir múltiples formas a diferentes temperaturas.

Los compuestos avanzados podrían ayudar a construir componentes más fuertes, pero más ligeros para vehículos, incluyendo aviones. Además de nanocompuestos de próxima generación, los continuos avances en materiales compuestos a base de fibra de carbono y otros materiales podrían hacer que sea posible sustituir los materiales compuestos de materiales como el aluminio en más aplicaciones. Estos avances incluyen nuevas formas de producir y unir la fibra de carbono, reduciendo costos de fabricación de dicho compuesto[160].

El impacto económico calculado por Mc Kinsey para el año 2025 es de entre 150 y 500 mil millones de dólares anuales, pero esencialmente debido a usos

---

[160] Disruptive technologies: Advances that will transform life, business, and the global economy, pág. 117, traducción del Autor

de la nanotecnología en el campo de la salud, y en particular, en el combate al cáncer. Por lo tanto, no incorpora ninguno de los demás campos de aplicación del grafeno, al considerar que no van a ser aún masivos para el año 2025.

El grafeno, cuando pueda ser producido a gran escala a precios que están indexados por la Ley de Moore, será un reemplazo del cobre, del acero, del titanio, del fierro y del aluminio en muchas de las mayores aplicaciones que hoy tienen. De hecho, las redes de telefonía que hoy son de cobre pasarán a ser de fibra óptica primero, y de grafeno después. Las redes eléctricas y los circuitos eléctricos también. **Si bien esto tiene un plazo de 10 años para que se masifique, varios países de la Región, como Chile, Perú o Brasil, se verán afectados en sectores clave de su actual economía, por lo cual deberían comenzar a preocuparse.** Sobre todo, Chile, que ya vio el impacto en su economía cuando se descubrió el salitre sintético, afectando su principal exportación. En esa ocasión no lo vio venir. Esta vez, está avisado.

44. Exploración y extracción avanzada de petróleo y gas

Esta es una de las pocas tecnologías disruptivas que no tienen que ver directamente con la revolución digital, pero que la utilizan para mejorar su performance. Mc Kinsey las identifica con las denominadas "reservas inconvencionales" de petróleo y gas, como el LTO (por "Light Tight Oil"), que es petróleo atrapado en formaciones de rocas, o el gas natural. Las nuevas técnicas de exploración y extracción permiten acceder a reservas nuevas que no se habían descubierto y a reservas que se conocían, pero a las que no se podía acceder por el costo. Se consideran "reservas inconvencionales" debido a que no se pueden extraer mediante las técnicas convencionales de perforación[161].

Considerando que el Informe de Mc Kinsey salió el año 2013, y que claramente no preveían que los países árabes declararían la guerra a estas nuevas tecnologías mediante un incremento de la oferta y una caída brusca en los precios (dejando fuera de mercado a varias de estas nuevas explotaciones), quizás hoy estas tecnologías no estarían entre las 12 de más impacto económico. Dependerá en buena medida de si son capaces de

---

[161] Disruptive technologies: Advances that will transform life, business, and the global economy, pág. 126

reproducir la Ley de Moore en cuanto a costos y performance, porque en ese caso vencerán a la industria incumbente de recursos energéticos fósiles. Según Mc Kinsey, ello es posible. Por ejemplo, se puede duplicar la productividad del fracturing (técnica que libera la presión que mantiene al gas atrapado en roca) utilizando datos micro sísmicos y de apertura de pozos para simulaciones de modelos predictivos de fracturing.

Mc Kinsey estimaba que el impacto económico de la explotación de reservas inconvencionales existentes en Estados Unidos, China, Argentina, Australia y Europa sería de entre 95.000 y 460.000 millones de dólares anuales para el año 2025, fundamentalmente producto de las explotaciones en Estados Unidos[162]. Pero eso era con una proyección de precios de entre 50 y 150 dólares por barril de petróleo. Dicho efecto se reduce considerablemente con los precios del petróleo posteriores a la gran caída de los años 2014 y 2015. Ello puede verse compensado por las proyecciones de Mc Kinsey respecto de la demanda por energía que va a haber en el mundo debido al desarrollo de China e India[163], que en conjunto tienen más de dos mil millones de habitantes. Con que lleguen a consumos similares a países de ingreso medio, el incremento en la demanda sería enorme, y la necesidad de contar con estos medios inconvencionales sería mayor.

En el lado negativo están, de una parte, las grandes inversiones que se requieren para producir con estas tecnologías. Mc Kinsey estima que se necesitan hasta 10.000 millones de dólares por proyecto. Y, de otra parte, está el cuestionamiento medioambiental que se está generando, sobre todo respecto del fracturing, que requiere de enormes cantidades de fluidos hídricos y que puede dañar estructuras tectónicas. En este aspecto, sin embargo, se ha avanzado bastante, y ya hay tecnologías que permiten un ahorro de hasta un 70% en las necesidades de fluidos hídricos.

La evolución de estas tecnologías junto con las Energías Renovables No Convencionales supone en cualquier caso una era de costos energéticos generales más bajos, en la medida en que ambas tengan la capacidad – aunque sea limitada – de seguir la Ley de Moore, duplicando su performance sin subir costo continuamente cada cierto número de años. La industria tradicional basada en combustibles fósiles seguirá dando la batalla, pero no

---

[162] Disruptive technologies: Advances that will transform life, business, and the global economy, Pág. 125
[163] Op. Cit, pág. 129

puede seguir la Ley de Moore, por lo cual el resultado final es bastante predecible.

El efecto de esta tecnología en la Región será diverso. Argentina sería una de las grandes ganadoras si se consigue que los costos de exploración y de extracción se mantengan por debajo de los mismos costos en exploración y extracción convencionales. Mc Kinsey dice en su informe que, junto con Australia, son los países con las dos mayores reservas mundiales de LTO. Por el contrario, productores convencionales como Venezuela, Colombia o México se verían negativamente afectados por el desarrollo de estas tecnologías.

45. Energías Renovables No Convencionales (ERNC)

La energía renovable tiene una simple pero tentadora promesa: una fuente inagotable de energía para accionar la maquinaria de la vida moderna sin eliminar los recursos de la tierra - contribuyendo a la contaminación y al cambio climático - o incurrir en el costo económico, social y político asociado a la competencia por los combustibles fósiles.

La energía representa aproximadamente el 8% del PIB de Estados Unidos y el 10% del PIB mundial. Históricamente, hemos sacado la mayor parte de nuestra energía de la tierra, lo que significa que las eficiencias eran difíciles de encontrar, por lo cual en el siglo pasado los combustibles fósiles han sido una fuente importante de tensión en los asuntos mundiales.

Sin embargo, aquí también las tecnologías digitales están empezando a tomar fuerza a medida que aprendemos a usar algoritmos para producir energía, mediante la utilización de técnicas de fabricación asistida por ordenador y de nanotecnología para construir una mejor tecnología solar y eólica. El precio de la energía solar está cayendo en un 20% por cada duplicación de la capacidad de fabricación, y se estima que será más barato que el carbón después de 2020[164].

---

[164] Forbes, 5/4/2014 en http://www.forbes.com/sites/gregsatell/2014/04/05/why-the-digital-revolution-is-really-just-getting-started/2/#18830577c6db

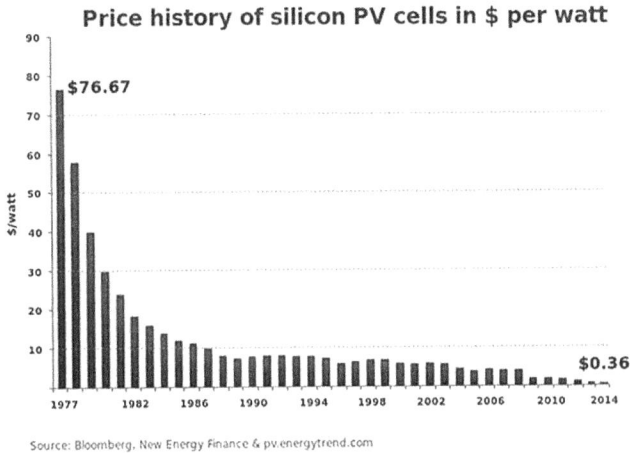

Figura 34: evolución de precio de celdas solares en dólares por watio. Fuente: Bloomberg

Incluso los combustibles líquidos se están re imaginando. Craig Venter, que fue pionero en muchas de las técnicas computacionales que decodificaron el genoma humano, está trabajando para que algas genéticamente modificadas puedan producir combustible a base de aceite. Hay muchos otros esfuerzos así en curso. Para el año 2022, los combustibles a base de algas reemplazarán el 17% de las importaciones de petróleo de Estados Unidos[165].

La energía que se obtiene de algoritmos tiene muchas ventajas con respecto a la energía que se debe cavar fuera de la tierra. No se agotan, pero sigue la ley de rendimientos acelerados del ya nombrado Ray Kurzwell, significa que se volverán más baratos todo el tiempo. Quizás aún más importante, depende de la innovación y no de la geografía, por lo que favorece la estabilidad política y económica. Por cierto, la ley de rendimientos acelerados no es otra cosa que la Ley de Moore, pero aplicada no a circuitos integrados, sino a cualquier tecnología que sigue ese comportamiento.

Según las estimaciones de Mc Kinsey, las dos ERNC que tendrían mayor impacto para el año 2025 serían la energía solar y la energía eólica, que podrían representar entre el 15 y el 16 por ciento de la producción mundial de electricidad en 2025, frente a sólo el 2 por ciento en la actualidad. El impacto económico gradual de este crecimiento podría ser de entre 165 mil

---

[165] Forbes, Op.Cit.

millones a 275 mil millones anuales de dólares para el año 2025. De estos, 145 mil millones a 155 mil millones podrían ser el valor añadido directo a la economía mundial de estas energías, menos el costo de subsidios. Los restantes 20 mil a 120 mil millones por año reflejan el posible valor de la reducción de las emisiones de CO_2[166].

Varios países de América Latina se podrán beneficiar de las energías renovables no convencionales. Según el ya mencionado Peter Diamandis, el desierto de Atacama podría de proveer de energía eléctrica a toda la Región de América Latina. Es de esperar que la Región no se limite solamente "a poner el sol", y desarrolle un clúster de alto valor agregado alrededor de esta tecnología. En Chile, como se comentó en el apartado de almacenamiento de energía, recientemente, se ha decidido por un enfoque en ese sentido, y se está creando un clúster de energía solar con valor agregado, implicando a la Academia local e internacional, y a inversores locales e internacionales. El objetivo es pasar de un 7% de la matriz energética en ERNC a un 20% el año 2025, desarrollando tecnología latinoamericana en el proceso.

---

[166] Disruptive technologies: Advances that will transform life, business, and the global economy, Pág. 137

Quinta Parte: Desde la Encrucijada

Esta quinta parte la comienzo con la misma frase del primer capítulo de la primera parte, para "cerrar el círculo": América Latina está en una encrucijada. Necesita incorporarse rápidamente a la nueva sociedad, basada en el talento e intensiva en el uso de tecnologías digitales. Es una oportunidad que quizá no se repita. Una que no podemos desaprovechar. Una que nos permitiría corregir los problemas estructurales que arrastramos desde hace 500 años. Una que requiere de acciones firmes, decididas y rápidas – a nivel de Gobiernos, de empresariado, y de la academia. Y donde los ciudadanos también tienen un rol importante que llevar a cabo.

46. Los Gobiernos de América Latina, en la encrucijada

Debido a la cultura latinoamericana, los Gobiernos tienen mucho que aportar a esta refundación de América Latina. En países como Estados Unidos sería más bien la sociedad la que empujaría el cambio, pero aquí aún tenemos resabios del Estado borbónico del siglo XVIII, y a la hora de los cambios, todos miran al Gobierno.

Lo primero que debe hacer cualquier Gobierno de la Región para empujar hacia los nuevos umbrales de la humanidad es **poner el desarrollo digital dentro de la Agenda del país, como uno de los pilares para el siglo 21**. El énfasis de esa frase no está en "lo digital" – que es la herramienta – sino en "el siglo 21". Tenemos que crear una nueva mirada al Contrato Social que subyace a la existencia de un Estado, que considere dos principios:

En primer lugar, el Estado focalizará sus esfuerzos en conseguir que todos los habitantes del país puedan descubrir y desarrollar todos sus talentos naturales, y puedan ponerlos a trabajar en aquello que más les guste. El país es parte de un ecosistema mundial, que debido a las nuevas tecnologías entrega ilimitadas oportunidades de desarrollo personal y profesional a la población. El Estado buscará que dichas oportunidades lleguen a la población, y que ésta pueda aprovecharlas.

En Segundo lugar, las personas tienen el derecho, pero también el deber, de desarrollar sus talentos para aportar con el fruto de los mismos a la Sociedad, poder sacar adelante a sus familias, y cumplir sus metas personales, en la medida que sean para el bien común.

Esos dos principios alimentan el objetivo de que todas las personas puedan desarrollar su proyecto de vida profesional allí donde mejor purdan contribuir al bien común a la vez que consiguen su mayor satisfacción profesional. En resumen, buscamos que todos estén "en su elemento", usando el concepto desarrollado por Sir Ken Robinson.

Sin una manifiesta declaración de principios acerca de la importancia del desarrollo de los talentos del país, no va a haber un cambio en el eje de las políticas públicas. El talento es el recurso más importante, pero el menos utilizado en todos los países de la Región, como espero que haya quedado demostrado con todo lo escrito hasta ahora.

A partir de ese principio, y considerando lo que viene a través de la nueva revolución digital, los Gobiernos deberían trabajar en 4 direcciones:

En primer lugar, creando una infraestructura para el Siglo 21: El acceso a Internet es un derecho básico y fundamental del ser humano. Las Naciones Unidas lo declaró así el año 2012, dándole la misma importancia como derecho que el acceso al agua. Por lo tanto, el Estado deberá actuar subsidiariamente para que quienes no puedan, tengan acceso a Internet. En especial todos los niños deberían tener acceso a Internet al menos desde sus colegios.

En segundo lugar, generando una capacitación para el Siglo 21: como se ha dicho repetidamente, este es la más importante de las batallas.

- Las carreras de pedagogía deben ser replanteadas, incorporando nuevas metodologías de enseñanza basadas en un aprendizaje activo donde el alumno es protagonista de su formación.
- Se deben realizar todos los esfuerzos hacia una provisión de servicios de enseñanza básica, media y superior orientada al descubrimiento y desarrollo de los talentos inherentes de cada alumno en particular, coherentes con un desarrollo armónico e integral de la persona, y que incluya el desarrollo de las habilidades blandas necesarias para el siglo 21.
- Los subsidios a la enseñanza no deben financiar la oferta, sino la demanda, y dejar que los padres de los alumnos decidan cual modelo elegir dentro de una amplia variedad de posibilidades que no se ciñen al territorio nacional, sino antes bien se abren hacia alternativas de otros lugares del mundo, previamente homologadas y acreditadas por parte de organismos de supervisión de la calidad

de la enseñanza. Si mañana saliera un colegio en Estados Unidos, Europa o Asia que enseñara a niños hispanoparlantes con mejores resultados y menores costos que los colegios nacionales, no veo por qué se debería seguir financiando solo a iniciativas locales. Estamos en una sociedad globalizada, y eso incluye especialmente a la educación.

- Al Estado le corresponde apuntalar el financiamiento de los alumnos que no puedan costearse una formación para el siglo 21, y controlar que los objetivos de aprendizaje definidos como necesarios sean cumplidos. Pero a las empresas, academia, Estado y organizaciones sin fines de lucro les interesa especialmente esta formación, debido a que será el recurso más importante que tendrán para su futuro. De ahí que sea necesaria una nueva visión sobre la educación, como algo a lo que toda la sociedad debe apoyar, y no solo los padres de los alumnos. **Que exista una educación de calidad enfocada en el desarrollo de talentos es ahora una condición necesaria para la supervivencia de toda la sociedad.**

- Que los proyectos educativos tengan o no fines de lucro es secundario, en la medida en que los padres estén de acuerdo y los resultados sean los previstos. Si se trata de dinero del Estado, tampoco es tema en la medida de que se cumplan los objetivos de aprendizaje y sea más económico que las alternativas. De hecho, si se cumple el objetivo fundamental de descubrir y desarrollar talentos, junto con formar personas integrales, es un mejor uso de recursos públicos, aunque sean organizaciones con fines de lucro, e incluso de fuera del país. Como decía el líder de la China comunista que sucedió a Mao Tse Tung: "mientras cacen ratones, da igual de qué color son los gatos".

- El Estado no puede obligar a los padres a un único modelo de enseñanza a cambio de su aporte. Si hay modelos alternativos que cumplen los objetivos de aprendizaje y al Estado le cuestan lo mismo, debe darles esas opciones a los padres. **Dar subsidios o cofinanciamiento del Estado a los sectores más vulnerables solo en la medida en que escojan colegios del sistema público, pudiendo optar por proyectos alternativos locales o internacionales de igual o menor costo y mejor calidad, es**

discriminar en contra de los niños más desposeídos y mal utilizar recursos públicos para el objetivo de desarrollar los talentos del país.

* Los colegios del país deben aprender a competir con colegios de todo el mundo.

En tercer lugar, se debe crear un marco jurídico acorde al siglo 21. La sociedad digital, al ser intangible, es transnacional. Eso hace que los delitos crucen fronteras de forma mucho más fácil, y se requiere por ello de un marco jurídico que incorpore la nueva realidad. Al menos se debería intentar armonizar el marco jurídico al interior de América Latina, en materias en las que haya acuerdo. Las más importantes, para dar fluidez y certeza jurídica a los actos entre personas de distintos países son los referidos a tribunales aplicables en caso de transacciones entre países, privacidad y seguridad de datos, definición de figuras digitales ilegales, y armonización de código civil y de comercio con la realidad digital. Un aspecto comentado en este libro que debería ser considerado es lo referente a manejo y privacidad de datos. Se debe adoptar una legislación acorde a la CEE o al menos de acuerdo a la OCDE, con lo cual el país podrá tener el carácter de "puerto seguro", y así poder exportar servicios a esos mercados. Este negocio puede llegar a representar un 2,5% del actual PIB de América Latina (alrededor de 100.000 millones de dólares)

Por último, es necesario apoyar una transición hacia el trabajo del siglo 21. Todos los Estados deberían establecer con urgencia una iniciativa estratégica orientada a definir los tipos de trabajo que se necesitarán y los que se destruirán producto de los nuevos paradigmas de la economía, adoptando un plan masivo de recapacitación de la masa laboral. Deberán además establecer un plan estratégico para la reconversión del funcionariado público. Y deberán crear un marco legal para la creciente figura del teletrabajo: los trabajadores de un país no compiten por los puestos de trabajo de ese país, sino que compiten por puestos de trabajo en cualquier lugar del mundo. Y viceversa, los puestos de trabajo en el país pueden ser tomados por trabajadores de otros países mediante teletrabajo. Ese fenómeno ya existe, como lo muestran los "Call Centers" de empresas multinacionales en América Latina, que atienden desde un país los requerimientos de soporte de toda la Región.

Hay un enfoque de más corto plazo, pero muy útil, que pueden hacer los gobiernos: generar capacitación gratis para aprender a usar las herramientas de búsqueda de empleo vía Internet. El uso de plataformas como www.LinkedIn.com , para encontrar empleo. El uso de portales como www.freelancer.com, www.upwork.com, www.workana.com o www.guru.com para encontrar trabajos independientes. El uso combinado de www.alibaba.com y www.deremate.com o www.mercadolibre.com para micro emprendimientos que compran en China y venden en el mercado local. El llamado "teletrabajo" o "tele emprendimiento" va a ser un gran generador de puestos de trabajo en América Latina. Varios países de la Región ya se están beneficiando del mismo, mediante proyectos públicos y privados, como Uruguay, Costa Rica, o Colombia.

Conviene explicar en más detalle el punto de a reconversión del funcionariado público, que es parte de la transformación digital del Estado[167]:

Como consecuencia de la automatización del trabajo de conocimiento, los puestos de trabajo en el Estado que tengan que ver con "mover procesos" se podrán hacer mejor y con menos recursos usando sistemas digitales, dejando a cientos de miles de funcionarios literalmente "parando el lápiz", pagados por todos los contribuyentes.

Se puede tomar este hecho como un gran problema o como una gran oportunidad, mostrando de paso el camino para que los países de la Región – que no están produciendo los profesionales que se necesitarán en 10 años más – hagan frente al desempleo estructural que va a haber.

Hay que reconvertir a esos funcionarios públicos hacia la gestión. En vez de dedicarse a mover procesos – muchos de ellos muy ineficientes y que constituyen verdaderas pesadillas para los contribuyentes que deben pasar por ellos – se deberían dedicar a tres funciones: resolver los problemas a los ciudadanos (al estilo de "ejecutivos de cuenta" por proceso), mejorar los procesos existentes (gracias a la interacción con las personas a quienes deben solucionar los problemas), y fiscalizar y evaluar los programas a los que están destinadas los dineros públicos. Como resultado tendríamos mejores procesos, mejor calidad de servicio al ciudadano, y mejor distribución del presupuesto hacia programas **con resultados**.

---

[167] Columna de opinión del autor, publicada en el periódico "Estrategia" de Chile, aunque aplicada solo a dicho país. Ref.: http://www.estrategia.cl/8631/Columna

El trabajo que hace el actual funcionario público – tecnología más o tecnología menos – no ha cambiado desde la república de Roma: mover procesos. Lo que un estado moderno necesita es buena gestión, agilidad, músculo sin grasa.

Este es un reto que no debe posponerse, o en 7 años más tendremos las peores huelgas del sector público que hayamos conocido – estériles, porque los sistemas se encargarán de hacer su trabajo, pero peligrosas, por la carga emocional y social que traerán consigo. Se debe avanzar rápida y coordinadamente en ambas direcciones: transformación digital del Estado con un uso intensivo de tecnologías, y modernización gracias a la transformación digital, cambiando la naturaleza del trabajo del funcionario público, desde "mover papeles" a "generar valor".

Además de lo anterior, y como se vio en el apartado de la transformación digital del Estado del Capítulo 3, se necesita, por parte del Estado, llevar a cabo una segunda generación de trámites públicos, enfocando en ahorrar tiempo al ciudadano en sus relaciones con el Estado.

Hay un proyecto que es simple de enunciar, fácil de seguir, y con KPI sencillos: que todo trámite que se pueda hacer por Internet, realmente se pueda hacer por Internet. En un estudio de Microsoft realizado hace años, se llegaba a la conclusión de que el ahorro por parte del país, en términos de costo de horas y de desplazamientos podía ser tan alto como el 3% del PIB – que hoy sale del bolsillo de los contribuyentes, especialmente los más vulnerables porque son los que más usan los servicios del Estado. Y especialmente en procesos que tienen que ver con servicios sociales del Estado, como subsidios, salud, educación o pensiones.

Pero esto es también aplicable a las relaciones entre las empresas y el Estado, ya que afecta directamente la competitividad del país. Al respecto, un buen ejemplo de buena praxis ha sido el esfuerzo exitoso por parte de muchos países en conseguir que los trámites de creación de una empresa puedan realizarse en un día. En América Latina, hasta el momento Chile lo ha conseguido.

Singapur, una vez más, es un ejemplo de este tipo de política pública. Cuando Internet se masificó, estableció un plan en dos etapas: en la primera etapa, todos los trámites que pudieran hacerse por Internet se harían por Internet, además de presenciales. La segunda etapa consistió en que los trámites del Estado **solo** se podrían hacer a través de Internet. Para pasar de la etapa 1 a la 2, se habilitaron las dependencias públicas con computadores, y se reclutó a jóvenes, que en vez de hacer "servicio militar" hicieran un "servicio digital" consistente en apoyar a las personas que fueran a las dependencias a hacer un trámite para hacerlo Online, y una vez aprendiesen, convencerlos de que era mucho mejor hacerlos desde su casa que yendo a la oficina del Estado. Simple, económico, trazable.

Otro cambio para modernizar el aparato del Estado es implementar la interoperabilidad, de la que ya hablamos, junto con desarrollar una política de "open data", que permita a la sociedad trabajar con los datos del Estado y desarrollar aplicaciones útiles que ahorrarán al Estado millones de dólares, a la vez que mejorará la "experiencia de compra" del ciudadano respecto de los servicios del Estado.

El actual marco laboral está pensado, creado y desarrollado para un concepto de **trabajo presencial, por horario y dependiente**. Se debe abordar la nueva realidad, que será mayoría en el futuro: el **trabajo no presencial e independiente, remunerado por contenidos entregados**. Hoy ese mercado laboral es totalmente informal, no regulado y en muchos casos, asimétrico entre las partes contratantes.

47. La Política, en la encrucijada

Desde su independencia, América Latina ha tenido todo el espectro de la política gobernando el país, desde la extrema izquierda en Nicaragua, Cuba o Venezuela a la extrema derecha en Paraguay, Chile, Argentina o Brasil. Gobiernos democráticos y autoritarios. El problema que tiene América Latina es que no ha evolucionado en su visión política. Sigue enfrascada en una lucha entre el liberalismo y el socialismo, solo que ahora se le llama "neoliberalismo" y "progresismo". Esa lucha es anacrónica. No está alineada con los tiempos que están surgiendo. La sociedad civil que está emergiendo de la revolución digital tiene otras preocupaciones y perspectivas, como lo señalé en mi artículo sobre "Virtualia" y en el capítulo 9, acerca del impacto de la revolución digital en la sociedad y la política.

El caso es que, hasta ahora, ni la derecha, ni la izquierda, ni el centro están asimilando los cambios en la sociedad que está trayendo la revolución digital. Lo confunden con el uso de redes sociales, es decir, con el uso de un medio, pero para hacer la política como siempre. Y eso hace que estén errando en el diagnóstico de las protestas que están surgiendo en todas partes, porque las siguen leyendo en clave política del siglo 20.

Ya lo indicamos anteriormente: las protestas e indignación con las cosas como están no tiene que ver con un ataque al sistema económico liberal que prima en el mundo, sino a que **no cumple con lo que promete**. Las personas, dentro el mundo virtual que les entrega Internet vive y disfrutan de todas las ventajas de ese modelo neoliberal al que critican o defienden. Quienes lo critican lo hacen porque no entienden de dónde viene realmente su malestar, y le echan la culpa "al sistema". Quienes lo defienden lo siguen vislumbrando tal como es actualmente, sin cambios. Hacen de la discusión una acerca de más Estado o más mercado. Ambos están equivocados. La política va a girar a nivel mundial hacia un nuevo paradigma: más talento. La felicidad de las naciones va a venir de que sean capaces de desarrollar los talentos de las personas que viven dentro, y generar las condiciones para que esas personas con sus talentos puedan desarrollarlos donde más les guste.

Quizá se piense que esta visión política es economicista, pero hace ya rato que la política y la economía van de la mano, y desde la célebre frase de Bill Clinton ("It's the economy, stupid" - "es la economía, estúpido"), cada vez más los políticos del mundo están entendiendo que para llegar o permanecer en el poder deben ser capaces de mejorar las condiciones de vida económica de la población. Pero es que con este nuevo paradigma de que puedan trabajar en lo que más les gusta y para lo que más tienen talento consiguen un mayor bienestar inmaterial tanto como material.

¿Por qué es esto especialmente importante para América Latina? Porque con la matriz productiva actual, no tiene ninguna chance de mejorar las condiciones de vida de la población. Peor aún: si no cambia su política hacia el desarrollo de los talentos, las condiciones de vida van a empeorar, y mucho. Se generará un malestar social por el incremento del desempleo y la contratación, por parte de las empresas de la región de teletrabajadores en otras partes del mundo, debido a que la población de América Latina carece de las habilidades y competencias propias de la sociedad digital.

Pero también está el otro aspecto que se ha comentado en este libro: la revolución digital está poniendo en contacto a la población con una "vida virtual" que contradice a su "vida presencial". Dentro de Internet, hay verdadera igualdad de oportunidades, y son ilimitadas. Donde se genera la frustración es que no hay verdadera preparación para aprovecharlas. Y la gente le acaba por echar la culpa al sistema, o al gobierno. Y los políticos, que ven en este malestar ganancias a corto plazo, y que tampoco entienden los cambios sociales que está trayendo la sociedad digital, insisten en dar soluciones del siglo 20. Y seguimos metidos en la pelea entre más mercado o más Estado.

Como se dijo en el capítulo 9, se va a requerir de líderes políticos muy distintos a los que actualmente hay para llevar por buen camino a los países de la Región. Necesitamos un cambio de lo que en inglés se llama "mindset", que podría traducirse como un cambio mentalidad por un cambio de chip.

Hay una oportunidad enorme en adoptar a fondo los nuevos paradigmas que trae la nueva revolución digital, y que no tienen que ver con tecnologías, sino con valores: el valor del talento pasa a estar por encima del valor del dinero.

El desarrollo del talento personal y singular de cada uno, como medio de progreso en la vida. A la izquierda tradicional ese discurso no le gusta, porque le quita banderas de lucha, ya que el discurso político de este nuevo paradigma poco o nada tiene que ver con las plataformas políticas que aún defienden las izquierdas de América Latina. Harían bien esos políticos en escuchar el enfoque hacia la política que tiene Felipe González, del PSOE español, quien, aunque no es de la generación nativa digital, ha comprendido muy bien el cambio de juego que trae la revolución digital.

A la derecha tradicional tampoco le gusta, porque simplemente no lo entiende. Es algo que intuye como importante, pero no sabe por qué. Y como cree totalmente en "el sistema" tal y como es ahora, desconfía de paradigmas nuevos que alteran el orden de las cosas como son. Y no se da cuenta que en esta revolución digital se promueven, entre otros, muchos de los principales valores que siempre ha defendido – libertad, emprendimiento, innovación. Nada hay menos regulado en su accionar que la World Wide Web. Si hay un "lugar" donde las teorías económicas liberales se cumplen – y además funcionan – es en Internet. Harían bien en escuchar a políticos de derecha como los presidentes de Taiwán, Singapur o Corea del Sur, que han transformado sus economías en economías del primer mundo, abrazando los paradigmas que trae la revolución digital.

Creo que en diez años más el eje de la discusión política en el mundo no va a estar entre derecha e izquierda (debate propio de los siglos XIX y XX), sino entre las visiones utópicas y distópica alrededor de las tecnologías disruptivas. Entre quienes querrán aferrarse a las cosas como "siempre han sido" y quienes quieren arriesgarse a hacer las cosas desde otra perspectiva, apoyándose en las nuevas tecnologías. Algo, por cierto, que no es para nada nuevo, puesto que esa misma disyuntiva fue la que tuvo el mundo cuando surgió la revolución industrial, generando una polarización entre quienes querían apoyar la iniciativa privada para desarrollarla, y quienes preferían que se desarrollara centralizadamente desde el Estado. La diferencia está que en esta ocasión la sociedad tiene herramientas para ser parte activa y protagonista del cambio. Hasta ahora, las revoluciones eran, como decía un político: por el pueblo y para el pueblo, pero no con el pueblo. En esta revolución digital, la gente es central, y tiene el poder.

Hay por último otro aspecto político inherente a la nueva revolución digital: facilita la emergencia de una sociedad inclusive, porque es, en su esencia, inclusive. Es decir, en la medida en que la sociedad digital se desarrolle, se transforma en una sociedad inclusive. Esto, a propósito de lo comentado sobre el libro "Por qué los países fallan". América Latina es una sociedad extractiva, donde unos pocos concentran el poder político y económico, resistiendo la creación destructiva, que trae consigo la innovación y permite el surgimiento de miles de nuevas iniciativas que implican una redistribución del poder tanto económico como político. Cuando vino la revolución industrial, países inclusivos como Estados Unidos o Gran Bretaña la aprovecharon y desarrollaron sus economías rápidamente, mientras que los imperios austrohúngaro, ruso y otomano, al igual que todas las recientemente creadas naciones de América Latina, se estancaron.

Eso no va a ocurrir ahora. En primer lugar, debido a que la revolución digital rompe las fronteras políticas del mundo, de forma que es cada vez más difícil ejercer coercitivamente una visión de la sociedad como sucede en las que son extractivas. Segundo, el solo hecho de que las personas accedan a Internet las hace ser parte de una sociedad inclusiva, que, aunque sea virtual es igualmente real para dichas personas. En la medida en que dentro de esa sociedad aprovechen las oportunidades que presta, se irán desligando de la parte extractiva en sus vidas. Las elites perderán su posición privilegiada. El libro "Por qué fracasan los países" muestra con abundantes ejemplos como, en la medida en que una amplia parte de la población toma parte activa en las decisiones de la sociedad, la sociedad se vuelve más inclusiva.

48. Las empresas de América Latina, en la encrucijada

Las empresas de América Latina deben mentalizarse que la revolución digital no está cambiando las reglas del juego, sino que está cambiando el juego mismo. Y lo está haciendo a una velocidad de vértigo. Si no se adaptan, por la simple ley de la evolución, pueden desaparecer. Los cambios involucran sobre todo **la cultura corporativa**, que es la más difícil de cambiar.

La cultura corporativa de las empresas que más valen en el mercado en el siglo 21 se diferencia por tener organizaciones abiertas, donde las ideas fluyen de forma natural y rapidísima; donde el talento es identificado, puesto a prueba y reconocido; donde la creatividad y la innovación son parte del perfil de todos los cargos; donde los jefes, más que mandar, **gestionan talento** detrás de un objetivo e **inspiran a su equipo** de trabajo; donde el cliente es efectivamente lo más importante, y donde la pasión por hacer productos y servicios mucho mejores es la principal motivación. No es por nada que en los premios del tipo "best place to work" en países de América Latina los primeros lugares se los llevan generalmente las filiales u oficinas de empresas como Google, Apple, o Microsoft.

Esa dinámica no es habitual en la cultura corporativa latinoamericana, que está aún demasiado metida en el siglo 20, donde las ideas tienen que salvar varios obstáculos puestos por la jerarquía y el mando vertical; donde todos quieren ser jefes porque es sinónimo de poder y dinero; donde el cliente es más un número que una persona; donde la asimetría de información a favor de las empresas son parte del modelo de negocio y se presta a abusos; donde los ascensos son más por cercanía personal a quienes ostentan el poder que por méritos. Para las empresas de América Latina aún lo más importante es el capital y los recursos naturales. No hay valoración del capital intelectual. Un trabajador o un asesor externo son evaluados en términos de costo, no en términos de los aportes creativos que hagan a la empresa. La creatividad no está dentro de los parámetros de evaluación de cargos.

Por lo tanto, el primer esfuerzo de las empresas latinoamericanas debe ser el cambio en la cultura corporativa, sin lo cual será muy difícil que puedan incorporar los cambios en los modelos de negocio que trae la revolución digital. Entonces, ¿en qué debe cambiar?

En primer lugar, orientación al cliente. No como marketing, sino como algo real, que da valor al producto o servicio que se vende. Y que supone escucharlo, y darle la mejor experiencia de cliente posible.

Una característica de esta nueva era es que las hipótesis de mercado del llamado neoliberalismo – simetría en la información para oferta y demanda, libertad de entrada y salida del mercado, barreras de entrada y salida bajas, alta competencia, creación destructiva – se cumplen gracias a Internet. Fuera de Internet, el mercado no funciona. Por algo en todos los países hay Agencias de la libre competencia que están continuamente monitoreando el posible abuso por parte de la oferta de bienes y servicios.

Pero gracias a Internet, los clientes están mejor informados, y pueden opinar libremente en las redes sociales acerca de cualquier producto o servicio, sin control por parte de la empresa afectada. Los denominados "community managers", contratados para hacer frente a estos reclamos en redes sociales, no funcionan. Por lo general son instalados como canales autónomos, sin conexión con los departamentos de soporte al cliente. Y los departamentos de soporte al cliente no pocas veces son más bien "departamento de explicaciones y justificaciones", no de solución de problemas.

Esta forma de trabajar hace aguas frente a empresas como Amazon, que realmente se hace cargo de los problemas de los clientes – y tiene millones – y los soluciona. La propuesta del tipo "satisfacción garantizada o devolvemos su dinero" no existe en América Latina. Las empresas de la Región aún tratan a sus clientes mirando sus propios intereses antes que los de sus clientes. Si no cambia esa mentalidad, sus competidores Online les ganarán la partida. Los días en los que las empresas tenían una posición de fuerza sobre el mercado porque había una economía cerrada y un exceso de demanda se terminaron. Todo exceso de demanda podrá ser atendido vía Internet. Vía Internet, se podrá generar una experiencia de cliente mejor. El cliente que no se sienta satisfecho con lo que le ofrecen en su país podrá comprarlo en cualquier lugar del mundo. La "competencia perfecta" será real. Las fronteras físicas ya no protegerán a las empresas que no dan un buen servicio.

Una segunda característica de las empresas exitosas del siglo 21 es que más que productos y servicios lo que entregan son "experiencias de cliente". Ya describí esto con relación a cuando Steve Jobs diseñó el iPhone. Lo que el cliente busca hoy es que la compra y uso del producto sean gratos. Parte de esa experiencia de cliente debe estar incorporada en lo que hoy se denomina "Responsabilidad Social Empresarial", que no es una campaña de marketing para comprar la simpatía del mercado mediante obras de caridad. Por ejemplo, considerar en la experiencia de cliente de un servicio, a los consumidores minusválidos o con capacidades diferentes. La caridad comienza por los clientes menos privilegiados o que son minorías.

Una tercera característica de la empresa del siglo 21 es la importancia del valor del capital intelectual, que pasa a ser más importante que el capital financiero. Evidencia: las tres empresas que más valen hoy en el mercado partieron sin capital financiero, pero fueron capaces de levantarlo rápidamente cuando crecieron, y su capital intelectual fue reconocido y pagado. Hace rato que el juego del grande contra el chico se convirtió en el juego del rápido contra el lento. Bien lo saben empresas como IBM, Kodak o Sears & Roebuck. Los directores o gerentes de las empresas en América Latina deben internalizar que su principal activo es el talento de la gente que trabaja en su empresa, y que la experiencia de ese personal interactuando con el entorno de la empresa (clientes, proveedores, otros empleados) para resolver problemas o sacar ideas creativas, genera un capital más relevante que el dinero, los edificios, o la planta de producción. Deben estimular el crecimiento de ese capital intelectual, atrayendo talentos, desarrollando los que tienen dentro, y remunerando mejor a quienes produzcan capital intelectual.

Las empresas que triunfan lo hacen porque sacan productos espectacularmente mejores que los existentes a precios asombrosos, y son capaces de hacerlo porque son capaces de contratar, retener y poner a trabajar de forma ultra productiva a los mejores talentos del entorno. El respeto por el talento (no solo intelectual, sino emocional, gráfico, social, etc.) y, por lo tanto, por las personas, es parte esencial del sistema. Tratar bien y pagar bien a los empleados **es un buen negocio**, porque ese empleado bien tratado, bien pagado, y trabajando en lo que tiene más talento y más le gusta, es más productivo: genera más capital intelectual. Además, el gerente o jefe debe ser, como dijimos, un líder que inspira y que consigue que el equipo llegue a metas que ni soñaban. Se gana el respeto de su gente por lo que les aporta para que hagan bien su trabajo. El típico arquetipo de gerente o jefe que espera obediencia ciega de sus subalternos o espera respeto por el solo hecho de estar jerárquicamente arriba no genera valor. Las empresas de América Latina deben seriamente cuestionarse si ese es el perfil de gerencia o jefatura que tienen, y cambiarlo si así es.

Una última característica relevante de las empresas del siglo 21 es la apertura de mente: pensar "fuera de la caja", tomar riesgos, y atreverse a innovar. En América Latina en general hay demasiado miedo al fracaso, que está estigmatizado. No existe una mentalidad de "Venture Capital", por la cual el empresario o la empresa está dispuesto a invertir en 100 fichas **sabiendo** que va a perderlo todo en 80. La empresa debe abrirse a la innovación interna, y eso supone compartir los resultados de las innovaciones exitosas con los empleados que las sacaron adelante, bien sea en opciones de compra de acciones o en dinero. Y de las innovaciones que fracasaron, las empresas deben sacar lecciones. Lo único que no es aceptable es un fracaso del cual no se saca ninguna lección.

Los empresarios y gerentes de América Latina necesitan por lo tanto un cambio de mentalidad si quieren aprovechar las enormes oportunidades que trae la revolución digital, cambiando su cultura corporativa.

Como se ha visto en los capítulos anteriores, las empresas de América Latina deben además transformarse digitalmente. ¿Cómo?

En primer lugar, deben responder con total sinceridad la siguiente pregunta: si yo tuviera que empezar desde cero, considerando lo que hay ahora, ¿qué haría?

- ¿Cómo transformar los productos o servicios que se ofrece en experiencia de cliente? ¿Qué le falta?
- Los productos o servicios que hoy entrega la empresa, ¿podrían entregarse de forma más eficiente y con mejor experiencia de cliente usando alguna de las tecnologías disruptivas?
- Analizando la cadena de valor *completa* de mi sector, y no solo la de mi empresa (incluyendo por lo tanto mi cadena de suministro y mi cadena de distribución): ¿hay procesos más eficientes que se salten roles y funciones que actualmente existen? ¿Está la empresa dentro de los roles prescindibles con esos nuevos procesos? ¿Hay fortalezas como para tomar alguno de los roles que no son prescindibles?
- ¿Los consumidores están pagando por "tener" el producto o por "usar" el producto? Si es lo segundo, puede que el modelo de negocios más apropiado sea el de "producto como servicio". Este es un escenario donde el sector puede ser "uberizado".
- ¿Cuáles son los talentos y habilidades blandas que se requieren para conseguir desarrollar los productos y servicios que el nuevo mercado demanda? ¿Y cuáles son los talentos que tengo en la

organización? No me refiero a los que vienen de lo que la gente "ha hecho" en el pasado, sino de lo que "puede hacer". Esto se debe cruzar con lo que a los empleados les gusta hacer. Poniéndolos a trabajar en lo que tienen más talento y más les gusta, el retorno sobre el talento y la productividad del capital intelectual – que es la que importa – se dispararán.

- ¿Cómo las tecnologías digitales pueden ayudar a realizar ese cambio de paradigma? De aquí debe surgir una Estrategia Digital, por la cual se definen cuáles tecnologías digitales, utilizadas de qué forma y con qué objetivos se debe contar.

Para que las tecnologías digitales tengan sentido estratégico, es necesario contar en la empresa con un CTO (Chief Technological Officer, o Gerente de Tecnología) cuya misión es la generación y la actualización de una Estrategia Digital, y que debe reportar directamente al CEO. El gerente de informática (denominado CIO por sus siglas en inglés) está a cargo de la implementación y administración de las plataformas digitales, mientras que el CTO está a cargo de la definición de cuáles tecnologías se necesitarán y cómo se utilizarán para crear valor en la empresa. Es quien está a cargo de la transformación digital, ayudando a los demás gerentes.

Este breve listado demuestra que, en la transformación digital de la empresa, las tecnologías digitales no son un fin, sino el medio. Pero un medio que puede cambiar la naturaleza del negocio, o al menos hacerlo mucho más eficiente y de mayor valor para el cliente.

Las empresas incumbentes, creadas en el siglo 20, están en desventaja con las empresas creadas en el siglo 21, que nacen digitalmente transformadas. Su supervivencia depende de qué tan rápido se muevan para reconocer este hecho y llevar a cabo su propia transformación digital. Una forma de hacerlo es el camino que llevó a cabo IBM, y que describimos en un capítulo anterior: definir cuál es el "core knowledge", y hacer de eso su "core business". Eso lleva a focalizarse en su capital intelectual, para – desde ahí – refundarse como empresa y crecer. El otro camino es transitar rápidamente hacia los nuevos paradigmas, y "uberizarse", o "amazonizarse", o "itunizarse", etc. Este segundo camino, hasta ahora, no ha tenido mucho éxito. Pero, por otra parte, pocos lo han intentado. La mayoría de las empresas incumbente siguen pensando que requieren modificaciones menores o inversiones grandes en tecnologías digitales, sin cambiar el modelo de negocios. Y es ahí donde se equivocan.

La transición de las empresas hacia una organización del siglo 21 que usa las tecnologías digitales como herramienta estratégica para crear valor debe ser liderada por el Gobierno Corporativo de la empresa, y como algo estratégico y prioritario. No es trabajo para delegar en el gerente de informática. Eso es no entender la verdadera naturaleza del cambio que viene. En todo caso, el gerente de tecnologías haría bien en tener un MBA, para sumar a sus conocimientos técnicos el conocimiento de los negocios.

La ventana de oportunidades para las empresas de la Región es cada vez menor. Lo que le pasó a Kodak le puede pasar a cualquiera. "Digitizar" la empresa no consiste en hacer negocios por Internet o implementar un ERP[168] como SAP, sino en cambiar los paradigmas del negocio.

Por ejemplo, que una cadena de retail de América Latina base toda su estrategia digital en hacer comercio electrónico, sin cambiar el modelo de negocios para hacerle frente a alibaba.com o a amazon.com, podrá tener éxito en un plazo de 5 años, pero no uno de 10 años, simplemente porque el modelo de tiendas físicas es menos eficiente que el de amazon.com o el de alibaba.com. Pensar que la gente va a seguir yendo a comprar a una tienda es no ver lo que ya está sucediendo con consumidores que solo han conocido el modelo de Internet: no ven ventaja alguna en la tienda. Seguirán yendo al Mall, pero a divertirse, para ver una película, para comer, y tal vez para comprar algo de lujo, como ya sucede en China. No veo por qué razón en América Latina no va a suceder lo que ya está sucediendo en Estados Unidos: el desplome de las tiendas de departamento. En la Navidad de 2015, Sears & Roebuck tuvo que pedir prestados 200 millones de dólares para tener caja... ¡en la mejor época del año, que suele concentrar entre un 30% y un 50% de las ventas anuales! A comienzos del año 2017, JC Penney anunció que cerraría 300 locales. Macy's, otro de los grandes y tradicionales, no está mejor. Según datos recientes, el comercio tradicional en Estados Unidos está creciendo en un 2%, mientras que el comercio electrónico lo está haciendo en un 16%. Creo que estos son anuncios tempranos de lo que va a suceder en América Latina, y nos da una ventana de oportunidad que

---

[168] Acrónimo en inglés para "Enterprise Resource Programming", una familia de aplicaciones de clase mundial cuya propuesta de valor es resolver todos los procesos de gestión de una organización, sea cual sea su tipo de negocio, con un mismo software. Son aplicaciones que cuestan desde 100,000 dólares a varios millones.

no debe ser desaprovechada.

La Revolución Digital en sí misma no va a producir cambios de forma automática. **El empresariado latinoamericano debe incorporar los principios de las empresas de la nueva economía, que retribuye al talento, y que da la opción a todos quienes aporten a la creación de valor recibir parte de ese valor que han creado.** Es misión central de los empresarios y gerentes mejorar la productividad intelectual de sus empresas y retribuir dicha productividad para retener el talento. De lo contrario perderán competitividad y desaparecerán, en un mercado profundamente globalizado gracias a las tecnologías digitales y a la creación de capital intelectual. Competitividad que no es sinónimo de hacer lo mismo a menor costo, sino hacer algo mucho mejor a mucho menor costo y pagando mejor al factor trabajo, que es el que realmente genera el valor de mercado de la empresa. **El empresariado latinoamericano tiene que compenetrarse y poner en práctica el modelo de negocios del siglo 21.** Debe dejar de seguir o copiar a las grandes empresas de la era industrial del siglo 20 para seguir o copiar a las grandes empresas del siglo 21, la mayoría de las cuales son tecnológicas, pero cuyas mejores prácticas gerenciales son aplicables a cualquier empresa.

49. La educación latinoamericana, en la encrucijada

Si el talento es "el" recurso más importante para el siglo 21, la educación es el sector de la sociedad más importante del siglo 21. Al igual que sucede con la empresa de América Latina, la educación estará inserta en un entorno profundamente globalizado gracias a las tecnologías, y eso afectará a todos los niveles de la formación: prebásica (prekínder y kínder), básica, media, superior, técnica, postgrado (magister y doctorados) y extensión (diplomados). La nueva revolución digital, como se ha visto, permite un cambio radical en la formación, el cual afectará de raíz a los modelos existentes en la actualidad.

La educación se hará un bien transable. Hasta ahora, para conseguir un grado académico en Stanford no había otro camino que ir a estudiar a Stanford – y tener mucho dinero. Eso daba a las Universidades de América Latina una barrera de entrada que se traducía en un mercado local protegido donde a cambio de precios más asequibles – pero igualmente cada vez más caros - podía absorber toda la demanda que tuviera, a pesar de que la calidad de la formación impartida estuviera a años luz de la que imparten Universidades como Stanford, MIT o Harvard.

Gracias a la nueva revolución digital, esto cambiará radicalmente. Ahora las mejores Universidades del mundo podrán entregar formación a miles de millones de personas sin desmedro de la calidad y a precios significativamente más económicos que los actuales, para formar los profesionales que se requerirán urgentemente en un mercado laboral muy dinámico y cambiante. Cuando digo "sin desmedro de la calidad", lo digo en serio. No es cierto que la única forma de entregar una formación de calidad sea mediante la metodología del "lecture", donde el profesor se para frente a los estudiantes y les habla. Se están desarrollando rápidamente nuevas formas que mejoran la calidad de aprendizaje, y que he descrito en este libro. La clave está en el término "aprendizaje", versus "enseñanza", que se utilizaba hasta ahora.

Una mujer madura me contó que acababa de hacer un curso de programación en Java en Harvard. Le costó 90 dólares, incluido "el cartón", con el cual puede buscar trabajo como programadora y presentar su acreditación en Harvard. Esto aún no se conoce masivamente en América Latina, pero cuando suceda, va a haber un aluvión de demanda hacia este tipo de cursos. ¿Con qué van a defenderse las instituciones de enseñanza en América Latina? ¿Cómo le compiten a un curso de programación impartido en Harvard por 90 dólares?

Las Universidades de América Latina deberán adaptarse a la nueva realidad. Existe la enorme tentación de hacer algo muy errado: tratar de evitar que estos nuevos paradigmas entren en el país a través de una legislación proteccionista. Ese sería un error garrafal para el país tanto como para las mismas Universidades. Sería pan para hoy y hambre para mañana, por un motivo muy sencillo: el retorno sobre la inversión en formación de los países que insistan en mantener el modelo del siglo 20 caerá a números negativos, mientras que el de aquellos países que adopten los paradigmas del siglo 21 se disparará. Esto a su vez hará que los países que adopten los nuevos paradigmas produzcan más talento por dólar invertido, y esa será la principal variable en la competitividad y productividad de un país. Al final, las Universidades que insistan en el modelo del siglo 20 igualmente acabarán desapareciendo, con el agravante de que en el camino habrán perjudicado a millones de estudiantes. Al final, igualmente los padres preferirán que sus hijos vayan a estas nuevas modalidades de formación universitaria. Al fin y al cabo, es un cartón de Stanford o Harvard, a menor costo que uno en la Universidad local.

Por lo tanto, y a riesgo de decir algo "políticamente incorrecto", pero técnicamente correcto – y a riesgo de echarme encima a toda la comunidad universitaria de la Región – los Gobiernos harían bien en incluir, dentro de sus programas de apoyo financiero a la formación terciaria o universitaria, a Universidades de cualquier lugar del mundo que cumplan con acreditación de calidad en la enseñanza. Esto hará que las Universidades locales tengan que competir con ellas - ¡o asociarse con ellas! – para no perder estudiantes, lo cual las forzará a adoptar los paradigmas del siglo 21. El resultado: formación universitaria de mejor calidad a menor costo.

Lo que es válido para la Universidad no es 100% traspasable a la educación preuniversitaria, especialmente a la prebásica y básica. En la formación inicial de los alumnos el entorno físico-emocional es irreemplazable. Al fin y al cabo, somos personas de carne y hueso, no avatares virtuales. Pero también en estos niveles se debe poner el acento en "aprendizaje" más que en "enseñanza", y cambiar la metodología en el aula, incorporando herramientas como la "gamificación", que es natural para los niños fuera del aula, y altamente estimulante.

Otra aptitud que deberán aprender los niños desde el inicio es el trabajo en equipo, donde llegan mejor y más rápido a un objetivo fijado que si lo hacen por separado. Me encantó ver esa idea en un colegio público de una ciudad cuyo nombre no recuerdo, a un par de horas de Rio de Janeiro. El aula estaba dispuesta en mesas donde trabajaban cinco a seis estudiantes. Tenían que sacar un Power Point sobre las razas originales del país. Cada uno tenía un notebook, y mientras unos buscaban vía Google cosas que añadir a la presentación, otro componía la presentación en sí. La "gamificación" descrita arriba también se ocupa para desarrollar esta habilidad, como ya se hace con juegos consolidados, como World of Warcraft.

Las habilidades para el siglo 21 ya fueron discutidas en el capítulo de educación, a propósito de la infografía del Instituto del Futuro (Segunda Parte, capítulo 11). Y la mayoría de esas habilidades se deberán adquirir en los años iniciales de aprendizaje.

Ya hay lugares donde se le está enseñando a los alumnos a programar. Estonia fue pionera: el año 2012 lanzó el proyecto ProgeTiger, que tiene por finalidad enseñar a sus niños entre siete y diecinueve años a escribir código. En el Reino Unido, los niños aprenden conceptos básicos de programación a los cinco años[169]. En España, a contar del curso 2015/2016 "Programación" es una asignatura obligatoria en los colegios de Enseñanza Obligatoria Secundaria[170]. Singapur también tiene intención de introducir progresivamente disciplinas como la impresión 3D y la programación en el currículo de sus escuelas públicas, donde ya están disponibles como actividades extracurriculares. El interés es claro: el gobierno de Singapur ve esta actividad como un potencial motor de crecimiento económico del país[171]. La iniciativa privada también abunda allí. Ya en nuestra región, en Argentina la Asamblea del Consejo Federal de Educación (el organismo de concertación, acuerdo y coordinación de la política educativa nacional, que está conformado por el Ministro de Educación de la Nación y los Ministros de Educación de todas las provincias) ha declarado de importancia estratégica para el sistema educativo argentino la enseñanza y el aprendizaje de la programación durante la escolaridad obligatoria, para fortalecer el desarrollo económico-social de la Nación[172]. Es solo una muestra de cómo, poco a poco, los países están modificando la malla curricular para adaptarla al siglo 21.

Los nuevos paradigmas de la educación suponen un cambio en el rol del profesor, hacia un papel más de mentor que de docente. Y se necesita prepararlos para esa misión. Los profesores del siglo 21 tendrán que enseñar a aprender, más que enseñar a secas. Porque sus alumnos tendrán que seguir aprendiendo todo el resto de su vida.

Estos cambios no son fáciles. Sobre todo, porque no hay hasta ahora caminos trillados, que garanticen el resultado. Pero cuando se inventó la educación pública, tampoco había caminos trillados. Por lo tanto, los colegios de América Latina harían bien en no esperar a que las cosas ya estén resueltas, y buscar caminos nuevos.

Varios países pobres de África y de Asia ya están incurriendo en los nuevos paradigmas, debido a que les permite acceder a lo que hasta ahora nunca habían podido hacer: dar acceso a la educación. Con una gran ventaja: como

---

[169] Ref: http://www.genbeta.com/a-fondo/programacion-y-educacion-que-paises-la-tienen-en-su-plan-de-estudios
[170] Ref: https://www.fayerwayer.com/2014/09/programacion-web-sera-una-asignatura-obligatoria-en-los-colegios-de-madrid/
[171] Ref: http://www.genbeta.com/a-fondo/programacion-y-educacion-que-paises-la-tienen-en-su-plan-de-estudios
[172] Ref: http://program.ar/es-oficial-la-programacion-llegara-a-todas-las-escuelas-argentinas/

las principales herramientas de aprendizaje están en inglés, "de paso" estarían formando naciones bilingües. Usar esas herramientas en los cursos iniciales es más sencillo de lo que parece, porque los alumnos son nativos digitales. Pueden hacerlo con Tablets o con Smartphones. Saben usarlos intuitivamente. Y el precio que hoy tienen las Tablets las hace una herramienta docente perfectamente asequible, sobre todo considerando la cantidad de contenidos educativos que son gratuitos y reemplazan a los libros de texto.

Tanto en educación prebásica, como en educación básica y media, el sector académico de América Latina tiene una oportunidad de oro para subirse a las nuevas formas de aprendizaje, que no requieren de grandes inversiones, y generan un fuerte impacto en la calidad de la enseñanza. Lamentablemente, este tema no está en la Agenda de la Educación en la Región. Y es la más importante de todas las reformas que requieren de nuestra atención.

No sé si introduciendo estos cambios tendremos los resultados previstos, pero *si se mantiene la educación como es ahora, tenemos garantizado el fracaso de esos alumnos cuando salgan a buscar un trabajo que no existía cuando estudiaron, usando tecnologías que no se habían inventado, para resolver problemas nuevos que nadie les enseñó a resolver.*

50. Los ciudadanos latinoamericanos, en la encrucijada

La hora es ahora. Este mensaje puede hacerse extensivo a los pueblos de África y de Asia. A todo lo que se llamaba "tercer mundo" durante la guerra fría, y que ahora tiene el nombre más elegante de "países emergentes".

Tu futuro está en **tus** manos. No esperes a que te llegue de la nada o que te llueva desde el cielo. Tu futuro está en Internet y en todo lo que hay alrededor de Internet. Es así de simple. Es lo que he llamado y descrito como "Virtualia". Un "lugar" de 3.000 millones de habitantes, lleno de posibilidades para trabajar, formarse, conectarse, entretenerse, producir y consumir.

Ya hay millonarios en dólares solo explotando las enormes facilidades que tienes allí, como el chileno Germán Garmendia, de quien he hablado en este libro, y que, a través de sus histriónicas representaciones en YouTube, se ha hecho de más de 25 millones de seguidores – y de ingresos superiores a muchos de los mejores sueldos gerenciales en la Región. Lo pongo como ejemplo porque es de América Latina. Quizá te han dicho que las oportunidades están solo para los habitantes de los países desarrollados. Es mentira.

Vivir en Virtualia es una decisión personal: se quiere o no se quiere. Nadie te obliga a estar, ni nadie te puede obligar a no estar. Los beneficios están ahí, esperando a quienes aprendan cómo aprovecharlos. Detrás de ese Smartphone que has comprado solo para conectarte a través de redes sociales como Facebook, y de mensajería instantánea como WhatsApp, y para ver tus partidos de fútbol favoritos o películas, se halla un mundo de oportunidades y posibilidades que está para quienes quieran tomarlas. Quizá te da miedo tomarlas. Miedo, ¿de qué? Aquí puedes experimentar. Puedes conocer, informarte, buscar, encontrar. ¿Hay algo que te apasione? Aquí puedes encontrar cómo hacerte un experto en eso que te apasiona, generar valor, y dedicarte a aquello en lo que tienes talento y más te gusta.

Dentro de Virtualia encontrarás puestos de trabajo y trabajos como independiente. Usando redes como LinkedIn entras a un mercado profesional de 400 millones de personas en todo el mundo, con decenas de miles de empresas que usan esa plataforma para buscar y contratar talentos.

Además, hay múltiples "portales" con ofertas de trabajos puntuales: para traducir textos, para hacer planillas electrónicas, para escribir artículos, para hacer audiciones, para escribir cuentos, para diseñar logos e imágenes corporativas, para vender productos por Internet a comisión, etc. Portales mencionados antes, como www.freelancer.com, www.workup.com, o www.workana.com, que se dedican a juntar empresas o personas que necesitan que les hagan un trabajo que se puede hacer por Internet con personas o empresas que pueden hacer el trabajo, a nivel mundial. Son millones las empresas de todo el mundo que usan estos servicios, y miles de millones de dólares que ya se han contratado a través de ellos. O puedes dedicarte a vender productos vía Internet.

Usa Internet para formarte y adelantarte a los cambios que vienen. Hay una alta probabilidad de que el trabajo que hoy haces no exista en diez años más: tienes diez años para convertir una amenaza en una oportunidad. A través de portales como www.coursera.org, tienes cursos de capacitación de más de 160 Universidades de todo el mundo. Muchos de ellos son gratis. Otros son pagados, pero son de universidades muy buenas, con profesores de primer nivel mundial, y por importes mucho más bajos de lo que te cobran en clases presenciales. Para que te vaya bien en eso, tienes que aplicarte y trabajar. No regalan cartones: hay que ganárselos. Posiblemente esa formación no sea valorada por el mercado inicialmente, pero lo será, porque se va a requerir mucha gente en campos como la inteligencia artificial, análisis de datos, estadísticas, matemáticas, robótica, vehículos autónomos, energías renovables no convencionales, programación (sobre todo en desarrollo de aplicaciones para móviles y Tablets, que usarán Internet móvil), diseño, telecomunicaciones, manejo de nuevos dispositivos, etc. Mira en YouTube cada vez que te preguntes "¿Cómo se hace...?". Encontrarás respuestas para todo, que te ayudará de forma gráfica a aprender, ¡gratis! El "hoy" no es acerca de "ir a que te enseñen". El hoy está en aprender, y tienes todas las herramientas para aprender ¡lo que quieras! Toda esa riqueza, ¡ya la hubieran soñado tus antepasados para sí! Su vida habría sido otra. No te "acostumbres" a estas maravillas. Maravíllate, pero también aprovéchalas.

Usa Internet y las redes sociales para hacer valer tus puntos de vista. Como consumidor, reclama por lo que te parece mal, alaba lo que te parece bien. Si cientos de miles de personas hablan bien cuando las empresas o los políticos hacen bien las cosas, y reclaman cuando hacen mal las cosas, haremos entre todos, un sistema social mejor.

Usa las redes sociales para conocer gente de todo el mundo. Eso no solo te dará una perspectiva nueva, sino que te hará parte de este nuevo siglo y te desarrollará parte de las habilidades que se necesitan para tu desarrollo profesional. Aprende inglés vía Internet – hay muchas opciones, y son decenas de millones las personas que están aprendiendo a través de este medio. Ese es otra habilidad blanda importante para el siglo 21.

Ejerce tu libertad en Internet, y respeta la de los demás. Verás que se está creando una nueva realidad, quizá "virtual" en el sentido de que no es algo "presencial", pero que es muy real. Allí se comparte, se disiente, se analiza, se comunica, se aprende, se hace, se realiza. Es un mundo sin fronteras, abierto para quienes tengan el valor de tomarlo.

A tu gobierno, exígele un derecho humano universal proclamado por las Naciones Unidas: acceso a Internet. El resto, depende de ti. El techo lo pones tú. Ahora es cuando...

51. Mensaje Final

Siete mil millones de almas vienen al mundo con talentos suficientes como para que, si se desarrollan y se ponen a trabajar, generen el bienestar necesario para que todos puedan tener una vida digna. El hambre, la pobreza y la ignorancia son las grandes lacras de la humanidad, y lo han sido por milenios. La buena noticia que trae esta nueva era es que ahora sí se pueden vencer, porque el foco estará en el desarrollo de los talentos. Iniciativas como las que está llevando a cabo la Singularity University, de poner a las mejores mentes a trabajar sobre los grandes problemas, unido a la visión de que los recursos son abundantes, y no escasos, y que lo que falta no son recursos sino talento, van a traer una nueva era a nuestra especie.

El drama de miles de millones de seres humanos es un drama moral, pero tiene su origen en una pésima decisión económica: que no usamos los talentos existentes porque no se les considera un recurso del mismo nivel que los recursos naturales, el capital o el trabajo (hay ocasiones que ni siquiera se les considera "recurso"). Por lo cual, un disparate desde el punto de vista económico es lo que provoca un drama desde el punto de vista moral y social. Tenemos los recursos para vencer la pobreza, pero no los usamos.

Peter Drucker, en un libro publicado el año 1993[173], decía que "el hecho de que el conocimiento sea, no "un" recurso, sino "el" recurso, es lo que hace a la nuestra una Sociedad Post Capitalista. Crea una nueva dinámica social. Crea una nueva política." Esta Sociedad Post Capitalista, debido a que el recurso es el conocimiento, es la Sociedad del Conocimiento. No es una Sociedad "anticapitalista" ni tampoco una sociedad "no-capitalista". Los principios del mercado siguen siendo válidos, pero ahora el recurso económico central – "de los medios de producción" – no está en los tradicionales recursos naturales, capital, o trabajo. Es el conocimiento. Lo que Drucker jamás se imaginó es que ese conocimiento estaría accesible a todos, y que sería prácticamente gratis. Lo que cualquier persona puede hacer, dados los talentos naturales con los que nace y suponiendo que se desarrollan, es acceder a los conocimientos relacionados con sus talentos y afinidades, y transformarlos en valor.

Eso cambia las bases de la economía sobre las que estaba fundada nuestro

---

[173] Druker, Peter: The Post Capitalist Society, Harper 1993, Introducción.

modelo de sociedad desde que se generó la revolución industrial. Y cambia también las bases de la sociedad. Por eso se crea – ya está pasando – una nueva dinámica social, una nueva política.

Dado el acceso casi ilimitado y gratuito a este recurso básico – el conocimiento - creo firmemente que la humanidad tiene a mano lo suficiente como para que todos puedan tener una vida digna, y se hagan realidad los derechos inalienables que tenemos por nuestra condición de personas, entre los cuales está la vida, la libertad y la búsqueda de la felicidad - como decían los Padres Fundadores de Estados Unidos.

Si los 7.000 millones de habitantes del Planeta pudieran desarrollar y aplicar sus talentos a la creación de valor para el resto de la humanidad, el nivel de vida sería mejor en órdenes de magnitud. Es ahí donde está la verdadera solución para los problemas más acuciantes del mundo. Y puedo afirmarlo basado en una simple observación: que el valor creado en el mundo actualmente (el PIB) es fruto del trabajo de una fracción de la humanidad, gran parte de la cual, además, no está trabajando donde es más talentosa, sino donde puede ganar el sustento diario o no tiene más remedio que trabajar. ¿Cuántas personas se podría decir que, en el mundo, trabajan en lo que tienen más talento y más les gusta? El sistema económico capitalista ha sido muy eficiente para crear y distribuir recursos naturales, capital y trabajo, siguiendo las utilidades potenciales futuras de los proyectos, pero ha sido pésimo para desarrollar y distribuir el talento del mundo, que es realmente el origen de ese bienestar. Gracias a la nueva revolución digital eso será posible.

La revolución digital hace del talento – creo que por primera vez en la historia - el recurso más importante para el desarrollo. Es por eso por lo que las tres empresas más valoradas del mercado son Apple, Google y Microsoft. No es porque el negocio de las tecnologías sea el negocio más rentable, sino porque el negocio de las tecnologías es muy demandante en talento, desarrollando productos y servicios de altísimo margen debido a que su valor de uso es muy superior a su valor de cambio.

El foco en el talento supone un foco hacia las personas por encima del foco en recursos financieros. En el siglo 21, los recursos financieros van hacia donde hay talento, no hacia donde hay rentabilidad en una planilla electrónica. La riqueza del siglo 21 está en las personas. No está en el capital financiero ni en los recursos naturales ni en el capital industrial. La buena noticia por lo tanto es que la economía del siglo 21 es antropocéntrica. Las personas, correctamente motivadas, en busca de la felicidad, descubren y desarrollan sus talentos, los ponen a trabajar donde más les gusta, y producen bienes y servicios que impactan en la vida de los demás, generando un círculo virtuoso que lleva a la humanidad a umbrales que ni podemos imaginar.

El camino hacia esos umbrales ya comenzó, y América Latina se está quedando atrás. La superación de nuestros problemas estructurales y crónicos está en la nueva revolución digital y el desarrollo del talento, pero seguimos insistiendo en hacer lo que hemos hecho por más de 500 años pretendiendo tener un resultado distinto. Eso – hacer siempre lo mismo pretendiendo tener un resultado distinto – es lo que Albert Einstein llamaba "estupidez". Y la estupidez se va a pagar más cara que nunca en esta nueva realidad, porque no tendremos tanto tiempo para corregir cómo lo hemos tenido hasta ahora. La superación de las desigualdades y de la pobreza pasa por mejores puestos de trabajo, y éstos van a venir de esa nueva economía basada en tecnologías disruptivas, que va a tener un tamaño de entre una y dos veces el tamaño actual de la mayor economía del mundo, en un plazo de apenas diez años. Va a destruir los trabajos que hoy tienen millones de latinoamericanos, y los va a reemplazar con trabajos para los que no tenemos competencias, con lo cual esa destrucción de trabajo va a suponer desempleo estructural, y – en definitiva – más pobreza. Transitar hacia esos nuevos umbrales ya ni siquiera es una opción: es un imperativo.

Todos deben participar de este camino. Todos son necesarios. Tenemos en nuestras manos un futuro mucho mejor que el actual. Nuestra región tiene una enorme riqueza humana, producto del crisol de razas que hemos fundido en más de 500 años. Creativa, imaginativa, apasionados por la vida. Naturalmente alegres, pero muchas veces artificialmente entristecidos por un entorno que nos aplasta con su rígida estructura, pisando nuestros sueños y cercenando los caminos abiertos para conseguirlos.

América Latina es responsabilidad de todos, pero especialmente de quienes conforma su élite. América Latina debe refundarse, y cambiar el eje de discusión política que llevamos teniendo desde nuestra independencia.

Creo firmemente que la solución a todos nuestros problemas no está en tener más Estado o en tener más mercado, sino en tener más talentos. Estoy convencido que esos talentos están, pero los despilfarramos. América Latina llegó tarde a la Revolución Industrial porque la raíz de su creación de valor no estaba en los recursos intelectuales, sino en los recursos naturales.

Los cambios que vienen ahora son aún más profundos, serán más rápidos y requieren de aún más talento del que se necesitó para la revolución industrial. Si no reaccionamos ahora mismo, el efecto de la nueva Revolución Digital en nuestras sociedades va a ser devastador. Si en cambio aprovechamos las oportunidades que trae esa nueva Revolución Digital, el camino hacia sociedades más justas y prósperas será mucho más rápido, y con mayores probabilidades de éxito. Esta idea se ha repetido una y otra vez en este libro, porque es fundamental y refundacional.

América Latina está en una encrucijada. Mucho más profunda que la que tuvo en su independencia, debido a todo lo que puede ganar si hace lo correcto, pero también perder si no hace lo correcto.

Toda la región sigue metida en la dicotomía capitalismo/socialismo, o neoliberalismo/progresismo. Eso es el pasado. El pasado nos divide, nos enfrenta, nos paraliza. El futuro ya no es en algún momento hacia adelante que aún no vislumbramos. Es un futuro que ya está presente: un "futuro presente", como el título de este libro. Nos desafía, nos convoca, y en definitiva... nos une. Sebastián Edwards, que escribió el prólogo, viene de un sector político opuesto al mío. Sin embargo, cuando ambos vemos el futuro, no tenemos dos opiniones ni dos visiones de lo que es esencial para nuestras sociedades. El futuro nos une, porque somos conscientes de los desafíos que trae, pero también de las oportunidades que brinda.

He escrito este libro como un llamado urgente a la acción. Si he provocado inquietud con todo lo escrito, he cumplido mi propósito, que no es otro que sacudir conciencias, sacar de la zona de confort, e impulsar decisiones contundentes.

Alfredo Barriga
Santiago de Chile, septiembre de 2016.

Anexo: Capacidad de la Región para asimilar la Revolución Digital – qué dice el NRI

Para el lector a quien le sea tedioso un baño de cifras, este, que iba como una parte más del libro, acabó como Anexo. Lo he puesto a efectos de soporte académico, para que no se me pueda decir "¿de dónde sacaste eso?". Todas estas cifras son públicas, y están en Internet. Han sido elaboradas, como dijimos en el capítulo 1, por el Foro Económico y Mundial, en el caso del índice NRI, por la WIPO, en el caso del índice GII, y por el Banco Mundial, en el caso del KEI. El propósito de este capítulo es demostrar que la evidencia empírica de las hipótesis que planteamos en este libro es irrefutable. Los datos duros son lapidarios, pero la buena noticia es que revelan dónde están los problemas y qué hay que hacer para superarlos. Para no aburrir con el análisis detallado de todas las cifras, me he concentrado en el índice que es más afín a la nueva revolución digital: el NRI, preparado por el Foro Económico Mundial, y que tiene ya más de 10 años de publicación.

El índice NRI (Network Readiness Index) es elaborado bajo el impulso del Foro Económico Mundial desde el año 2002 en conjunto con el INSEAD. Se le conoce también como Índice Tecnológico, y es parte del informe anual del Foro sobre Tecnologías de la Información, el GITR (Global Information Technology Report, o Informe Global de Tecnologías de la Información).

El objetivo del índice es comprender el impacto de las tecnologías digitales sobre la competitividad de las naciones. Tiene tres componentes:

1. El entorno macroeconómico para el desarrollo y la adopción de tecnologías de la información dentro de un país o región. Bajo este componente se miden aspectos de mercado, política, regulaciones e infraestructura.
2. La disposición para la adopción de tecnologías digitales por parte del gobierno, de las empresas y de la sociedad civil
3. El uso de tecnologías digitales por parte del gobierno, las empresas y la sociedad civil.

Estos tres componentes se miden en diez pilares:

1. Entorno político y regulatorio: hasta qué punto las regulaciones y políticas públicas del país son propicias para el desarrollo de negocios digitales. En este pilar se contempla, por ejemplo, legislación referida a tecnologías digitales, protección de la

propiedad intelectual, porcentaje de piratería o efectividad del cumplimiento de las leyes.

2. Entorno para la innovación y los negocios: hasta qué punto el entorno de los negocios dentro del país es propicio a la creación de empresas basadas en tecnologías digitales. En este pilar se contempla, por ejemplo, la facilidad para crear una empresa, los impuestos a la empresa, y si hay una industria de capital de riesgo desarrollada.

3. Infraestructura y contenidos digitales: hasta qué punto hay una infraestructura básica (producción de electricidad, cobertura de celulares y banda ancha internacional) para que el país pueda incorporar tecnologías digitales.

4. Asequibilidad de las tecnologías digitales: hasta qué punto las tecnologías digitales son asequibles para las personas gracias a que existe un mercado competitivo

5. Habilidades para adopción de tecnologías digitales: hasta qué punto en el país están dadas las condiciones para generar las habilidades necesarias para una adopción de tecnologías digitales que tengan un impacto en la sociedad y la economía.

6. Uso individual de tecnologías digitales (personas): hasta qué punto las personas están adoptando tecnologías digitales y se están empoderando con su uso, para mejorar sus oportunidades y su calidad de vida.

7. Uso de tecnologías digitales por parte de las empresas: hasta qué punto las empresas utilizan las tecnologías digitales de forma que tengan un impacto en la creación de valor y en los resultados.

8. Uso de tecnologías digitales por parte del Gobierno: hasta qué punto los organismos del Gobierno usan tecnologías digitales para ser más eficientes y para dar mejores servicios a la ciudadanía.

9. Impacto económico del uso de tecnologías digitales: hasta qué punto el uso de tecnologías digitales se nota en la economía del país

10. Impacto social del uso de tecnologías digitales: hasta qué punto el uso de tecnologías digitales ayuda a mejorar la calidad de vida de las personas

Los dos primeros pilares generan el "subíndice de entorno" para las tecnologías; los siguientes tres (3 al 5), generan el "subíndice de disponibilidad" de las tecnologías; los tres siguientes (6 al 8), generan el "subíndice de uso" de tecnologías digitales, y los últimos dos, generan el "subíndice de impacto" de las tecnologías digitales.

Para hacer un análisis sobre el estado de las tecnologías digitales en la región, he elegido a los 10 países con mejor ranking en el reporte del NRI del año 2015 (último disponible en el momento de escribir el capítulo): Chile (38), Uruguay (46), Costa Rica (49), Panamá (51), Colombia (64), México (69), El Salvador (80), Brasil (84), Perú (90) y Argentina (91). Para tener un referente de comparación, incluiré en el análisis también a cuatro países: Emiratos Árabes Unidos (como ejemplo de economía basada en la explotación de recursos naturales), España (como ejemplo de una economía desarrollada que en el NRI está por debajo de algunos países menos desarrollados) y Nueva Zelanda (como ejemplo de economía que ha alcanzado el desarrollo en los últimos 20 años).

El caso de los Emiratos Árabes Unidos es notable, puesto que se trata de una nación productora de petróleo en una región que no está especialmente en la frontera de la tecnología. Sin embargo, en pilares como "Entorno de Innovación y Negocios", "Uso por Gobierno", e "Impacto Social" se empinó al puesto N°2 en 2015, desde el 22, 32 y 33 en 2012, respectivamente.

El NRI actual se confecciona a partir del año 2010. Anteriormente no se publicaban los subíndices. Por lo tanto, hay datos desde el año 2007 para el índice general y desde el 2010 para el índice y subíndices. La versión de los subíndices que se usan hoy data de 2012, por lo cual he usado el periodo 2012-2015 a la hora de analizar más en profundidad los datos.

A efectos de ayuda visual, he puesto los puntajes (o nota) bajo 4 en rojo. Ello ayuda a ver rápidamente los aspectos en los que la Región está al debe, así como aquéllos en los que poco a poco los países que lideran han ido saliendo del rojo hacia el negro.

Del análisis de los índices generales, de los subíndices y de los 10 pilares surgen algunas conclusiones que merece adelantar:

1. En esta materia, nación que no progresa retrocede. Hay varios ejemplos en los cuales países de la región se han mantenido en sus

puntajes o notas o han mejorado marginalmente, y han caído en los rankings. Esta es una competencia global y continua.

2. Buenos proyectos mejoran las notas y rankings. Algunos de los ya mencionados en este libro, como el proyecto Ceibal en Uruguay, le dieron un impulso a ese país que le hizo superar a Chile en 2015 en el pilar "Impacto social", quedando a la cabeza de la Región con 5,40 vs 5,30 de Chile.

3. La creación de institucionalidad fuerte para empujar la Agenda Digital ayuda en la mejora de notas y rankings.

En el informe del año 2015 hay un interesante gráfico que muestra cómo están diversas regiones en esta materia para los diez pilares. América Latina y el Caribe es comparada con las economías avanzadas, la comunidad de estados independientes (formada por 10 de las 15 repúblicas que constituyeron la Unión Soviética), los países emergentes de Asia, los países emergentes de Europa, el Oriente Medio, norte de África y Pakistán, y el África Subsahariana.

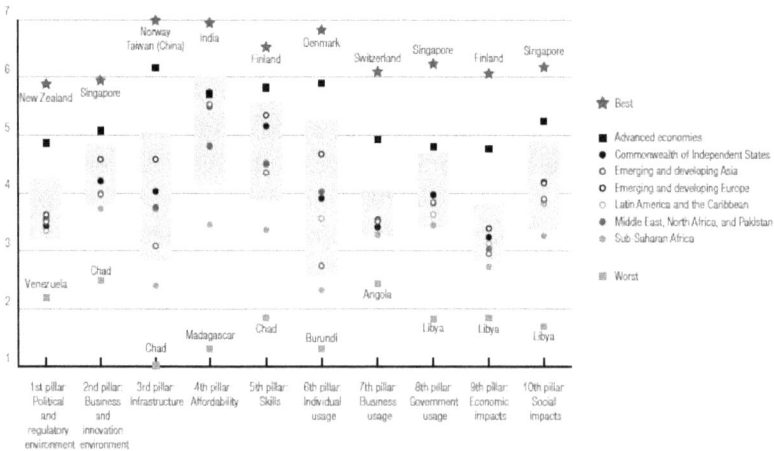

Figure 4: Best and worst performers and regional performance by NRI pillar

Note: The light blue boxes identify the interquartile range— from the 75th to the 25th percentile —for each distribution

América Latina aparece como la peor posicionada en el pilar de entorno político y regulatorio, con Venezuela como el peor país en esta materia (debido a su incerteza jurídica para los negocios, fundamentalmente). En los pilares segundo (entorno para innovación), octavo (uso por Gobiernos) y décimo (impactos sociales), solo está por encima del África subsahariana. En cambio, en el tercero (infraestructura), cuarto (acceso), y sexto (uso por individuos), está por encima de África subsahariana, pero también de los países emergentes de Asia. En el quinto pilar (habilidades) y el noveno (impacto económico) está además por encima de los países de Medio Oriente. **En resumen, al año 2015, y de acuerdo con los datos del Foro Económico Mundial, América Latina es el conjunto de países peor evaluado después de los países de África Subsahariana en capacidad de aprovechar las tecnologías digitales.** Veamos por qué.

52. Índice General NRI

Los resultados del puntaje, desde 2007 a 2015 para los países seleccionados es el siguiente:

Evolución NRI WEF

Elaborado por Alfredo Barriga | Fuente: http://reports.weforum.org/

1. Indice general	Nota (escala de 1 a 7)								
	2007	2008	2009	2010	2011	2012	2013	2014	2015
Chile	4,36	4,35	4,32	4,13	4,28	4,44	4,59	4,61	4,6
Uruguay	3,67	3,72	3,85	3,81	4,06	4,28	4,16	4,22	4,5
Costa Rica	3,77	3,87	3,99	3,95	4,05	4	4,15	4,25	4,4
Panamá	3,55	3,74	3,84	3,81	3,89	4,01	4,22	4,36	4,4
Colombia	3,59	3,72	3,87	3,8	3,89	3,87	3,91	4,05	4,1
Mexico	3,91	3,9	3,84	3,61	3,69	3,82	3,93	3,89	4
El Salvador	3,66	3,72	3,69	3,55	3,52	3,38	3,53	3,63	3,9
Brasil	3,84	3,87	3,94	3,8	3,9	3,92	3,97	3,98	3,9
Perú	3,43	3,46	3,47	3,38	3,54	3,34	3,39	3,73	3,7
Argentina	3,59	3,59	3,58	3,38	3,47	3,52	3,47	3,53	3,7
España	4,35	4,47	4,5	4,37	4,33	4,54	4,51	4,69	4,7
Emiratos Arabes	4,42	4,55	4,76	4,85	4,8	4,77	5,07	5,2	5,3
Nueva Zelanda	5.01	5,02	5,04	4,94	5,03	5,36	5,24	5,27	5,5

En los colegios de Chile la escala de notas va también del 1 al 7, siendo desde abajo del 4 "reprobado". He aplicado esa escala conceptual para nuestro análisis.

Por su parte, la evolución del ranking de los mismos países para el mismo periodo de tiempo se muestra en la tabla siguiente:

Evolución NRI WEF

Elaborado por Alfredo Barriga | Fuente: http://reports.weforum.org/

1. Indice general	Ranking (posición)								
	2007	2008	2009	2010	2011	2012	2013	2014	2015
Chile	31	34	39	40	39	39	34	35	38
Uruguay	60	65	65	57	45	44	44	56	46
Costa Rica	56	60	56	49	46	58	53	53	49
Panamá	65	64	66	58	60	57	46	43	51
Colombia	64	69	64	60	58	73	66	63	64
Mexico	49	58	67	78	78	76	63	79	69
El Salvador	61	66	78	81	92	103	93	98	80
Brasil	53	59	59	61	56	65	60	69	84
Perú	78	84	89	92	89	106	103	90	90
Argentina	63	77	87	91	96	92	99	100	91
España	32	31	34	34	37	38	38	34	34
Emiratos Arabes	29	29	27	23	24	30	25	24	23
Nueva Zelanda	22	22	22	19	18	14	20	20	17

Tabla 5: Evolución de índice NRI

Del análisis de los datos resaltan varios aspectos:

1. En los países latinoamericanos, hay claramente dos grupos: los que progresan y los que se estancan o solo mejoran marginalmente. Entre los primeros destacan Uruguay, Costa Rica, Panamá y Colombia. Todos los restantes avanzan poco o prácticamente se estancan (menos de un 10% en 9 años o menos de 0,5 puntos en una escala del 1 al 7). No es casualidad que los 4 países nombrados que progresan hayan generado una política de desarrollo digital explícita y le hayan dado una institucionalidad, cosa que no ocurre con los restantes países de la Región.

2. De los países de comparación, también están los dos grupos. España se asemeja al grupo de los que avanzan poco, mientras que tanto los Emiratos Árabes Unidos como Nueva Zelanda dan un salto en su puntaje, especialmente el primero, que pasa de 4,42 a 5,3. Eso demuestra que un país Mono productor de recursos naturales puede avanzar en incorporarse a los paradigmas del siglo 21.

3. La brecha digital entre los líderes de la región y los países de referencia aumenta. Respecto de Emiratos Árabes Unidos, el país mejor situado en América Latina (Chile) pasa desde una brecha de

0,06 puntos a favor del país árabe, a 0,7 puntos. Es decir, se multiplica por 12 en 9 años. También sucede lo mismo respecto de Nueva Zelanda, pasando de una brecha a favor de éste mismo de 0,65 a 0,9. Chile bajó desde el puesto 31 el año 2007 al puesto 38 el año 2015. Nueva Zelanda subió desde el puesto 22 al puesto 17, y Emiratos subió desde el puesto 29 al 23

4. Avanzar en puntaje no es sinónimo de avanzar igualmente en ranking. Chile avanzó 0,24 en puntaje entre el año 2007 y el año 2015, pero bajó 7 puestos en el ranking. Uruguay mejoró 0,23 puntos entre 2012 y 2015, y sin embargo bajó 2 puestos del ranking. Nueva Zelanda era 18 del ranking con 5,03 puntos el año 2011, y bajó al puesto 20 el año 2014 a pesar de subir a 5,27 puntos. La razón es que hay más países mejorando su puntaje, especialmente en la zona de los 4,5 a los 5,5 puntos. Por eso, a pesar de que Uruguay tiene 4,5 el año 2015, contra los 4,6 de Chile, está solo en el lugar 46 del ranking contra el puesto 38 de Chile.

5. Hay una mejora general en cuanto a puntajes de los diez líderes de la Región. El año 2007 solo Chile estaba en números negros. En 2015 ya son 6 de los 10 mejores, pero aún hay cuatro que está en rojo

6. Pareciera haber un techo para la Región, ya que ningún país ha sido capaz de superar un puntaje de 5, como sí hizo Emiratos Árabes Unidos en estos nueve años – demostrando que se puede, a pesar de no ser un país tecnológico ni estar en una Región particularmente digitalizada.

Según el informe del Foro Económico Mundial para el año 2015[174], la Región ha venido reduciendo la distancia con los países más desarrollados desde el año 2012, resaltando las mejoras de Costa Rica (9 puestos en el ranking, llegando al 49), Panamá (6 puestos, llegando al 51), El Salvador (23 puestos arriba, llegando al 80 y superando a República Dominicana, que estuvo hasta el 2015 por encima), Perú (16 puestos, llegando al 90) y Bolivia (16 puestos, llegando al 111). En total, 14 de los 23 países de la Región han mejorado sus Ranking desde el año 2012. Esa es una buena noticia, pero igualmente la Región sigue aún muy atrás respecto de los mejores países en este índice.

---

[174] The Global Information Technology Report 2015, pág. xiv, en
http://www3.weforum.org/docs/WEF_Global_IT_Report_2015.pdf

Otra conclusión que saca el Foro en su Reporte es que hay una correlación entre la renta per cápita y el lugar en el Ranking: 44 de las 50 economías más ricas del mundo están entre los 50 primeros puestos del ranking, mientras que solo 6 países de ingreso medio están en ese grupo, encabezados por Malasia con el puesto 32. Por el otro extremo, 26 de los 30 peores países en el ranking son países con ingresos bajos o medio-bajos.

El primer lugar en este índice general para 2015 es para Singapur, esa nación que a comienzos de 1960 tenía un ingreso per cápita inferior a Chile, y que hoy está entre los países ricos. Parte no menor de haber podido acceder a este club de países desarrollados se debe a que desde hace más de 30 años Singapur ha estado invirtiendo seriamente en tecnologías digitales, en educación y en un entorno de innovación. Su sistema educativo es un referente mundial. Por lo tanto, el hecho de que hoy los países menos ricos no estén dentro de los 50 mejores en uso de tecnología no es debido a su PIB per cápita, sino a otras razones, que son las que los tienen pobres. Más bien, si invirtieran más en tecnologías digitales, en educación y en innovación, la velocidad del cambio sería mucho mayor, cerrando antes la brecha digital que tienen con las economías más ricas. **El análisis fatalista que dice que las economías menos desarrolladas no tienen nada que hacer para mejorar su desarrollo digital aparte de esperar a desarrollarse más, es equivocado. La lista de países de América Latina que han mejorado sustancialmente desde el año 2012 demuestra lo contrario. Si mantienen esa dinámica, será precisamente el desarrollo digital el vehículo que les permitirá desarrollarse económicamente antes, más y mejor.**

El panorama se esclarece más al analizar los diez pilares del índice, que componen los 4 subíndices. La actual estructura de diez pilares y 4 subíndices data del año 2012, por lo cual, para comparar cifras homogéneas, tomamos los informes de los 4 años entre el 2012 y el 2015.

53. Subíndice entorno macroeconómico

Este subíndice mide la capacidad del país de crear un entorno propicio al emprendimiento y la innovación, que son básicamente necesarias – aunque no suficientes – para crear una economía digital.

Ello supone contar con leyes y contratos que se cumplan en la realidad, facilidades para crear negocios, protección efectiva a la propiedad intelectual – base de la economía del conocimiento – mercados competitivos, disponibilidad de tecnologías avanzadas, capital de riesgo, buena cobertura de educación terciaria y buenas escuelas de negocios.

Todas estas variables están contenidas en los dos pilares que componen el subíndice. Pero primero veamos la evolución del subíndice en la Región, comparada con los países de referencia.

En este subíndice, Emiratos Árabes Unidos supera a países como Suecia, EE. UU., Dinamarca, Alemania, Australia, Japón, Bélgica, Francia y Corea. Ha tenido un salto de 16 posiciones en el ranking entre 2012 y 2015, debido a que mejoró en aspectos legales y de protección de la propiedad intelectual, en el ecosistema de capital de riesgo, en la intensidad de la competencia, y en la calidad de sus escuelas de negocios. En todo caso, el ranking y el puntaje que obtiene el año 2015 es en parte debido a que no recoge el año 2015 datos sobre educación terciaria, donde estaba en el puesto 87.

Solo un país de América Latina sale de la zona roja para el año 2015 (Panamá), sumándose a los dos que ya estaban (Chile y Costa Rica). Los demás países de la Región se estancan, tanto en puntaje como en rankings.

Evolución NRI WEF
Elaborado por Alfredo Barriga |Fuente: http://reports.weforum.org/

2. Subíndice de entorno	Nota (escala del 1 al 7)				Ranking (posición)			
	2012	2013	2014	2015	2012	2013	2014	2015
Chile	4,72	4,80	4,80	4,80	30	30	29	27
Uruguay	4,22	4,20	4,21	4,31	43	50	51	49
Costa Rica	3,66	3,78	4,00	4,00	90	82	64	66
Panamá	3,85	4,22	4,31	4,20	61	48	46	52
Colombia (1)	3,63	3,64	3,64	3,72	94	96	101	97
Mexico	3,72	3,85	3,88	3,90	79	75	75	81
El Salvador (2)	3,46	3,41	3,53	3,80	103	117	110	83
Brasil (3)	3,50	3,53	3,45	3,50	101	107	116	111
Perú (4)	3,64	3,69	3,75	3,73	93	91	93	96
Argentina (5)	3,26	3,25	3,19	3,20	122	126	135	128
España	4,39	4,49	4,31	4,30	40	40	45	50
Emiratos Arabes	4,83	5,05	5,10	5,40	28	19	18	11
Nueva Zelanda	5,48	5,65	5,63	5,70	4	2	2	2

(1) En este apartado, República Dominicana supera a Colombia los años 2013 y 2014.

(2) En este apartado, superan a El Salvador el año 2013: Honduras y Ecuador, además de Republica Dominicana. El 2014, las dos últimas además de Guatemala

(3) En este apartado, Guatemala y República Dominicana superan a Brasil el 2014; Honduras, Guatemala y República Dominicana, el 2015

(4) En este apartado, Ecuador supera a Perú en el año 2014, y Republica Dominicana en el año 2015

(5) En este apartado, superan a Argentina el año 2012: Honduras, Guatemala y Ecuador; en 2013, Guatemala y Paraguay, además de las anteriores; en 2014, Nicaragua, Honduras, Paraguay y Bolivia, además de las que superan a Brasil; en 2015, Bolivia y Paraguay, además de las que superan a Brasil

Tabla 6: Evolución de subíndice entorno de NRI

Una visión a los dos pilares que componen este subíndice nos ayuda a ver por qué pasa:

54. Pilar de entorno político y regulatorio:

Este pilar mide:

1. Efectividad del parlamento como institución legisladora, donde el primer país de la Región es Uruguay en el lugar 60 del ranking, de un total de 143 países medidos (Venezuela es el último de este ranking)
2. Grado de desarrollo de las leyes relacionadas con el uso de tecnologías digitales, donde el país mejor posicionado de la Región es Chile en el puesto 37 del ranking;
3. Grado de independencia judicial, donde el país mejor posicionado de la región es Uruguay en el puesto 21 del ranking (Venezuela es el último de este ranking).
4. Eficiencia del marco legal para establecer disputas, donde el país mejor posicionado de la Región es Chile en el lugar 30 (Venezuela es el último de este ranking).
5. Eficacia del marco legal para desafiar regulaciones gubernamentales, donde el líder de la Región es Costa Rica en el lugar 28 (Venezuela es el último de este ranking)
6. Protección de propiedad intelectual, liderada en la Región por Panamá en el puesto 30 del ranking (Venezuela es el último de este ranking)
7. Porcentaje de piratería sobre total de software instalado, donde el mejor situado es Brasil con un 50% de piratería (Nueva Zelanda tiene un 20%, Emiratos Árabes un 36%, y España un 45%)
8. Número de procedimientos para hacer cumplir un contrato en resolución de disputas, donde el mejor posicionado es, sorpresivamente, Venezuela en el lugar 18 del ranking – por encima de países como Alemania, Suecia o Corea del Sur.
9. Días necesarios para hacer cumplir un contrato desde el momento en que se comienza el proceso de resolución de disputas, donde el mejor ranking de la Región lo tiene México con el puesto 22

1. Pilar entorno político y regulatorio	Nota (escala del 1 al 7)				Ranking (posición)			
	2012	2013	2014	2015	2012	2013	2014	2015
Chile	4,45	4,40	4,30	4,30	38	38	38	35
Uruguay	4,01	3,91	3,96	4,00	50	58	57	51
Costa Rica	3,70	3,66	3,76	3,80	67	74	63	63
Panamá	3,51	3,69	3,76	3,60	84	69	62	73
Colombia	3,51	3,41	3,41	3,42	82	92	96	98
Mexico	3,50	3,60	3,68	3,70	86	79	70	70
El Salvador	2,97	2,86	3,10	3,50	121	129	121	85
Brasil	3,60	3,63	3,57	3,40	77	78	78	95
Perú	3,05	3,04	3,10	3,00	114	121	119	117
Argentina	2,94	2,82	2,78	2,80	122	131	135	128
España	4,12	4,14	4,09	3,90	44	47	45	60
Emiratos Arabes	4,66	4,84	4,91	5,10	31	26	24	20
Nueva Zelanda	5,84	5,92	5,88	5,90	3	2	2	1

Tabla 7: Evolución de Pilar entorno político y regulatorio, índice NRI

Salvo los casos de El Salvador (mejora de 36 puestos en el ranking), México (mejora de 16 puestos) y Panamá (mejora de 9 puestos en el ranking) no hay mejoras sustanciales en la región en materia de entorno político y regulatorio. Cinco de los diez países termina en un ranking más bajo que el que tenían el año 2012, y cuatro terminan incluso con menor puntaje. El problema principal está en la protección legal a la propiedad intelectual y en la fuerza de ley de los contratos, que afectan a 6 variables de medición del total de 8 usadas. La tasa de piratería es un factor negativo, que no ha mejorado en el periodo contemplado en el estudio.

Para desarrollar un entorno propicio a la adopción de tecnologías digitales, se requiere de cuerpos legales fuertes, para cumplir contratos y pro-propiedad intelectual. Una de las grandes oportunidades económicas de la Región está en la subcontratación de servicios sobre tecnologías y en el Cloud Computing, para lo cual los marcos legales deben pasar los criterios de la Comunidad Económica Europea o idealmente, de la OCDE. Los países que lo consiguen pueden tener el estatus de "puerto seguro", abriéndose un mercado de cientos de miles de millones de dólares anuales.

55. Pilar de entorno de innovación y negocios

En este pilar se miden:

1. Disponibilidad de las tecnologías más nuevas, donde el mejor situado en la Región es Chile en el puesto 31 del ranking, por encima de España, que está en el puesto 37

2. Disponibilidad de capital de riesgo, donde el mejor situado en el ranking de la Región es Panamá, en el puesto 16, por encima de países como Gran Bretaña, Holanda, Japón, Suiza o Alemania

3. Porcentaje total de todo tipo de impuestos sobre ingresos de empresas, donde el mejor situado en la Región es Chile en el puesto 30 del ranking

4. Tiempo requerido para iniciar una empresa, donde el mejor situado en la Región es Chile en el lugar 23 del ranking

5. Número de procedimientos para iniciar una empresa, donde el mejor situado en la Región es Panamá en el puesto 38 del ranking, pero superado por 6 países de África (Burkina Faso, Burundi, Costa de Marfil, Madagascar, Senegal y Camerún) y 2 de Asia (Armenia y Georgia)

6. Intensidad de competencia en el mercado, donde el mejor situado en la Región es Chile en el puesto 27 del ranking (pero superado por dos países de África: Kenia en el puesto 21 y Zambia en el puesto 25)

7. Enrolamiento en educación terciaria, donde el mejor situado en la Región es Argentina con un 78,6% y en el lugar 15 del ranking – seguido en el lugar 16 por Venezuela con 78,1%

8. Calidad de las Escuelas de Negocios, donde el mejor situado en la Región es Chile, en el puesto 13 del ranking, y

9. Compras por parte del Gobierno de tecnologías avanzadas, donde el mejor situado en la Región es Panamá, en el puesto 11 del ranking

2. Pilar entorno de innovación y negocios	Nota (escala del 1 al 7)				Ranking (posición)			
	2012	2013	2014	2015	2012	2013	2014	2015
Chile	4,99	5,20	5,30	5,30	23	20	11	14
Uruguay	4,42	4,50	4,46	4,50	45	47	54	56
Costa Rica	3,62	3,90	4,24	4,10	108	94	70	78
Panamá	4,39	4,76	4,85	4,80	48	22	35	41
Colombia	3,76	3,87	3,87	3,90	95	95	104	94
Mexico	3,94	4,09	4,07	4,10	77	74	85	87
El Salvador	3,96	3,95	3,96	4,20	64	87	95	75
Brasil	3,50	3,42	3,33	3,60	121	126	135	121
Perú	4,23	4,34	4,39	4,33	56	57	61	67
Argentina	3,57	3,68	3,61	3,60	113	110	122	118
España	4,67	4,85	4,54	4,70	30	29	51	47
Emiratos Arabes	5,00	5,25	5,28	5,70	22	17	13	2
Nueva Zelanda	5,12	5,34	5,37	5,40	14	7	8	6

Tabla 8: Evolución Pilar de entorno de innovación y negocios, índice NRI

En materia de entorno para la innovación y los negocios hay menos países en rojo (solo tres). Los diez países analizados mejoran su puntaje o nota entre 2012 y 2015, pero solo cuatro mejoran de ranking, demostrando que no basta con tener mejor nota, sino que hay que moverse más rápido. Resalta el caso de Costa Rica, que mejora 30 puestos en el ranking – aunque baja 8 en el último año, y Chile que mejora 9 puestos – pero cae 3 en el último año). Panamá por su parte hace un movimiento en V más pronunciado: mejora 26 posiciones el año 2013, para caer 13 el año 2014 y 6 el año 2015 quedando en cualquier caso por encima del año 2012.

En este caso, los temas que afectan a la región son la inexistencia de capital de riesgo, la competitividad de los mercados, las pocas facilidades para comenzar un negocio, y la compra de tecnologías digitales avanzadas por parte del Gobierno. La región está relativamente bien en educación terciaria, mientras que en calidad de escuelas de negocios solo Chile y Costa Rica tienen puntaje (nota) superior a 5.

El capital de riesgo es vital para la creación de una capacidad local de desarrollo de productos y servicios digitales, sin los cuales no se puede desarrollar una economía digital. Ello no es necesariamente sinónimo de hacer un Sillicon Valley en cada país, pero sí desarrollar el capital de riesgo, con políticas públicas del tipo "Matching Funds", mediante la cual se invita a Fondos de Inversión locales a cofinanciar proyectos en conjunto con el sector público. Algo como lo que ha hecho Chile con su programa "Start Up Chile", que atrae emprendedores de todo el mundo – incluido Sillicon Valley – para incubar en el país emprendimientos innovadores está en la dirección correcta, siempre y cuando se suban los Fondos de Inversión privados – lo cual ha ocurrido en dicho país.

56. Subíndice de preparación para tecnologías digitales

Este subíndice mide el grado de preparación que tiene un país para que su población pueda acceder a las plataformas y contenidos de las tecnologías digitales. Esto depende de una parte de la infraestructura eléctrica y digital del país, de otra parte, de los precios del acceso a Internet, y, por último, de las habilidades para usar las tecnologías digitales, lo cual depende de la cobertura y la calidad de la educación que se tenga. Son en total doce las variables que se contemplan en los tres pilares que componen este subíndice.

Evolución NRI WEF

Elaborado por Alfredo Barriga | Fuente: http://reports.weforum.org/

2. Subíndice de preparación	Nota (escala del 1 al 7)				Ranking (posición)			
	2012	2013	2014	2015	2012	2013	2014	2015
Chile (1)	4,70	4,99	5,00	4,70	71	49	60	74
Uruguay	4,81	4,66	4,88	4,84	63	70	68	67
Costa Rica	5,05	5,28	5,21	5,21	54	33	50	51
Panamá	4,74	4,86	5,06	5,22	69	60	58	50
Colombia (2)	4,37	4,41	4,85	4,94	85	80	70	59
Mexico	4,57	4,47	4,34	5,00	76	76	94	58
El Salvador (3)	3,92	4,16	4,24	4,60	102	90	96	80
Brasil (4)	4,70	4,53	4,71	4,30	72	74	76	91
Perú (5)	2,96	3,08	4,43	4,30	129	119	90	93
Argentina (6)	4,38	3,98	4,13	4,61	84	97	100	79
España	4,99	4,85	5,60	5,50	56	61	30	34
Emiratos Arabes	5,29	5,23	5,44	5,10	36	40	38	54
Nueva Zelanda	5,96	5,33	5,27	5,80	12	30	45	24

(1) Superado por Venezuela el 2015

(2) Superado en 2013 por Paraguay

(3) Superado en 2012 por Venezuela, Paraguay, Ecuador, República Dominicana y Honduras. El 2013, por Venezuela y Ecuador; en 2015 por Venezuela

(4) Superado por Venezuela el 2014; el 2015, por Venezuela y Paraguay

(5) Superado en 2012 por los anteriores más Guatemala, Nicaragua y Bolivia; en 2013, superado por Republica Dominicana, Guatemala y Honduras, aparte de los que anteceden a otros países citados; en 2014 por Paraguay y Ecuador, en 2015 por Venezuela y Paraguay

(6) En 2013, superado por Paraguay, Venezuela y Ecuador; en 2015 por Venezuela

Tabla 9: Evolución de subíndice de preparación, índice NRI

En este subíndice hay una gran movilidad de rankings dentro de la Región, ya que varios de los países que terminan dentro de los diez primeros el año 2015, no lo estuvieron en alguno de los años anteriores.

Todos los países elegidos quedan en negro a contar del año 2014. Todos, salvo Brasil, mejoran sus puntajes durante el periodo 2012-2015 (Chile lo mantiene, después de haberlo mejorado durante 2013 y 2014). Todos mejoran sus rankings, salvo Brasil (que baja 19 puestos), Costa Rica (que baja 4) y Chile (que baja 3). Panamá se empina al primer lugar de la Región, pasando a Costa Rica y Uruguay, que lo precedían el año 2012. Varios países de los analizados en la Región dan un salto importante en el período: Perú mejora 36 posiciones; Colombia mejora 26 posiciones; El Salvador, 22 posiciones; Panamá, 19 posiciones; y México, 18 posiciones. Dos países de la Región (Costa Rica y Panamá) superan a Emiratos Árabes Unidos, que el año 2012 los superaba a ambos.

Con el análisis de los tres pilares que comprenden este subíndice se puede comprender mejor que sucedió.

57. Pilar de Infraestructura y contenido digital:

Este pilar mide la capacidad digital instalada del país y la capacidad de generar contenidos digitales de forma segura. Está compuesto de los siguientes indicadores:

1. Producción de electricidad en KW per cápita, donde el mejor situado en la Región es Paraguay en el puesto 19 del ranking,
2. Cobertura de telefonía móvil como porcentaje de la población, donde el primer lugar del ranking lo comparten 33 países, incluidos Bolivia, Colombia, Guatemala, Nicaragua y Uruguay
3. Banda ancha internacional por usuario, en Kilobits por segundo, donde el mejor situado en la Región es Colombia en el puesto 35 del ranking, seguido de Costa Rica en el lugar 36. Llama la atención de que Estados Unidos, cuna de la Internet, esté en el lugar 43, y
4. Servidores seguros de Internet, por millón de habitantes, donde el mejor situado en la Región es Chile en el puesto 48 del ranking

3. Infraestructura y contenido digital	Nota (escala del 1 al 7)				Ranking (posición)			
	2012	2013	2014	2015	2012	2013	2014	2015
Chile	4,60	4,18	4,90	4,50	50	61	44	54
Uruguay	4,65	4,50	4,76	4,63	49	49	50	51
Costa Rica	3,68	3,77	3,43	3,30	77	76	92	91
Panamá	4,43	4,42	4,28	4,30	55	61	65	63
Colombia	3,47	3,18	3,74	4,20	88	96	80	68
Mexico	3,62	3,53	3,72	3,70	81	82	81	81
El Salvador	3,11	3,20	3,15	4,00	104	92	102	74
Brasil	4,00	4,16	4,53	4,50	68	62	56	56
Perú	3,52	3,31	3,37	3,33	86	86	95	90
Argentina	4,37	3,99	3,86	4,30	58	70	78	62
España	5,17	5,43	5,48	5,30	32	31	32	33
Emiratos Arabes	5,65	5,46	5,62	5,80	25	30	30	27
Nueva Zelanda	6,40	6,22	6,42	6,90	9	17	12	9

Tabla 10: Evolución de infraestructura y contenido digital, índice NRI

Salvo los casos de El Salvador (que sube casi 0,9 puntos y 30 posiciones), Colombia (que sube 0,72 puntos y 20 posiciones) y Brasil (que sube 0,5 puntos y 12 posiciones), los demás países latinoamericanos de la lista mantienen o bajan sus rankings, con movimiento marginales al alza o a la baja en sus puntajes. Dos países (El Salvador y México) acaban el periodo saliendo de la zona roja, pero aún se mantienen tres dentro. Ninguno de los países de la Región contemplados supera los 4,7 puntos, siendo el mejor situado Uruguay con 4,63.

Claramente, no es por este pilar que se mejora en el subíndice general. Lo que juega más en contra del pilar son los Kw/cápita de producción, la cobertura de móviles y la cantidad de servidores seguros por millón de habitantes. El Salvador, y Brasil han mejorado en todos esos índices; Colombia ha mejorado en producción Kw/cápita y en número de servidores. Los demás han tenido mejoras marginales (que no les ayuda a mejorar de ranking)

La cobertura de telefonía móvil puede llamar a engaño respecto de rankings, ya que hay muchos países de la Región que aparecen con 100% - y por lo tanto aparecer antes o después en el ranking no es muestra de una situación real. Esta variable se refiere al porcentaje de la población, por lo cual hay al menos un país (Chile) que tiene el dato mal el año 2015 (sale 95% en circunstancia que supera el 100% según datos internacionales)

58. Pilar de asequibilidad:

Este pilar está compuesto por tres variables:

1. Tarifas de móviles por minuto en PPP, donde el mejor situado en la Región es Costa Rica en el puesto 12 del ranking,
2. Tarifas mensuales de acceso a banda ancha fija por mes en PPP, donde el mejor situado en la Región es Venezuela en el puesto 5 del ranking. Dentro de los 20 mejores están también Uruguay (12), Brasil (16) y Panamá (17). El primero de este ranking es Vietnam, con una tarifa mensual de solo 2,65 dólares mensuales, casi 6 veces menos que el segundo del ranking, Islas Mauricio con 12,18 dólares mensuales.
3. Índice de competencia en sector de telefonía, que es un valor entre cero y dos. En esta variable hay 62 países compartiendo el primer lugar con el valor 2, entre los cuales se encuentran 11 países de América Latina: Argentina, Brasil, Chile, Colombia, República Dominicana, Guatemala, Honduras, México, Panamá, Paraguay y Perú

4. Pilar asequibilidad	Nota (escala del 1 al 7)				Ranking (posición)			
	2012	2013	2014	2015	2012	2013	2014	2015
Chile	4,74	5,94	5,10	4,50	89	33	81	91
Uruguay	4,92	4,94	5,14	5,20	83	80	80	74
Costa Rica (1)	5,76	6,52	6,44	6,42	35	6	15	16
Panamá	5,72	5,99	6,20	6,40	39	32	27	19
Colombia	4,49	5,29	5,93	5,60	95	67	44	55
Mexico	5,50	5,36	4,89	6,70	52	63	93	4
El Salvador (2)	4,86	5,72	5,73	5,40	84	41	55	63
Brasil	5,27	5,01	4,97	4,60	67	76	51	89
Perú	1,00	1,86	5,65	5,14	141	138	59	78
Argentina	3,93	3,29	3,69	N/A	103	114	121	N/A
España	4,73	3,93	5,99	5,90	90	102	41	40
Emiratos Arabes	4,70	4,70	5,09	3,60	92	89	85	114
Nueva Zelanda (3)	5,31	3,96	3,24	4,20	63	100	127	101

(1) La mejora entre 2012 y 2013 es claramente un error de transcripcion, puesto que el 2013 los rankings en los tres índices del pilar son 18, 24 y 91. No puede salir 6 en la general

(2) La mejora entre 2012 y 2013 es debido a tarifas en banda ancha, pasando del lugar 95 al 54

(3) La baja entre 2012 y 2013 viene de un aumento en los precios de banda ancha fija, que los hace pasar desde el puesto 16 al 82

Tabla 11: Evolución Pilar asequibilidad, índice NRI

Todos los países de la Región contemplados están en negro menos Argentina (que no tenía datos disponibles para el año 2015). Claramente aquí se explican algunos de los saltos importantes comentados para el subíndice.

Así, Perú más que quintuplica su puntaje, y mejora 63 puestos en el ranking. La razón es que las tarifas de móviles pasan desde 1,27 dólares el año 2012 a 0,32 el año 2015; las tarifas de banda ancha fija pasan desde 75,40 dólares el año 2012 a 39 el año 2015, y el índice de competitividad sube de 1 a 2 (máxima puntuación). No es difícil concluir que las mejoras en las dos primeras variables (precios) fueron producto de la variación en la tercera (competitividad). Se hicieron políticas públicas que afectaron la competencia de las telecomunicaciones, debido a una nueva regulación del sector de telefonía y datos.

México da un salto enorme el año 2015 para situarse en el cuarto lugar del ranking, mejorando en 89 posiciones de un año a otro y 48 entre 2012 y 2015. Las razones son las mismas que para Perú: una mejora en las tres variables. Los precios de tarifas para móviles bajan de 0,43 dólares a 0,12 dólares (PPP); las de banda ancha fija bajan desde 27,53 dólares a 21,14 dólares (PPP), y también mejora su índice de competitividad desde 1 a 2. Aquí también hubo una legislación pro-competencia, que acabó con la posición dominante de TELMEX.

Colombia mejora 40 posiciones desde 2012 (aunque baja 11 desde 2014), fundamentalmente gracias a la mejora de tarifas en banda ancha fija, que pasa de 53,23 dólares mensuales a 31,51 dólares mensuales, PPP.

Panamá mejora en 20 posiciones desde el año 2012, debido a una mejora en tarifas de banda ancha, desde 30,89 dólares mensuales a 18,80 dólares mensuales, PPP.

Llama la atención que en este pilar tanto Chile, como Emiratos y Nueva Zelanda están por debajo de los demás países de la Región (salvo Argentina). La razón está en las tarifas medidas en precios por poder de compra (PPP).

59. Pilar de habilidades:

Este pilar está compuesto de las siguientes variables:

1. Calidad del sistema educacional, medido en términos de qué tan bien el sistema educativo del país es capaz de enfrentar las necesidades de una economía competitiva. El mejor situado en la Región es Costa Rica en el puesto 21 del ranking (por encima de países como Gran Bretaña, Suecia o Estados Unidos). Además, subió 7 puestos entre 2012 y 2015. En esta variable llaman la atención la baja calificación de España, en el lugar 88 del ranking, pero también el pésimo ranking de todos los restantes países de América Latina que usamos en nuestro análisis. Debajo de Costa Rica el siguiente país es El Salvador, apenas en el puesto 63 del ranking. Chile está 71, Panamá está 83, Colombia está 90, Argentina está 112, Uruguay está 116, México está 122, Brasil está 125, y Perú está 133. **Estos resultados son los más graves para la Región, porque el sistema educacional es el pilar sobre el cual se articula la Sociedad del Conocimiento en el siglo 21.** Hay que hacer una salvedad, en todo caso: esta variable recoge la opinión de una encuesta hecha en cada país, por lo cual es subjetivo.

2. Calidad de enseñanza en matemáticas y ciencias, donde nuevamente el mejor situado es Costa Rica, pero en el lugar 47 (aun así, por encima de Estados Unidos, que es 51, o Gran Bretaña, que es 61). Los rankings de los restantes países analizados de América

Latina son aún peores que en la variable anterior. Detrás de Costa Rica está nuevamente Chile (lugar 99), seguido de El Salvador (103), Panamá (103), Colombia (109), Argentina (113), Uruguay (122), México (128), Brasil (131), y Perú (138). Esta variable también recoge una apreciación subjetiva por parte de las personas del país en cuestión, pero igualmente los números son muy negativos y desalentadores, ya que matemáticas y ciencias son el pilar sobre el cual se construyen las habilidades duras más demandadas en la sociedad del conocimiento. Cuando comentamos la transformación digital del trabajo se recordará que dijimos que las posiciones laborales más demandadas estarían alrededor de lo que se conoce en Estados Unidos como STEM (ciencias, tecnologías, ingeniería y matemáticas). Por lo tanto, **América Latina está muy mal preparada profesionalmente para la nueva revolución digital.**

3. Enrolamiento en enseñanza secundaria como porcentaje de población estudiantil, donde – una vez más – es Costa Rica el mejor situado de la Región, en el puesto 21 del Ranking, por encima de países como Canadá, Japón, Israel, Alemania o Reino Unido. Y, nuevamente, la distancia con el siguiente país de la Región es grande: le sigue Argentina (63), Uruguay (67), Perú (68), Colombia (690), Chile (70) y México (83). De los restantes países analizados, Panamá está en el lugar 88, El Salvador en el lugar 101, y Brasil en último lugar por estar sin datos.

4. Porcentaje de alfabetismo adulto, liderado en la Región por Uruguay (puesto 22 del ranking con 98,5%), Argentina (28), Costa Rica (31), Chile (34), México (48), Panamá (49), Colombia (51), Perú (55), Brasil (64), y El Salvador (74). Aquí la distancia no es tan grande, puesto que El Salvador tiene una tasa del 88%. El problema con estos números es que no dicen de qué tipo de alfabetismo se está hablando. De acuerdo con las pruebas internacionales PISA, la capacidad de comprensión de lectura de los alumnos de los países de la Región que la hicieron es mediocre, estando todos entre los

15 peores de la tabla[175] (de un total de 65 países). Chile y Costa Rica, los países de la Región con mejor puntaje (ambos, 441) está lejos del promedio OCDE (496) y muy por detrás del primero del ranking, Shanghái (570).

5. Pilar habilidades	Nota (escala del 1 al 7)				Ranking (posición)			
	2012	2013	2014	2015	2012	2013	2014	2015
Chile	4,80	4,85	5,00	5,00	83	66	71	72
Uruguay	4,87	4,53	4,75	4,73	76	85	83	84
Costa Rica	5,72	5,56	5,76	5,72	26	23	24	26
Panamá	4,09	4,17	4,72	4,80	102	99	86	82
Colombia	5,15	4,77	4,89	4,90	58	74	76	77
Mexico	4,59	4,51	4,42	4,50	91	87	95	92
El Salvador	3,79	3,55	3,85	4,30	113	117	107	97
Brasil	4,72	4,42	4,62	3,90	86	91	91	108
Perú	4,37	4,07	4,27	4,30	99	100	99	96
Argentina	4,83	4,66	4,85	4,90	80	80	79	79
España	5,07	5,18	5,33	5,30	64	46	50	56
Emiratos Arabes	5,53	5,54	5,62	5,80	38	25	33	21
Nueva Zelanda	6,18	5,81	6,14	6,20	6	11	6	7

Tabla 11: Evolución de pilar Habilidades, índice NRI

Paradójicamente, este es el pilar donde se ven menos números rojos en los países analizados de la Región - a pesar de lo comentado arriba. Sin embargo, no hay un gran progreso en los 4 años analizados, salvo Panamá, que pasa de 4,09 a 4,80 (gracias a que mejora la calidad de educación, saltando desde el ranking 131 al 83; en calidad en matemáticas y ciencias, donde pasa desde el 134 al 103; en enrolamiento de educación secundaria, que pasa desde el 100 al 88, y en porcentaje de alfabetismo adulto, que pasa desde el lugar 70 al 49) y El Salvador, que pasa de 3,79 a 4,30 (gracias a un gran salto en calidad de educación, desde el lugar 125 al 63; calidad en matemáticas y ciencia, donde sube desde el lugar 134 al 103 y en alfabetismo adulto, donde salta desde el lugar 104 al 74) . Brasil, sin embargo, cae desde 4,72 a 3,90, debido a que no entrega datos para la variable "enrolamiento en sistema secundario" (de lo contrario, se hubiera mantenido en números negros).

Es satisfactorio que al menos dos países están en nota 5 o superior (Costa Rica, con 5,72 y Chile, con nota 5)

Uruguay, México, Colombia y Perú caen un poco en sus notas, y Argentina

---

[175] http://www.eduteka.org/imgbd/27/27-01/PruebaPISA%202012_CuadroPrincipal.jpg

aumenta levemente.

El pilar de habilidades es clave para la futura empleabilidad de la región, y por eso, a pesar de que hay pocos números rojos, las notas son mediocres. Solo Costa Rica está a la altura de los países de referencia, superando a España y quedando cerca de Emiratos Árabes Unidos. Este es un tema crítico para el futuro de América Latina, que debe poner esfuerzos especialmente en la formación de habilidades duras en Ciencias y Matemáticas, que son las que se requerirán en los nuevos puestos de trabajo.

60. Subíndice de uso de tecnologías digitales

Este índice mide lo que se conoce en Estados Unidos como "IT savvy", es decir, la habilidad de saber usar tecnologías digitales o "apropiarse" de ellas. No basta con tenerlas. Lo importante es que se sepan usar para generar valor. En el caso de las personas, empoderándose y aprovechando todos los recursos que entregan las tecnologías digitales para avanzar en el crecimiento personal; para las empresas, haciéndose más competitivas y productivas, mejorando su modelo de negocios; y para los gobiernos, entregando mayor valor por dólar gastado a los ciudadanos en sus programas. Las variables empleadas para los pilares de uso por empresas y por gobierno miden aspectos más cualitativos; las empleadas en el pilar de uso por individuos son más básicas, ya que la única que tiene que ver directamente con un uso de tecnologías es la de uso de redes virtuales. Las demás tienen relación más bien con el acceso a tecnologías.

Un país puede tener una gran infraestructura digital y sin embargo es no lleva necesariamente a que su población sepa cómo usarla. Sin embargo, un país que demuestra una gran facilidad para apropiarse de la tecnología podrá avanzar mucho más rápido cuando la tenga a su disposición. Cuando la barrera de apropiación es el acceso, hay buen pronóstico y fácil arreglo, ya que generalmente el poco acceso tiene que ver con precios, y puesto que las tecnologías digitales tienen la Ley de Moore, el tema precio es un tema que eventualmente se resolverá por sí solo. En cambio, en un país donde a sus habitantes les cuesta sacarle valor al uso de tecnologías digitales, avanzar en transformación digital es más complicado, porque requiere de cambios culturales. América Latina está actualmente en este segundo grupo, y en aspectos a veces fundamentales, como el uso de tecnologías digitales en educación. Zonas del mundo más pobres como África o India le están sacando el jugo a las tecnologías que tienen a mano – fundamentalmente smartphones e internet móvil. Es por ello por lo que, dentro de las predicciones que vimos de Tom Vander Ark una es que los usos en materia educacional conseguidos en la India serán utilizados en los Estados Unidos. No hay ninguna mención en dicho libro a América Latina como lugar que pueda crear nuevos paradigmas en el uso de tecnologías digitales para la educación. Pero los números del NRI dicen otra cosa.

En el subíndice general, hay 6 países en la mitad superior de los rankings y 4 en la mitad inferior, que tienen nota roja: Argentina, México, El Salvador y Perú. La buena noticia es que todos los 10 países analizados mejoran sus notas entre 2012 y 2015 gracias a lo cual dos de ellos (Costa Rica y Brasil) salen de la zona roja. Los que más mejoran sus notas en el periodo de 4 años son Costa Rica y El Salvador (ambos, un 18%), seguidos de Argentina y Uruguay (ambos, un 10%). A pesar de esta buena noticia, crecer no es suficiente, porque uno de los países de referencia (Emiratos Árabes Unidos) crece un 24%, aumentando la brecha que tenía con el mejor posicionado de la Región (Chile): si en el año 2013 Emiratos estaba en el puesto 30 y Chile en el puesto 40, el año 2015 Emiratos está en el puesto 13, y Chile en el 37, a pesar de mejorar su puntaje o nota desde 4,12 a 4,50.

Evolución NRI WEF

Elaborado por Alfredo Barriga | Fuente: http://reports.weforum.org/

4. Subíndice de uso de TIC	Nota (escala del 1 al 7)				Ranking (posición)			
	2012	2013	2014	2015	2012	2013	2014	2015
Chile	4,12	4,24	4,40	4,50	40	40	39	37
Uruguay	4,01	3,94	4,05	4,43	43	54	55	38
Costa Rica	3,64	3,79	4.02	4,30	63	59	57	44
Panamá	3,76	4,00	4,10	4,01	56	51	50	61
Colombia	3,72	3,75	3,91	4,03	58	64	62	59
Mexico	3,45	3,68	3,72	3,72	72	66	71	79
El Salvador (1)	3,14	3,27	3,44	3,70	100	94	93	84
Brasil	3,78	4,08	4,13	4,02	54	44	47	60
Perú (2)	3,34	3,32	3,36	3,40	81	91	98	91
Argentina (***)	3,38	3,51	3,62	3,73	77	74	77	76
España	4,34	4,46	4,53	4,70	32	33	33	33
Emiratos Arabes	4,52	5,07	5,24	5,60	30	23	21	13
Nueva Zelanda	5,04	5,20	5,37	5,40	22	19	16	16

(1) Superado en 2012 por República Dominicana, Ecuador y Honduras; Superado en 2013 por República Dominicana, Ecuador y Guatemala; superado en 2014 por Ecuador y República Dominicana

(2) Superado en 2013 por República Dominicana y Ecuador; y en 2014 por los mismos más Guatemala

(3) Superado en 2014 por Ecuador

Tabla 12: Evolución de subíndice de uso de TIC, índice NRI

61. Pilar de uso por individuos:

Este pilar muestra la mejor evolución de los países analizados en la Región: el año 2012 todos estaban en rojo, y ya para el año 2015 la mitad había pasado a negro, demostrando que en la sociedad civil hay una verdadera hambre por incorporarse a la sociedad digital, lo cual no es de extrañar considerando que la nuestra es una Región de gente joven. El dinamismo mostrado por los individuos en América Latina se ve reflejado en la tabla abajo: los diez países analizados mejoran sus puntajes año tras año, y seis acumulan mejoras por encima del 20% (Costa Rica sube un 38%, Brasil sube un 32%, Argentina sube un 28%, Colombia sube un 27%, Uruguay sube un 26%, y Chile sube un 24%), lo cual hace que cinco queden en números negros (solo Colombia permanece por debajo de 4). No hay ninguna razón para pensar que dicho dinamismo no va a continuar. Y esa es la mejor noticia que hay para la Región: la sociedad civil se está poniendo rápidamente al día, y desea usar cada vez más las tecnologías digitales.

El índice está compuesto de las siguientes variables:

1. Porcentaje de penetración de teléfonos móviles (prepago y planes): los teléfonos móviles se han transformado en el dispositivo de conexión a Internet preferido en los países emergentes, por lo cual han tenido un gran auge en los últimos años. Eso explica que Panamá aparezca en el lugar 11 del ranking, seguido de Argentina con el lugar 12. Detrás están Uruguay (21), Costa Rica (28), Guatemala (34), El Salvador (38), Brasil (39), Chile (40), todos superando a países como Dinamarca (48), Gran Bretaña (50), o Suecia (51). Y todos ellos con una penetración superior al 130%. Más abajo vienen Colombia (87), Perú (97) y México (111), todos con penetración inferior al 100%. Respecto de los países de referencia, Emiratos es 7°, España es 80, y Nueva Zelanda es 84. ¡Estados Unidos es 102! Y es que el móvil ha significado la democracia del acceso a Internet, lo cual explica, por ejemplo, que Gabón (África) sea tercero con una penetración del 214,8%.

2. Porcentaje de individuos usando Internet, sea desde el hogar o desde la oficina, la Universidad, el colegio o un cibercafé. Esta variable muestra un panorama muy distinto a la anterior, ya que el líder de la Región es Chile, pero apenas en el lugar 43 del ranking,

con un 66,5% de los individuos usando Internet. Detrás vienen Argentina (53, 59,9%), (Uruguay (57, 58.1%)), Venezuela (60, 54,9%), Colombia (63, 51,7%), Brasil (64, 51,6%), Costa Rica (73, 46%), República Dominicana (74, 45,9%), México (79, 43,5%), Panamá (81, 42,9%), Bolivia (83, 39,5%), Perú (84, 39,2%), Paraguay (92, 36,9%) y El Salvador (99, 23,1%). Los datos de esta variable son algo contradictorios con los de la anterior variable, porque implícitamente indican que las personas no acceden a Internet a través de sus móviles, lo cual no es el caso. Respecto de los países de referencia, Emiratos es 10°, Nueva Zelanda es 19° y España es 36.

3. Porcentaje de hogares con computador: esta variable prueba el punto señalado en la primera variable, puesto que los primeros lugares lo ocupan economías más desarrolladas o con más PIB per cápita (hay tres países petroleros entre los diez primeros, incluido Emiratos en el 9° lugar). Los otros dos referentes del análisis también están por delante del mejor de la Región: Nueva Zelanda en el lugar 31 y España en el lugar 37. De los 10 países de América Latina analizados, el mejor puesto en el ranking lo tiene Uruguay (46), con un 67,6%. Esto es debido al Plan Ceibal comentado en el capítulo 2, que entregó un computador a cada alumno del sistema público de educación. Lo demuestra el hecho de que, en porcentaje de viviendas con acceso a Internet el porcentaje baja a 52,7%. Detrás de Uruguay viene Argentina en el lugar 58, con un 59,2% de hogares con computador. En este país también se entregaron computadores a través de políticas públicas. Luego viene Chile en el lugar 60, con una penetración del 57%, y detrás: Costa Rica (65, 51%), Brasil (67, 48,8%), Colombia (73, 42,2%), Venezuela (74, 41%), Panamá (78, 39,3%), México (80, 35,8%), Perú (83, 32%), y el Salvador que está más atrás, en el puesto 94 con un 22,3%, superado por otros países de la Región (Paraguay, Bolivia y República Dominicana)

4. Porcentaje de hogares con acceso a Internet: se repite el patrón de la variable anterior, con países más avanzados o con mayor PIB dentro de los primeros lugares. Llama la atención el caso de Corea del Sur, con un 98,1% de los hogares con acceso a Internet (primero

del ranking). Los tres países de referencia también en este caso están mejor situados que el mejor de América Latina: Nueva Zelanda es 28, Emiratos es 29 y España es 39. El mejor situado en la Región es Argentina, en el puesto 55 con un 53,9%, seguido por Uruguay en el puesto 57 con un 52,7%. Más atrás vienen Chile (60, 49,6%), Costa Rica (63, 46,7%), Brasil (71, 42,4%), Colombia (74, 35,7%) Panamá y Venezuela (ambos 79 con 31,5%), México (81, 30,7%), Paraguay (82, 26,6%), Perú (89, 22,1%) y El Salvador (104 con apenas un 12,7%, superado por República Dominicana y Honduras). La brecha digital en esta variable con los más avanzados es enorme. Sin embargo, puesto que la población de la Región se conecta desde móviles, no es tan grande como lo dicen las cifras. Costa Rica, por ejemplo, tiene un 72,7% de suscripciones a banda ancha móvil, muy por encima de lo que dice el porcentaje de hogares conectados a Internet.

5. Porcentaje de la población con suscripción a banda ancha fija (es decir, al hogar): que la banda ancha fija está siendo superada por la banda ancha móvil en todo el mundo es algo que salta a la vista con los resultados de esta variable. Así, si bien Corea tiene un 98,1% de hogares con acceso a Internet, la suscripción a banda ancha fija es de solo 38% en 2015, mientras que la cobertura de banda ancha es del 105.3% (es decir, más de una suscripción por persona). Por lo tanto, los valores de suscripción a banda ancha fija son mucho más bajos en general para todos los países. En esta variable, lideran los países europeos. Uruguay es nuevamente el país con mejor ranking de entre los que analizamos, en el puesto 37. Detrás vienen Argentina (49), Chile (54), México (62), Brasil (63), Costa Rica (66), Colombia (67), Panamá (72), Perú (80, superado por Venezuela, 75) y El Salvador (86, superado por República Dominicana, 84). Los porcentajes varían desde un 21,1% para Uruguay, a un 4,5% para El Salvador. En la medida en que en la Región aumente la penetración de TV cable, debería aumentar la banda ancha fija, que en todo caso es más cara que en países más desarrollados, medida en PPP.

6. Porcentaje de la población con suscripción a banda ancha móvil (sea por conexión adhoc o a través del Smartphone): las cifras de esta

variable confirman lo dicho anteriormente respecto del auge de esta modalidad de acceso a Internet, que más que triplica el acceso a banda ancha fija, puesto que, si bien el país mejor situado en ésta es Suiza con un 42,5%, el país mejor situado en banda ancha móvil es Singapur con un 149,3%. Ocho países tienen más de un 100%. En estas variables, el país mejor situado es, como supondrán, Costa Rica, en el puesto 21 con el 72,7% de penetración ya comentado. Lo sigue Brasil, en el puesto 43 con un 51,5%, Uruguay (49, 45,5%), Chile (63, 35,6% - superado por Venezuela, 56 y 40,9%), Argentina (67., 32,1%), Panamá (76,25,2% - superado por República Dominicana, 75 y 25,6%), Colombia (77, 25%), México (92, 13,5% - superado por Bolivia, 91, 13,9%), El Salvador (105, 6%), y Perú (116, 2,6%). Estos datos muestran que aún falta una gran cantidad de suscriptores de móviles para pasarse a Smartphone. Por ello, algunos de los principales fabricantes de estos dispositivos han declarado que América Latina es su segunda prioridad después de Asia en cuanto a mercado por expandirse. Algunos de los países analizados que han crecido más en su nota en estos 4 años lo han sido precisamente debido a esta variable. Brasil, por ejemplo, tenía una penetración de solo un 6,3% en banda ancha el año 2012, y el 2015 exhibía un 51,5%, como se ha dicho arriba. A pesar de ello, solo subió 10 puestos en el ranking de esta variable, debido, como ya señalé, que esta tecnología para acceder a Internet ha tenido un boom.

7. Uso de redes sociales (Facebook, Twitter, LinkedIn): En esta variable se usó una escala de 1 a 7 donde 1 es "no se usa en absoluto" y 7 es "ampliamente utilizado". Se trata por lo tanto de datos basados en encuestas. Chile aparece primero de la Región con un 6,1 y 30 en el ranking. Le siguen, muy cerca unos de otros Panamá (40), Uruguay (43), Brasil (48), Costa Rica (50) y Argentina (52) - todos con 6.0. Más atrás está Colombia (83 y 5,5 – superada por República Dominicana, Guatemala y Honduras), El Salvador (93) y México (96), ambos con 5,3, y finalmente Perú (102 y 5,2). La escasa diferencia de nota entre Chile y los 5 siguientes, muestra que en la Región los individuos han abrazado las redes sociales como una de sus aplicaciones favoritas.

Las notas que tenían los países analizados de la Región el año 2012 eran más bajas, pero solo un par de décimas.

6. Pilar uso por individuos	Nota (escala del 1 al 7)				Ranking (posición)				Variacion
	2012	2013	2014	2015	2012	2013	2014	2015	2012/2015
Chile	3,80	4,12	4,40	4,70	55	53	52	52	24%
Uruguay	3,98	4,17	4,55	5,00	48	51	48	45	26%
Costa Rica	3,34	3,37	3,95	4,60	65	71	64	56	38%
Panamá	3,42	3,59	3,74	3,90	64	65	68	72	14%
Colombia	2,99	3,09	3,40	3,80	76	76	77	77	27%
Mexico	2,98	2,98	3,07	3,30	77	82	89	87	11%
El Salvador	2,74	2,79	2,85	3,00	88	91	96	96	9%
Brasil	3,34	3,97	4,21	4,40	66	58	59	62	32%
Perú	2,87	2,89	2,91	3,00	85	87	94	94	5%
Argentina	3,59	3,92	4,26	4,60	58	60	57	54	28%
España	4,70	5,12	5,21	5,40	34	31	32	31	15%
Emiratos Arabes	4,77	4,90	5,30	5,92	31	36	29	20	24%
Nueva Zelanda	5,34	5,78	5,98	5,90	19	17	13	22	10%

Tabla 12: Evolución de pilar uso por individuos, índice NRI

Se añadió la variación porcentual en la Nota para graficar que los diez países de la Región mejoraron en este pilar, y 8 de ellos lo hicieron en mayor porcentaje que Nueva Zelanda, mientras que 4 lo hicieron en mayor porcentaje que Emiratos Árabes y 5 en mayor porcentaje que España. Por lo tanto, se puede concluir que la brecha de la región respecto de países de referencia se está reduciendo. Sin embargo, estamos aún muy lejos de cualquiera de los países de referencia. Solo uno – Uruguay – está dentro del rango 5-6 de nota. Aún la mitad de los diez mejores países de América Latina en términos de transformación digital están en zona roja respecto al uso de tecnologías digitales por parte de los individuos, pero todos crecen año tras año dentro del periodo analizado.

Uruguay mantiene su liderazgo durante los 4 años en la Región en este pilar. Es difícil no atribuirlo al éxito de su Plan Ceibal, que ya comentamos en un capítulo anterior. El porcentaje de hogares con computador pasa de un 52,8% a un 67,6%; las suscripciones a Internet móvil (medio de acceso favorito de la población objetiva a la que le regalaron un computador) se quintuplica, pasando de un 9% de la población a un 45,5%, pero también las suscripciones a banda ancha fija se duplican, pasando desde un 10,9% a un 21,1% de la población. Suponiendo que no hay traslape entre ambas modalidades, la penetración total en el país en acceso a Internet pasa de un 19,9% a un 66,6% - se triplica.

El mayor salto porcentual sin embargo lo da Costa Rica, mejorando su nota en un 38%. La principal razón es que el año 2012 no tenía datos respecto de penetración de banda ancha móvil, y el año 2015 aparece con una penetración del 72,7% (21 del ranking mundial), muy por encima de Uruguay y de los demás países. Ello coincide con un salto en la penetración de teléfonos móviles, desde un 65,1% en 2012 a un 146% en 2015. Pero además crece al menos en diez puntos porcentuales en todas las demás variables de penetración de mercado, salvo banda ancha fija.

Brasil, por su parte, mejora su nota en un 32%. En este caso hay un salto impresionante en penetración de banda ancha móvil, desde un 6,3% de la población a un 51,5% - se multiplica por 8. Pero además crecen en más de 10 puntos porcentuales la penetración de computadores y acceso a Internet de los hogares, y del acceso a Internet por parte de los individuos.

Es altamente probable que a brecha en estas variables entre los países de la Región y los países más avanzados se reduzca, considerando sobre todo el boom que está teniendo la penetración de teléfonos móviles del tipo Smartphone, con acceso a millones de aplicaciones útiles en todos los aspectos de la vida de las personas.

Los Gobiernos de América Latina deberían apoyarse en esta explosión de interés por parte de la población de América Latina en acceder a Smartphones. **La mejor inversión para mejorar la vida de los menos afortunados es tener acceso a uno de estos dispositivos con acceso a Internet, a través de los cuales podrán tener acceso a salud, educación, formación, posibilidades laborales y ahorros en sus trámites con el Estado.** Así lo están viendo los países de África y Asia más atrasados. Para ellos las tecnologías digitales se está convirtiendo en un atajo al desarrollo. Además, considerando que el mayor problema que va a aquejar a la población de América Latina va a ser la pérdida de fuentes de trabajo poco calificadas, y que las nuevas oportunidades se generarán entre los alfabetizados digitales, quizá este sea la política pública de mayor impacto, plenamente alineada con la tecnología disruptiva que mayor impacto va a tener de acuerdo con el análisis de Mc Kinsey: la Internet móvil.

62. Pilar de uso por negocios:

Este es el peor índice de la Región. De los diez mejores países latinoamericanos en materia de adopción digital, solo dos de ellos (Costa Rica y Panamá), y solo en el último año analizado, tienen nota negra, y ésta, mínima (un 4). Esto es especialmente preocupante porque indica que **el sector productivo latinoamericano no está preparado para la nueva revolución digital, lo cual a su vez indica que hay una alta vulnerabilidad por parte de las empresas latinoamericanas**.

Este pilar está compuesto de las siguientes variables:

1. Nivel de absorción de tecnologías digitales: mide en qué medida las empresas del país son capaces de apropiarse de las tecnologías digitales. Se evalúa entre 1 y 7, lo cual indica encuesta en terreno (es decir, recoge la opinión de los empresarios).

   En esta variable lidera la región Panamá, aunque cae en el periodo analizado desde el puesto 32 al 35, con una nota que varía desde 5,5 a 5,3. Detrás está Chile, que paradójicamente sube desde el lugar 40 al 39 a pesar de que la nota baja desde 5,4 a 5,2. Costa Rica sube diez puestos, desde el 55 al 45, a pesar de que mantiene su puntaje. Estos tres países superan a España (52) para el año 2015. Guatemala sigue más abajo con el puesto 47 (aunque no esté en la lista de los mejores 10 de la Región), seguido de Brasil (que baja desde el 48 al 59), Honduras (60), México (70), República Dominicana (77), Perú (78), El Salvador (82), Colombia (89), Uruguay (93), y Argentina (115). En los casos de Perú, El Salvador, Colombia, Uruguay y Argentina, llama la atención el ranking de esta variable comparada con el ranking en uso de redes sociales (único indicador de apropiación de tecnologías por parte de los individuos), dejando un claro mensaje: la sociedad civil está mucho mejor preparada que el sector privado. Lo cual implica que, dada la oportunidad, consumirán productos desde el extranjero, acrecentando la vulnerabilidad de las empresas locales a la nueva revolución digital. En esta variable, los Emiratos Árabes están en el puesto 7 con nota 6, y Nueva Zelanda está 11 con nota 5,8. Muy por encima de América Latina.

2. Capacidad de innovación: al igual que la variable anterior, esta mide la percepción por parte de las propias empresas del país, y también se materializa en una nota entre 1 y 7. Ningún país en el mundo tiene nota 6 o superior. El ranking mundial es liderado por Suiza,

Estados Unidos, Israel, Alemania y Finlandia. Llama la atención que Qatar aparezca en el puesto 12, por encima de países como Nueva Zelanda (15), Singapur (18), Francia (21) o Corea del Sur (24), y también de Emiratos Árabes (25). Puede tener que ver que Qatar ha acometido un ambicioso proyecto de 40.000 millones de dólares para crear una "ciudad de la educación" donde piensan generar conocimiento e innovación para el siguiente modelo de país, cuando el petróleo se acabe o – como parece ser el caso – el precio caiga.

De los países de América Latina, el que aparece mejor posicionado es una sorpresa: El Salvador, con nota 4,4. No hay una razón clara de por qué es así, salvo que, por la razón que sea, los empresarios encuestados piensan que son más innovadores que sus contrapartes en otros países de la Región. Detrás están tres países de Centro América: Costa Rica (36), Guatemala (41) y Panamá (42), seguidos de Brasil (44) y Honduras (52). Todos ellos con nota superior o igual a 4. En zona roja está uno de los países de referencia, España (puesto 60, nota 3,8), y más abajo aparecen México (72), República Dominicana (74), Chile (76), Argentina (80), Colombia (85), Uruguay (87, lo que es coherente con la baja nota en "apropiabilidad" de tecnologías por parte de las empresas), Bolivia (92) y Perú (100). Para hacernos una idea de lo que estos números significan, Kenia aparece en el puesto 34, Sudáfrica en el 35, Zambia en el 45, Ghana en el 49, Senegal en el 56, Camerún en el 64, Nigeria en el 73... y así hacia abajo. Lo notable es que tanto los países mencionados de América Latina como de África mejoran sus notas desde 2012, pero mientras que algunos países de América Latina empeoran sus rankings, todos los países africanos mencionados los mejoran, y algunos de ellos de forma impresionante, como Zambia, que pasa desde el puesto 94 al 45 gracias a una nota que mejora desde 2,7 a 4,1.

3. Solicitudes de patentes por millón de habitantes, de acuerdo con el Tratado de Cooperación de Patentes (PCT por sus siglas en inglés). Esta variable está liderada a nivel mundial por Japón, Suiza y Suecia,

todos con más de 300 solicitudes – el doble que Estados Unidos con 159 en el puesto 11). Esto muestra una brecha - incluso entre países en cabecera - considerable. Con la mitad de los Estados Unidos aparece Australia en el puesto 22, y con la mita de Australia aparece España, apenas 4 puestos más abajo (26). Las cifras de América Latina, que ya comenté en el primer capítulo, son decepcionantes: Chile "lidera" con apenas 6,8 patentes por millón de habitantes y 45 en el ranking (por encima de los Emiratos Árabes que está 45 con 4,8 patentes, pero por debajo de Nueva Zelanda que está 23 con 73,4 patentes por millón). Le sigue Brasil con menos de la mitad: 3,5 patentes por millón de habitantes, y el puesto 51; luego Uruguay con 2,8 patentes por millón y el puesto 54; Panamá en el puesto 57 con 2,1 patentes por millón, México en el puesto 57 con 1,8 patentes por millón... ¿para qué seguir?

Estas cifras muestran una muy preocupante realidad respecto del sector privado de la Región, que confirman lo comentado en esta obra: el sector privado está orientado a usar tecnologías inventadas por otros para hacer sus actividades, principalmente extractivas o de servicios de bajo valor agregado. Eso, en la era de la Sociedad del Conocimiento, supone una alta vulnerabilidad. Aunque no sea consuelo, África no está mejor sino peor. Una nueva brecha se avizora, entre países intelectualmente desarrollados e intelectualmente subdesarrollados. Mientras en la competitividad de los países las materias primas o recursos naturales fue importante, esta diferencia no tenía mucho peso en la competitividad de una nación. Pero **ahora que el capital intelectual pasa a ser más relevante que el capital en recursos naturales e incluso que el capital financiero, la diferencia puede condenar a los países "intelectualmente subdesarrollados" a permanecer ad aeternum como proveedores de materia prima sin valor agregado y las peores rentas del trabajo en el mundo**.

4. Uso de Internet entre negocios (B2B). Esta variable está obtenida con la misma metodología de las dos primeras, con nota que varía desde 1 a 7. Lideran a nivel mundial Lituania, Estonia, Gran Bretaña,

Japón y Finlandia, todos con una nota 6.1. Emiratos Árabes (7°, con nota 6.0) y Nueva Zelanda (16°, nota 5,6) están por encima de cualquier país de América Latina, pero también por encima de Estados Unidos (17°, nota 5.6). Pienso que estos resultados tienen una parcialidad: mientras mayor "IT savvy" de los empresarios del país, mayor es el grado de exigencia, por lo cual la auto evaluación es más estricta. En cualquier caso, estos s0n los resultados entregados al Fondo Económico Mundial.

En América Latina el líder es Chile, 36 del ranking mundial con nota 5,3 – por encima de España, que es 46 con nota 5,1). Le sigue Costa Rica, con nota 5,1 en el puesto 47 del ranking. Después, Panamá (56), Honduras (62), Guatemala (63), Colombia (67), República Dominicana (70), México (74), El Salvador (75), Perú (78), Brasil (84), Uruguay (96), y Argentina (111). El liderazgo de Chile puede ser debido a la existencia de varios portales B2B nacionales, como **www.senegocia.com** o **www.iconstruye.com** , y de muchas empresas grandes que tienen Online su cadena de abastecimiento. Esta variable no estaba considerada el año 2012.

5. Uso de Internet hacia consumidores (B2C), que puede o no implicar comercio electrónico con pago. En cualquier caso, implica vender productos y servicios a los consumidores vía Internet. La metodología es la misma que la anterior variable. Esta variable tampoco estaba el año 2012.

Los resultados mundiales son en este caso un buen reflejo de la realidad, ya que los dos países cuyo comercio electrónico es mayor en porcentaje sobre el total de ventas a consumidores son Gran Bretaña y Estados Unidos (en ese orden), y aparecen en el mismo orden en el ranking. Nueva Zelanda aparece en noveno lugar, y los Emiratos árabes en el puesto 20. Bajo ellos, lidera la región Panamá, en el puesto 35, seguido por Brasil en el puesto 37 y seguido inmediatamente de Chile en el puesto 38. En este caso, el ranking también refleja bien la realidad de los países de la región, ya que la penetración de comercio electrónico efectivamente es liderada por

Panamá, Brasil y Chile. Ambos superan a España, que aparece en el puesto 48. Detrás están El Salvador (50), Guatemala (55), Costa Rica (57), Colombia (62), República Dominicana (74), Uruguay (76), Argentina (77), Perú (79) y México (82).

Esta variable, a nuestro juicio, también debería ser considerada en el uso de tecnologías por individuos, puesto que el Comercio Electrónico es un uso más sofisticado que las redes sociales por parte de estos.

6. Grado de inversión de las empresas en el entrenamiento de sus trabajadores. Esta variable también es evaluada a través de encuesta, con nota de 1 a 7. En este apartado no hay ningún país con nota superior a 5,7. Lideran, a nivel mundial, Suiza, Japón, Luxemburgo, Malasia (sorpresa), Finlandia y... Qatar. Solo 14 países tienen nota 5 o superior – incluyendo los Emiratos Árabes Unidos, 11° en el ranking con nota 5,1. Nueva Zelanda aparece en el puesto 17 con nota 4,9.

El país de América Latina mejor posicionado es Costa Rica, en un sorprendente puesto 21 con nota 4,7, seguido por dos países centroamericanos más: Guatemala (puesto 28) y Honduras (38). Luego vienen Brasil (44), Panamá (47), Chile (52), el Salvador (71), y México (74), todos con nota 4,0 o superior. Por debajo, con nota roja, quedan Uruguay (80), Colombia (83), República Dominicana (86), Nicaragua (88), Perú (93) y Argentina (95). Llama la atención, en esta variable, que todos los anteriores superan a España (96).

7. Pilar uso por negocios	Nota (escala del 1 al 7)				Ranking (posición)			
	2012	2013	2014	2015	2012	2013	2014	2015
Chile	3,88	3,71	3,90	3,90	42	44	45	47
Uruguay	3,55	3,43	3,43	3,40	64	72	86	89
Costa Rica	3,86	3,84	4,01	4,00	43	37	38	39
Panamá	3,79	3,81	3,99	4,00	48	39	39	40
Colombia	3,51	3,39	3,47	3,50	71	77	79	81
Mexico	3,50	3,50	3,59	3,62	75	62	70	72
El Salvador	3,39	3,20	3,47	3,74	88	100	80	59
Brasil	4,04	3,90	3,92	3,83	33	34	41	52
Perú	3,43	3,26	3,43	3,42	85	93	89	90
Argentina	3,42	3,28	3,33	3,32	86	90	99	101
España	3,89	3,80	3,96	3,94	40	41	40	45
Emiratos Arabes	4,20	4,31	4,37	4,50	30	28	29	27
Nueva Zelanda	4,73	4,54	4,81	5,00	24	23	21	19

Tabla 12: Evolución de pilar uso por negocios, índice NRI

En la mitad de los diez mejores países de la Región, las empresas empeoraron o no mejoraron sus notas en estos 4 años. De la mitad restante, dos países tuvieron una mejora interesante (El Salvador, con un 10% y Panamá con un 6%), mientras que los 4 restantes tuvieron mejoras marginales entre 1% y 4%. Y todos, salvo Costa Rica, tienen nota roja en dos años o más de los cuatro analizados.

De todas las variables consideradas en el informe, dos son las directas causantes de este pobre desempeño, y ya las comentamos en el primer capítulo del libro: la capacidad de innovación y su corolario, la cantidad de patentes por millón de habitantes. América Latina ha apostado por desarrollar sus recursos naturales poniendo solo eso: los recursos naturales. Todo el capital intelectual lo compra fuera de la región. No hay innovación generada en la misma región que constituya un aporte de mayor valor agregado a los sectores de la economía de la Región.

La clave para la competitividad del siglo 21 es el capital intelectual, producto de la innovación en procesos y productos. Si las empresas de América Latina no apuestan fuerte al desarrollo de capital intelectual, quedarán fuera del mercado por baja competitividad.

Todos los programas públicos para impulsar el emprendimiento en la Región deberían estar focalizados en la generación de capital intelectual. Invertir en otros proyectos es, a estas alturas, tirar el dinero de los contribuyentes.

Los gerentes y directores de empresas de América Latina tienen que hacer un cambio radical en su aproximación a los negocios. Lo crucial es el capital intelectual. Deben identificar qué capital intelectual deben construir. Deben apostar por las personas, y hacerlas partícipes de los resultados de sus aportes al valor de la empresa. Deben aprender cómo se manejan las empresas del conocimiento como Apple, Google, Uber o Amazon, y aplicarlo en sus negocios. Deben digitizar sus empresas, porque solo las empresas de su sector que se digiticen sobrevivirán. Como lo ponía Andy Grove, CEO de Intel por más de 30 años: "only the paraoics will survive" (solo sobrevivirán los paranoicos).

63. Pilar de uso por Gobiernos:

Salvo Argentina, Perú y Brasil, los diez mejores de la Región están en números negros. Este es el sector de la Sociedad donde en general han tenido mejor desempeño relativo los países de América Latina. Los números negros no son altos, pero ello es debido a que en general las notas en este pilar no lo son. Solo 25 de los 143 países tienen nota 5 o superior. Entre ellos, destaca los Emiratos Árabes Unidos, que saltan desde la posición 32 a la segunda, mejorando la nota desde 4,59 el año 2012 a 6,2 el año 2015. No hay en el informe una explicación para dicho avance.

Este pilar tiene tres variables:

1. Importancia de las tecnologías digitales en la visión de futuro del Gobierno. Responde a la pregunta "¿hasta qué punto tiene el gobierno de su país un plan claro para utilizar las tecnologías digitales en la mejora de la competitividad?". Es parte de la encuesta al sector productivo, y por lo tanto el resultado se mueve entre 1 y 7.

   Emiratos Árabes Unidos encabeza el ranking mundial con nota 6,1, y Nueva Zelanda es 7° con nota 5,3. Solo 15 países a nivel mundial tienen nota 5 o superior, por lo cual las notas que sacan los líderes de la Región, no siendo altas, tampoco están tan lejos de ese grupo de cabeza. Efectivamente, Panamá lidera en esta variable para la Región, en el puesto 28 con nota 4,6 – por encima de países como Gran Bretaña (29), Holanda (33), Alemania (36), Suiza (38) o Estados Unidos (39. Llama la atención que países tan desarrollados estén tan abajo en esta variable, pero no es sorprendente: en dichos países el esfuerzo digitizador ha sido fundamentalmente del sector privado y los individuos, por lo cual el Estado no ha necesitado empujar. Lo contrario sucede en países en vías de desarrollo o emergentes, donde el Estado ha debido jugar un rol importante para avanzar en la transformación digital. Detrás de Panamá se encuentran Colombia (42), Chile (49), y Uruguay (65), todos con nota 4 o superior. En nota roja aparecen Costa Rica (75), El Salvador (80), México (84), ¡España! (89), Bolivia (94), Honduras (102), Brasil (106), Guatemala (107) y Perú (110). Esta variable recoge en el año 2015 un promedio de los datos de 2013 y 2014.

2. Índice de servicios de Gobierno Online: este índice evalúa la calidad de la entrega de servicios online por parte del Gobierno del país, en una escala que va entre 0 y 1. El último dato publicado es del año 2013, que se repite en el Informe de 2015. Francia es el único del mundo que tiene puntaje perfecto, liderando la lista. Emiratos Árabes Unidos está en el puesto 12 con un índice de 0,88 (responsable del gran salto dado entre 2012 y 2013, ya que estaba antes en el puesto 96 con apenas 0,25 – un incremento del 352%).

En este índice hay una agradable sorpresa, puesto que América Latina coloca tres países entre los mejores 20: Uruguay (14 de la lista con 0,85), Chile (16 de la lista con 0,82) y Colombia (17 de la lista con 0,79). Entre Uruguay y Chile aparece Nueva Zelanda (15 con 0,84). Más atrás vienen México (35, con 0,66), Perú (41 y 0,63), Costa Rica (43 y 0,61), Brasil (49 y 0,60), Argentina y Venezuela (ambos 55 y 0,55), el Salvador (59 y 0,54) y Panamá (84 con 0,37 – superado por Honduras, Bolivia y República Dominicana). Hay una gran brecha en esta magnitud dentro de la Región.

3. Éxito gubernamental en la promoción de tecnologías digitales. Esta variable es parte de la encuesta, por lo cual refleja una opinión. La nota va entre 1 y 7. Emiratos Árabes Unidos es segundo con 6,2 – ¡detrás de Ruanda, que lidera la lista! Este detalle muestra que hay percepciones que no necesariamente se condicen con la realidad, pero que pueden ser el producto de un gran salto desde una posición muy baja, lo cual tiene un alto impacto mediático que se refleja luego en las encuestas.

Ruanda está 63 en el índice de servicios de Gobierno Online, con 0,51. Pero el año 2012 estaba en el lugar 110 con un índice de apenas 117. Una mejora en el índice del 300% en apenas 2 años genera un gran impacto mediático, que hace que los encuestados consideren que el Estado está promocionando mucho, y con mucho éxito, el uso de tecnologías de la información.

El efecto descrito arriba se nota en América Latina, donde Chile aparece liderando en el puesto 30, pero con apenas un 4,6 – aunque es la misma nota que recibe Estados Unidos. Por abajo vienen Panamá (34 con 4,5), y Uruguay (40 con 4,4), ambos por encima de países como Francia, Japón, Holanda, Alemania o Austria – donde el efecto es el opuesto: como no hay nuevas grandes mejoras, la sensación es que no hay suficiente o no hay éxito en la promoción de tecnologías digitales. No se explica de otra forma que Francia, con un puntaje perfecto de 1 en materia de trámites Online, aparezca en el puesto 41 con apenas un 4,3 de nota. Respecto de los 7 restantes países de la Región analizados, aparecen en el puesto 49 (Colombia con un 4,2), 65 (Brasil con un 4), 70 (Costa Rica con 3,9), 80 (México con 3,7 – superado por República Dominicana con 3,9), 93 (Perú con 3,5 – superado por Ecuador con 3,6), 124 (El Salvador con 2,9) y 135 (Argentina con 2,6 – superado por Bolivia, Guatemala, Venezuela y Paraguay).

8. Pilar uso por gobierno	Nota (escala del 1 al 7)				Ranking (posición)			
	2012	2013	2014	2015	2012	2013	2014	2015
Chile	4,69	4,90	4,80	4,80	26	29	32	29
Uruguay	4,49	4,22	4,16	4,83	36	55	59	27
Costa Rica	3,72	4,17	4,12	4,30	74	61	64	54
Panamá	4,07	4,60	4,56	4,20	55	37	39	47
Colombia	4,65	4,77	4,86	4,83	28	32	31	30
Mexico	3,87	4,55	4,50	4,20	66	39	40	56
El Salvador	3,28	3,83	4,00	4,03	110	88	74	64
Brasil	3,97	4,38	4,27	3,90	59	48	54	71
Perú	3,72	3,81	3,75	3,91	73	90	94	70
Argentina	3,12	3,35	3,26	3,30	119	117	121	115
España	4,43	4,46	4,44	4,70	40	42	44	37
Emiratos Arabes (1)	4,59	5,99	6,06	6,20	32	2	2	2
Nueva Zelanda	5,04	5,29	5,34	5,40	14	18	18	10

(1) Salto entre 2012 y 2013 debido a mejora en los tres índices del pilar, especialmente servicios Online, que pasa desde el 96 al 11

Tabla 13: Evolución de pilar uso por negocios, índice NRI

A pesar de los bajos rankings y notas en varios de los diez países de América Latina que lideran en el NRI, en general los números están en negro, salvo para Brasil, Perú y Argentina. En estos tres casos tienen bajos puntajes las tres variables. Hay que felicitarse en todo caso de que haya tres países que salieron de la zona roja: Costa Rica, México y El Salvador. Uruguay pasó a Chile en los 4 años analizados, y se sitúa como líder en este pilar en una buena posición. De hecho, América Latina pone 3 países dentro de los 30 mejores del mundo en este pilar: Uruguay (27), Chile (29) y Colombia (30). Aún queda mucho que hacer, como lo muestra la espectacular evolución de los Emiratos Árabes Unidos, que estaba por debajo del líder de la Región el año 2012, y saltó al segundo lugar mundial el año 2013, que ha mantenido.

64. Subíndice impacto de tecnologías digitales

Como su nombre indica, este subíndice mide el impacto que tiene el uso de las tecnologías digitales en la economía y en la sociedad. Esos precisamente son los dos pilares que lo componen. Va un paso más allá de lo indicado en el índice de uso, puesto que, aunque un uso mayor o más sofisticado debería indicar un mayor impacto, no necesariamente es así.

En la evolución de este índice y de sus correspondientes subíndices se notan los efectos de proyectos emblemáticos como Ceibal en Uruguay, demostrando que con buenas políticas públicas si se pueden tener efectos positivos en lo económico y lo social.

La evolución del subíndice es la siguiente:

Evolución NRI WEF

Elaborado por Alfredo Barriga | Fuente: http://reports.weforum.org/

5. Subíndice de impacto	Nota (escala del 1 al 7)				Ranking (posición)			
	2012	2013	2014	2015	2012	2013	2014	2015
Chile	4,20	4,30	4,20	4,42	37	34	37	35
Uruguay	4,08	3,83	3,73	4,40	39	46	53	36
Costa Rica	3,66	3,75	3,75	4,14	58	49	50	41
Panamá	3,58	3,80	3,99	4,10	61	48	41	46
Colombia	3,76	3,83	3,79	3,90	48	47	49	52
Mexico	3,56	3,72	3,62	3,60	65	52	59	72
El Salvador (***)	2,99	3,30	3,31	3,62	102	85	84	76
Brasil	3,70	3,74	3,64	3,63	53	50	57	75
Perú (*)	3,41	3,45	3,37	3,50	76	72	81	79
Argentina (**)	3,07	3,14	3,18	3,30	96	94	96	94
España	4,44	4,22	4,30	4,50	31	36	34	34
Emiratos Arabes	4,42	4,94	5,01	5,20	33	19	18	18
Nueva Zelanda	4,98	4,81	4,81	5,00	21	22	22	20

(*) Superado en 2012 por Guatemala; en 2013 por Republica Dominicana; en 2014 por ésta y Ecuador
(**) Superado en 2012 por el anterior y por República Dominicana y Ecuador; en 2013 por Republica Dominicana, Guatemala y Ecuaador
(***) Superado en 2012 por los anteriores y por Honduras y en 2013 por Republica Dominicana y Guatemala

Tabla 14: Evolución subíndice de impacto, índice NRI

Como se puede ver, la nota roja es la que predomina en la Región, aunque hay que alegrarse de que en el último año cuatro de los diez países mejor posicionados en el NRI salen de la zona roja. Dos de ellos (Chile y Uruguay) quedan cerca de los puntajes de España, mientras que Costa Rica y Panamá superan el cuatro, y aunque no con grandes holguras, sí se nota una evolución positiva notable en el período. Efectivamente, Costa Rica mejora 17 puestos en el ranking entre los años 2012 y 2015, mientras que Panamá lo hace en 15 lugares. Ambos mejoran su nota en medio punto – más de un 13%. También es notable la mejora de El Salvador, que – aunque sigue en zona roja – mejora su puntaje en un 21% y sube 26 lugares en el ranking – el mejor desempeño de todos los países analizados. Por el contrario, Brasil cae levemente en su puntaje, pero eso lo hace caer 22 puestos en el ranking, demostrando una vez más que en estos temas, quien no avanza – y rápido – retrocede.

Al abrir este subíndice en sus dos componentes, queda claro que en América Latina el uso de tecnologías digitales no tiene un impacto económico categórico pero que sí está comenzando a tener a menos algún impacto social. Lo primero corrobora el círculo vicioso descrito en este libro en sus primeros capítulos: las empresas y el Gobierno no ven el "payback" de las tecnologías digitales y no invierten bien en ellas, y como no invierten bien en ellas, el impacto económico es bajo.

65. Pilar impacto económico:

Ni una sola de las naciones de América Latina está en números negros respecto del impacto económico de las tecnologías digitales en el país. Hay que destacar sin embargo que los tres países de referencia tampoco es que tengan notas muy buenas. España recién sale de la zona roja el año 2015. Emiratos y Nueva Zelanda no tienen nota superior a cinco:

9. Pilar impacto económico	Nota (escala del 1 al 7)				Ranking (posición)			
	2012	2013	2014	2015	2012	2013	2014	2015
Chile	3,80	3,73	3,50	3,50	38	35	43	44
Uruguay	3,51	3,39	3,36	3,40	47	53	61	56
Costa Rica	3,55	3,50	3,47	3,50	45	46	52	47
Panamá	3,28	3,22	3,49	3,53	65	73	46	45
Colombia	3,36	3,24	3,16	3,20	58	70	75	69
Mexico	3,22	3,23	3,12	3,20	71	72	80	72
El Salvador	2,96	2,85	2,84	3,02	93	103	109	94
Brasil	3,46	3,40	3,34	3,13	52	50	64	76
Perú	3,22	3,20	3,08	3,00	72	77	84	96
Argentina	3,07	2,96	3,07	3,04	82	91	87	91
España	3,86	3,86	3,97	4,00	33	32	31	34
Emiratos Arabes	4,09	4,13	4,19	4,30	29	28	27	27
Nueva Zelanda	4,50	4,47	4,44	4,50	25	26	26	26

Tabla 15: Evolución de Pilar impacto económico, índice NRI

¿Qué mide este noveno pilar del índice NRI? Se compone de cuatro elementos:

1) Impacto de las tecnologías de la información y comunicaciones (TIC) en nuevos servicios y productos (es decir, hasta qué punto las TIC están creando nuevos modelos de negocio). Este valor sale de una encuesta, donde se evalúa desde 1 a 7.

En esta magnitud Chile aparece como el mejor posicionado en la Región en el lugar 29 del mundo, con una nota de 5,0. El año 2012 estaba en el lugar 25, superando a Nueva Zelanda (que aparecía en el lugar 32 con la misma nota, a dos puestos por encima de Uruguay) y a España (que estaba 42 con 4,9 de nota), pero por debajo de Emiratos Árabes Unidos que aparecía en el puesto 15 con nota 5,4. Ahora, Emiratos es el segundo del mundo con nota 5,7. Nueva

Zelanda está en el puesto 15 con nota 5,4. Y España es 26 con 5,0. Panamá mantuvo nota 4,9 entre 2012 y 2015, y subió un puesto. Brasil, que tenía un 5,2 de puntaje y el puesto 29, bajó al puesto 75 con nota 4,2. Uruguay bajó desde el puesto 34 con nota 5,1 al 48 con nota 4,7. Costa Rica estaba en el puesto 40 con 5,0 el año 2012, y bajó al 48 con nota 4,7. Perú cayó desde el puesto 52 con 4,8 en 2012 al puesto 76 con 4,2 el 2015. Colombia mejoró desde el puesto 55 con 4,7 puntos al 51 con 4,6 puntos (caso excepcional). El Salvador mejoró desde el puesto 72 con 4,4 en 2012 al 65 con 4,5 puntos. Por último, Argentina cayó desde el puesto 72 con 4,4 puntos al puesto 110 con apenas 3,8 puntos. Estas variaciones explican algunas de las caídas en el subíndice de varios de estos países.

Sorprende que no lidere la lista mundial en esta variable Estados Unidos, cuna de tantos nuevos modelos de negocio, productos y servicios relacionados con las TIC, sino Finlandia – con un puntaje de 5,8 versus Suecia con 6,2 puntos el año 2012 – seguido de Emiratos y Estonia (ambos con 5,7 puntos contra Corea del Sur y Reino Unido, ambos con 5,9 puntos el año 2012. Estados Unidos aparece décimo octavo, con 5,3 puntos, bajando desde el décimo puesto el año 2012 con 5,6 puntos. Esto puede ser debido a la metodología, que puede tener un sesgo en contra de países donde el aporte de las TIC es habitual, lo cual da una sensación de que "no hay nada nuevo". O puede ser que Sillicon Valley esté sobrevalorado...

2) Solicitudes de patentes **relacionadas con TIC** presentadas bajo el Tratado de Cooperación de Patentes (PCT por sus siglas en inglés), por cada millón de habitantes. En el subíndice de uso por parte de empresas se vio esta misma variable, pero para **patentes en general**. Para patentes relacionadas con TIC los países de la Región manifiestan una brecha aún mayor con los más adelantados que en el caso de patentes y general, pero se mantiene la brecha enorme entre los países en cabeza mismo, y entre estos y el resto del mundo. Otro aspecto que se ve es que la variable, al ser medida por millones

de habitantes, beneficia a los países desarrollados con poca población y perjudica a los países desarrollados con mucha población.

La lista de 2015 está encabezada por Finlandia con 157,4 (125,0 el año 2012), seguido de Suecia con 152,5 (117,8 el año 2012) y Japón con 141.9 (mejora un puesto y sube desde 88,1 el año 2012). En general, ha habido un incremento de esta cifra en la mayoría de los países entre los años 2012 y 2015. Eso es indicativo del crecimiento de la economía del conocimiento. Otro fenómeno que se aprecia comparando las cifras de 2012 y 2015 es que existe una brecha entre los 10 primeros y los siguientes 10, y a su vez entre éstos y los siguientes 10, y de estos con el resto del listado. Así, para el año 2012 el décimo en el ranking tiene un valor que es casi un tercio del primero. Hacia abajo la brecha aumenta: en el puesto 20, Luxemburgo tiene 17,1 patentes por millón de habitantes, mientras que el puesto 30 República Checa apenas aparece con 3,2 (es decir, casi 6 veces menos que el puesto 20). En este tramo están Nueva Zelanda (puesto 22 con 14,8 patentes por millón) y España (puesto 26 – apenas 4 puestos menos – con 7,6 patentes por millón, casi la mitad). El puesto 40 lo tiene Rusia, con apenas 1,2 patentes por millón – la misma cantidad que los Emiratos Árabes Unidos, que aparece en el puesto 41. En este tramo está China, con 2,9 patentes por millón. Pero considerando la población China, esa cifra esconde una potencia intelectual (lo que llamado "brain power" en este libro) muy superior. Esta brecha se reduce el año 2015 a partir de la segunda decena de la lista, mostrando un gran dinamismo.

El primer país de América Latina en aparecer en el listado el año 2012 es Chile, pero el año 2015 es Panamá. A pesar de que Chile pasa de 0,5 a 0,8 patentes por millón, baja de ranking desde el 48 al 54 y queda segundo en la Región. En cambio, Panamá sube desde 0,1 patentes por millón el año 2012 a 1,7 el año 2015 – subiendo desde el puesto 71 al 42. Esto parece indicar algún error en alguno de las dos cifras. Hay varios países del listado que muestran crecimientos similares, como China, que aparece con 8,5 el año

2015, o España, que tiene 10.0 ese mismo año. En cualquier caso, el resto de los diez países para el año en 2015 queda así: Uruguay es 56 con los mismos 0,8 que Chile; Brasil es 59 con 0,5; Costa Rica es 65 con 0,3 seguido de Argentina (66) y México (68) con la misma cantidad; Colombia es 75 con 0,2; Perú es 83 con 0,1 y el Salvador queda al final con cero.

Esta es, por lejos, la brecha digital más grande de América Latina, tanto en términos absolutos como por números relativos a otros países: el mejor evaluado de la Región tiene **casi 100 veces menos** patentes por millón de habitantes que el primero del mundo.

3) La tercera variable de este pilar lo constituye el impacto que las TIC tiene en nuevos modelos organizacionales, es decir, en qué medida las TIC crean nuevos modelos de organización, como equipos virtuales, el trabajo a distancia, teletrabajo, etc.

Esta variable se mide como la primera, con nota entre 1 y 7. El país de la Región que lidera esta variable no está entre los diez primeros en el índice general: es Guatemala, que aparece en el puesto 30 con nota 4,7 (el año 2012 estaba 38 con la misma nota). Le siguen, con nota 4,6: Costa Rica en el puesto 38, Chile en el puesto 42 (frente al puesto 35 el año 2012), Panamá en el puesto 43, y Uruguay en el puesto 46. A continuación, con 4,5 están República Dominicana (50), Honduras (43, sube desde el 53) y Colombia (54, baja desde el 40 con 4,6). Más atrás, con 4,3 están El Salvador (61) y México (63, baja desde el 51). Por último, están Perú en el puesto 71 con nota 4,1 (baja desde el 56), y Brasil, que aparece en el lugar 76 con 4,0 (cayendo desde el puesto 34 y nota 4,8 el año 2012), y cierra Argentina en el puesto 97 con solo 3,8 de nota (baja desde el 63, que también era el más bajo el 2012), y superada por Paraguay y Bolivia.

Respecto a los tres países de referencia, Emiratos Árabes Unidos subió desde el puesto 21 en 2012 (5,1 de nota), al quinto puesto (nota 5,5). Nueva Zelanda por su parte subió desde el puesto 29 (4,9 de nota) al 16 (5,2 de nota). Y España subió desde el puesto 50 (4,5 de nota) al 36 (4,7 de nota). Por lo tanto, la brecha que había con los países de referencia mejor situados aumentó. Llama la atención que los países más pequeños de Centro América fueron los que más evolucionaron, mientras que los más grandes (Brasil, México, Argentina, Colombia) retrocedieron.

4)   Por último, este pilar mide el empleo en **actividades intensivas en conocimiento, como porcentaje sobre el total empleado**. Cabe notar que la cifra que se utiliza es del año 2008 para todos, por lo cual países que hayan progresado en estos siete años aparecerán perjudicados.

Encabezan esta lista a nivel mundial países desarrollados y pequeños: Luxemburgo con un 59,1%; Singapur con un 52,7%; Suiza con un 51%; Islandia con un 49,3%, y Suecia con un 48,5%. Gran Bretaña es el primer país grande a continuación de Suecia con un 47,7%. Nueva Zelanda aparece en el puesto 17 con un 42,9% - por encima de Estados Unidos, que está en el puesto 26 con un 38%. Emiratos Árabes Unidos por su parte aparece en el puesto 31 con 36,1%, y España en el puesto 39 con 33,2%. El primer país latinoamericano es Costa Rica en el puesto 57 con un 25%; le siguen Argentina (59 con 24,6%), Panamá (50 con 24,4%) y Chile (61 con 24,3%). Extraña que Japón aparezca por debajo en el puesto 63 con 24,3%. Más atrás, Uruguay (puesto 68, 23,1%), Brasil (puesto 71, 21%), México (puesto 81, por debajo de Venezuela, y 19,1%), Colombia (puesto 90 – por debajo de Paraguay y República Dominicana – con un 16,8%) y cierra El Salvador (puesto 101, con 12,1%).

Estos datos tienen también algunas contradicciones, puesto que en el año 2012 Chile aparecía con un 30,6%, Costa Rica con un 27%, y Colombia con un 21,6%. En solo 4 años es un cambio muy grande para poblaciones que no crecen tanto.

66. Pilar impacto social:

Quizá el pilar en el cual se muestra la mejor evolución de los cuatro años. El año 2012 siete de los diez países de América Latina analizados estaban en número rojos. Solo uno lo estaba el año 2015, y aún en ese caso, se había avanzado en puntaje en un 20%. Dos países de la Región superaron a España durante ese periodo. Por lo tanto, si bien las tecnologías digitales no han tenido un impacto económico, sí que han tenido un impacto social.

10. Pilar impacto social	Nota (escala del 1 al 7)				Ranking (posición)			
	2012	2013	2014	2015	2012	2013	2014	2015
Chile	4,60	4,97	4,90	5,30	36	27	29	23
Uruguay	4,65	4,27	4,10	5,40	35	45	50	21
Costa Rica	3,77	3,99	4,04	4,80	63	53	54	41
Panamá	3,88	4,38	4,48	4,60	59	39	37	46
Colombia	4,15	4,42	4,42	4,70	47	38	39	43
Mexico	3,89	4,22	4,11	4,00	58	47	48	76
El Salvador	3,03	3,76	3,78	4,20	113	71	70	69
Brasil	3,93	4,08	3,94	4,00	54	48	58	73
Perú	3,61	3,70	3,67	4,10	75	74	75	70
Argentina	3,08	3,32	3,29	3,70	108	96	98	91
España	5,02	4,58	4,63	4,90	22	36	36	36
Emiratos Arabes	4,76	5,75	5,84	6,10	33	7	5	2
Nueva Zelanda	5,45	5,15	5,18	5,50	10	21	17	15

Tabla 12: Evolución de Pilar impacto social, índice NRI

¿Qué mide este pilar? Está compuesto por cuatro variables:

1) Impacto de las tecnologías digitales en el acceso a servicios básicos, como salud, educación, servicios financieros, etc. Es parte de la encuesta, por lo cual el valor va entre 1 y 7. Hubo un cambio en los rankings en estos cuatro años. El año 2012 estaba liderado por Suecia con 6,3, seguido de Qatar (6,2), Singapur y Taiwán (ambos con 6.1). Los Emiratos Árabes Unidos estaban en el puesto 12 (con 5,8), Nueva Zelanda en el puesto 33 (con 5,3) y España en el puesto 40 (con 5.0). El país mejor situado de la Región era Chile en el puesto 34, con el mismo puntaje que Nueva Zelanda y que Estados Unidos, que estaba en el puesto 29. Los demás países de la Región estaban con nota inferior a 5 pero superior a 4, salvo Argentina, con nota 3,6 y en el puesto 117. El año 2015 aparecen en cabeza los Emiratos Árabes Unidos con 6,1 seguidos de Qatar con 6 y Singapur con 5,9. Suecia baja al puesto 8 con 5,7. Nueva Zelanda mantiene 5,3 pero

mejora su ranking a 22. El mejor situado de América Latina sigue siendo Chile, pero con 4,9 y en el puesto 39. España también baja al puesto 41 con 4,9. En general, todos los países bajan en nota y algunos también en ranking. Detrás de Chile sigue Panamá en el puesto 43 con 4,7 y luego Uruguay en el puesto 46 con la misma nota. Más abajo viene Costa Rica en el puesto 51 con 4,5; Colombia en el puesto 58 con 4,3, Guatemala en el puesto 63 tiene la misma nota. Detrás viene El Salvador en el puesto 72 con 4,1, Honduras (74) y Perú (80) con nota 4,0. Argentina repite nota roja (3,5) y el puesto más bajo (112), pero México y Brasil entran en nota roja. En definitiva, la percepción mundial acerca del acceso a servicios básicos con tecnologías digitales fue menor que cuatro años antes.

2) Acceso a Internet desde colegios, también es parte de la encuesta, quizá porque no hay datos duros en todos los países analizados. Como es una percepción, no necesariamente es un dato real. Encabeza Islandia con 6,7 seguido de Estonia (6,6), Noruega y Finlandia (6,5). Aparece de forma notable Uruguay en el puesto 17 con 6.0, por encima de Emiratos Árabes Unidos (18) y Nueva Zelanda (19), pero por debajo del puesto 11 que obtuvo el año 2012 con nota 6,2. En todo caso, se nota el impacto del proyecto Ceibal, del cual se ha hablado en el libro. Detrás vienen Panamá y Chile en los puestos 40 y 42 con nota 5.1. Ambos han subido desde el año: Chile sube 3 puestos y 0,3 puntos, y Panamá sube 16 puestos y 0,6 puntos. También, en ambos casos, ha tenido impacto proyectos orientados a dar acceso a Internet a los colegios públicos. Esos tres países de la región superan a España, que aparece en el puesto 51 con nota 4,8. Costa Rica aparece en el puesto 57 con nota 4,7; Argentina aparece en el puesto 76 con nota 4,1; El Salvador y Colombia aparecen en los puestos 81 y 82 con nota 4,0, y los demás países de la Región aparecen con nota roja: México (puesto 93) y Perú (puesto 94) con nota 3,7, y Brasil con nota 3,6 en el puesto 98. En esta variable hay muchas sorpresas en el ranking, ya que hay muchos países emergentes con mejor ranking y nota que países desarrollados, lo que indicaría un muy buen síntoma acerca de la utilidad de Internet en la educación. Así, Alemania, por ejemplo, aparece en el puesto 43 con nota 5.0, mientras que Francia está 55 con nota 4,7, e Italia está

91 con nota 3,8. En cambio Malasia aparece en el puesto 34 con nota 5,4, o Ruanda aparece en el puesto 70 con 4,3 de nota.

3) Uso de tecnologías digitales en la provisión de servicios del Estado. Es parte de la encuesta por la cual se pregunta hasta qué punto el uso de tecnologías digitales por parte del Gobierno mejora los servicios del Estado. En el octavo pilar (uso por Gobiernos) se mide el grado de uso de las tecnologías digitales en los servicios del Estado. En este pilar se mide el impacto de dicho uso en los ciudadanos. En esta variable, los Emiratos Árabes Unidos saltan desde el puesto 26 el año 2012 (con nota 5,7) al primer puesto el año 2015 (con nota 6,1). En cambio, Islandia, que estaba en primer lugar el 2012 con nota 6,6 baja hasta el puesto 29 con 4,9. ¿Qué pasó? El efecto de un proyecto puede ser enorme en la percepción de la gente de un país. El año 2012 Islandia estaba embarcado en un proyecto disruptivo a nivel mundial: generar una nueva Constitución vía crowdsourcing. Tuvo un gran impacto mediático a nivel mundial. Para el año 2015, el proyecto había fracasado, lo cual quizá llevó a un "efecto péndulo", aunque, en general, todas las notas bajaron entre el 2012 y el 2015.

Esta variable es muy dispersa en ese sentido. El año 2012 los diez países que encabezaban la lista eran Islandia, Suecia, Estonia, Finlandia, Holanda, Singapur, Qatar, Dinamarca, Suiza y Corea del Sur. Fundamentalmente, países desarrollados y con conocida historia de uso de tecnologías (considerados innovadores). La nota del líder fue de 6,6 y la del décimo de la lista fue 6,2. El año 2015 en cambio los diez mejores fueron Emiratos Árabes, Singapur, Qatar, Ruanda, Estonia, Malasia, Arabia Saudita, Portugal, Luxemburgo y Azerbaiyán. El puntaje del primero fue de 6,1 y el del décimo, 5,3. Entre uno y otro listado solo se repiten Singapur, Qatar y Estonia. En el listado de 2015 hay predominancia de países emergentes o subdesarrollados. Detrás de ellos, quizá un par de proyectos relevantes de gran impacto mediático. El informe del Foro Económico Mundial no nos lo dice.

Chile es el país mejor situado de la Región en el ranking del año 2015, en el lugar 38 con 4,8 de nota. El año 2012 estaba en el puesto 45 con la misma nota, por lo cual su mejora de ranking fue debido a que mantuvo su nota. Entre el año 2012 y el 2015 Chile lanzó "chileatiende", un cambio de paradigma en la provisión de servicios al Estado por el cual a través de una única plataforma de atención al público se podían hacer trámites de diversos organismos del Estado, en formato multicanal (presencial y virtual). Detrás sigue Panamá con nota 4,6 y 42 en el ranking, mejorando 14 posiciones gracias a subir una décima entre ambos años. Ambos países superan a España el año 2015. El año 2012 el segundo de la Región fue Costa Rica en el puesto 66 con nota 4,2. El año 2015, detrás de Panamá viene Colombia en el puesto 61 (con nota 4,2) mientras que Costa Rica cae el puesto 68 con 4,1. Los demás países tienen nota roja: Uruguay, México y el Salvador tienen 3,9; Brasil tiene 3,7; Perú, 3,6, y Argentina 2,8 (puesto 140 de 143 países).

4) Índice de e-participación, entre cero y uno, mide la calidad, relevancia y utilidad de los sitios Web del Gobierno para entregar información, herramientas participativas y servicios a sus ciudadanos. En esta variable Uruguay aparece en tercer lugar a nivel mundial con un índice de 0,98. ¿Cómo se concilia esto con el 3,9 de la anterior variable? Lo que dice es que, si bien están excelentes en cuanto a la utilidad de los sitios Web del Estado, no lo están en cuanto al impacto de tecnologías digitales en general. Es decir, bien por los sitios Web, pero con eso solamente no consiguen un impacto en la población. Quizá falten proyectos de atención al ciudadano que usan más de una tecnología. Chile, en cambio, aparece en este ranking en el lugar 7 con un índice de 0,94. Esta es la única variable donde hay dos representantes de la Región entre los 10 mejores. Ninguno de ellos estaba el año 2012. Chile de hecho estaba en el puesto 34 con apenas 0,34 puntos. Durante el periodo 2012-2015 se desarrolló una política de datos abiertos y homologación de sitios Web en todas las reparticiones del Estado, de forma que se unificó la gráfica y los elementos contenidos en todos los sitios del Estado. Ello debe haber ayudado a la mejora

sustancial en el índice, y, por lo tanto, en el ranking. El salto de Uruguay es aún más sorprendente, puesto que el año 2012 tenía un índice de apenas 0,26 y estaba en el puesto 47. La labor de AGESIC, la institución de coordinación del Gobierno uruguayo en materias digitales debe ser la razón del salto en este índice. Y considerando los resultados de este índice y el anterior, se concluye que se focalizaron en los sitios Web, y les queda aún por delante mejorar en otros aspectos, cambiando los paradigmas de atención al ciudadano.

Es en esta variable donde los diez países de la región analizados tienen sus mayores mejoras. Así, detrás de Chile aparece Colombia en el puesto 11 con índice 0,88 (sube desde el puesto 26 en 2012 con 0,44), seguido de Costa Rica en el lugar 14 con índice 0,82 (que tiene un gran salto desde el puesto 56 con apenas 0,2 de índice). Por lo tanto, cuatro de los diez países de la Región analizados están entre los 20 mejores. Brasil y Perú comparten el puesto 24 con 0,71 (versus 0,29 el año 2012 para Brasil y 0,17 para Perú); El Salvador y México aparecen 45 con 0,61 (pero México baja desde la posición 32 que tenía el 2012, aunque con solo 0,37 de índice); Argentina le sigue con un índice de 0,55 en el puesto 54; luego Panamá en el puesto 64 con 0,49 (que igualmente mejora sustancialmente desde el puesto 92 con solo 0,11 de índice).

No cabe duda de que esta es la variable que más incide en la mejora generalizada del pilar de impacto social por parte de los diez países analizados de la Región.

67. ¿Qué tan preparada está América Latina para la nueva revolución digital?

El informe del año 2015 del Foro Económico Mundial sobre Preparación para Absorción de Tecnologías Digitales o NRI por sus siglas en inglés se tituló "Tecnologías Digitales para un crecimiento inclusivo". A lo largo del informe, se muestra que, hasta ahora, las tecnologías digitales han sido aprovechadas fundamentalmente por las economías más desarrolladas, generando de paso una creciente brecha de desigualdad a pesar de que, como también demuestra el informe, las tecnologías digitales son un vehículo para beneficiar a todos y reducir las brechas de desigualdad, especialmente en cuestiones básicas como educación, salud y bienestar.

Dentro de los 50 países mejor posicionados del índice están los 44 países más desarrollados del mundo, y solo 6 países de ingreso medio, la mitad de los cuales son de América Latina (Chile, Uruguay y Costa Rica, en los lugares 38, 46 y 49). De los 10 mejor posicionados en el ranking, siete son europeos. Por su parte, dentro de los 30 países que menos han sabido utilizar las tecnologías digitales se encuentran los 26 países más pobres del mundo. Esto podría estar creando una nueva brecha de desarrollo, no solo económico, sino humano. América Latina está en medio de ambas realidades, con tres países en la primera (por encima del puesto 50) y tres en la segunda (por debajo del puesto 110). Hay 9 países que están entre el puesto 51 y el 100: Panamá (51), Colombia (64), México (69), El Salvador (80), Brasil (84), Perú (90), Argentina (91), República Dominicana (95) y Honduras (100). Y hay 5 países en el tercio final de la tabla: Venezuela (103), Paraguay (105), Guatemala (107), Bolivia (111), Nicaragua (128) y Haití (137).

El informe divide el mundo en varias categorías. En tres de ellas (Este Medio, África del Norte y Pakistán; Asia emergente y en desarrollo, y América Latina) hay 100 puestos más o menos entre el mejor y el peor situado, mostrando una gran varianza junto a una gran brecha digital intrarregional. El PIB per cápita tiene alguna relación, pero no es "la" razón, ya que, por ejemplo, Uruguay, Costa Rica y Panamá no son el segundo, tercero y cuarto país con mejor PIB per cápita de América Latina. En los tres casos ha habido políticas públicas explícitas orientadas a fomentar el uso de tecnologías digitales, sugiriendo que el Estado tiene un rol que jugar en esta carrera.

En el análisis que realiza el Foro Económico Mundial destacan los países petroleros del Golfo, todos los cuales, salvo Kuwait, están dentro de los 50 mejores, debido a un fuerte compromiso por parte de los Gobiernos de dichos países hacia las tecnologías digitales.[176]

Pero de poco le sirve al Estado desarrollar políticas públicas si no es seguido por el sector privado y la sociedad civil. En ese aspecto, la Región ofrece un contraste: la sociedad civil ha mejorado considerablemente en estos cuatro años en la adopción de tecnologías digitales, gracias especialmente a la

---

[176] Ref. WEF Global IT Report 2015, pág. xiv

irrupción de la telefonía móvil de tercera y cuarta generación (3G y 4G). Sin embargo, el sector privado, que es la base del sector productivo de las economías, está al debe. En términos de innovación la Región parece más abocada a comercializar lo que otros inventan que a generar innovaciones propias para vender en todo el mundo. Hay quizá una mirada demasiado centrada en el mercado local, y hay poca inversión en I+D por parte del sector privado. Parece sí haber una estrecha correlación entre inversión en I+D e innovación y uso de tecnologías digitales. Son dos ecosistemas que se potencian mutuamente, ya que las tecnologías digitales vienen esencialmente de la I+D+i, y para innovar se requiere crecientemente del uso sofisticado de tecnologías digitales. Ello sugiere que una buena forma de acelerar el paso en el uso de tecnologías digitales es acelerar el paso en innovación.

El análisis del informe para los países de la Región muestra que se cuenta con una sociedad civil ávida de tecnología y que sabe aprovechar las ventajas que trae cuando se las ofrecen, como sucede en Uruguay a propósito del Plan Ceibal. Esto es un activo, y un punto de referencia tanto para los Gobiernos como para el sector privado. Entregar bienes y servicios digitales es una oportunidad para crecer en ventas y para crecer en popularidad política. Pero más importante, es el camino para un desarrollo integral hacia el bienestar de todos los habitantes de la Región, superando los problemas estructurales de pobreza y desigualdad, y desarrollando el potencial de esta Región a la que se ha puesto el epíteto de "perdida" durante demasiado tiempo. Lo tiene todo para conseguirlo menos – al parecer – voluntad. Parecería que nuestro desarrollo, más que económico, es cultural. Y no tiene por qué ser así. De todos depende que no sea así. La apropiabilidad de las tecnologías digitales es un camino lleno de oportunidades para que no sea así, y por fin podamos dar a nuestras naciones la prosperidad por la que tanto han luchado y que se merecen.